民法典与司法解释
关联对照及重点条文解读

第一编总则 至 第三编合同第一分编通则

MINFADIAN YU SIFA JIESHI
GUANLIAN DUIZHAO JI ZHONGDIAN TIAOWEN JIEDU

顾　问：杜万华
主　编：谢　勇

中国法制出版社
CHINA LEGAL PUBLISHING HOUSE

本书编委会

顾　　问：杜万华

主　　编：谢　勇

编委会成员（按姓氏拼音为序）：

陈其庆　郭培培　齐晓丹

谢　勇　徐　洁　许　静

杨　晓　郑青蓝　郑　仪

顾问简介

杜万华：最高人民法院咨询委员会秘书长、最高人民法院审判委员会原副部级专职委员、最高人民法院民法典编纂工作研究小组原副组长兼办公室主任、二级大法官。

主编简介

谢　勇：中华司法研究会理事，北京大学民商法学博士，中国社会科学院研究生院经济学博士。

编委会其他成员简介

陈其庆：江苏省连云港市中级人民法院一级法官。

郭培培：湖北省鄂州市中级人民法院研究室主任。

齐晓丹：河南省三门峡市中级人民法院研究室副主任、二级法官。

徐　洁：江苏省常州市中级人民法院研究室副主任。

许　静：四川省高级人民法院民二庭副庭长、三级高级法官。

杨　晓：江苏省高级人民法院民一庭四级高级法官。

郑青蓝：浙江省金华市中级人民法院法院立案一庭副庭长、四级高级法官。

郑　仪：江苏省常州市中级人民法院民二庭副庭长、四级高级法官。

序 言

一部民法典，百年强国梦。2020年5月28日，第十三届全国人民代表大会第三次会议通过《民法典》①。这是我国第一部以法典命名的法律。习近平总书记指出，民法典在中国特色社会主义法律体系中具有重要地位，是一部固根本、稳预期、利长远的基础性法律，对推进全面依法治国、加快建设社会主义法治国家，对发展社会主义市场经济、巩固社会主义基本经济制度，对坚持以人民为中心的发展思想、依法维护人民权益、推动我国人权事业发展，对推进国家治理体系和治理能力现代化，都具有重大意义。从2014年党的十八届四中全会提出编纂《民法典》这一重大立法任务起算，《民法典》编纂历时5年多；从1950年制定《婚姻法》起算，新中国制定和编纂《民法典》历时70年；从1905年清末的统治者开展"预备立宪"、起草民律草案起算，中国人民探索制定一部现代民法典历时115年。《民法典》的特殊性在于，其不仅是一部部门法，更是中国人民百年以来救亡图存，改造旧世界、建设新社会的缩影。习近平总书记指出，在我国革命、建设、改革各个历史时期，我们党都高度重视民事法律制定实施。制定和实施民事法律、编纂《民法典》的历史，就是一部中国人民改造社会、发展经济、富民强国的历史，是一部不断自我解放、自我实现、自我超越的历史。

古代社会，我国没有专门的民事法律。我国古代治理逐渐形成德主刑

---

① 为便于阅读，本书相关法律文件名称中的"中华人民共和国"字样都予以省略。

辅、礼法结合的政策。一方面大量民事关系由社会伦理道德调节，另一方面部分民事关系由刑法调节，并没有专门的民法。有观点认为，在历史上，中国刑法史是中国法制史的重心，除了刑法史的法制史，便觉空洞无物。[1]还有观点认为，从《唐律》等封建社会的法律看，国家对许多涉及婚姻、债务、财产、继承以及经济等民事关系以及行政关系，都用刑罚的手段予以调节。[2]总之，我国古代社会缺少体系化的民事法律规范和制度。

近代社会，我国"民法典"立法在摸索中前进。我国第一部具有现代民法气息的"民法典"是《大清民律草案》，包括总则、债权、物权、亲属、继承五编，共1569条。其中，前三编由日本学者松冈义正、志田甲太郎参与起草，后两编由中国人高种、朱献文等起草。[3]该草案主要以《日本民法典》为借鉴，而《日本民法典》又借鉴于《德国民法典》，并非我国经济社会内生的法律，属于"舶来品"，且并未上升为法律。北洋政府时期，全国无统一的民事法律。军阀自己制定的"法律"和《大清民律草案》都曾作为处理民事纠纷的依据。南京国民政府立法院分别于1929年公布了民法第1编"总则"、第2编"债"，1930年公布了第3编"物权"、第4编"亲属"、第5编"继承"，形成《中华民国民法》，共29章1225条。《中华民国民法》通过后，国民政府并没有对封建土地制度和传统的旧制度开展社会革命。因此，这部"民法典"不是资产阶级革命或者民主革命成果的体现，而是吸收一些西方资产阶级革命的词汇、口号和法律术语构成的一部法律，它丝毫没有在实践中触动现实的封建土地制度和其他旧的社会制度，是一部典型的"纸上的法律"。该法通过后的一段时期，没有统一实施的可能。[4]从法典实际实施范围、效果、影响力看，《中华民国民法》尚不属于真正具有现代性、革命性、全国性、实践性的民

---

[1] 蔡枢衡：《中国刑法史》，广西人民出版社1983年版，第4页。
[2] 曾宪义主编：《中国法制史》，中国人民大学出版社2000年版，第139页。
[3] 万一：《我国民事立法的历史发展与最新成就》，载中国人大网，http://www.npc.gov.cn/zgrdw/npc/xinwen/rdlt/sd/2012-09/18/content_1737866.htm，最后访问日期：2024年4月2日。
[4] 参见杜万华主编：《中华人民共和国民法典实施精要》，法律出版社2021年版，第1—2页。

法典。1949年9月29日，中国人民政治协商会议第一届全体会议通过的《中国人民政治协商会议共同纲领》第十七条规定："废除国民党反动政府一切压迫人民的法律、法令和司法制度，制定保护人民的法律、法令，建立人民司法制度。"

编纂一部真正属于中国人民的民法典，是新中国几代人的夙愿。党和国家曾于1954年、1962年、1979年和2001年先后四次启动民法制定工作。第一次和第二次，由于多种原因而未能取得实际成果。1979年第三次启动，由于刚刚进入改革开放新时期，制定一部完整民法典的条件尚不具备。因此，当时领导全国人大法制委员会立法工作的彭真、习仲勋等同志深入研究后，在20世纪80年代初决定按照"成熟一个通过一个"的工作思路，确定先制定民事单行法律。现行的继承法、民法通则、担保法、合同法就是在这种工作思路下先后制定的。2001年，第九届全国人大常委会组织起草了《中华人民共和国民法（草案）》，并于2002年12月进行了一次审议。经讨论和研究，仍确定继续采取分别制定单行法的办法推进我国民事法律制度建设。2003年第十届全国人大以来，又陆续制定了物权法、侵权责任法、涉外民事关系法律适用法等。总的看，经过多年来努力，我国民事立法是富有成效的，逐步形成了比较完备的民事法律规范体系，民事司法实践积累了丰富经验，民事法律服务取得显著进步，民法理论研究也达到较高水平，全社会民事法治观念普遍增强，为编纂民法典奠定了较好的制度基础、实践基础、理论基础和社会基础。随着我国社会主义现代化事业不断发展和全面依法治国深入推进，人民群众和社会各方面对编纂和出台民法典寄予很大的期盼。[1]

党的十八大以来，中国特色社会主义进入新时代，以习近平同志为核心的党中央高度重视全面依法治国。2014年，党的十八届四中全会提出编纂《民法典》这一重大立法任务。这是我国第五次启动民法典立法工作。2015年3月20日，全国人大常委会法制工作委员会牵头成立了由最高人民法院、

---

[1] 《关于〈中华人民共和国民法典（草案）〉的说明》，载中国人大网http://www.npc.gov.cn/npc/c1773/c1848/c21114/c35174/c35178/202005/t20200523_306068.html，最后访问日期：2024年4月2日。

最高人民检察院、司法部（国务院法制工作办公室）、中国社会科学院、中国法学会五家单位参加的民法典编纂工作协调小组，并组建了工作专班，正式启动《民法典》编纂工作，决定分两步走开展编纂工作，先编纂《民法总则》，然后编纂《民法典》分则各篇。2017年3月15日，第十二届全国人民代表大会第五次会议通过《民法总则》。2020年5月28日，第十三届全国人民代表大会第三次会议通过《民法典》。至此，中国人民百年"民法典梦"实现。

民法的生命在于实施。要让《民法典》的规定作用于社会生活，让纸上的民法变成生活中的民法，首先需要让人民群众、司法人员、执法人员了解、熟悉《民法典》及相关民事法律规则。习近平总书记强调，要加强《民法典》重大意义的宣传教育。讲清楚、实施好《民法典》是坚持以人民为中心、保障人民权益实现和发展的必然要求，是发展社会主义市场经济、巩固社会主义基本经济制度的必然要求，是提高我们党治国理政水平的必然要求。《民法典》是全面依法治国的重要制度载体，很多规定同有关国家机关直接相关，直接涉及公民和法人的权利义务关系。《民法典》实施水平和效果，是衡量各级党和国家机关履行为人民服务宗旨的重要尺度。讲清《民法典》的体系、精神、原则、规则，有利于让广大人民群众学习民法、遵守民法、运用民法，有利于统一执法和司法尺度、提升法治水平，有利于在全社会营造尊法、学法、守法、用法的浓厚氛围，为《民法典》施行奠定坚实基础。

民法实施应当坚持体系化思维。无论是作为裁判规则还是作为行为准则，民法规范都表现为一个体系。民法体系以《民法典》为主干，以民事单行法、民事司法解释为主枝，以其他单行法、行政法规中的民事规范和民事指导案例为分支，以部门规章和地方性法规中的民事规范、民事司法政策为补充。民法体系十分庞杂，且不说未专门学习过法律的人，即使是专门学习法律但未专修民法或者虽专修民法但未坚持学习的人，要全面、准确、系统掌握民法规范，都不是一件容易的事。本书以《民法典》为基础，将与《民法典》规定相关的民事法律和行政法规中的民事法律规范、民事司法解释、民事指导案例以及对民事审判具有重要影响的部门规章、民事司法政策整理、归纳到一起，以便于人民群众、法律工作者准确、全面找到适用的民事法律规范。

民法实施应当坚持动态发展理念。法治是一个有机整体，包括立法、司法、执法、守法、法学研究等环节，各环节相互影响、环环相扣。中国特色社会主义市场经济建设与世界市场经济建设面临很多相同的问题，需要遵循大量具有普遍性的经济规律，我国与其他国家民法也面临很多相同问题。借鉴、吸收他国成熟的民法制度具有快捷、系统等优越性，对我国社会经济发展，尤其是中国特色社会主义市场经济建设、人民群众民事权利保护具有重要意义。但需注意在实践和理论上出现过一种不良的倾向，即过度强调对国外民法制度和理论的借鉴。如果过度倚重于借鉴国外已有的民事立法、司法经验、民事理论，会出现削足适履的困境。从法律的运行机制看，民事立法为民事执法和司法提供依据，民事执法和司法调整民事生活，引导民事主体遵守民法规定，从而影响和塑造经济社会。从民事立法的角度看，民法的理念、原则、规则并非凭空产生，也并非来源于部分民法学者、立法人员的主观观念，而是深深植根于特定的社会背景之中。从世界民法发展史来看，社会的历史、文化、习惯、统治阶级的利益和方针、政治力量对比变化、特定重大事件都会对一国民法精神、原则、规则产生深刻影响。

民法规则来源于社会实践，同时又塑造社会实践。西方国家的民法制度发展时间长、理论准备相对充分。不难发现，发达国家现代民事法律制度通常的发展路径是：社会实践——司法裁判——理论总结——立法成果。无论是大陆法系国家还是英美法系国家，司法裁判和司法经验都已经成为民法规则形成的重要途径。我国《民法典》也体现了这一特点。作者统计，《民法典》增加和实质性修改的条文中，有150余条来自民事司法解释。这从一个侧面说明，民法的运行机制中，本国社会经济实践和执法司法经验对于民法规则的形成具有实质性意义。有学者在分析我国合同法实施和发展的历史后指出，问题是由生活世界呈现的，新的问题便可能构成法规范新的生长点。

对于这样的生长点，与立法机关的工作人员相比，身处司法裁判第一线的法官们天然具有遇到及识别的优势。①法律是逻辑的还是实践的？通常认为法律是以逻辑来总结实践的，所以从根本上讲，法律是实践的。可以说，经过多年的理论和实践准备，在民法理论上，我国对近现代世界民法的价值取向、基本理念、体系框架、逻辑理论已全面了解，已经掌握了民法的逻辑分析工具和能力。虽然学习和借鉴对于我国民法发展仍然具有重要意义，但我国民法理论和实践当下和今后的任务是利用现代民法的理念、逻辑去分析、总结我国社会民事生活实践经验，并上升为立法规则，再用于规范、塑造民事生活。2020年通过的《民法典》既是这一民法运行机制的体现，也是我国民法下一步运行的一个新起点。在新的民法运行机制下，民法的实施无论对于民事生活的塑造，还是对于民法规范的形成，都将具有重要的意义。

本书对《民法典》新规则的历史沿革作了较为全面介绍，尤其对司法实践如何影响民事立法作了介绍，以便于读者了解民事法律规则的背景和发展变化。编纂完成《民法典》，不是民事立法的终点，更不意味着民事法律成为一个封闭体系。编者希望本书能够使我们在处理民事法律理论与实践的关系时，从偏重借鉴西方理论向偏重研究国内实践问题转变，将本国经济社会现实情况和人民需要作为民法理论研究、立法、执法、司法的出发点和归宿，将民法实施情况尤其是民事司法实践作为理论研究的重要对象和民事立法的实践依据。

本书以编者学习《民法典》和民事裁判规则形成的学习资料和心得体会为基础，力图从三方面满足读者需求：一是作为人民群众的普法资料。民事规则是一个庞杂体系，对于普通群众而言，很难全面、系统掌握民法规范，本书以《民法典》条文为纲，将相关民事规范整理到一起，便于人民群众找法、学法、用法。二是作为法律工作者的工具书。法律工作者不仅能够在本书中准确找到现行有效的民事法律、司法解释、指导案例，也能了解重点条文在理解与适用中需要注意的问题。三是作为法律研习者的研究参考书。本

---

① 韩世远：《法律发展与裁判进步：以合同法为视角》，载《中国法律评论》2020年第3期。

书对民法实施中的难点问题作了梳理。这些问题有的在司法实践中已经有倾向性观点，有的还存在较大争议。本书希望通过对不同观点的介绍以及作者的分析，为研究此类问题的学者、法律工作者提供素材、开拓思路。

民事法律规则体系十分庞杂，每个规则背后的法理微妙精深，不同规则的协调配合较难把握，要对这些规则作全面收集、系统整理、准确解读，殊为不易。编写愈进，忧惧愈深，总有管中窥豹、盲人摸象之忧。本书意未至、词不达、语不周之处，望读者批评指正。

谢勇
2024年1月于北京菜户营

目录 CONTENTS

第一编 总 则

第一章 基本规定

★第1条 立法目的和根据① //3
第2条 调整范围 //4
第3条 民事权益受法律保护 //4
第4条 平等原则 //4
第5条 自愿原则 //4
★第6条 公平原则 //5
★第7条 诚信原则 //6
第8条 守法与公序良俗原则 //7
第9条 绿色原则 //7
第10条 法律适用 //8
第11条 优先适用特别法 //8
第12条 效力范围 //8

第二章 自然人

第一节 民事权利能力和民事行为能力 //9

第13条 自然人民事权利能力的起止 //9

---

① 条文前加★代表本条有条文解读；条文前加★★代表本条有条文解读及条文适用疑难解析。

第14条　自然人民事权利能力平等 // 10

第15条　自然人出生和死亡时间的判断标准 // 10

第16条　胎儿利益的特殊保护 // 11

第17条　成年人与未成年人的年龄标准 // 11

★第18条　完全民事行为能力人 // 11

第19条　限制民事行为能力的未成年人 // 12

第20条　无民事行为能力的未成年人 // 12

第21条　无民事行为能力的成年人 // 12

第22条　限制民事行为能力的成年人 // 13

第23条　法定代理人 // 13

第24条　无民事行为能力人或限制民事行为能力人的认定与恢复 // 13

第25条　自然人的住所 // 14

第二节　监护 // 14

第26条　父母子女之间的法律义务 // 14

★第27条　未成年人的监护人 // 14

第28条　无民事行为能力、限制民事行为能力的成年人的监护人 // 15

第29条　遗嘱指定监护人 // 15

第30条　协议确定监护人 // 15

第31条　监护争议解决程序 // 15

第32条　公职监护人 // 16

第33条　意定监护 // 16

★第34条　监护人的职责与权利及临时生活照料措施 // 16

第35条　监护人履行职责的原则与要求 // 19

第36条　撤销监护人资格 // 19

第37条　监护人资格被撤销后负担抚养费赡养费扶养费义务不免除 // 20

第38条　恢复监护人资格 // 20

第39条　监护关系终止的情形 // 20

第三节　宣告失踪和宣告死亡 // 21

第40条　宣告失踪的条件 // 21

第41条　下落不明的时间计算 // 21

第42条　失踪人的财产代管人 // 21

第43条　财产代管人的职责 // 21

第44条　财产代管人的变更 // 21

第45条　失踪宣告的撤销 // 22

第46条　宣告死亡的条件 // 22

第47条　宣告死亡的优先适用 // 22

第48条　被宣告死亡的人死亡日期的确定 // 22

第49条　被宣告死亡期间的民事法律行为效力 // 22

第50条　死亡宣告的撤销 // 22

第51条　宣告死亡、撤销死亡宣告对婚姻关系的影响 // 23

第52条　撤销死亡宣告对收养关系的影响 // 23

第53条　死亡宣告撤销后的财产返还 // 23

第四节　个体工商户和农村承包经营户 // 23

第54条　个体工商户的定义 // 23

第55条　农村承包经营户的定义 // 24

第56条　债务承担规则 // 24

第三章　法人

第一节　一般规定 // 24

第57条　法人的定义 // 24

第58条　法人成立的条件 // 25

第59条　法人民事权利能力和民事行为能力 // 25

★第60条　法人民事责任承担 // 25

第61条　法定代表人的定义及行为的法律后果 // 26

第62条　法定代表人职务侵权行为的责任承担 // 27

★第63条　法人的住所 // 27

第64条　法人变更登记 // 28

第65条　法人实际情况与登记事项不一致的法律后果 // 29

第66条　公示登记信息 // 29

第67条　法人合并、分立后权利义务的享有和承担 // 29

第68条　法人终止的原因 // 29
　　第69条　法人解散的情形 // 30
　　第70条　法人解散后的清算 // 30
　　第71条　清算适用的法律依据 // 30
　　第72条　清算中法人地位、清算后剩余财产的处理和法人终止 // 30
　　第73条　法人破产 // 31
　　第74条　法人分支机构及其责任承担 // 31
　　第75条　法人设立行为的法律后果 // 31

第二节　营利法人 // 31
　　第76条　营利法人的定义及类型 // 31
　　第77条　营利法人的成立 // 32
　　第78条　营利法人的营业执照 // 32
　　第79条　营利法人的章程 // 32
　　第80条　营利法人的权力机构 // 32
　　第81条　营利法人的执行机构 // 32
　　第82条　营利法人的监督机构 // 32
　★第83条　出资人滥用权利的责任承担 // 33
　★第84条　限制不当利用关联关系 // 34
　★第85条　决议的撤销 // 37
　　第86条　营利法人应履行的义务 // 42

第三节　非营利法人 // 43
　　第87条　非营利法人的定义及类型 // 43
　　第88条　事业单位法人资格的取得 // 43
　　第89条　事业单位法人的组织机构及法定代表人 // 43
　★第90条　社会团体法人资格的取得 // 43
　　第91条　社会团体法人的章程及组织机构 // 45
　　第92条　捐助法人资格的取得 // 45
　　第93条　捐助法人的章程及组织机构 // 46
　　第94条　捐助人的权利 // 46
　　第95条　非营利法人终止时剩余财产的处置 // 46

第四节　特别法人 // 46

　　第96条　特别法人的类型 // 46

　★第97条　机关法人权利能力的规定 // 46

　　第98条　机关法人终止后权利义务的享有和承担 // 47

　　第99条　农村集体经济组织法人 // 47

　　第100条　城镇农村的合作经济组织法人 // 48

　★第101条　基层群众性自治组织法人 // 48

第四章　非法人组织

　　第102条　非法人组织的定义及类型 // 52

　　第103条　非法人组织的设立程序 // 53

　　第104条　非法人组织的债务承担 // 54

　　第105条　非法人组织的代表人 // 54

　　第106条　非法人组织解散的情形 // 54

　　第107条　非法人组织的清算 // 54

　　第108条　参照适用 // 54

第五章　民事权利

　★第109条　人身自由、人格尊严受法律保护 // 54

　　第110条　民事主体的人格权 // 56

　　第111条　个人信息受法律保护 // 57

　　第112条　因婚姻、家庭关系等产生的人身权利受保护 // 57

　　第113条　财产权利平等保护 // 57

　　第114条　物权的定义及类型 // 57

　　第115条　物权客体 // 57

　　第116条　物权法定原则 // 57

　　第117条　征收、征用 // 57

　　第118条　债权的定义 // 58

　　第119条　合同的约束力 // 58

　★第120条　侵权责任的承担 // 58

★第121条　无因管理 // 59
第122条　不当得利 // 61
第123条　知识产权的定义 // 61
第124条　继承权 // 62
第125条　投资性权利 // 62
第126条　其他民事权益 // 62
第127条　数据、网络虚拟财产的保护 // 62
第128条　民事权利的特别保护 // 62
第129条　民事权利的取得方式 // 62
第130条　按照自己的意愿依法行使民事权利 // 62
第131条　权利义务一致 // 62
第132条　不得滥用民事权利 // 63

第六章　民事法律行为

第一节　一般规定 // 63

第133条　民事法律行为的定义 // 63
第134条　民事法律行为的成立 // 63
第135条　民事法律行为的形式 // 63
第136条　民事法律行为的生效时间 // 63

第二节　意思表示 // 64

第137条　有相对人的意思表示生效时间 // 64
第138条　无相对人的意思表示生效时间 // 64
第139条　以公告方式作出的意思表示生效时间 // 64
第140条　意思表示的作出方式 // 64
第141条　意思表示的撤回 // 64
第142条　意思表示的解释 // 64

第三节　民事法律行为的效力 // 65

第143条　民事法律行为有效的条件 // 65
第144条　无民事行为能力人实施的民事法律行为的效力 // 65
第145条　限制民事行为能力人实施的民事法律行为的效力 // 65

★★第146条　虚假表示与隐藏行为的效力 // 65

　　第147条　基于重大误解实施的民事法律行为的效力 // 69

★★第148条　以欺诈手段实施的民事法律行为的效力 // 70

　　第149条　受第三人欺诈的民事法律行为的效力 // 72

　　第150条　以胁迫手段实施的民事法律行为的效力 // 72

　　第151条　显失公平的民事法律行为的效力 // 72

★★第152条　撤销权的消灭 // 73

　　第153条　违反强制性规定及违背公序良俗的民事法律行为的效力 // 75

　　第154条　恶意串通的民事法律行为的效力 // 79

　　第155条　无效、被撤销的民事法律行为自始无效 // 80

　　第156条　民事法律行为部分无效 // 80

　　第157条　民事法律行为无效、被撤销或确定不发生效力的法律后果 // 80

第四节　民事法律行为的附条件和附期限 // 84

　　第158条　附条件的民事法律行为 // 84

　　第159条　条件成就和不成就的拟制 // 84

　　第160条　附期限的民事法律行为 // 84

第七章　代理

第一节　一般规定 // 84

　　第161条　代理适用范围 // 84

　　第162条　代理的效力 // 85

　　第163条　代理的类型 // 85

　　第164条　代理人不当行为的法律后果 // 85

第二节　委托代理 // 85

　　第165条　授权委托书 // 85

　　第166条　共同代理 // 86

　　第167条　违法代理及其法律后果 // 86

　　第168条　禁止自我代理和双方代理及例外 // 86

　　第169条　复代理 // 86

　　第170条　职务代理 // 86

第171条　无权代理 // 87

第172条　表见代理 // 89

第三节　代理终止 // 89

第173条　委托代理终止的情形 // 89

★★第174条　委托代理终止的例外 // 90

第175条　法定代理终止的情形 // 91

第八章　民事责任

第176条　民事义务与责任 // 91

第177条　按份责任 // 92

第178条　连带责任 // 92

★★第179条　承担民事责任的方式 // 105

第180条　不可抗力 // 107

第181条　正当防卫 // 107

第182条　紧急避险 // 107

第183条　因保护他人民事权益受损时的责任承担与补偿办法 // 107

第184条　紧急救助人不承担民事责任 // 107

第185条　侵害英烈等的姓名、肖像、名誉、荣誉的民事责任 // 108

★第186条　责任竞合 // 108

★第187条　民事责任优先承担 // 110

第九章　诉讼时效

★第188条　普通诉讼时效、最长权利保护期间 // 113

第189条　分期履行债务的诉讼时效 // 114

第190条　对法定代理人请求权的诉讼时效 // 114

第191条　受性侵未成年人赔偿请求权的诉讼时效 // 114

第192条　诉讼时效期间届满的法律效果 // 115

第193条　诉讼时效援引 // 116

第194条　诉讼时效中止的情形 // 116

第195条　诉讼时效中断的情形 // 116

第196条　不适用诉讼时效的情形 // 119
第197条　诉讼时效法定、时效利益预先放弃无效 // 119
第198条　仲裁时效 // 120
第199条　除斥期间 // 120

第十章　期间计算

第200条　期间计算单位 // 120
第201条　期间起算 // 121
第202条　期间结束 // 121
第203条　期间结束日顺延和末日结束点 // 121
第204条　期间的法定或约定 // 122

第二编　物　权

第一分编　通则

第一章　一般规定

★第205条　物权编的调整范围 // 125
★第206条　社会主义基本经济制度与社会主义市场经济 // 126
第207条　物权平等保护原则 // 126
★第208条　物权公示原则 // 126

第二章　物权的设立、变更、转让和消灭

第一节　不动产登记 // 128

第209条　不动产物权登记的效力 // 128
第210条　不动产登记机构和不动产统一登记 // 128
第211条　不动产登记申请资料 // 128
第212条　登记机构的职责 // 128
第213条　登记机构不得从事的行为 // 129
第214条　不动产物权变动的生效时间 // 129

★★第215条　合同效力与物权变动区分 // 129

　　第216条　不动产登记簿的效力和管理 // 130

　　第217条　不动产登记簿与不动产权属证书的关系 // 131

　　第218条　不动产登记资料的查询、复制 // 131

★★第219条　不动产登记资料的合理使用 // 131

　　第220条　更正登记与异议登记 // 132

★★第221条　预告登记 // 133

　　第222条　不动产登记错误的赔偿 // 137

　　第223条　不动产登记的费用 // 137

第二节　动产交付 // 137

　　第224条　动产交付的效力 // 137

★★第225条　特殊动产登记的效力 // 137

　　第226条　简易交付 // 139

　　第227条　指示交付 // 139

　　第228条　占有改定 // 139

第三节　其他规定 // 140

　　第229条　法律文书或征收决定导致的物权变动 // 140

★第230条　因继承取得物权 // 140

　　第231条　因事实行为发生物权变动 // 141

★★第232条　处分非因民事法律行为享有的不动产物权 // 141

第三章　物权的保护

　　第233条　物权纠纷解决方式 // 143

　　第234条　物权确认请求权 // 143

　　第235条　返还原物请求权 // 143

　　第236条　排除妨害请求权 // 143

　　第237条　物权复原请求权 // 143

　　第238条　物权损害赔偿请求权 // 143

★第239条　物权保护方式的单用与并用 // 143

第二分编　所有权

第四章　一般规定

第240条　所有权的定义 // 145

第241条　所有权人设立他物权 // 145

第242条　国家专属所有权 // 145

第243条　征收 // 145

第244条　耕地保护 // 148

第245条　征用 // 150

第五章　国家所有权和集体所有权、私人所有权

第246条　国有财产的范围、国家所有的性质和国家所有权的行使 // 151

第247条　矿藏、水流、海域的国家所有权 // 151

★第248条　无居民海岛的国家所有权 // 151

第249条　国家所有土地的范围 // 152

第250条　自然资源的国家所有权 // 152

第251条　野生动植物资源的国家所有权 // 152

第252条　无线电频谱资源的国家所有权 // 153

第253条　文物的国家所有权 // 153

第254条　国防资产和基础设施的国家所有权 // 153

第255条　国家机关的物权 // 153

第256条　国家举办的事业单位的物权 // 153

第257条　国家出资的企业出资人制度 // 153

第258条　国有财产的保护 // 153

第259条　国有财产管理的法律责任 // 154

第260条　集体财产的范围 // 154

★第261条　农民集体所有财产归属及重大事项集体决定 // 154

第262条　集体所有的不动产所有权行使 // 156

第263条　城镇集体所有的财产权利行使 // 156

第264条　集体成员对集体财产的知情权 // 156

第265条　集体所有财产保护及农村集体成员合法权益保护 // 157

第266条　私有财产的范围 // 157

第267条　私人合法财产的保护 // 157

第268条　国家、集体和私人依法出资设立公司或其他企业 // 157

第269条　法人财产权 // 158

第270条　社会团体法人、捐助法人合法财产的保护 // 158

第六章　业主的建筑物区分所有权

第271条　建筑物区分所有权 // 158

第272条　业主对专有部分的权利和义务 // 159

第273条　业主对共有部分的权利和义务 // 159

第274条　建筑区划内道路、绿地等的权利归属 // 160

第275条　车位、车库的归属 // 160

第276条　车位、车库的首要用途 // 160

第277条　业主自治管理组织的设立及指导和协助 // 161

第278条　业主共同决定事项及表决 // 161

★第279条　业主改变住宅用途的限制条件 // 162

第280条　业主大会、业主委员会决定的效力 // 164

★★第281条　建筑物及其附属设施维修资金的归属和处分 // 164

★★第282条　共有部分的收入分配 // 166

第283条　建筑物及其附属设施的费用分担和收益分配 // 169

第284条　建筑物及其附属设施的管理主体 // 169

★第285条　业主和物业服务企业或其他管理人的关系 // 170

★第286条　业主的相关义务及责任 // 171

第287条　业主合法权益的保护 // 172

第七章　相邻关系

第288条　处理相邻关系的原则 // 172

第289条　处理相邻关系的法律依据 // 172

第290条　用水、排水相邻关系 // 173

第291条　通行相邻关系 // 173

第292条　相邻土地的利用 // 173

第 293 条　相邻通风、采光和日照 // 173

第 294 条　相邻不动产之间不可量物侵害 // 173

第 295 条　维护相邻不动产安全 // 173

第 296 条　使用相邻不动产避免造成损害 // 174

第八章　共有

第 297 条　共有及其类型 // 174

第 298 条　按份共有 // 174

第 299 条　共同共有 // 174

第 300 条　共有人对共有物的管理权 // 174

第 301 条　共有物的处分、重大修缮和性质、用途变更 // 174

第 302 条　共有物管理费用的分担 // 174

第 303 条　共有物的分割 // 175

第 304 条　共有物的分割方式 // 175

第 305 条　按份共有人的份额处分权和其他共有人的优先购买权 // 175

★第 306 条　优先购买权的实现方式 // 176

第 307 条　因共同财产产生的债权债务关系的对外、对内效力 // 178

第 308 条　按份共有的推定 // 178

第 309 条　按份共有人份额的确定 // 178

第 310 条　用益物权、担保物权共有的参照适用 // 179

第九章　所有权取得的特别规定

★★第 311 条　善意取得 // 179

第 312 条　遗失物的善意取得 // 186

第 313 条　善意取得的动产上原有权利的消灭 // 186

第 314 条　拾得遗失物的返还 // 186

第 315 条　有关部门收到遗失物的处理 // 186

第 316 条　拾得人及有关部门妥善保管遗失物义务 // 186

第 317 条　权利人在领取遗失物时应尽义务 // 186

★第 318 条　公告期满无人认领的遗失物归属 // 187

第 319 条　拾得漂流物、发现埋藏物或隐藏物 // 187

第 320 条　从物所有权的转移 // 187

第 321 条　天然孳息和法定孳息的归属 // 187

★★第 322 条　添附取得物的归属 // 188

第三分编　用益物权

第十章　一般规定

第 323 条　用益物权的定义 // 190

第 324 条　国有和集体所有自然资源的用益物权 // 190

第 325 条　自然资源使用制度 // 190

第 326 条　用益物权人权利的行使 // 190

第 327 条　用益物权人因征收、征用有权获得补偿 // 190

第 328 条　海域使用权的法律保护 // 191

第 329 条　合法探矿权等权利的法律保护 // 191

第十一章　土地承包经营权

第 330 条　双层经营体制与土地承包经营制度 // 195

第 331 条　土地承包经营权的定义 // 197

第 332 条　土地承包期 // 201

★第 333 条　土地承包经营权的设立和登记 // 203

★第 334 条　土地承包经营权的互换、转让 // 206

★第 335 条　土地承包经营权互换、转让的登记 // 210

第 336 条　承包地的调整 // 211

第 337 条　承包地的收回 // 211

第 338 条　承包地的征收补偿 // 214

★★第 339 条　土地经营权的流转 // 215

★第 340 条　土地经营权的定义 // 220

★第 341 条　土地经营权的设立及登记 // 222

★第 342 条　其他方式承包的土地经营权流转 // 225

第 343 条　国有农用地承包经营的法律适用 // 230

第十二章　建设用地使用权

第 344 条　建设用地使用权的定义 // 230
第 345 条　建设用地使用权的分层设立 // 230
★★第 346 条　建设用地使用权的设立原则 // 230
★★第 347 条　建设用地使用权的设立方式 // 233
第 348 条　建设用地使用权出让合同 // 236
★第 349 条　建设用地使用权的登记 // 238
第 350 条　土地用途管制制度 // 239
★★第 351 条　建设用地使用权人支付出让金等费用的义务 // 241
★第 352 条　建设用地使用权人建造的建筑物等设施的权属 // 243
第 353 条　建设用地使用权的流转方式 // 244
第 354 条　处分建设用地使用权的合同形式和期限 // 245
第 355 条　建设用地使用权流转后变更登记 // 248
第 356 条　建筑物等设施随建设用地使用权的流转而一并处分 // 248
★★第 357 条　建设用地使用权随建筑物等设施的流转而一并处分 // 248
第 358 条　建设用地使用权提前收回及其补偿 // 252
第 359 条　建设用地使用权的续期 // 253
第 360 条　建设用地使用权注销登记 // 254
第 361 条　集体所有土地作为建设用地的法律适用 // 254

第十三章　宅基地使用权

第 362 条　宅基地使用权的定义 // 256
★★第 363 条　宅基地使用权取得、行使和转让的法律适用 // 256
第 364 条　宅基地的灭失和重新分配 // 258
第 365 条　宅基地使用权变更和注销登记 // 259

第十四章　居住权

★第 366 条　居住权的定义 // 259
★第 367 条　居住权合同 // 260
★★第 368 条　居住权的设立 // 261

★第369条　居住权的转让、继承和设立居住权的住宅出租 // 263

★第370条　居住权的消灭 // 263

★第371条　以遗嘱方式设立居住权的参照适用 // 264

第十五章　地役权

第372条　地役权的定义 // 264

第373条　地役权合同 // 264

★第374条　地役权的设立与登记 // 265

第375条　供役地权利人的义务 // 266

第376条　地役权人的义务 // 266

第377条　地役权期限 // 266

第378条　地役权的承继 // 266

第379条　在先用益物权对地役权的限制 // 266

第380条　地役权的转让 // 266

第381条　地役权的抵押 // 267

第382条　地役权对需役地及其上权利的不可分性 // 267

第383条　地役权对供役地及其上权利的不可分性 // 267

★第384条　供役地权利人单方解除地役权合同的法定事由 // 267

第385条　已登记地役权的变更、转让或消灭手续 // 268

第四分编　担保物权

第十六章　一般规定

第386条　担保物权的定义 // 269

第387条　担保物权的适用范围和反担保 // 270

★第388条　担保合同与主合同的关系 // 270

★★第389条　担保物权的担保范围 // 275

第390条　担保物权的物上代位性及代位物的提存 // 279

★第391条　未经担保人同意转移债务的法律后果 // 280

★★第392条　人保和物保并存时担保权的实现规则 // 282

第393条　担保物权消灭事由 // 288

第十七章　抵押权

第一节　一般抵押权 // 290

　　第394条　抵押权的定义 // 290

　　第395条　抵押财产的范围 // 290

　　第396条　浮动抵押 // 293

　　第397条　建筑物与建设用地使用权同时抵押规则 // 294

　　第398条　乡镇、村企业的建设用地使用权抵押限制 // 297

　　第399条　禁止抵押的财产范围 // 297

　　第400条　抵押合同 // 298

　★第401条　流押 // 298

　　第402条　不动产抵押登记 // 303

　★第403条　动产抵押的效力 // 304

　★第404条　动产抵押权无追及效力 // 306

　★第405条　抵押权与租赁权的关系 // 307

　★第406条　抵押财产的处分 // 308

　　第407条　抵押权处分的从属性 // 311

　　第408条　抵押权的保护 // 312

　　第409条　抵押权及其顺位的处分 // 312

　★第410条　抵押权的实现 // 312

　　第411条　浮动抵押财产的确定 // 315

　　第412条　抵押权对抵押财产孳息的效力 // 315

　　第413条　抵押财产变价后的处理 // 316

　　第414条　数个抵押权的清偿顺序 // 316

　★第415条　抵押权与质权的清偿顺序 // 316

　★第416条　动产购买价款抵押担保的优先权 // 318

　　第417条　抵押权对新增建筑物的效力 // 320

　　第418条　集体所有土地使用权抵押权的实行效果 // 320

　　第419条　抵押权存续期间 // 320

第二节　最高额抵押权 // 321

　　第420条　最高额抵押权的定义 // 321

第421条　最高额抵押权担保的债权转让 // 322

第422条　最高额抵押合同条款变更 // 322

第423条　最高额抵押权所担保的债权确定 // 322

第424条　最高额抵押权的法律适用 // 323

第十八章　质权

第一节　动产质权 // 323

第425条　动产质权的定义 // 323

第426条　禁止质押的动产范围 // 323

第427条　质押合同 // 323

★第428条　流质 // 324

第429条　质权生效时间 // 325

第430条　质权人孳息收取权及孳息首要清偿用途 // 327

第431条　质权人擅自使用、处分质押财产的责任 // 327

第432条　质权人的保管义务和赔偿责任 // 328

第433条　质权的保护 // 328

第434条　责任转质 // 328

第435条　质权的放弃 // 328

第436条　质物返还及质权实现 // 328

第437条　质权的及时行使 // 329

第438条　质押财产变价后的处理 // 329

第439条　最高额质权 // 329

第二节　权利质权 // 329

★第440条　权利质权的范围 // 329

第441条　有价证券出质的质权的设立 // 331

第442条　有价证券出质的质权的特别实现方式 // 334

第443条　以基金份额、股权出质的质权设立及转让限制 // 334

第444条　以知识产权中的财产权出质的质权的设立及转让限制 // 334

第445条　以应收账款出质的质权的设立及转让限制 // 335

第446条　权利质权的法律适用 // 336

第十九章　留置权

第447条　留置权的定义 // 336

第448条　留置财产与债权的关系 // 336

第449条　留置权适用范围限制 // 337

第450条　留置财产为可分物的特殊规定 // 337

第451条　留置权人的保管义务 // 337

第452条　留置权人收取孳息的权利 // 337

第453条　留置权债务人的债务履行期 // 337

第454条　留置权债务人的请求权 // 337

第455条　留置权的实现 // 337

第456条　留置权、抵押权与质权竞合时的顺位原则 // 338

第457条　留置权消灭的特殊情形 // 338

第五分编　占有

第二十章　占有

第458条　有权占有的法律适用 // 339

第459条　无权占有造成占有物损害的赔偿责任 // 339

第460条　权利人的返还请求权和占有人的费用求偿权 // 339

第461条　权利人的损害赔偿请求权 // 339

第462条　占有保护请求权 // 339

第三编　合　同

第一分编　通则

第一章　一般规定

第463条　合同编的调整范围 // 343

★★第464条　合同的定义和身份关系协议的法律适用 // 343

★★第465条　合同约束力 // 345

第466条　合同的解释规则 // 348

第467条　无名合同的法律适用 // 350

第468条　非因合同之债的法律适用 // 352

第二章　合同的订立

★第469条　合同形式 // 352

第470条　合同内容一般条款 // 356

第471条　订立合同的方式 // 357

第472条　要约的定义及构成要件 // 357

第473条　要约邀请 // 357

第474条　要约生效时间 // 359

第475条　要约撤回 // 359

第476条　要约不得撤销情形 // 359

第477条　撤销要约的生效时间 // 360

第478条　要约失效 // 360

第479条　承诺的定义 // 360

第480条　承诺的方式 // 360

第481条　承诺的期限 // 360

第482条　承诺期限的起算 // 360

第483条　合同成立时间 // 361

第484条　承诺生效时间 // 362

第485条　承诺的撤回 // 362

第486条　逾期承诺及效果 // 362

第487条　迟到的承诺 // 362

第488条　承诺对要约内容的实质性变更 // 363

第489条　承诺对要约内容的非实质性变更 // 364

★第490条　合同成立时间 // 364

★★第491条　信件、数据电文形式合同和网络合同成立时间 // 366

第492条　合同成立地点 // 369

第493条　书面合同成立地点 // 369

第494条　国家计划合同；法定缔约义务 // 370

★★第495条　预约合同 // 371

★第496条　格式条款 // 380

第497条　格式条款无效的情形 // 389

第498条　格式条款的解释 // 391

第499条　悬赏广告 // 392

第500条　缔约过失责任 // 392

第501条　当事人保密义务 // 393

第三章　合同的效力

★第502条　合同生效时间；未办理批准手续的处理规则 // 394

第503条　无权代理人订立合同的法律后果 // 401

第504条　越权订立合同的效力 // 401

第505条　超越经营范围订立的合同效力 // 406

第506条　免责条款无效情形 // 407

第507条　争议解决条款的独立性 // 408

第508条　合同效力援引规定 // 408

第四章　合同的履行

第509条　合同履行的原则 // 408

第510条　合同条款补充和确定方法 // 409

第511条　合同约定不明确时的履行 // 409

★第512条　电子合同标的交付时间 // 410

第513条　执行政府定价、政府指导价的合同价格确定 // 412

第514条　金钱之债给付货币的确定规则 // 413

★第515条　选择之债中选择权归属与转移 // 413

★第516条　选择权的行使方式 // 415

第517条　按份之债 // 416

第518条　连带之债 // 416

★第519条　连带债务份额确定及追偿规则 // 416

★第520条　连带债务涉他效力 // 420

★第521条　连带债权的内部关系及法律适用 // 422

★第 522 条　向第三人履行的合同 // 423

第 523 条　由第三人履行的合同 // 426

★第 524 条　第三人代为履行 // 426

第 525 条　同时履行抗辩权 // 428

第 526 条　先履行抗辩权 // 430

第 527 条　不安抗辩权 // 431

★第 528 条　不安抗辩权的行使 // 431

第 529 条　因债权人原因致债务履行困难时的处理 // 433

第 530 条　债务人提前履行债务 // 433

第 531 条　债务人部分履行债务 // 434

第 532 条　当事人变化对合同履行的影响 // 434

★第 533 条　情势变更 // 434

第 534 条　合同监管 // 437

第五章　合同的保全

★★第 535 条　债权人代位权 // 437

★第 536 条　债权人代位权的提前行使 // 444

★★第 537 条　债权人代位权行使效果 // 446

第 538 条　无偿处分时的债权人撤销权行使 // 448

第 539 条　不合理价格交易时的债权人撤销权行使 // 448

第 540 条　债权人撤销权行使及必要费用承担 // 451

第 541 条　撤销权行使期限 // 451

第 542 条　撤销权行使后的法律效果 // 451

第六章　合同的变更和转让

第 543 条　变更合同的条件 // 452

第 544 条　合同变更不明确推定为未变更 // 452

★第 545 条　债权人转让合同权利的限制 // 452

第 546 条　债权转让通知 // 455

第 547 条　债权转让时从权利一并变动 // 456

第 548 条　债权转让时债务人抗辩权 // 456

★第549条　债权转让时债务人抵销权 // 457

第550条　债权转让增加的履行费用的负担 // 458

★第551条　债务转移 // 458

★第552条　并存的债务承担 // 459

★第553条　债务转移时新债务人抗辩权 // 461

第554条　债务转移时从债务一并转移 // 462

第555条　合同权利义务概括转让 // 462

第556条　合同权利义务概括转让的法律适用 // 463

第七章　合同的权利义务终止

第557条　债权债务终止情形 // 463

第558条　债权债务终止后的义务 // 465

第559条　债权的从权利消灭 // 465

第560条　债的清偿抵充顺序 // 465

第561条　费用、利息和主债务的抵充顺序 // 466

第562条　合同约定解除 // 467

★第563条　合同法定解除 // 468

★第564条　解除权行使期限 // 472

★第565条　合同单方解除方式 // 475

★第566条　合同解除的效力 // 476

第567条　合同终止后有关结算和清理条款效力 // 479

第568条　债务法定抵销 // 479

第569条　债务约定抵销 // 482

第570条　标的物提存的条件 // 482

第571条　提存成立及提存对债务人效力 // 482

第572条　提存通知 // 482

第573条　提存对债权人效力 // 482

★第574条　提存物的受领及受领权消灭 // 483

★第575条　债务免除 // 484

第576条　债权债务混同 // 484

第八章 违约责任

第577条 违约责任 // 485

第578条 预期违约责任 // 486

第579条 金钱债务实际履行责任 // 487

★第580条 非金钱债务实际履行责任及违约责任 // 487

第581条 替代履行 // 488

第582条 瑕疵履行违约责任 // 489

第583条 违约损害赔偿责任 // 490

第584条 损害赔偿范围 // 490

★★第585条 违约金的约定及其调整 // 493

第586条 定金担保 // 501

第587条 定金罚则 // 502

第588条 违约金与定金竞合时的责任 // 503

第589条 拒绝受领和受领迟延 // 503

第590条 不可抗力 // 504

第591条 减损规则 // 506

★第592条 双方违约和与有过失 // 506

第593条 第三人原因造成违约时违约责任承担 // 507

第594条 国际贸易合同诉讼时效和仲裁时效 // 508

第二分编 典型合同

第九章 买卖合同

第595条 买卖合同定义 // 509

第596条 买卖合同的内容 // 510

★第597条 无权处分效力 // 510

第598条 出卖人基本义务 // 512

第599条 出卖人交付有关单证和资料义务 // 512

第600条 知识产权归属 // 513

第601条 标的物交付期限 // 513

第602条 标的物交付期限不明时的处理 // 513

★第603条　标的物交付地点 // 513

第604条　标的物毁损、灭失风险负担的基本规则 // 515

第605条　违反约定期限交付标的物的风险负担 // 516

第606条　在途标的物买卖合同的风险转移 // 516

★第607条　当事人是否约定交付地点的风险转移规则 // 517

★第608条　买受人迟延受领标的物的风险负担 // 518

第609条　未交付单证和资料不影响风险转移 // 518

第610条　出卖人根本违约的风险负担 // 519

第611条　买受人承担风险不影响出卖人承担违约责任 // 519

★第612条　出卖人权利瑕疵担保义务 // 519

第613条　出卖人权利瑕疵担保义务免除 // 520

★第614条　买受人的中止支付价款权 // 520

第615条　出卖人的质量瑕疵担保义务 // 520

第616条　标的物质量要求没有约定或约定不明时的处理 // 520

第617条　出卖人违反质量瑕疵担保义务的违约责任 // 521

★第618条　减轻或免除瑕疵担保义务的例外 // 521

★第619条　标的物包装方式 // 522

第620条　买受人的及时检验义务 // 523

第621条　买受人的通知义务 // 523

第622条　检验期限或质量保证期过短的处理 // 524

第623条　检验期限未约定时的处理 // 525

第624条　向第三人履行情形的检验标准 // 525

第625条　出卖人回收义务 // 525

第626条　买受人支付价款的数额和方式 // 526

第627条　买受人支付价款的地点 // 526

第628条　买受人支付价款的时间 // 526

第629条　出卖人多交标的物的处理 // 527

★第630条　标的物孳息的归属 // 528

第631条　标的物主物、从物不符约定与合同解除 // 528

第632条　数物同时出卖时的合同解除 // 528

第633条　分批交付标的物的合同解除 // 528

★第634条　分期付款买卖合同出卖人的法定解除权 // 529

第635条　凭样品买卖合同 // 531

第636条　凭样品买卖合同样品存在隐蔽瑕疵的处理 // 532

第637条　试用买卖的试用期限 // 532

第638条　试用买卖合同买受人对标的物购买选择权 // 532

第639条　试用买卖使用费的负担 // 532

第640条　试用期间标的物灭失风险的承担 // 532

★第641条　所有权保留 // 532

★第642条　所有权保留中出卖人的取回权 // 536

★第643条　买受人的回赎权、出卖人的再出卖权 // 542

第644条　招标投标买卖 // 544

第645条　拍卖 // 544

第646条　买卖合同准用于有偿合同 // 544

第647条　互易合同参照买卖合同规定 // 544

第十章　供用电、水、气、热力合同

★第648条　供用电合同定义及强制缔约义务 // 545

第649条　供用电合同内容 // 546

第650条　供用电合同履行地 // 547

第651条　供电人的安全供电义务 // 547

第652条　供电人中断供电时的通知义务和赔偿责任 // 548

第653条　供电人的抢修义务 // 549

★第654条　用电人的支付电费义务、供电人中止供电时的通知义务 // 549

★第655条　用电人的安全用电义务 // 551

第656条　供用水、供用气、供用热力合同的参照适用 // 551

第十一章　赠与合同

第657条　赠与合同定义 // 551

第658条　赠与人任意撤销权及其限制 // 551

第659条　赠与特殊财产需办理有关法律手续 // 552

★第660条　受赠人的交付请求权以及赠与人的赔偿责任 // 552

第661条　附义务赠与合同 // 553

第662条　赠与人瑕疵担保义务 // 553

第663条　赠与人的法定撤销权及其行使期间 // 554

第664条　赠与人继承人或者法定代理人的撤销权 // 554

第665条　撤销赠与的法律后果 // 554

第666条　赠与义务的免除 // 554

第十二章　借款合同

第667条　借款合同定义 // 555

第668条　借款合同形式和内容 // 555

第669条　借款人的告知义务 // 556

第670条　借款利息不得预先扣除 // 556

第671条　贷款人未按照约定提供借款以及借款人未按照约定收取借款的责任 // 556

第672条　贷款人的监督、检查权 // 556

第673条　借款人未按照约定用途使用借款的责任 // 557

第674条　借款人支付利息的期限 // 557

第675条　借款人返还借款的期限 // 557

第676条　借款人逾期返还借款的责任 // 557

第677条　借款人提前返还借款 // 557

第678条　借款展期 // 558

★第679条　自然人之间借款合同的成立时间 // 558

★第680条　禁止高利放贷和借款利息认定 // 559

第十三章　保证合同

第一节　一般规定 // 564

第681条　保证合同定义 // 564

第682条　保证合同的从属性及保证合同无效的法律后果 // 565

★第683条　不得担任保证人的主体 // 567

第684条　保证合同内容 // 571

★第685条　保证合同形式 // 571

★第686条　保证方式 // 573

★第687条　一般保证人先诉抗辩权 // 575

　第688条　连带责任保证 // 577

　第689条　反担保 // 578

★第690条　最高额保证 // 578

第二节　保证责任 // 580

　第691条　保证范围 // 580

★第692条　保证期间 // 580

★第693条　保证责任免除 // 584

★第694条　保证债务诉讼时效 // 586

　第695条　主合同变更对保证责任影响 // 588

★第696条　债权转让对保证责任影响 // 590

　第697条　债务承担及第三人加入债务对保证责任影响 // 590

　第698条　一般保证人保证责任免除 // 591

★第699条　共同保证 // 591

★第700条　保证人追偿权 // 594

　第701条　保证人抗辩权 // 597

★第702条　抵销权和撤销权范围内的免责 // 597

第十四章　租赁合同

　第703条　租赁合同定义 // 598

　第704条　租赁合同主要内容 // 598

　第705条　租赁期限 // 598

★第706条　租赁合同未登记备案不影响合同效力 // 599

★第707条　租赁合同形式 // 599

　第708条　出租人交付租赁物义务和适租义务 // 600

　第709条　承租人合理使用租赁物的义务 // 600

　第710条　承租人合理使用租赁物的免责义务 // 600

　第711条　租赁人未合理使用租赁物的责任 // 601

　第712条　出租人维修义务 // 601

★第713条 出租人不履行维修义务的法律后果 // 601

第714条 承租人妥善保管租赁物义务 // 602

第715条 承租人对租赁物进行改善或增设他物 // 602

第716条 转租 // 603

第717条 超过承租人剩余租赁期限的转租期间效力 // 603

★第718条 出租人默示同意转租 // 604

★第719条 次承租人代付租金和违约金 // 604

第720条 租赁物收益归属 // 605

第721条 租金支付期限 // 605

第722条 承租人违反租金支付义务的法律后果 // 606

第723条 出租人权利瑕疵担保义务 // 606

第724条 非承租人构成根本性违约承租人可以解除合同 // 606

第725条 所有权变动不破租赁 // 606

★第726条 房屋承租人优先购买权 // 607

★第727条 委托拍卖情况下房屋承租人优先购买权 // 609

★第728条 出租人妨害承租人优先购买权的法律后果 // 610

第729条 不可归责于承租人的租赁物毁损、灭失的法律后果 // 611

第730条 租赁期限没有约定或约定不明确时的法律后果 // 612

第731条 租赁物质量不合格时承租人解除权 // 612

第732条 房屋承租人死亡的租赁关系的处理 // 612

第733条 租赁期限届满承租人返还租赁物 // 612

★第734条 租赁期限届满承租人默示继租及房屋承租人的优先承租权 // 612

第十五章　融资租赁合同

第735条 融资租赁合同定义 // 614

第736条 融资租赁合同内容和形式 // 615

★★第737条 虚构租赁物的融资租赁合同无效 // 615

第738条 租赁物经营许可对合同效力影响 // 617

第739条 融资租赁标的物交付 // 618

第740条 承租人拒绝受领标的物的条件 // 618

第741条 承租人的索赔权 // 619

第742条 承租人行使索赔权不影响支付租金义务 // 619

第743条 承租人索赔不能的违约责任承担 // 620

第744条 出租人不得擅自变更买卖合同内容 // 620

第745条 租赁物的登记对抗效力 // 620

第746条 融资租赁合同租金的确定 // 621

第747条 租赁物瑕疵担保责任 // 622

第748条 出租人保证承租人占有和使用租赁物 // 622

第749条 租赁物造成损害的责任 // 623

第750条 承租人对租赁物的保管、使用和维修义务 // 623

第751条 租赁物毁损、灭失对租金给付义务的影响 // 623

第752条 承租人支付租金义务 // 623

第753条 出租人的解除权 // 625

第754条 融资租赁合同的解除情形 // 625

第755条 承租人承担赔偿责任情形 // 626

第756条 租赁物意外毁损灭失后的补偿 // 626

第757条 租赁期限届满租赁物归属 // 626

第758条 租赁物价值返还及租赁物无法返还时的补偿 // 626

★第759条 支付象征性价款时租赁物归属 // 627

第760条 融资租赁合同无效租赁物归属 // 627

第十六章 保理合同

★第761条 保理合同定义 // 628

★第762条 保理合同内容和形式 // 630

★第763条 虚构应收账款的法律后果 // 633

★第764条 保理人表明身份义务 // 634

★第765条 基础合同的变更、终止不对保理人发生效力 // 635

★第766条 有追索权保理 // 636

★第767条 无追索权保理 // 637

★第768条 多重保理的清偿顺序 // 637

★第769条 适用债权转让的规定 // 638

第十七章　承揽合同

第770条　承揽合同定义和承揽主要类型 // 639

第771条　承揽合同主要内容 // 639

第772条　承揽主要工作的完成 // 640

第773条　承揽辅助工作转交 // 640

第774条　承揽人提供材料时的义务 // 640

第775条　定作人提供材料时双方当事人的义务 // 640

第776条　定作人要求不合理时双方当事人的义务 // 640

第777条　定作人变更工作要求的法律后果 // 640

第778条　定作人协助义务 // 640

第779条　定作人监督检验 // 641

第780条　承揽人工作成果交付 // 641

第781条　工作成果不符合质量要求时的违约责任 // 641

第782条　定作人支付报酬的期限 // 641

第783条　定作人未履行付款义务时承揽人权利 // 641

第784条　承揽人保管义务 // 641

第785条　承揽人保密义务 // 642

第786条　共同承揽人连带责任 // 642

第787条　定作人任意解除权 // 642

第十八章　建设工程合同

★第788条　建设工程合同定义和种类 // 642

第789条　建设工程合同的形式 // 643

★★第790条　建设工程招投标原则 // 643

★★第791条　建设工程的发包、转包、分包 // 646

第792条　订立国家重大建设工程合同 // 652

★第793条　建设工程施工合同无效、验收不合格的处理 // 652

第794条　勘察、设计合同的内容 // 656

第795条　施工合同的内容 // 656

第796条　建设工程监理 // 657

第797条　发包人的检查权 // 657

第798条 隐蔽工程 // 657

★第799条 建设工程的竣工验收 // 657

第800条 勘察人、设计人的责任 // 661

★★第801条 施工人应承担的建设工程质量责任 // 661

第802条 合理使用期限内质量保证责任 // 667

第803条 发包人未按约定提供原材料、设备、场地、资金、技术资料的责任 // 668

第804条 因发包人原因造成工程停建、缓建所应承担责任 // 669

第805条 因发包人原因造成勘察、设计的返工、停工或者修改设计所应承担责任 // 669

★第806条 建设工程施工合同法定解除权及解除后果 // 669

★★第807条 建设工程价款优先受偿权 // 670

★★第808条 建设工程施工合同可适用承揽合同的规定 // 675

第十九章　运输合同

第一节　一般规定 // 676

第809条 运输合同定义 // 676

第810条 承运人强制缔约义务 // 677

第811条 承运人安全运输义务 // 677

第812条 承运人合理运输义务 // 678

第813条 支付票款或者运输费用 // 678

第二节　客运合同 // 679

第814条 客运合同成立时间 // 679

★第815条 旅客乘运义务的一般规定 // 679

第816条 旅客办理退票或者变更乘运手续 // 680

第817条 行李携带及托运要求 // 680

第818条 禁止旅客携带危险物品、违禁物品 // 680

第819条 承运人的告知义务和旅客的协助义务 // 681

★第820条 承运人按照约定运输的义务 // 681

第821条 承运人擅自降低或者提高服务标准的后果 // 683

第822条 承运人救助义务 // 683

第823条　旅客伤亡责任 // 683

第824条　旅客随身携带物品毁损、灭失的责任承担 // 684

第三节　货运合同 // 686

第825条　托运人如实申报义务 // 686

第826条　托运人提交有关文件义务 // 687

第827条　托运人货物包装义务 // 687

第828条　运输危险货物 // 688

第829条　托运人变更或者解除运输合同权利 // 688

第830条　承运人的通知义务和收货人及时提货义务 // 689

第831条　收货人检验货物 // 690

第832条　运输过程中货物毁损、灭失的责任承担 // 691

第833条　确定货损赔偿额 // 693

第834条　相继运输 // 694

第835条　货物因不可抗力灭失的运费处理 // 695

第836条　承运人留置权 // 695

第837条　承运人提存货物 // 695

第四节　多式联运合同 // 696

第838条　多式联运经营人的权利义务 // 696

第839条　多式联运合同责任制度 // 696

第840条　多式联运单据 // 697

第841条　托运人承担过错责任 // 697

第842条　多式联运经营人赔偿责任的法律适用 // 697

第二十章　技术合同

第一节　一般规定 // 697

第843条　技术合同定义 // 697

第844条　技术合同订立的目的 // 699

第845条　技术合同主要条款 // 700

第846条　技术合同价款、报酬及使用费 // 700

第847条　职务技术成果的财产权权属 // 701

第 848 条　非职务技术成果的财产权权属 // 702

第 849 条　技术成果的人身权归属 // 702

第 850 条　技术合同无效 // 703

第二节　技术开发合同 // 704

第 851 条　技术开发合同定义及合同形式 // 704

第 852 条　委托开发合同的委托人义务 // 705

第 853 条　委托开发合同的研究开发人义务 // 705

第 854 条　委托开发合同的违约责任 // 705

第 855 条　合作开发合同的当事人主要义务 // 705

第 856 条　合作开发合同的违约责任 // 706

第 857 条　技术开发合同解除 // 706

第 858 条　技术开发合同风险负担及通知义务 // 706

第 859 条　委托开发合同的技术成果归属 // 706

第 860 条　合作开发合同的技术成果归属 // 706

第 861 条　技术秘密成果归属与分享 // 707

第三节　技术转让合同和技术许可合同 // 707

第 862 条　技术转让合同和技术许可合同定义 // 707

第 863 条　技术转让合同和技术许可合同类型和形式 // 708

第 864 条　技术转让合同和技术许可合同的限制性条款 // 709

第 865 条　专利实施许可合同限制 // 710

第 866 条　专利实施许可合同许可人主要义务 // 710

第 867 条　专利实施许可合同被许可人主要义务 // 710

★第 868 条　技术秘密让与人和许可人主要义务 // 710

第 869 条　技术秘密受让人和被许可人主要义务 // 711

第 870 条　技术转让合同让与人和技术许可合同许可人保证义务 // 711

第 871 条　技术转让合同受让人和技术许可合同被许可人保密义务 // 711

第 872 条　许可人和让与人违约责任 // 711

第 873 条　被许可人和受让人违约责任 // 712

第 874 条　受让人和被许可人侵权责任 // 712

第 875 条　后续技术成果的归属与分享 // 712

第876条　其他知识产权的转让和许可 // 712

第877条　技术进出口合同或者专利、专利申请合同法律适用 // 712

第四节　技术咨询合同和技术服务合同 // 713

第878条　技术咨询合同和技术服务合同定义 // 713

第879条　技术咨询合同委托人义务 // 713

第880条　技术咨询合同受托人义务 // 714

第881条　技术咨询合同当事人的违约责任 // 714

第882条　技术服务合同委托人义务 // 715

第883条　技术服务合同受托人义务 // 715

第884条　技术服务合同当事人的违约责任 // 715

第885条　创新技术成果归属 // 716

第886条　工作费用的负担 // 716

第887条　技术中介合同和技术培训合同法律适用 // 716

第二十一章　保管合同

★第888条　保管合同定义 // 717

第889条　保管费 // 719

第890条　保管合同成立时间 // 719

第891条　保管人出具保管凭证义务 // 719

第892条　保管人妥善保管义务 // 719

第893条　寄存人告知义务 // 719

第894条　保管人亲自保管保管物义务 // 720

第895条　保管人不得使用或者许可他人使用保管物的义务 // 720

第896条　保管人返还保管物及通知寄存人的义务 // 720

★第897条　保管人赔偿责任 // 720

第898条　寄存人声明义务 // 722

第899条　领取保管物时间 // 722

第900条　返还保管物及其孳息 // 722

第901条　消费保管合同 // 722

第902条　保管费支付期限 // 722

第903条　保管人留置权 // 723

第二十二章 仓储合同

第904条 仓储合同定义 // 723

★第905条 仓储合同成立时间 // 723

第906条 危险物品和易变质物品的储存 // 724

第907条 保管人验收义务以及损害赔偿 // 724

第908条 保管人出具仓单、入库单义务 // 724

第909条 仓单 // 724

第910条 仓单性质和转让 // 725

第911条 存货人或者仓单持有人检查权和提取样品权 // 725

第912条 保管人危险通知义务 // 725

第913条 保管人危险催告义务和紧急处置权 // 726

第914条 储存期限不明确时仓储物提取 // 726

第915条 逾期提取仓储物时保管人的催告权、提存权 // 726

第916条 逾期提取仓储物 // 726

第917条 保管人的损害赔偿责任 // 726

第918条 适用保管合同 // 726

第二十三章 委托合同

第919条 委托合同定义 // 727

第920条 委托事项 // 727

第921条 委托费用的预付和垫付 // 727

第922条 受托人应当按照委托人的指示处理委托事务 // 727

★第923条 受托人亲自处理委托事务 // 727

第924条 受托人的报告义务 // 729

第925条 隐名代理 // 729

第926条 间接代理 // 729

第927条 受托人转移利益 // 730

第928条 委托人支付报酬 // 730

第929条 受托人的赔偿责任 // 730

第930条 委托人的赔偿责任 // 730

第931条　委托人另行委托他人处理事务 //731

第932条　受托人的连带责任 //731

★第933条　委托合同解除 //731

★第934条　委托合同终止 //732

★第935条　受托人继续处理委托事务 //733

第936条　受托人的继承人等的义务 //734

第二十四章　物业服务合同

★第937条　物业服务合同定义 //734

★第938条　物业服务合同内容和形式 //736

★第939条　物业服务合同的效力 //740

★第940条　前期物业服务合同法定终止条件 //742

★第941条　物业服务转委托的条件和限制性条款 //743

★第942条　物业服务人的主要义务 //744

★第943条　物业服务人的公开和报告重大事项义务 //745

★第944条　业主支付物业费义务 //746

★第945条　业主告知、协助义务 //748

★第946条　业主合同任意解除权 //749

★第947条　物业服务合同的续订 //750

★第948条　不定期物业服务合同 //750

★第949条　物业服务人的移交义务及法律责任 //751

★第950条　物业服务人的后合同义务 //752

第二十五章　行纪合同

第951条　行纪合同定义 //753

第952条　行纪人承担费用的义务 //753

第953条　行纪人的保管义务 //753

第954条　委托物有瑕疵或者容易腐烂、变质的处分 //753

第955条　行纪人依照委托人指定价格买卖的义务 //753

第956条　行纪人的介入权 //754

第957条　委托人及时受领、取回和处分委托物及行纪人提存委托物 //754

第958条　行纪人的直接履行义务 // 754

第959条　行纪人的报酬请求权及留置权 // 754

第960条　参照适用委托合同 // 754

第二十六章　中介合同

★第961条　中介合同定义 // 755

第962条　中介人报告义务 // 755

第963条　中介人报酬请求权 // 755

第964条　中介人必要费用请求权 // 755

★第965条　委托人私下与第三人订立合同后果 // 756

第966条　参照适用委托合同 // 757

第二十七章　合伙合同

★第967条　合伙合同定义 // 757

第968条　合伙人履行出资义务 // 757

第969条　合伙财产 // 757

★第970条　合伙事务的执行 // 758

★第971条　执行合伙事务报酬 // 758

★第972条　合伙的利润分配和亏损分担 // 759

第973条　合伙人的连带责任及追偿权 // 759

第974条　合伙人对外转让财产份额 // 759

第975条　合伙人权利代位 // 760

★第976条　合伙期限 // 760

第977条　合伙合同终止 // 760

★★第978条　合伙剩余财产分配顺序 // 761

第三分编　准合同

第二十八章　无因管理

★第979条　无因管理构成要件及法律效果 // 763

★第980条　受益人享有管理利益时的法律适用 // 766

★第981条　管理人的适当管理、继续管理义务 //767

★第982条　管理人通知义务 //768

★第983条　管理人报告和交付财产义务 //769

★第984条　无因管理与委托合同衔接 //770

第二十九章　不当得利

★第985条　不当得利的构成要件、法律效果及除外情形 //771

★第986条　善意得利人的返还范围 //773

★第987条　恶意得利人的返还范围 //774

★第988条　无偿受让利益第三人的返还义务 //775

第四编　人格权

第一章　一般规定

★第989条　人格权编的调整范围 //779

★第990条　人格权类型 //780

第991条　人格权受法律保护 //782

★第992条　人格权禁止性规定 //782

★第993条　人格利益的许可使用 //783

★第994条　死者人格利益保护 //784

★第995条　人格权保护的请求权 //786

★第996条　人格权责任竞合下的精神损害赔偿 //788

★第997条　侵害人格权禁令 //790

★第998条　认定行为人承担责任时的考量因素 //792

★第999条　人格利益的合理使用 //793

第1000条　消除影响、恢复名誉、赔礼道歉等民事责任的承担 //794

第1001条　自然人身份权利保护的参照 //794

第二章　生命权、身体权和健康权

第1002条　生命权 //795

第1003条　身体权 // 795

第1004条　健康权 // 795

★第1005条　法定救助义务 // 795

第1006条　人体捐献 // 796

第1007条　禁止人体买卖 // 797

第1008条　人体临床试验 // 797

第1009条　从事人体基因、人体胚胎等医学和科研活动的法定限制 // 798

★第1010条　性骚扰 // 798

第1011条　侵害行动自由和非法搜查身体 // 800

第三章　姓名权和名称权

第1012条　姓名权 // 800

第1013条　名称权 // 800

第1014条　姓名权或名称权不得被非法侵害 // 800

★第1015条　自然人姓氏的选取 // 801

第1016条　姓名、名称的登记和变更的法定程序以及法律效力 // 802

★第1017条　笔名、艺名等的保护 // 802

第四章　肖像权

第1018条　肖像权及肖像 // 803

第1019条　肖像权的保护 // 804

★第1020条　肖像权的合理使用 // 804

★第1021条　肖像许可使用合同的解释 // 806

★第1022条　肖像许可使用合同期限 // 806

★第1023条　姓名许可和声音保护的参照适用 // 808

第五章　名誉权和荣誉权

第1024条　名誉权及名誉 // 809

★第1025条　名誉权的限制 // 809

第1026条　合理核实义务的认定因素 // 811

第1027条　文学、艺术作品侵害名誉权的认定与例外 // 811

第1028条　名誉权人更正权 // 812
★第1029条　信用评价 // 812
第1030条　处理信用信息的法律适用 // 814
第1031条　荣誉权 // 814

第六章　隐私权和个人信息保护

★第1032条　隐私权及隐私 // 814
第1033条　侵害隐私权的行为 // 816
★第1034条　个人信息的保护 // 816
★第1035条　个人信息处理的原则和条件 // 819
★第1036条　处理个人信息的免责事由 // 823
第1037条　个人信息主体的权利 // 827
第1038条　信息处理者的信息安全保障义务 // 829
第1039条　国家机关及其工作人员对个人信息的保密义务 // 830

第五编　婚姻家庭

第一章　一般规定

第1040条　婚姻家庭编的调整范围 // 833
第1041条　婚姻家庭的基本原则 // 833
第1042条　婚姻家庭的禁止性规定 // 833
第1043条　婚姻家庭的倡导性规定 // 836
第1044条　收养的基本原则 // 837
第1045条　亲属、近亲属及家庭成员 // 837

第二章　结婚

第1046条　结婚自愿 // 837
第1047条　法定结婚年龄 // 837
第1048条　禁止结婚的情形 // 837
第1049条　结婚登记 // 837

第1050条　婚后双方互为家庭成员 // 838

★第1051条　婚姻无效的情形 // 838

★第1052条　受胁迫结婚的可撤销婚姻 // 843

★第1053条　婚前隐瞒重大疾病的可撤销婚姻 // 845

★第1054条　婚姻无效和被撤销的法律后果 // 847

第三章　家庭关系

第一节　夫妻关系 // 849

第1055条　夫妻地位平等 // 849

第1056条　夫妻姓名权 // 849

第1057条　夫妻参加各种活动的自由 // 849

第1058条　夫妻抚养、教育和保护子女的权利义务平等 // 850

第1059条　夫妻相互扶养义务 // 850

★★第1060条　日常家事代理权 // 851

第1061条　夫妻相互继承权 // 852

★第1062条　夫妻共同财产 // 853

★★第1063条　夫妻个人财产 // 855

★第1064条　夫妻共同债务 // 860

第1065条　夫妻约定财产制 // 862

★第1066条　婚姻关系存续期间夫妻共同财产的分割 // 863

第二节　父母子女关系和其他近亲属关系 // 865

第1067条　父母的抚养义务和子女的赡养义务 // 865

第1068条　父母教育、保护未成年子女的权利义务 // 865

第1069条　子女应尊重父母的婚姻权利 // 866

第1070条　父母子女相互继承权 // 866

第1071条　非婚生子女的权利 // 866

第1072条　继父母与继子女间的权利义务关系 // 866

★第1073条　亲子关系异议之诉 // 866

第1074条　祖孙之间的抚养赡养义务 // 868

第1075条　兄弟姐妹间的扶养义务 // 868

第四章　离婚

第1076条　协议离婚 // 868

★第1077条　离婚冷静期 // 869

第1078条　离婚登记 // 871

第1079条　诉讼离婚 // 871

第1080条　婚姻关系解除时间 // 872

第1081条　军婚的保护 // 872

第1082条　男方离婚诉权的限制 // 873

第1083条　复婚登记 // 873

第1084条　离婚后的父母子女关系 // 873

第1085条　离婚后子女抚养费的负担 // 875

第1086条　父母的探望权 // 877

★第1087条　离婚时夫妻共同财产的处理 // 878

★第1088条　离婚经济补偿 // 884

第1089条　离婚时夫妻共同债务清偿 // 885

★第1090条　离婚经济帮助 // 885

★第1091条　离婚损害赔偿 // 887

★第1092条　一方侵害夫妻共同财产的法律后果 // 890

第五章　收养

第一节　收养关系的成立 // 893

第1093条　被收养人的范围 // 893

第1094条　送养人的范围 // 894

第1095条　监护人送养未成年人的特殊规定 // 894

第1096条　监护人送养孤儿的特殊规定 // 894

第1097条　生父母送养 // 894

★第1098条　收养人的条件 // 894

第1099条　收养三代以内旁系同辈血亲子女的放宽规定 // 895

第1100条　收养子女的人数 // 896

第1101条　共同收养 // 896

第1102条　无配偶者收养异性子女的年龄差限制 // 896

第1103条　继父母收养继子女的特殊规定 // 896

第1104条　收养送养自愿 // 897

第1105条　收养登记、收养公告、收养协议、收养公证、收养评估 // 897

第1106条　被收养人户口登记 // 897

第1107条　子女由生父母的亲属及朋友抚养不适用收养 // 897

第1108条　祖父母外祖父母抚养优先权 // 897

第1109条　涉外收养 // 898

第1110条　收养保密义务 // 899

第二节　收养的效力 // 899

第1111条　收养效力 // 899

第1112条　养子女的姓氏 // 899

第1113条　无效收养行为 // 899

第三节　收养关系的解除 // 900

★第1114条　协议解除及因收养人违法行为而解除收养关系 // 900

第1115条　与成年养子女关系恶化而解除收养关系 // 902

第1116条　解除收养关系登记 // 902

第1117条　解除收养关系后的身份效力 // 902

★第1118条　解除收养关系后的财产效力 // 902

第六编　继　承

第一章　一般规定

第1119条　继承编的调整范围 // 907

第1120条　继承权受国家保护 // 907

★第1121条　继承开始的时间及死亡先后的推定 // 907

★★第1122条　遗产 // 908

第1123条　法定继承、遗嘱继承、遗赠和遗赠扶养协议的效力 // 913

★第1124条　继承、受遗赠的接受和放弃 // 913

★第1125条　继承权、受遗赠权的丧失 // 916

第二章　法定继承

第1126条　男女平等享有继承权 // 919

第1127条　法定继承人的范围及继承顺序 // 920

★第1128条　代位继承 // 921

第1129条　丧偶儿媳、丧偶女婿的继承权 // 924

第1130条　遗产分配的原则 // 925

第1131条　酌情分得遗产权 // 926

第1132条　继承处理方式 // 926

第三章　遗嘱继承和遗赠

第1133条　遗嘱处分个人财产 // 927

第1134条　自书遗嘱 // 928

第1135条　代书遗嘱 // 928

★第1136条　打印遗嘱 // 928

第1137条　录音录像遗嘱 // 930

★第1138条　口头遗嘱 // 930

第1139条　公证遗嘱 // 932

★第1140条　遗嘱见证人资格的限制性规定 // 932

第1141条　必留份 // 934

★第1142条　遗嘱的撤回、变更以及遗嘱效力顺位 // 935

★第1143条　遗嘱的实质要件 // 936

第1144条　附义务遗嘱 // 939

第四章　遗产的处理

★第1145条　遗产管理人的选任 // 939

第1146条　遗产管理人的指定 // 941

第1147条　遗产管理人的职责 // 941

★第1148条　遗产管理人未尽职责的民事责任 // 941

第1149条　遗产管理人的报酬 // 942

第1150条　继承开始后的通知 // 943

第1151条　遗产的保管 // 943

★★第1152条　转继承 // 943

第1153条　遗产的认定 // 946

★第1154条　按照法定继承办理的情形 // 947

第1155条　胎儿预留份 // 949

第1156条　遗产分割的原则和方法 // 950

第1157条　再婚时对所继承遗产的处分权 // 951

★第1158条　遗赠扶养协议 // 951

第1159条　遗产分割时的义务 // 954

第1160条　无人继承遗产的归属 // 954

第1161条　继承人清偿税款、债务的原则 // 954

第1162条　清偿被继承人税款、债务优先于执行遗赠的原则 // 954

第1163条　既有法定继承又有遗嘱继承、遗赠时税款和债务的清偿 // 955

第七编　侵权责任

第一章　一般规定

★★第1164条　侵权责任编的调整范围 // 959

★第1165条　过错责任原则与过错推定责任 // 961

★第1166条　无过错责任原则 // 963

第1167条　危及他人人身、财产安全的责任承担方式 // 965

★第1168条　共同侵权 // 965

第1169条　教唆侵权、帮助侵权 // 968

第1170条　共同危险行为 // 969

第1171条　分别侵权的连带责任 // 969

第1172条　分别侵权的按份责任 // 970

★★第1173条　过失相抵 // 971

第1174条　受害人故意 // 974

第1175条　第三人过错 // 975

★第1176条 自甘风险 // 975

★第1177条 自助行为 // 977

★第1178条 特别规定优先适用 // 979

第二章 损害赔偿

第1179条 人身损害赔偿范围 // 981

第1180条 以相同数额确定死亡赔偿金 // 985

第1181条 被侵权人死亡时请求权主体的确定 // 985

★第1182条 侵害他人人身权益造成财产损失的赔偿计算方式 // 986

★第1183条 精神损害赔偿 // 988

第1184条 财产损失计算方式 // 990

★第1185条 故意侵害知识产权的惩罚性赔偿 // 990

★第1186条 公平分担损失 // 992

第1187条 赔偿费用支付方式 // 994

第三章 责任主体的特殊规定

第1188条 监护人责任 // 994

★第1189条 委托监护时监护人的责任 // 995

第1190条 暂时丧失意识后的侵权责任 // 996

★第1191条 用人单位责任和劳务派遣单位、劳务用工单位责任 // 996

★第1192条 个人劳务关系中的侵权责任 // 998

第1193条 承揽关系中的侵权责任 // 1000

第1194条 网络侵权责任 // 1000

★第1195条 "通知与取下"制度 // 1001

★第1196条 "反通知"制度 // 1005

★第1197条 网络服务提供者与网络用户的连带责任 // 1008

★第1198条 安全保障义务人责任 // 1010

★第1199条 教育机构对无民事行为能力人受到人身损害的过错推定责任 // 1012

第1200条 教育机构对限制民事行为能力人受到人身损害的过错责任 // 1014

★第1201条 受到校外人员人身损害时的责任分担 // 1014

第四章 产品责任

第1202条 产品生产者侵权责任 // 1015

第1203条 被侵权人请求损害赔偿的途径和先行赔偿人追偿权 // 1016

第1204条 生产者和销售者对有过错第三人的追偿权 // 1018

第1205条 产品缺陷危及他人人身、财产安全的责任承担方式 // 1018

★第1206条 生产者、销售者的补救措施及费用承担 // 1018

★★第1207条 产品责任惩罚性赔偿 // 1020

第五章 机动车交通事故责任

第1208条 机动车交通事故责任的法律适用 // 1024

★第1209条 租赁、借用机动车交通事故责任 // 1024

★第1210条 转让并交付但未办理登记的机动车侵权责任 // 1027

★第1211条 挂靠机动车交通事故责任 // 1027

★第1212条 擅自驾驶他人机动车交通事故责任 // 1029

第1213条 交通事故责任承担主体赔偿顺序 // 1029

第1214条 拼装车、报废车交通事故责任 // 1032

★第1215条 盗抢机动车交通事故责任 // 1033

第1216条 驾驶人逃逸责任承担规则 // 1035

★第1217条 好意同乘规则 // 1036

第六章 医疗损害责任

★第1218条 医疗损害责任归责原则 // 1037

★第1219条 医务人员说明义务与患者知情同意权 // 1041

第1220条 紧急情况下知情同意的特殊规定 // 1045

★第1221条 医务人员诊疗过错的界定及赔偿责任 // 1046

★第1222条 推定医疗机构有过错的情形 // 1047

第1223条 因药品、消毒产品、医疗器械的缺陷,或者输入不合格血液的侵权责任 // 1049

★第1224条 医疗机构免责事由 // 1050

第1225条 医疗机构对病历资料的义务及患者对病历资料的权利 // 1052

第1226条　患者隐私和个人信息保护 // 1053

第1227条　禁止违规过度检查 // 1053

第1228条　维护医疗机构及其医务人员合法权益 // 1053

第七章　环境污染和生态破坏责任

第1229条　污染环境、破坏生态致损的侵权责任 // 1053

★第1230条　环境污染、生态破坏侵权举证责任 // 1055

★第1231条　两个以上侵权人造成损害的责任分担 // 1057

★第1232条　环境污染、生态破坏侵权的惩罚性赔偿 // 1058

第1233条　因第三人的过错污染环境、破坏生态的侵权责任 // 1062

★第1234条　生态环境修复责任 // 1063

★第1235条　生态环境损害的赔偿范围 // 1066

第八章　高度危险责任

★第1236条　高度危险责任的一般规定 // 1073

第1237条　民用核设施或者核材料致害责任 // 1075

第1238条　民用航空器致害责任 // 1075

第1239条　占有或使用高度危险物致害责任 // 1076

第1240条　高度危险活动致害责任 // 1076

第1241条　遗失、抛弃高度危险物致害责任 // 1076

第1242条　非法占有高度危险物致害责任 // 1076

第1243条　高度危险场所安全保障责任 // 1076

第1244条　高度危险责任赔偿限额 // 1077

第九章　饲养动物损害责任

第1245条　饲养动物损害责任的一般规定 // 1078

★第1246条　未对动物采取安全措施损害责任 // 1078

第1247条　禁止饲养的危险动物损害责任 // 1079

第1248条　动物园的动物损害责任 // 1079

第1249条　遗弃、逃逸的动物损害责任 // 1080

第1250条　因第三人的过错致使动物损害责任 // 1080

第1251条　饲养动物应履行的义务 // 1080

第十章　建筑物和物件损害责任

★ 第1252条　建筑物、构筑物或者其他设施倒塌、塌陷致害责任 // 1080

★ 第1253条　建筑物、构筑物或者其他设施及其搁置物、悬挂物脱落、坠落致害责任 // 1082

★ 第1254条　不明抛掷物、坠落物致害责任 // 1082

第1255条　堆放物致害责任 // 1086

★ 第1256条　在公共道路上妨碍通行物品的致害责任 // 1086

第1257条　林木致害的责任 // 1089

第1258条　公共场所或者道路上施工致害责任和窨井等地下设施致害责任 // 1089

附　则

第1259条　法律术语含义 // 1093

第1260条　施行日期及旧法废止 // 1093

第一编 总 则

第一章　基本规定

★ **第1条【立法目的和根据】**[①]

为了保护民事主体的合法权益，调整民事关系，维护社会和经济秩序，适应中国特色社会主义发展要求，弘扬社会主义核心价值观，根据宪法，制定本法。

【条文解读】

本条是关于《民法典》立法目的和根据的规定。本条将弘扬社会主义核心价值观作为立法目的之一。这是我国民法典的一大特色。文化对于一个民族具有决定性意义。从各国家、各民族发展历史看，一个民族即使一时丧失了政权、丧失了国土，只要保持了文化传承，这个民族就会延绵不绝。社会主义核心价值观是社会主义核心价值体系的内核，体现社会主义核心价值体系的根本性质和基本特征，反映社会主义核心价值体系的丰富内涵和实践要求，是社会主义核心价值体系的高度凝练和集中表达，与中国特色社会主义发展要求相契合，与中华优秀传统文化和人类文明优秀成果相承接，是中国共产党凝聚全党全社会价值共识作出的重要论断。富强、民主、文明、和谐是国家层面的价值目标，自由、平等、公正、法治是社会层面的价值取向，爱国、敬业、诚信、友善是公民个人层面的价值准则。通过制定和实施《民法典》弘扬社会主义核心价值观，必然要求将法治与德治相结合，要求在具体的司法个案中彰显社会主义核心价值观。因此，人民法院适用《民法典》及其他民事法律处理具体案件时，既要依照《民

[①] 本书条文主旨为作者所加，下同。

法典》及相关民事法律的规定，也要准确把握和运用党和国家关于弘扬和践行社会主义核心价值观的方针政策（如2013年中共中央办公厅印发的《关于培育和践行社会主义核心价值观的意见》、2016年中共中央办公厅、国务院办公厅印发的《关于进一步把社会主义核心价值观融入法治建设的指导意见》、2018年中共中央印发的《社会主义核心价值观融入法治建设立法修法规划》等和党的二十大报告关于广泛践行社会主义核心价值观的要求），以及最高人民法院制定的关于弘扬和践行社会主义核心价值观的司法政策（如2015年最高人民法院印发的《关于在人民法院工作中培育和践行社会主义核心价值观的若干意见》、2018年最高人民法院印发的《关于加强"红色经典"和英雄烈士合法权益司法保护弘扬社会主义核心价值观的通知》、2019年最高人民法院印发的《关于深化人民法院司法体制综合配套改革的意见——人民法院第五个五年改革纲要（2019—2023）》、2021年最高人民法院印发的《关于深入推进社会主义核心价值观融入裁判文书释法说理的指导意见》等）。

第2条【调整范围】

民法调整平等主体的自然人、法人和非法人组织之间的人身关系和财产关系。

第3条【民事权益受法律保护】

民事主体的人身权利、财产权利以及其他合法权益受法律保护，任何组织或者个人不得侵犯。

第4条【平等原则】

民事主体在民事活动中的法律地位一律平等。

第5条【自愿原则】

民事主体从事民事活动，应当遵循自愿原则，按照自己的意思设立、变更、终止民事法律关系。

★ **第6条【公平原则】**

民事主体从事民事活动，应当遵循公平原则，合理确定各方的权利和义务。

【条文解读】

本条是关于公平原则的规定。平等原则、自愿原则和公平原则密切相关。有观点认为，《民法典》第4条规定的平等原则是指形式平等、资格平等、机会平等，而本条规定的公平原则是实质平等、结果平等。[①]这一观点具有合理性。公平原则一般用于补足平等原则和自愿原则。民法以意思自治为基。意思自治建立在民事主体法律地位平等的基础之上。唯因法律地位平等，民事主体之自由意志不受他人之支配，方能自愿从事民事活动，按照自己的意思设立、变更、终止民事法律关系。随着社会关系的变化，尤其是交易主体缔约地位不平等、交易频次和规模增加、交易主体之间有效博弈和磋商减少，资格平等、形式平等、机会平等未必能够带来实质平等和结果平等的效果。这时就需要公平原则予以补强，从而实现实质公平。以公平原则补强平等原则和自愿原则，主要体现在立法上。例如，《民法典》第117条关于征收、征用给予补偿的规定，第151条关于显失公平的民事法律行为可撤销的规定，第288条关于正确处理相邻关系的原则的规定，第496条第2款关于格式条款内容的规定，第533条关于情势变更的规定，第790条关于工程招标的规定，第1186条关于公平责任的规定。

实践中容易引起争议的是显失公平民事法律行为的认定以及公平责任的适用。《民法典》第151条规定："一方利用对方处于危困状态、缺乏判断能力等情形，致使民事法律行为成立时显失公平的，受损害方有权请求人民法院或者仲裁机构予以撤销。"显失公平民事法律行为需要同时具备三个条件：一是一方利用对方处于危困状态、缺乏判断能力等情形；二是民事法律行为

[①] 王利明：《民法总则研究》，中国人民大学出版社2012年版，第122页。

成立时显失公平；三是二者之间具有因果关系。实践中，有人仅以结果不公平为由否定合同效力或者认定一方当事人享有撤销权，这是不正确的。自愿原则和平等原则，都建立在一个基本的命题之上，即每个人是自己利益最大化的最佳判断者，裁判者不能任意以自己的判断取代当事人的判断、不能以纠纷发生后的判断取代合同订立时的判断。

《民法典》第1186条规定："受害人和行为人对损害的发生都没有过错的，依照法律的规定由双方分担损失。"本条规定在侵权责任编，适用于民事权利受到侵害的情况，并不适用于合同责任。关于公平责任，原《民法通则》第132条规定："当事人对造成损害都没有过错的，可以根据实际情况，由当事人分担民事责任。"原《最高人民法院关于贯彻执行〈中华人民共和国民法通则〉若干问题的意见（试行）》第157条规定："当事人对造成损害均无过错，但一方是在为对方的利益或者共同的利益进行活动的过程中受到损害的，可以责令对方或者受益人给予一定的经济补偿。"原《侵权责任法》第24条规定，受害人和行为人对损害的发生都没有过错的，可以根据实际情况，由双方分担损失。实践中，原《侵权责任法》第24条的适用范围争议较大。《民法典》第6条对公平责任的适用范围进一步作了限制，将原《侵权责任法》规定的"可以根据实际情况"修改为"依照法律的规定"。

★ **第7条【诚信原则】**

民事主体从事民事活动，应当遵循诚信原则，秉持诚实，恪守承诺。

【条文解读】

本条是关于诚信原则的规定。诚信原则在民法上具有重要意义，有观点认为诚信原则是民法的"帝王条款"。如果仔细分析，诚信原则虽然重要，但这一观点仍值得商榷。民法不仅是商品经济的法律。民法包括财产法和人身法。诚信原则作为民法的基本原则，主要适用于财产法领域。财产法包括关于财产归属的法律和关于财产流转的法律。在关于财产归属的法律中，如物权法，一般也不以诚信原则为基本原则，而是以物权法定、公示公信为原则，民事主体不能通过民事法律行为创设新类型物权，也不能创设新的物权规则。在交易法中，诚信原则是一项基本原则，但也不是仅讲诚信。有效的民事法律行为需要具备合意性和合法性两个要件。诚信原则主要是规范合意性要件的。

诚信原则的适用领域主要包括两个方面：一是合意性的解释，二是履行的适当性。此外，先合同义务、后合同义务之认定，通常也以诚信原则为依据。之所以强调诚信原则的适用范围，是因为民事审判中有一种观点，将诚信原则的适用范围不当地扩大，以至于违反法律强制性规定或者违背公序良俗的民事法律行为，也以诚信原则为由，认定其有效。例如，政府机关超出其职权范围，与国有土地使用权受让人约定，返还土地使用权出让金。关于此类合同的效力，有观点认为，政府应当遵守诚信原则，因此应当认定该约定有效。在这种情况下，民事法律行为因违反法律的强制性规定而无效，既不需要去解释合同，也不需要履行合同，自然没有诚信原则的适用余地。此外，机关法人参与民事活动通常有要式行为要求，以防止公务人员的道德风险。如果机关法人违反关于招标投标、拍卖、挂牌等缔约行为的强制性规定的，也会导致合同无效。这种情况下，仍然不以政府应当遵守诚信原则为由认定合同有效。如果民事法律行为违反法律行政法规的强制性规定，损害国家利益、社会公共利益或者第三人合法权益，双方当事人都不是诚信当事人。

第8条【守法与公序良俗原则】

民事主体从事民事活动，不得违反法律，不得违背公序良俗。

第9条【绿色原则】

民事主体从事民事活动，应当有利于节约资源、保护生态环境。

第10条【法律适用】

处理民事纠纷，应当依照法律；法律没有规定的，可以适用习惯，但是不得违背公序良俗。

【关联司法解释】

《最高人民法院关于适用〈中华人民共和国民法典〉合同编通则若干问题的解释》

第2条 下列情形，不违反法律、行政法规的强制性规定且不违背公序良俗的，人民法院可以认定为民法典所称的"交易习惯"：

（一）当事人之间在交易活动中的惯常做法；

（二）在交易行为当地或者某一领域、某一行业通常采用并为交易对方订立合同时所知道或者应当知道的做法。

对于交易习惯，由提出主张的当事人一方承担举证责任。

第11条【优先适用特别法】

其他法律对民事关系有特别规定的，依照其规定。

第12条【效力范围】

中华人民共和国领域内的民事活动，适用中华人民共和国法律。法律另有规定的，依照其规定。

【关联司法解释】

《最高人民法院关于适用〈中华人民共和国涉外民事关系法律适用法〉若干问题的解释（一）》

第12条 当事人没有选择涉外仲裁协议适用的法律，也没有约定仲裁机构或者仲裁地，或者约定不明的，人民法院可以适用中华人民共和国法律认定该仲裁协议的效力。

《最高人民法院关于审理独立保函纠纷案件若干问题的规定》

第22条　涉外独立保函未载明适用法律，开立人和受益人在一审法庭辩论终结前亦未就适用法律达成一致的，开立人和受益人之间因涉外独立保函而产生的纠纷适用开立人经常居所地法律；独立保函由金融机构依法登记设立的分支机构开立的，适用分支机构登记地法律。

涉外独立保函欺诈纠纷，当事人就适用法律不能达成一致的，适用被请求止付的独立保函的开立人经常居所地法律；独立保函由金融机构依法登记设立的分支机构开立的，适用分支机构登记地法律；当事人有共同经常居所地的，适用共同经常居所地法律。

涉外独立保函止付保全程序，适用中华人民共和国法律。

第二章　自然人

第一节　民事权利能力和民事行为能力

第13条【自然人民事权利能力的起止】

自然人从出生时起到死亡时止，具有民事权利能力，依法享有民事权利，承担民事义务。

【关联司法解释】

《最高人民法院关于确定民事侵权精神损害赔偿责任若干问题的解释》

第3条　死者的姓名、肖像、名誉、荣誉、隐私、遗体、遗骨等受到侵害，其近亲属向人民法院提起诉讼请求精神损害赔偿的，人民法院应当依法予以支持。

《最高人民法院关于适用〈中华人民共和国民事诉讼法〉的解释》

★ **第69条** 对侵害死者遗体、遗骨以及姓名、肖像、名誉、荣誉、隐私等行为提起诉讼的，死者的近亲属为当事人。

【司法解释条文解读】

本条是关于死者人格要素保护案件中原告范围的规定。对侵害死者遗体、遗骨以及姓名、肖像、名誉、荣誉、隐私等行为提起诉讼，保护的是谁的权益、是什么权益？对该问题，实践中存在不同认识。《民法典》第13条规定："自然人从出生时起到死亡时止，具有民事权利能力，依法享有民事权利，承担民事义务。"死者不具有民事权利能力，依法不享有民事权利，因此，保护死者遗体、遗骨以及姓名、肖像、名誉、荣誉、隐私等，并非保护死者权利。但侵害死者遗体、遗骨以及姓名、肖像、名誉、荣誉、隐私等行为会对死者近亲属的人格权益造成损害，造成精神痛苦，如果死者姓名、肖像等承载经济利益的，还会损害亲属的财产权益，因此死者的近亲属有权请求停止侵害、赔偿精神损害或者财产损失。如果是英雄、烈士，其姓名、肖像、名誉、荣誉等承载着社会公共利益，则侵害死者遗体、遗骨以及姓名、肖像、名誉、荣誉、隐私等行为还会损害公共利益，法律规定的机关或者组织有权提起公益诉讼。由于案由分类的原因，在具体案件的案由中仍会在死者的"姓名、肖像、名誉、荣誉"后加上"权"字，但死者已不享有权利。

第14条【自然人民事权利能力平等】

自然人的民事权利能力一律平等。

第15条【自然人出生和死亡时间的判断标准】

自然人的出生时间和死亡时间，以出生证明、死亡证明记载的时间为准；没有出生证明、死亡证明的，以户籍登记或者其他有效身份登记记载的时间为准。有其他证据足以推翻以上记载时间的，以该证据证明的时间为准。

第16条【胎儿利益的特殊保护】

涉及遗产继承、接受赠与等胎儿利益保护的，胎儿视为具有民事权利能力。但是，胎儿娩出时为死体的，其民事权利能力自始不存在。

第17条【成年人与未成年人的年龄标准】

十八周岁以上的自然人为成年人。不满十八周岁的自然人为未成年人。

★ 第18条【完全民事行为能力人】

成年人为完全民事行为能力人，可以独立实施民事法律行为。

十六周岁以上的未成年人，以自己的劳动收入为主要生活来源的，视为完全民事行为能力人。

【条文解读】

本条是关于完全民事行为能力人的规定。关于自然人民事主体的分类，成年人与未成年人和完全民事行为能力人与无行为能力人、限制民事行为能力人是一对密切联系但又存在区别的关系。二者的联系在于，民法主要通过年龄来拟制当事人的意思能力和行为能力。18周岁以上的自然人通常具有较为成熟的心智，能够准确认识和预判自己的行为后果，因此，成年人通常也是完全行为能力人。但是成年人与完全行为能力人在两种情况下不一致：一是16周岁以上的未成年人，如果以自己的劳动收入为主要生活来源，虽然不是成年人，但视为完全民事行为能力人；二是不能辨认自己行为的成年人为无民事行为能力人、不能完全辨认自己行为的成年人为限制民事行为能力人。是否具有行为能力，一方面决定民事法律行为的效力，主要适用于合同领域；另一方面决定是否对侵权行为承担责任，主要适用侵权领域。《民法典》第1188条规定："无民事行为能力人、限制民事行为能力人造成他人损害的，由监护人承担侵权责任。监护人尽到监护职责的，可以减轻其侵权责任。有财产的无民事行为能力人、限制民事行为能力人造成他人损害的，从本人财产中支付赔偿费用；不足部分，由监护人赔偿。"如果侵权人是16周岁以上的未成年人且以自己的劳动收入为主要生活来源，依该条规定，应当承担侵权责任。

第19条【限制民事行为能力的未成年人】

八周岁以上的未成年人为限制民事行为能力人，实施民事法律行为由其法定代理人代理或者经其法定代理人同意、追认；但是，可以独立实施纯获利益的民事法律行为或者与其年龄、智力相适应的民事法律行为。

第20条【无民事行为能力的未成年人】

不满八周岁的未成年人为无民事行为能力人，由其法定代理人代理实施民事法律行为。

【其他关联规定】

《中华人民共和国民事诉讼法》

第60条　无诉讼行为能力人由他的监护人作为法定代理人代为诉讼。法定代理人之间互相推诿代理责任的，由人民法院指定其中一人代为诉讼。

第21条【无民事行为能力的成年人】

不能辨认自己行为的成年人为无民事行为能力人，由其法定代理人代理实施民事法律行为。

八周岁以上的未成年人不能辨认自己行为的，适用前款规定。

第22条【限制民事行为能力的成年人】

不能完全辨认自己行为的成年人为限制民事行为能力人，实施民事法律行为由其法定代理人代理或者经其法定代理人同意、追认；但是，可以独立实施纯获利益的民事法律行为或者与其智力、精神健康状况相适应的民事法律行为。

第23条【法定代理人】

无民事行为能力人、限制民事行为能力人的监护人是其法定代理人。

【关联司法解释】

《最高人民法院关于适用〈中华人民共和国民事诉讼法〉的解释》

第83条　在诉讼中，无民事行为能力人、限制民事行为能力人的监护人是他的法定代理人。事先没有确定监护人的，可以由有监护资格的人协商确定；协商不成的，由人民法院在他们之中指定诉讼中的法定代理人。当事人没有民法典第二十七条、第二十八条规定的监护人的，可以指定民法典第三十二条规定的有关组织担任诉讼中的法定代理人。

第24条【无民事行为能力人或限制民事行为能力人的认定与恢复】

不能辨认或者不能完全辨认自己行为的成年人，其利害关系人或者有关组织，可以向人民法院申请认定该成年人为无民事行为能力人或者限制民事行为能力人。

被人民法院认定为无民事行为能力人或者限制民事行为能力人的，经本人、利害关系人或者有关组织申请，人民法院可以根据其智力、精神健康恢复的状况，认定该成年人恢复为限制民事行为能力人或者完全民事行为能力人。

本条规定的有关组织包括：居民委员会、村民委员会、学校、医疗机构、妇女联合会、残疾人联合会、依法设立的老年人组织、民政部门等。

第25条【自然人的住所】

自然人以户籍登记或者其他有效身份登记记载的居所为住所；经常居所与住所不一致的，经常居所视为住所。

【关联司法解释】

《最高人民法院关于适用〈中华人民共和国涉外民事关系法律适用法〉若干问题的解释（一）》

第13条 自然人在涉外民事关系产生或者变更、终止时已经连续居住一年以上且作为其生活中心的地方，人民法院可以认定为涉外民事关系法律适用法规定的自然人的经常居所地，但就医、劳务派遣、公务等情形除外。

第二节 监护

第26条【父母子女之间的法律义务】

父母对未成年子女负有抚养、教育和保护的义务。

成年子女对父母负有赡养、扶助和保护的义务。

★ 第27条【未成年人的监护人】

父母是未成年子女的监护人。

未成年人的父母已经死亡或者没有监护能力的，由下列有监护能力的人按顺序担任监护人：

（一）祖父母、外祖父母；

（二）兄、姐；

（三）其他愿意担任监护人的个人或者组织，但是须经未成年人住所地的居民委员会、村民委员会或者民政部门同意。

【条文解读】

本条是关于未成年人监护人的规定。监护权既是一种民事权利，也是一种民事义务。监护人不能擅自放弃监护权。《民法典》第26条第1款规定："父母对未成年子女负有抚养、教育和保护的义务。"即使父母有严重损害未成年人权益的行为，被剥夺了对未成年子女的监护权，父母仍然应当承担未成年子女的抚养费、教育费等费用。另外，《民法典》第26条第2款规定："成年子女对父母负有赡养、扶助和保护的义务。"成年子女不能以父母离婚、再婚或者未尽到抚养义务等为由，拒不承担赡养义务。

第28条【无民事行为能力、限制民事行为能力的成年人的监护人】

无民事行为能力或者限制民事行为能力的成年人，由下列有监护能力的人按顺序担任监护人：

（一）配偶；

（二）父母、子女；

（三）其他近亲属；

（四）其他愿意担任监护人的个人或者组织，但是须经被监护人住所地的居民委员会、村民委员会或者民政部门同意。

第29条【遗嘱指定监护人】

被监护人的父母担任监护人的，可以通过遗嘱指定监护人。

第30条【协议确定监护人】

依法具有监护资格的人之间可以协议确定监护人。协议确定监护人应当尊重被监护人的真实意愿。

第31条【监护争议解决程序】

对监护人的确定有争议的，由被监护人住所地的居民委员会、村民委员会或者民政部门指定监护人，有关当事人对指定不服的，可以向人民法院申请指定监护人；有关当事人也可以直接向人民法院申请指定监护人。

居民委员会、村民委员会、民政部门或者人民法院应当尊重被监护人的真实意愿，按照最有利于被监护人的原则在依法具有监护资格的人中指定监护人。

依据本条第一款规定指定监护人前，被监护人的人身权利、财产权利以及其他合法权益处于无人保护状态的，由被监护人住所地的居民委员会、村民委员会、法律规定的有关组织或者民政部门担任临时监护人。①

监护人被指定后，不得擅自变更；擅自变更的，不免除被指定的监护人的责任。

第32条【公职监护人】

没有依法具有监护资格的人的，监护人由民政部门担任，也可以由具备履行监护职责条件的被监护人住所地的居民委员会、村民委员会担任。

第33条【意定监护】

具有完全民事行为能力的成年人，可以与其近亲属、其他愿意担任监护人的个人或者组织事先协商，以书面形式确定自己的监护人，在自己丧失或者部分丧失民事行为能力时，由该监护人履行监护职责。

★ 第34条【监护人的职责与权利及临时生活照料措施】

监护人的职责是代理被监护人实施民事法律行为，保护被监护人的人身权利、财产权利以及其他合法权益等。

监护人依法履行监护职责产生的权利，受法律保护。

监护人不履行监护职责或者侵害被监护人合法权益的，应当承担法律责任。

因发生突发事件等紧急情况，监护人暂时无法履行监护职责，被监护人的生活处于无人照料状态的，被监护人住所地的居民委员会、村民委员会或

---

① 字体为黑体的民法典条文，是较原有民事法律规定新增加或者修订的条文。本书中作者仅对相对重要的条文作了提示。

者民政部门应当为被监护人安排必要的临时生活照料措施。

【条文解读】

本条是关于监护职责内容及临时生活照料的规定。本条在承继原《民法总则》第34条内容的基础上，新增了第4款，规定了临时生活照料，主要是考虑发生突发事件[①]的紧急情况，监护人暂时无法履行监护职责，若此时被监护人的生活处于无人照料的状态的，为了被监护人的利益，居民委员会、村民委员会或者民政部门应当安排对被监护人进行临时生活照料。

本条第1款规定了监护人的职责，将"代理被监护人实施民事法律行为"从监护职责中单列出来作强调。本条第2款规定了监护人因履行监护职责所产生的权利。监护人在履行监护职责的过程中，也会因此享有一定的权利，除《民法典》的规定外，相关单行法也对监护人因履行监护职责所产生的权利作出了规定，如《广告法》第33条规定："广告主或者广告经营者在广告中使用他人名义或者形象的，应当事先取得其书面同意；使用无民事行为能力人、限制民事行为能力人的名义或者形象的，应当事先取得其监护人的书面同意。"本条第3款规定了监护人的责任，被监护人都是未成年人或者辨识能力不足的成年人，监护人如果不履行监护职责或者侵害被监护人合法权益的，应当承担相应的责任。主要包括：一是对被监护人的侵权行为承担责任，如《民法典》第1188条之规定；二是监护人不履行监护职责或者侵害被监护人合法权益，造成被监护人人身、财产损害的，应当承担民事责任，如停止侵害、赔偿损失等。

本条第4款在实务适用中应当注意与临时监护制度的区分。两者虽然都有临时生活照料的内容，但临时生活照料措施与临时监护制度适用的前提条件和内容存在很大差别：一是监护人的有无。临时生活照料是在发生突发事件的紧急情况下，监护人暂时无法照料被监护人，需要安排对被监护人临时生活照料，此时监护人的资格并没有被剥夺；而临时监护制度设立的前提是

[①] 这里的"突发事件"，是指《突发事件应对法》中规定的，突然发生，造成或者可能造成严重社会危害，需要采取应急处置措施予以应对的自然灾害、事故灾难、公共卫生事件和社会安全事件。

没有监护人。二是监护职责不同。临时生活照料措施只是安排人员照料被监护人的日常生活；而临时监护制度中，临时监护人的监护职责范围更广，如有保护被监护人的人身权利、财产权利以及其他合法权益，享有财产管理和支配权、代理诉讼的权利，承担因被监护人侵权引起的法律责任等。此外，采取临时生活照料措施，只是临时性生活照料，如果监护人去世，就应当及时确定新监护人，如果对确定新监护人发生异议难以确定，被监护人的人身、财产以及其他合法权益仍处于无人保护的状态，符合临时监护的适用条件，应由被监护人住所地的居民委员会、村民委员会、法律规定的有关组织或者民政部门担任临时监护人。

【关联司法解释】

《最高人民法院关于确定民事侵权精神损害赔偿责任若干问题的解释》

★ 第2条 非法使被监护人脱离监护，导致亲子关系或者近亲属间的亲属关系遭受严重损害，监护人向人民法院起诉请求赔偿精神损害的，人民法院应当依法予以受理。

【司法解释条文解读】

本条是关于特定的身份权利受到侵害，可以请求赔偿精神损害的规定。在人格独立、自由、平等已成为社会基本的法律价值理念的背景下，以对人的支配和约束为内容的身份权，如传统亲属法中的夫权、家长权等都不再为法律所认可。但在亲属法的范畴内，为保护亲属关系利益，法律仍然承认一定范围内基于亲属相对关系的身份权，但法律保护的重心已从对人的支配权利的保护发展演变为对特定身份关系利益（包括财产利益和人格利益）的保护。其中，最具有重要性的就是基于婚姻家庭关系产生的、内涵特定的人格和精神利益的亲权以及近亲属范围内的亲属权。亲权是父母对未成年子女进行监督、保护和管教的权利，其性质属于身份权。亲权被侵害，受害人所遭受的通常并不是财产上的损害，而是感情创伤和精神痛苦，即"非财产上的损害"。近亲属范围内的亲属权也是如此。作为身份权利，它们都属于内涵特定的人格和精神利益，其所受损害同样属于"非财产上的损害"。加害人因故意或重大过失侵害上述身份权利，致受害人伦理情感遭受巨大伤害的，应当赔偿受害人的精神损害。在近亲属范围内，监护实际上兼有身份权利的性质。非法使被监护人脱离监护，导致亲子关系或近亲属间的亲属关系遭受严重损害的，可以认定为侵害他人监护权，监护人请求赔偿精神损害的，人民法院应当依法予以受理。《最高人民法院关于确定民事侵权精神损害赔偿责任若干问题的解释》将精神损害赔偿范围从单纯的人格权利延伸到以婚姻家庭关系为基础、内涵特定的人格和精神利益的一定范围的身份权利，是对人格权司法保护的又一发展。

《最高人民法院关于适用〈中华人民共和国民事诉讼法〉的解释》

第67条 无民事行为能力人、限制民事行为能力人造成他人损害的，无民事行为能力人、限制民事行为能力人和其监护人为共同被告。

第35条【监护人履行职责的原则与要求】

监护人应当按照最有利于被监护人的原则履行监护职责。监护人除为维护被监护人利益外，不得处分被监护人的财产。

未成年人的监护人履行监护职责，在作出与被监护人利益有关的决定时，应当根据被监护人的年龄和智力状况，尊重被监护人的真实意愿。

成年人的监护人履行监护职责，应当最大程度地尊重被监护人的真实意愿，保障并协助被监护人实施与其智力、精神健康状况相适应的民事法律行为。对被监护人有能力独立处理的事务，监护人不得干涉。

第36条【撤销监护人资格】

监护人有下列情形之一的，人民法院根据有关个人或者组织的申请，撤销其监护人资格，安排必要的临时监护措施，并按照最有利于被监护人的原则依法指定监护人：

（一）实施严重损害被监护人身心健康的行为；

（二）怠于履行监护职责，或者无法履行监护职责且拒绝将监护职责部分或者全部委托给他人，导致被监护人处于危困状态；

（三）实施严重侵害被监护人合法权益的其他行为。

本条规定的有关个人、组织包括：其他依法具有监护资格的人，居民委员会、村民委员会、学校、医疗机构、妇女联合会、残疾人联合会、未成年人保护组织、依法设立的老年人组织、民政部门等。

前款规定的个人和民政部门以外的组织未及时向人民法院申请撤销监护人资格的，民政部门应当向人民法院申请。

第37条【监护人资格被撤销后负担抚养费赡养费扶养费义务不免除】

依法负担被监护人抚养费、赡养费、扶养费的父母、子女、配偶等，被人民法院撤销监护人资格后，应当继续履行负担的义务。

第38条【恢复监护人资格】

被监护人的父母或者子女被人民法院撤销监护人资格后，除对被监护人实施故意犯罪的外，确有悔改表现的，经其申请，人民法院可以在尊重被监护人真实意愿的前提下，视情况恢复其监护人资格，人民法院指定的监护人与被监护人的监护关系同时终止。

第39条【监护关系终止的情形】

有下列情形之一的，监护关系终止：

（一）被监护人取得或者恢复完全民事行为能力；

（二）监护人丧失监护能力；

（三）被监护人或者监护人死亡；

（四）人民法院认定监护关系终止的其他情形。

监护关系终止后，被监护人仍然需要监护的，应当依法另行确定监护人。

第三节　宣告失踪和宣告死亡

第40条【宣告失踪的条件】
自然人下落不明满二年的，利害关系人可以向人民法院申请宣告该自然人为失踪人。

第41条【下落不明的时间计算】
自然人下落不明的时间自其失去音讯之日起计算。战争期间下落不明的，下落不明的时间自战争结束之日或者有关机关确定的下落不明之日起计算。

第42条【失踪人的财产代管人】
失踪人的财产由其配偶、成年子女、父母或者其他愿意担任财产代管人的人代管。

代管有争议，没有前款规定的人，或者前款规定的人无代管能力的，由人民法院指定的人代管。

第43条【财产代管人的职责】
财产代管人应当妥善管理失踪人的财产，维护其财产权益。

失踪人所欠税款、债务和应付的其他费用，由财产代管人从失踪人的财产中支付。

财产代管人因故意或者重大过失造成失踪人财产损失的，应当承担赔偿责任。

第44条【财产代管人的变更】
财产代管人不履行代管职责、侵害失踪人财产权益或者丧失代管能力的，失踪人的利害关系人可以向人民法院申请变更财产代管人。

财产代管人有正当理由的，可以向人民法院申请变更财产代管人。

人民法院变更财产代管人的，变更后的财产代管人有权请求原财产代管人及时移交有关财产并报告财产代管情况。

第45条【失踪宣告的撤销】

失踪人重新出现，经本人或者利害关系人申请，人民法院应当撤销失踪宣告。

失踪人重新出现，有权请求财产代管人及时移交有关财产并报告财产代管情况。

第46条【宣告死亡的条件】

自然人有下列情形之一的，利害关系人可以向人民法院申请宣告该自然人死亡：

（一）下落不明满四年；

（二）因意外事件，下落不明满二年。

因意外事件下落不明，经有关机关证明该自然人不可能生存的，申请宣告死亡不受二年时间的限制。

第47条【宣告死亡的优先适用】

对同一自然人，有的利害关系人申请宣告死亡，有的利害关系人申请宣告失踪，符合本法规定的宣告死亡条件的，人民法院应当宣告死亡。

第48条【被宣告死亡的人死亡日期的确定】

被宣告死亡的人，人民法院宣告死亡的判决作出之日视为其死亡的日期；因意外事件下落不明宣告死亡的，意外事件发生之日视为其死亡的日期。

第49条【被宣告死亡期间的民事法律行为效力】

自然人被宣告死亡但是并未死亡的，不影响该自然人在被宣告死亡期间实施的民事法律行为的效力。

第50条【死亡宣告的撤销】

被宣告死亡的人重新出现，经本人或者利害关系人申请，人民法院应当撤销死亡宣告。

第51条【宣告死亡、撤销死亡宣告对婚姻关系的影响】

被宣告死亡的人的婚姻关系，自死亡宣告之日起消除。死亡宣告被撤销的，婚姻关系自撤销死亡宣告之日起自行恢复。但是，其配偶再婚或者向婚姻登记机关书面声明不愿意恢复的除外。

第52条【撤销死亡宣告对收养关系的影响】

被宣告死亡的人在被宣告死亡期间，其子女被他人依法收养的，在死亡宣告被撤销后，不得以未经本人同意为由主张收养行为无效。

第53条【死亡宣告撤销后的财产返还】

被撤销死亡宣告的人有权请求依照本法第六编取得其财产的民事主体返还财产；无法返还的，应当给予适当补偿。

利害关系人隐瞒真实情况，致使他人被宣告死亡而取得其财产的，除应当返还财产外，还应当对由此造成的损失承担赔偿责任。

第四节　个体工商户和农村承包经营户

第54条【个体工商户的定义】

自然人从事工商业经营，经依法登记，为个体工商户。个体工商户可以起字号。

【关联司法解释】

《最高人民法院关于适用〈中华人民共和国民事诉讼法〉的解释》

第59条　在诉讼中，个体工商户以营业执照上登记的经营者为当事人。有字号的，以营业执照上登记的字号为当事人，但应同时注明该字号经营者的基本信息。

营业执照上登记的经营者与实际经营者不一致的，以登记的经营者和实际经营者为共同诉讼人。

第55条【农村承包经营户的定义】

农村集体经济组织的成员，依法取得农村土地承包经营权，从事家庭承包经营的，为农村承包经营户。

【关联司法解释】

《最高人民法院关于适用〈中华人民共和国民事诉讼法〉的解释》

第68条 居民委员会、村民委员会或者村民小组与他人发生民事纠纷的，居民委员会、村民委员会或者有独立财产的村民小组为当事人。

第56条【债务承担规则】

个体工商户的债务，个人经营的，以个人财产承担；家庭经营的，以家庭财产承担；无法区分的，以家庭财产承担。

农村承包经营户的债务，以从事农村土地承包经营的农户财产承担；事实上由农户部分成员经营的，以该部分成员的财产承担。

第三章 法人

第一节 一般规定

第57条【法人的定义】

法人是具有民事权利能力和民事行为能力，依法独立享有民事权利和承担民事义务的组织。

第58条【法人成立的条件】

法人应当依法成立。

法人应当有自己的名称、组织机构、住所、财产或者经费。法人成立的具体条件和程序，依照法律、行政法规的规定。

设立法人，法律、行政法规规定须经有关机关批准的，依照其规定。

第59条【法人民事权利能力和民事行为能力】

法人的民事权利能力和民事行为能力，从法人成立时产生，到法人终止时消灭。

★ #### 第60条【法人民事责任承担】

法人以其全部财产独立承担民事责任。

【条文解读】

本条是关于法人独立承担民事责任的规定。本条以原《民法通则》第37条和第48条的规定为蓝本，在总结多年来民法学界研究共识的基础上，对法人的独立责任所作出的规定。

法人独立承担民事责任，是指法人以其独立支配的财产对其自身债务承担清偿责任。在我国固有法制传统中，立法并未赋予合伙企业、无限责任公司、两合公司等企业法人资格，故立足于我国立法的实际情况，我国现行法上的法人，只有独立承担责任这一种形态。准确理解本条规定，主要可以从四个方面把握：（1）法人独立承担责任是其本质属性。法人运用其权利能力取得权利和负担义务过程中所表现出的独立性，如不能独立承担责任，则表明其不具有相应的权利能力。（2）法人独立承担的责任，原则上必须是其自身的民事责任。因此，在法人为其成员、股东或他人提供担保、承担债务等例外场合，必须依法履行法律或法人章程规定的批准程序。（3）原则上，法人只能自己承担清偿债务的责任，法人的成员、股东对法人的债务不负责任，但在法人的出资人出资不足、滥用法人的人格损害债权人利益等例外场合，并不排除其成员、股东对法人债务承担连带责任。同时，法人独立承担责任并不意味着其他主体不得为其承担责任。(4) 法人以其全部财产承担责任，本质上是一种无限责任。无限责任是指债务人以其全部财产对其债务承担责任，直至清偿为止方能免责。当然，法人以其全部财产为限对债务承担无限责任，并不排除法人能够在协议另有约定等特殊情形下承担有限责任的可能。

第61条【法定代表人的定义及行为的法律后果】

依照法律或者法人章程的规定，代表法人从事民事活动的负责人，为法人的法定代表人。

法定代表人以法人名义从事的民事活动，其法律后果由法人承受。

法人章程或者法人权力机构对法定代表人代表权的限制，不得对抗善意相对人。

【关联司法解释】

《最高人民法院关于适用〈中华人民共和国民事诉讼法〉的解释》

第50条　法人的法定代表人以依法登记的为准，但法律另有规定的除外。依法不需要办理登记的法人，以其正职负责人为法定代表人；没有正职负责人的，以其主持工作的副职负责人为法定代表人。

法定代表人已经变更，但未完成登记，变更后的法定代表人要求代表法人参加诉讼的，人民法院可以准许。

其他组织，以其主要负责人为代表人。

第51条　在诉讼中，法人的法定代表人变更的，由新的法定代表人继续进行诉讼，并应向人民法院提交新的法定代表人身份证明书。原法定代表人进行的诉讼行为有效。

前款规定，适用于其他组织参加的诉讼。

【其他关联规定】

《中华人民共和国民事诉讼法》

第51条 公民、法人和其他组织可以作为民事诉讼的当事人。

法人由其法定代表人进行诉讼。其他组织由其主要负责人进行诉讼。

第62条【法定代表人职务侵权行为的责任承担】

法定代表人因执行职务造成他人损害的，由法人承担民事责任。

法人承担民事责任后，依照法律或者法人章程的规定，可以向有过错的法定代表人追偿。

★ 第63条【法人的住所】

法人以其主要办事机构所在地为住所。依法需要办理法人登记的，应当将主要办事机构所在地登记为住所。

【条文解读】

本条是关于法人住所的规定，本条在原《民法通则》第39条基础上，增加了"依法需要办理法人登记的，应当将主要办事机构所在地登记为住所"。为更好地规范法人登记，维护交易安全以及保护相对人利益，故增加上述规定。

住所是法人设立的重要条件之一，亦是法人法律关系的中心地。"主要办事机构所在地"应理解为统率执行法人业务活动，决定和处理组织事务的机构所在地。当法人只设一个办事机构时，该办事机构所在地即为住所；当法人设有多个办事机构时，则以其主要办事机构所在地为住所，如总公司所在地、总厂所在地、总行所在地等。依照《最高人民法院关于适用〈中华人民共和国民事诉讼法〉的解释》第52条的规定，"依法设立并领取营业执照的法人的分支机构"可以作为诉讼参加人。由于此类法人的分支机构经常进行业务活动，对外发生民事法律关系，法人分支机构所在地是其事务执行地，应以法人分支机构所在地为其住所。法人尤其是营利法人的登记对相对人利益十分重要，法人登记具有公示公信效力，从法律上确定法人住所，具有多重意义：（1）为确定诉讼管辖提供依据。《民事诉讼法》第22条第2款规定："对法人或者其他组织提起的民事诉讼，由被告住所地人民法院管辖。"从法律上确定法人住所，有利于明确案件管辖法院。（2）确定法律文书的送达处所。对法人来说，无论何种送达方式，均以法人住所地为受送达处所。（3）确定债务履行处所。就合同约定不明时的履行问题，《民法典》合同编中的第511条中规定，履行地点不明确，给付货币的，在接受货币一方所在地履行；交付不动产的，在不动产所在地履行；其他标的，在履行义务一方所在地履行。就法人而言，其履行所在地即为其住所地。

审判实践中应当注意：（1）一般情况下，法人的主要办事机构所在地、注册地或登记地、住所地是重合的，故一般而言，法人登记的住所地即为主要办事机构所在地。（2）注意区分法人的住所与场所两个不同概念。法人的住所系具有法律意义的概念，是指法人依法向主管行政机关登记的地点。法人的场所是指法人从事业务活动或生产经营活动的处所，既包括法人机关所在地，也包括法人的生产经营场所和其他分支机构所在地。法人的住所只有一个，而法人的场所，如营业场所、销售网点等则可以有多个。

【关联司法解释】

《最高人民法院关于适用〈中华人民共和国涉外民事关系法律适用法〉若干问题的解释（一）》

第14条 人民法院应当将法人的设立登记地认定为涉外民事关系法律适用法规定的法人的登记地。

第64条【法人变更登记】

法人存续期间登记事项发生变化的，应当依法向登记机关申请变更登记。

第65条【法人实际情况与登记事项不一致的法律后果】

法人的实际情况与登记的事项不一致的,不得对抗善意相对人。

第66条【公示登记信息】

登记机关应当依法及时公示法人登记的有关信息。

第67条【法人合并、分立后权利义务的享有和承担】

法人合并的,其权利和义务由合并后的法人享有和承担。

法人分立的,其权利和义务由分立后的法人享有连带债权,承担连带债务,但是债权人和债务人另有约定的除外。

【关联司法解释】

《最高人民法院关于适用〈中华人民共和国民事诉讼法〉的解释》

第63条 企业法人合并的,因合并前的民事活动发生的纠纷,以合并后的企业为当事人;企业法人分立的,因分立前的民事活动发生的纠纷,以分立后的企业为共同诉讼人。

第64条 企业法人解散的,依法清算并注销前,以该企业法人为当事人;未依法清算即被注销的,以该企业法人的股东、发起人或者出资人为当事人。

第68条【法人终止的原因】

有下列原因之一并依法完成清算、注销登记的,法人终止:

(一)法人解散;

(二)法人被宣告破产;

(三)法律规定的其他原因。

法人终止,法律、行政法规规定须经有关机关批准的,依照其规定。

第69条【法人解散的情形】

有下列情形之一的，法人解散：

（一）法人章程规定的存续期间届满或者法人章程规定的其他解散事由出现；

（二）法人的权力机构决议解散；

（三）因法人合并或者分立需要解散；

（四）法人依法被吊销营业执照、登记证书，被责令关闭或者被撤销；

（五）法律规定的其他情形。

第70条【法人解散后的清算】

法人解散的，除合并或者分立的情形外，清算义务人应当及时组成清算组进行清算。

法人的董事、理事等执行机构或者决策机构的成员为清算义务人。法律、行政法规另有规定的，依照其规定。

清算义务人未及时履行清算义务，造成损害的，应当承担民事责任；主管机关或者利害关系人可以申请人民法院指定有关人员组成清算组进行清算。

第71条【清算适用的法律依据】

法人的清算程序和清算组职权，依照有关法律的规定；没有规定的，参照适用公司法律的有关规定。

第72条【清算中法人地位、清算后剩余财产的处理和法人终止】

清算期间法人存续，但是不得从事与清算无关的活动。

法人清算后的剩余财产，按照法人章程的规定或者法人权力机构的决议处理。法律另有规定的，依照其规定。

清算结束并完成法人注销登记时，法人终止；依法不需要办理法人登记的，清算结束时，法人终止。

第73条【法人破产】

法人被宣告破产的，依法进行破产清算并完成法人注销登记时，法人终止。

第74条【法人分支机构及其责任承担】

法人可以依法设立分支机构。法律、行政法规规定分支机构应当登记的，依照其规定。

分支机构以自己的名义从事民事活动，产生的民事责任由法人承担；也可以先以该分支机构管理的财产承担，不足以承担的，由法人承担。

【关联司法解释】

《最高人民法院关于适用〈中华人民共和国民事诉讼法〉的解释》

第53条　法人非依法设立的分支机构，或者虽依法设立，但没有领取营业执照的分支机构，以设立该分支机构的法人为当事人。

第54条　以挂靠形式从事民事活动，当事人请求由挂靠人和被挂靠人依法承担民事责任的，该挂靠人和被挂靠人为共同诉讼人。

第75条【法人设立行为的法律后果】

设立人为设立法人从事的民事活动，其法律后果由法人承受；法人未成立的，其法律后果由设立人承受，设立人为二人以上的，享有连带债权，承担连带债务。

设立人为设立法人以自己的名义从事民事活动产生的民事责任，第三人有权选择请求法人或者设立人承担。

第二节　营利法人

第76条【营利法人的定义及类型】

以取得利润并分配给股东等出资人为目的成立的法人，为营利法人。

营利法人包括有限责任公司、股份有限公司和其他企业法人等。

第77条【营利法人的成立】
营利法人经依法登记成立。

第78条【营利法人的营业执照】
依法设立的营利法人，由登记机关发给营利法人营业执照。营业执照签发日期为营利法人的成立日期。

第79条【营利法人的章程】
设立营利法人应当依法制定法人章程。

第80条【营利法人的权力机构】
营利法人应当设权力机构。

权力机构行使修改法人章程，选举或者更换执行机构、监督机构成员，以及法人章程规定的其他职权。

第81条【营利法人的执行机构】
营利法人应当设执行机构。

执行机构行使召集权力机构会议，决定法人的经营计划和投资方案，决定法人内部管理机构的设置，以及法人章程规定的其他职权。

执行机构为董事会或者执行董事的，董事长、执行董事或者经理按照法人章程的规定担任法定代表人；未设董事会或者执行董事的，法人章程规定的主要负责人为其执行机构和法定代表人。

第82条【营利法人的监督机构】
营利法人设监事会或者监事等监督机构的，监督机构依法行使检查法人财务，监督执行机构成员、高级管理人员执行法人职务的行为，以及法人章程规定的其他职权。

★ 第83条【出资人滥用权利的责任承担】

营利法人的出资人不得滥用出资人权利损害法人或者其他出资人的利益；滥用出资人权利造成法人或者其他出资人损失的，应当依法承担民事责任。

营利法人的出资人不得滥用法人独立地位和出资人有限责任损害法人债权人的利益；滥用法人独立地位和出资人有限责任，逃避债务，严重损害法人债权人的利益的，应当对法人债务承担连带责任。

【条文解读】

本条是关于营利法人的出资人不得滥用权利、法人独立地位和出资人有限责任的规定。本条是《民法典》新增加的规定。在《公司法》相关规定基础上，考虑到出资人滥用权利的现象并非公司所独有，将该项规定加以归纳、提炼，作为对所有营利法人出资人的一般原则要求，形成本条规定。

本条第1款规定的是营利法人的出资人不得滥用出资人权利损害法人或者其他出资人的利益。营利法人的出资人，对于公司法人来说，是指有限责任公司或者股份有限公司的股东。根据《公司法》的规定，股东权利可以分为财产权与参与管理权，其中财产权是核心，是股东出资的目的所在；参与管理权则是手段，是股东实现财产权的必要保障。股东作为股东会或股东大会的组成人员，应当遵守《公司法》等法律、行政法规和公司章程的规定，依法合理行使作为出资人的权利。根据《公司法》的规定，股东权利具体包括：（1）股东身份权；（2）参与决策权；（3）选择管理者权；（4）资产收益权；（5）退股权；（6）知情权；（7）提议、召集、主持股东会临时会议权；（8）优先受让和认购新股权；（9）向侵犯公司或股东利益的人提起诉讼权；（10）分配公司利润，取得公司剩余财产权；（11）请求法院解散公司的权利。如果股东滥用上述法定权利，损害法人或者其他出资人的利益，给法人或者其他出资人造成损失的，应当依法承担民事责任。股东滥用法定权利的构成要件包括：（1）以损害法人或其他出资人利益为目的行使权利。如控股股东通过决议向关联公司输送利益，这一行为的目的在于损害法人或其他出资人利益。（2）法人或其他出资人遭受了实际损失。如上述控股股东通过决议向关联公司输送利益的行为给公司和其他股东的权益造成了损失。（3）因果关系。股东滥用权利的行为与法人或者其他股东权益受损之间存在因果关系。

本条第2款规定了营利法人的出资人不得滥用法人独立地位和出资人有限责任损害法人债权人的利益。法人以自己的财产独立承担民事责任，《公司法》规定，公司是企业法人，有独立的法人财产，享有法人财产权。公司以其全部资产对公司的债务承担责任。有限责任公司的股东以其认缴的出资额为限对公司承担责任；股份有限公司的股东以其认购的股份为限对公司承担责任。但实务中会出现营利法人的出资人滥用法人独立地位和出资人有限责任损害法人债权人的利益。对于这种逃避债务，严重损害法人债权人利益的行为，营利法人的出资人应当对法人债务承担连带责任。如果出资人人格与公司人格混同，导致公司在参与民事行为时不具有独立性，其亦应对公司债务承担连带责任。这一规则被称为"揭开公司面纱"或"法人人格否认"。适用本条第2款规定要符合以下三个条件：（1）公司股东滥用公司法人独立地位和股东有限责任逃避债务；（2）债权人的利益受到严重损害；（3）公司股东滥用公司法人独立地位和股东有限责任的行为与债权人的利益损害之间存在因果关系。

★ **第84条【限制不当利用关联关系】**

营利法人的控股出资人、实际控制人、董事、监事、高级管理人员不得利用其关联关系损害法人的利益；利用关联关系造成法人损失的，应当承担赔偿责任。

【条文解读】

本条是关于营利法人的控股出资人等不得利用其关联关系损害法人利益的规定。本条是《民法典》新增的规定。借鉴《公司法》相关规定，考虑到关联交易行为并非公司这一营利法人所独有，故增加本条规定，以规范所有的营利法人。

所谓关联关系，是指营利法人的控股出资人、实际控制人、董事、监事、高级管理人员与其直接或者间接控制的企业之间的关系以及可能导致公司利益转移的其他关系。法人的控股出资人等利用关联关系损害法人利益，一般是通过关联交易。所谓关联交易，是指具有投资关系或合同关系的不同主体之间所进行的交易，又称为关联方交易。正常的关联交易，可以稳定营利法人的业务，分散经营风险，有利于法人的发展，但实务中常有控制法人利用与从属法人的关联关系和控制地位，迫使从属法人与自己或其他关联方从事不利益的交易，损害从属法人和其他出资人利益。由于关联交易行为严重地损害公司、小股东和债权人的利益，财政部门、税务部门、证券监管部门从财政、税收、上市公司监管等方面对公司关联交易控制作了规定。《公司法》作了原则性规定。考虑到关联交易行为并非公司这一种营利法人所独有，《民法典》将适用范围扩展到所有的营利法人。同时，考虑到关联交易的情况较为复杂，还需要在实践中进一步总结经验，因此，只作了原则性规定，主要是明确了营利法人的关联方利用关联关系损害法人利益的法律后果。

对本条涉及的五类人员的理解如下：（1）控股出资人，比照《公司法》关于控股股东的定义，是指其出资额占营利法人的资本总额50%以上，或者虽然出资额不足50%，但依其出资额所享有的表决权已足以对营利法人的权力机构的决议产生重大影响的出资人。（2）实际控制人，是指虽然不是法人登记的出资人，但通过投资关系、协议或者其他安排，能够实际控制法人行为的人。（3）董事，是指法人权力机构选举出来的董事会成员，如果公司不设董事会，则为法人权力机构选举的执行董事。（4）监事，是指法人权力机构选举出来的监事会成员，如果公司不设监事会，则为公司监事。（5）高级管理人员，是指营利法人的经理、副经理、财务负责人以及上市公司董事会秘书和公司章程规定的其他人员。但是，国家控股的企业之间不仅仅因为同受国家控股而具有关联关系。

【关联司法解释】

《最高人民法院关于适用〈中华人民共和国公司法〉若干问题的规定（五）》

★ **第1条** 关联交易损害公司利益，原告公司依据民法典第八十四条、公司法第二十一条①规定请求控股股东、实际控制人、董事、监事、高级管理人员赔偿所造成的损失，被告仅以该交易已经履行了信息披露、经股东会或者股东大会同意等法律、行政法规或者公司章程规定的程序为由抗辩的，人民法院不予支持。

公司没有提起诉讼的，符合公司法第一百五十一条第一款②规定条件的股东，可以依据公司法第一百五十一条第二款、第三款③规定向人民法院提起诉讼。

【司法解释条文解读】

本条是关于关联交易的内部赔偿责任问题。该条司法解释明确规定了关联交易损害公司利益的，履行法定程序不能豁免关联交易赔偿责任。实践中，人民法院审理公司关联交易损害责任纠纷案件时，相关行为人往往会以其行为已经履行了合法程序而进行抗辩，最主要的是经过了公司股东会或董事会决议批准，且行为人按照规定回避表决等。但是，关联交易的核心是公平。本条司法解释第1款强调的是尽管交易已经履行了相应的程序，但如果违反公平原则，损害公司利益，公司依然可以主张行为人承担损害赔偿责任。对于第2款，鉴于关联交易情形下，行为人往往控制公司或者对公司决策能够产生重大影响，公司本身很难主动主张赔偿责任，故明确股东在相应情况下可以提起代表诉讼，给中小股东提供了追究关联人责任，保护公司和股东自身利益的利器。

---

① 现为第22条。
② 现为第189条第1款。
③ 现为第189条第2款、第3款。

★ **第85条【决议的撤销】**

营利法人的权力机构、执行机构作出决议的会议召集程序、表决方式违反法律、行政法规、法人章程，或者决议内容违反法人章程的，营利法人的出资人可以请求人民法院撤销该决议。但是，营利法人依据该决议与善意相对人形成的民事法律关系不受影响。

【条文解读】

本条是关于营利法人的出资人可以请求撤销法人权力机构、执行机构违法或者违反章程作出的决议的规定。本条是《民法典》新增加的规定。

营利法人的权力机构和执行机构作为法人的意思决定和执行机关，其行使权力的方式是通过召开会议并作出决议的方式来实现的。上述决议一旦依法作出并生效，则变为营利法人的意志，对营利法人及其成员具有约束力。因此，权力机构、执行机构的决议对法人成员关系重大，如果有关决议存在瑕疵，可能损害成员的合法权益，而决议是否公平、合法也是涉及出资人权益的重要问题，营利法人的出资人有权对其提起撤销之诉。营利法人的权力机构、执行机构决议的瑕疵包括两种情况：一是程序（包括作出决议的会议召集程序和作出决议的会议表决方式）违反法律、行政法规或者法人章程；二是内容违反法人章程。对于这种情况，主要考虑到决议内容违反章程规定的瑕疵，是对于法人成员意思自治的违反，与决议的召集程序、表决方式违反法律、行政法规的规定和法人章程规定的性质及后果大致相同，本着兼顾公平和效率的原则，统一规定为可撤销的决议。

对该撤销权的行使期间，其他法律有规定，依照其规定，如根据《公司法》第26条之规定，撤销之诉需由股东自决议作出之日起60日内提起；超过60日的，股东便失去这一权利，法院不再受理该撤销之诉。其他法律没有规定的，解释上应当确定为在合理期间内行使，以免因时间过长而影响与营利法人相关的法律关系的稳定。在出资人提起撤销诉讼时，其应当持有营利法人的出资份额，即具有法人成员的适格性。决议被人民法院撤销的，自撤销之日起失去效力。

　　同时，为保护与营利法人交易的善意第三人的利益，本条规定撤销之诉不影响营利法人依据该决议与善意相对人形成的民事法律关系，也即即便决议被人民法院撤销，营利法人也不得据此主张其与善意相对人之间的法律关系不归属于法人或无效。但在审判实务中也需要注意抑制对善意相对人的保护呈现出的概念泛化的倾向，不能过分强调保护第三人利益而忽视一方利益。因此，有必要强调保护善意相对人的适用前提，交易安全之所以受保护，是因为交易相对人在交易中善意无过失，也即交易人之交易行为，要获得其所期待和信赖的合法性与确定性，其主观上必须出于善意无过失的心理状态。因此，在营利法人的决议被人民法院的判决撤销后，营利法人依据该决议与第三人之间形成的法律关系是否归属于营利法人，该第三人是否善意无过失是决定性的因素。如果相对人在与营利法人成立该法律关系时知道或者应当知道决议存在被撤销的瑕疵事由，则不能成为善意第三人，无权根据本条规定主张相应的利益。"知道"，是指事实上的知道，即相对人实际上了解或认识到了营利法人的权力机构、执行机构的决议存在程序瑕疵或违反章程规定的内容瑕疵。"应当知道"，则是赋予了相对人一定的注意义务。在个案中可以借助特定交易的具体情况，如交易性质、金额、重要性及当事人之间的惯常做法、关于某种交易的特别交易习惯或交易行为等辅助判断。对于相对人善意的衡量标准，除了相对人事实上不知道该瑕疵存在的情况外，在尽了形式审查义务之后仍然不可能知道瑕疵存在的事实，也应当认定相对人属于善意。但需要注意的是，在一些特别法中，立法基于某些事项的重要性，对该事项的决议权限、议事规则作了较为严格的规定时，如果相关决议同时存在决议权限的僭越和议事规则的违反，程序瑕疵将会影响相对人善意的判断。如在公司为控股股东提供担保的案件中，公司虽然向相对人提供了股东会决议，但该决议是在控股股东的召集下召开，且控股股东参加了表决，由于该控股股东所实施的行为同时构成滥用股东权利，如果相对人未能审查发现该明显存在的瑕疵，应当认定其具有重大过失。

【关联司法解释】

《最高人民法院关于适用〈中华人民共和国公司法〉若干问题的规定（四）》

★ **第2条** 依据民法典第八十五条、公司法第二十二条第二款[①]请求撤销股东会或者股东大会、董事会决议的原告，应当在起诉时具有公司股东资格。

【司法解释条文解读】

本条是关于公司决议撤销之诉的适格原告的规定。实务中，对于依据《公司法》第26条的规定提起公司决议撤销之诉的股东的认识，有两种不同的观点：一种观点认为，此处可作扩大解释，即董事、监事等也可提起公司决议撤销之诉；另一种观点认为，应当作限缩解释，对数额、是否具有表决权、是否出席会议、是否投赞同票等条件作出限制。该条司法解释对此进行明确规定：一是公司决议撤销之诉的适格原告仅限于股东，不包括公司董事、监事等其他主体；二是股东在起诉时须具备股东资格。

在实务中要注意以下几点：（1）在作出公司决议时享有股东资格，起诉时未有股东资格，不享有诉权。《公司法》第26条规定的决议撤销之诉作为一项股东的救济权利，系基于持有股权，该项权利系依附于所持股份的共益权，赋予其矫正瑕疵决议的权利，有利于维护正当的公司治理。提起决议撤销之诉产生的诉讼结果是决议有效或者被撤销，但这一结果本身对提起撤销之诉时已经转让公司股份的股东而言，并没有利益牵涉，因其诉讼时已经失去股东资格，故决议本身已无诉的利益，故不应赋予其诉权。（2）不以决议时是否具备股东资格条件为要件。在起诉时具有股东资格，即应当认定股东具有现时利益，不管其来源于决议之后的受让或者继承，其成为股东后，该决议对公司利益有影响，故应当认定与受让股东有利害关系。（3）不受是否享有表决权、是否与会、持股数量以及表决情况

[①] 现为第26条第1款。

之限定。因为此项诉权系赋予股东通过诉讼程序矫正公司内部治理瑕疵的共益权,并非表决权的内容之一,无表决权的股东也具有决议应当符合法定程序和章程规定的合理期待,也要承受不当决议的后果,对公司的意思形成具有诉的利益。未出席会议,仅仅是放弃了表决权的行使,并不意味着其当然认可决议程序与内容,并且同时放弃了诉权,且决议作成后,对缺席股东亦发生法律效力,缺席股东具有诉的利益,不应以出席会议情况限制股东的原告资格。至于持股数量之所以不予考虑,是因为现行《公司法》并未就此设定持股比例的限制,且该项制度功能上并不会因为没有设定持股比例限制而导致该条款被股东滥用,事实上,正因为没有设置持股比例限制,赋予小股东诉权,才是避免"多数决"可能带来的"少数人的暴政"的有效制约,且赋予诉权并不等于胜诉,如果公司决议本身不存在瑕疵,提起诉讼的股东并不能从必然败诉的诉讼行为中获益,故恶意诉讼的后果是明确可预知的,理性的小股东不会因此提起一个必然得不偿失的决议撤销之诉。(4)公司决议撤销之诉中股东资格发生变动的,应当遵循《最高人民法院关于适用〈中华人民共和国民事诉讼法〉的解释》第249条有关当事人恒定及诉讼承继原则的规定处理,即股东提起公司决议撤销之诉后,诉讼过程中股东将股权全部转让的,不影响其原告的主体资格和诉讼地位,人民法院作出的发生法律效力的判决、裁定对股权受让人具有约束力。受让人申请参加诉讼的,人民法院可予准许。受让人申请替代转让股东承担诉讼的,因该诉讼并不存在有损国家、集体及第三人利益的情形,应予准许。

★ **第4条** 股东请求撤销股东会或者股东大会、董事会决议,符合民法典第八十五条、公司法第二十二条第二款①规定的,人民法院应当予以支持,但会议召集程序或者表决方式仅有轻微瑕疵,且对决议未产生实质影响的,人民法院不予支持。

---

① 现为第26条第1款。

【司法解释条文解读】

本条司法解释的重点在于规定了可撤销之诉的酌情裁定驳回撤销决议诉讼请求制度，即公司法学上的"裁量驳回"制度。该制度宗旨在于法律除了追求公正价值，也需要关注效率价值，在效率价值衍生的商事外观主义之下，如果允许公司决议被随意变更，将会使信赖该公司决议而与公司进行相关交易的相对人无所适从。因此，在对公司决议效力的认定上不能机械化、绝对化，应当通过赋予法院一定范围内的自由裁量权，对于存在某些非实质性的程序瑕疵的决议，继续维持决议的效力。本条规定可以"裁量驳回"的要件有三项：（1）可裁量驳回仅针对"会议召集程序或者表决方式"方面的程序瑕疵，如内容违反公司章程规定的，不在法院适用裁量驳回的范围。（2）实务中，"仅有轻微瑕疵"可以程序瑕疵是否会导致各个股东无法公平地参与多数意思的形成以及获取对此所需的信息为判定标准。如果没有妨碍股东公平地参与多数意思的形成和获知对其作出意思表示所需的必要信息，应当认定为人民法院可以"裁量驳回"的"轻微瑕疵"。（3）"对决议未产生实质影响"，一般来说是指程序瑕疵不具有影响决议结果的可能性，即该程序瑕疵的存在不改变公司决议的原定结果。应当注意的是，"仅有轻微瑕疵"与"对决议未产生实质影响"两者应当同时具备，也即，程序上的瑕疵即便完全不影响决议的结果，但只要这项程序瑕疵属于对股东程序权利的重大损害，法院也不得驳回原告的诉讼请求。这是因为如果仅关注程序瑕疵"对决议未产生实质影响"这一要件，控股股东完全可以以瑕疵不影响决议结果为由任意侵犯中小股东权利，中小股东的股东权利尤其是程序性权利将被彻底架空，决议撤销之诉作为中小股东维护自身权利工具的这一制度功能自然也不复存在。2023年修订《公司法》时，本条司法解释的规定为《公司法》第26条所吸收。

《最高人民法院关于适用〈中华人民共和国公司法〉若干问题的规定（五）》
★ **第4条** 分配利润的股东会或者股东大会决议作出后，公司应当在决议载明的时间内完成利润分配。决议没有载明时间的，以公司章程规定的为准。决议、章程中均未规定时间或者时间超过一年的，公司应当自决议作出之日起一年内完成利润分配。

决议中载明的利润分配完成时间超过公司章程规定时间的，股东可以依据民法典第八十五条、公司法第二十二条第二款[①]规定请求人民法院撤销决议中关于该时间的规定。

【司法解释条文解读】

本条第1款规定明确了利润分配完成时限的原则：分配方案中有规定的，以分配方案为准；分配方案中没有规定的，以公司章程为准；分配方案和公司章程中均没有规定的，鉴于公司一般计算年度利润，故作出利润分配决议后，要在1年内完成分配；分配方案或公司章程有规定但时限超过1年的，则应当在1年内分配完毕，这一时间符合实际做法。如果具体分配方案中载明的分配时间超过了章程的规定，属于公司决议内容违反章程规定，符合决议可撤销情形，股东有权依法起诉撤销该决议中关于分配时间的部分。分配时间被撤销后，则应当依照章程的规定进行分配。同时，本条也明确了公司决议可以部分撤销，决议部分撤销不影响其他部分的效力。只有当该分配时间与决议其他部分密不可分，不适宜单独撤销分配时间情形下，人民法院才能根据案件审理情况具体确定。

第86条【营利法人应履行的义务】

营利法人从事经营活动，应当遵守商业道德，维护交易安全，接受政府和社会的监督，承担社会责任。

---

① 现为第26条第1款。

第三节 非营利法人

第87条【非营利法人的定义及类型】

为公益目的或者其他非营利目的成立,不向出资人、设立人或者会员分配所取得利润的法人,为非营利法人。

非营利法人包括事业单位、社会团体、基金会、社会服务机构等。

第88条【事业单位法人资格的取得】

具备法人条件,为适应经济社会发展需要,提供公益服务设立的事业单位,经依法登记成立,取得事业单位法人资格;依法不需要办理法人登记的,从成立之日起,具有事业单位法人资格。

第89条【事业单位法人的组织机构及法定代表人】

事业单位法人设理事会的,除法律另有规定外,理事会为其决策机构。事业单位法人的法定代表人依照法律、行政法规或者法人章程的规定产生。

★ 第90条【社会团体法人资格的取得】

具备法人条件,基于会员共同意愿,为公益目的或者会员共同利益等非营利目的设立的社会团体,经依法登记成立,取得社会团体法人资格;依法不需要办理法人登记的,从成立之日起,具有社会团体法人资格。

【条文解读】

本条是关于社会团体法人资格取得的规定。本条是《民法典》新增加的规定。社会团体法人是原《民法通则》第50条第2款确定的法人类型,但原《民法通则》并未对社会团体的概念作出界定。本条吸纳《社会团体登记管理条例》的相关规定,确认了社会团体法人类型。

社会团体,是指基于会员共同意愿,为公益目的(如中国红十字会、中华慈善总会等）或者会员共同利益等非营利目的而设立的社会组织（如行业协会、商会等）。根据本条的规定，社会团体在设立程序上分为两种：一种是经依法登记成立，取得法人资格；另一种是依法不需要办理法人登记，从成立之日起即具有法人资格。对于第一种，依据《社会团体登记管理条例》的规定，成立社会团体，应当经其业务主管单位审查同意，并依照该条例的规定进行登记；社会团体应当具备法人条件。社会团体的登记机关为民政部门，实行分级管理：全国性的社会团体，由民政部门负责登记管理；地方性的社会团体，由所在地地方政府民政部门负责登记管理；跨行政区域的社会团体，由所跨行政区域的共同上一级人民政府的民政部门负责登记管理。登记管理机关、业务主管单位与其管辖的社会团体的住所不在一地的，可以委托社会团体住所地的登记管理机关、业务主管单位负责委托范围内的监督管理工作。社会团体登记应当符合《社会团体登记管理条例》规定的条件和程序。

【关联司法解释】

《最高人民法院关于产业工会、基层工会是否具备社会团体法人资格和工会经费集中户可否冻结划拨问题的批复》

★ 一、根据《中华人民共和国工会法》（以下简称工会法）的规定，产业工会社会团体法人资格的取得是由工会法直接规定的，依法不需要办理法人登记。基层工会只要符合《中华人民共和国民法典》、工会法和《中国工会章程》规定的条件，报上一级工会批准成立，即具有社会团体法人资格。人民法院在审理案件中，应当严格按照法律规定的社会团体法人条件，审查基层工会社会团体法人的法律地位。产业工会、具有社会团体法人资格的基层工会与建立工会的营利法人是各自独立的法人主体。企业或企业工会对外发生的经济纠纷，各自承担民事责任。上级工会对基层工会是否具备法律规定的社会团体法人的条件审查不严或不实，应当承担与其过错相应的民事责任。

【司法解释条文解读】

工会是中国共产党领导的职工自愿结合的工人阶级群众组织。在与工会相关的法律关系中，有两个方面的关系在实务中曾引起混淆，一个是工会与其所属企业之间的法律关系，另一个则是工会与其所开办的企业之间的法律关系。为了区别这两个方面的关系，便于各级人民法院正确审理与执行相关的民事经济纠纷案件，最高人民法院发布了《关于产业工会、基层工会是否具备社会团体法人资格和工会经费集中户可否冻结划拨问题的批复》。该批复第1条对于产业工会、具有社会团体法人资格的基层工会与建立工会的营利法人之间的关系进行了界定，即产业工会、具有社会团体法人资格的基层工会与建立工会的营利法人是各自独立的法人主体。对于如何承担责任，独立的法人主体依法独立享有民事权利和承担民事义务，所以企业或企业工会对外发生的经济纠纷，各自独立承担民事责任。但是上级工会对基层工会是否具备法律规定的社会团体法人的条件审查不严或不实的，该批复明确，上级工会应当承担与其过错相应的民事责任。

第91条【社会团体法人的章程及组织机构】

设立社会团体法人应当依法制定法人章程。

社会团体法人应当设会员大会或者会员代表大会等权力机构。

社会团体法人应当设理事会等执行机构。理事长或者会长等负责人按照法人章程的规定担任法定代表人。

第92条【捐助法人资格的取得】

具备法人条件，为公益目的以捐助财产设立的基金会、社会服务机构等，经依法登记成立，取得捐助法人资格。

依法设立的宗教活动场所，具备法人条件的，可以申请法人登记，取得捐助法人资格。法律、行政法规对宗教活动场所有规定的，依照其规定。

第93条【捐助法人的章程及组织机构】

设立捐助法人应当依法制定法人章程。

捐助法人应当设理事会、民主管理组织等决策机构,并设执行机构。理事长等负责人按照法人章程的规定担任法定代表人。

捐助法人应当设监事会等监督机构。

第94条【捐助人的权利】

捐助人有权向捐助法人查询捐助财产的使用、管理情况,并提出意见和建议,捐助法人应当及时、如实答复。

捐助法人的决策机构、执行机构或者法定代表人作出决定的程序违反法律、行政法规、法人章程,或者决定内容违反法人章程的,捐助人等利害关系人或者主管机关可以请求人民法院撤销该决定。但是,捐助法人依据该决定与善意相对人形成的民事法律关系不受影响。

第95条【非营利法人终止时剩余财产的处置】

为公益目的成立的非营利法人终止时,不得向出资人、设立人或者会员分配剩余财产。剩余财产应当按照法人章程的规定或者权力机构的决议用于公益目的;无法按照法人章程的规定或者权力机构的决议处理的,由主管机关主持转给宗旨相同或者相近的法人,并向社会公告。

第四节 特别法人

第96条【特别法人的类型】

本节规定的机关法人、农村集体经济组织法人、城镇农村的合作经济组织法人、基层群众性自治组织法人,为特别法人。

★ 第97条【机关法人权利能力的规定】

有独立经费的机关和承担行政职能的法定机构从成立之日起,具有机关法人资格,可以从事为履行职能所需要的民事活动。

【条文解读】

本条是关于机关法人权利能力的规定。关于机关法人的权利能力，需要注意两个问题：一是机关法人具有民事权利能力，能够为民事法律行为，成为民事法律关系的主体。这一点在《民法典》第2条的解读中已作说明。二是机关法人与普通民事主体在民事权利能力上存在差异。关于民事主体的权利能力，有一个基本论断，即法无禁止即自由。这是民法自愿原则的体现，也是民法意思自治的体现，是在民法领域实现自由、保障人权的基础性原则。在现代民法上，民事主体权利能力摆脱了主体身份的限制，所有生物学意义上的人都视为民法上的人，自然人的权利能力一律平等，只要法律无禁止性规定，就有民事行为自由。公司等营利法人，以实现利益最大化为目标，只要法律无禁止性规定，亦可自由行为。但这一点并不适用于机关法人。根据本条规定，机关法人可以从事为履行职能所需要的民事活动。因此，机关法人不是法无禁止即自由，而是履行职能需要方可为。这与行政法上行政主体法有授权方可为的精神本质上一致。司法实践中，行政机关原则上不能作为担保人，教育行政主管部门不能签订土地使用权出让合同，机关法人所为的民事法律行为不是其履行职能所需要的，该民事法律行为应当认定为无效，因为机关法人不享有相应的民事权利能力。建设中国特色社会主义市场经济过程中，否认行政机关的民事主体地位或者将行政机关与其他民事主体等量齐观，这两种观点都不可取。这是认定民事法律行为效力的一个难点问题。

第98条【机关法人终止后权利义务的享有和承担】
机关法人被撤销的，法人终止，其民事权利和义务由继任的机关法人享有和承担；没有继任的机关法人的，由作出撤销决定的机关法人享有和承担。

第99条【农村集体经济组织法人】
农村集体经济组织依法取得法人资格。

法律、行政法规对农村集体经济组织有规定的，依照其规定。

第100条【城镇农村的合作经济组织法人】
城镇农村的合作经济组织依法取得法人资格。
法律、行政法规对城镇农村的合作经济组织有规定的，依照其规定。

★ **第101条【基层群众性自治组织法人】**
居民委员会、村民委员会具有基层群众性自治组织法人资格，可以从事为履行职能所需要的民事活动。
未设立村集体经济组织的，村民委员会可以依法代行村集体经济组织的职能。

【条文解读】

本条是关于居民委员会、村民委员会具有基层群众性自治组织法人资格的规定。本条是《民法典》新增加的规定。本条第1款吸纳了《城市居民委员会组织法》第2条和《村民委员会组织法》第2条的规定。

根据《城市居民委员会组织法》的规定，居民委员会是指居民自我管理、自我教育、自我服务的基层群众性自治组织。不设区的市、市辖区的人民政府或者它的派出机关对居民委员会的工作给予指导、支持和帮助。其主要任务有：（1）宣传宪法、法律、法规和国家的政策，维护居民的合法权益，教育居民履行依法应尽的义务，爱护公共财产，开展多种形式的社会主义精神文明建设活动；（2）办理本居住地区居民的公共事务和公益事业；（3）调解民间纠纷；（4）协助维护社会治安；（5）协助人民政府或者它的派出机关做好与居民利益有关的公共卫生、计划生育、优抚救济、青少年教育等项工作；（6）向人民政府或者它的派出机关反映居民的意见、要求和提出建议。居民委员会应当开展便民利民的社区服务活动，可以兴办有关的服务事业；管理本居民委员会的财产，任何部门和单位不得侵犯居民委员会的财产所有权。多民族居住地区的居民委员会，应当教育居民互相帮助，互相尊重，加强民族团结。根据《村民委员会组织法》的规定，村民委员会是指村民自我管理、自我教育、自我服务的基层群众性自治组织，实行民主选举、民主决策、民主管理、民主监督。村民委员会办理本村的公共事务和公益事业，调解民间纠纷，协助维护社会治安，向人民政府反映村民的意见、要求和提出建议。村民委员会向村民会议、村民代表会议负责并报告工作。村民委员会应当支持和组织村民依法发展各种形式的合作经济和其他经济，承担本村生产的服务和协调工作，促进农村生产建设和经济发展。依照法律规定，管理本村属于村农民集体所有的土地和其他财产，引导村民合理利用自然资源，保护和改善生态环境；应当尊重并支持集体经济组织依法独立进行经济活动的自主权，维护以家庭承包为基础、统分结合的双层经营体制，保障集体经济组织和村民、承包经营户、联户或者合伙的合法财产权和其他合法权益；应当宣传宪法、法律、法规和国家的政策，教育和推动村民履行法律规定的义务、爱护公共财产，维护村民的合法权益，发展文化教育，普及科技知识，促进男女平等，做好计划生育工作，促进村与村之间的团结、互助，开展多种形式的社会主义精神文明建设活动；应当支持服务性、公益性、互助性社会组织依法开展活动，推动农村社区建设；多民族村民居住的村，村民委员会应当教育和引导各民族村民增进团结、互相尊重、互相帮助。村民委员会及其成员应当遵守宪法、法律、法规和国家的政策，遵守并组织实施村民自治章程、村规民约，执行村民会议、村民代表会议的决定、决议，办事公道，廉洁奉公，热心为村民服务，接受村民监督。明确居民委员会、村民委员会具有法人资格，有助于进一步确定居民委员会、村民委员会的权、责、利，帮助其更好地开展民事活动，也有利于保护其成员和与其进行民事活动的相对人的合法权益。

对于本条第2款，从法律的角度而言，村集体经济组织的经营不属于村民自治的范畴。然而，村集体经济组织由于历史的原因成立得很少，在《农村土地承包法》实施的这些年中，多数地区是由村民委员会代行集体经济组织发包权能的，在实践中许多地方的村民委员会成员同时兼任村集体经济组织的负责人。有的地方在村或者村民小组层面设立了村集体经济组织，但与村委会或者村民小组小组长等领导集体实际是两块牌子、一套班子。因此，对农村集体经济组织和村民委员会履行职责的顺序，应当是农村集体资产优先由农村集体经济组织进行管理，农村集体经济组织在民事活动中担任一方民事主体，只有在没有设立村集体经济组织的自然村，村民委员会在有关法律法规规定的条件下才可以作为一方民事主体，依法代行村集体经济组织的职能，这在承认和发挥团体作用，方便、鼓励和稳定交易等方面有着重大意义。

【关联司法解释】

《最高人民法院关于适用〈中华人民共和国民法典〉有关担保制度的解释》

★ **第5条** 机关法人提供担保的，人民法院应当认定担保合同无效，但是经国务院批准为使用外国政府或者国际经济组织贷款进行转贷的除外。

居民委员会、村民委员会提供担保的，人民法院应当认定担保合同无效，但是依法代行村集体经济组织职能的村民委员会，依照村民委员会组织法规定的讨论决定程序对外提供担保的除外。

【司法解释条文解读】

本条是关于机关法人、居民委员会、村民委员会等特别法人担保资格的规定。《民法典》第683条第1款规定："机关法人不得为保证人，但是经国务院批准为使用外国政府或者国际经济组织贷款进行转贷的除外。"机关法人是公法人，其成立是为了完成国家的各项职能和治理目标，随着国家职能的变迁尤其是现代国家行政职能的扩展，机关法人的类型越来越多，但无论何种机关法人，其最终的目的均系实现公共利益。根据《民法典》第97条的规定，机关法人可以从事为履行职能所需要的民事活动。因此，与其他民事主体不同，机关法人原则上不适用"法无禁止即自由"的原则。机关法人的民事权利能力受到"履行职能所需要"之限制。相应地，对机关法人对外提交担保的权利能力，有必要予以限制，本条第1款将《民法典》第683条第1款规定的"保证"扩大到"担保",其理由在于机关法人既然不能提供保证,基于其实现公共利益之目的,自然也不能在自己的财产上为他人设定担保物权,故本条第1款明确了机关法人对外担保的无效效力。

对于本条第2款,居民委员会、村民委员会在我国是城市和农村基层的自治性组织,同时承担一定的基层公共服务职能,居民委员会与村民委员会具有类似于机关法人的管理职能,属于公益性机构,通常不得从事经济活动,更不用说作为担保人参与经济活动。但本款又例外肯定了特定情况下村民委员会的担保能力,原因主要是村集体经济组织法人、城镇农村的合作经济组织法人均具有营利目的、从事经济活动,不应限制其担保职能,虽然《民法典》已将农村集体经济组织法人化,以在农村地区实现村民委员会的政治职能和集体经济组织的经济职能的分离,但这种分离还需要很长的时间。《民法典》第101条第2款的规定即为了迁就这种现实,故依法代行村集体经济组织职能的村民委员会以村集体经济组织名义可以作为担保人。

在实务中还应当注意:(1)村民委员会代行村集体经济组织职能,与他人签订担保合同,在性质上属于《村民委员会组织法》第24条第1款第8项"以借贷、租赁或者其他方式处分村集体财产",依该条规定,既可由村民会议讨论决定,也可由村民会议授权村民代表会议讨论决定,适用《村民委员会组织法》第25条、第26条、第28条的规定,如果代行村集体经济组织职能的村民委员会对外提供担保,虽然经过村民代表会议讨论决定,但是未经过村民会议授权,担保合同无效。(2)村民委员会是代表村集体经济组织对外进行担保,而并非以村民委员会的财产承担担保责任。村民委员会代表集体经济组织对外进行担保时需要村集体经济组织的授权,否则其设定担保权属于越权行为,相对人不应属于善意第三人,因为法律并没有赋予村民委员会担保权利,任何第三人都不能主张其因不知道法律规定而构成善意,担保合同对村集体经济组织不发生法律效力。[①]

---

① 曹士兵主编:《担保纠纷案件裁判规则(一):保证人主体资格与担保效力》,法律出版社2019年版,第100页。

第四章 非法人组织

第102条【非法人组织的定义及类型】

非法人组织是不具有法人资格，但是能够依法以自己的名义从事民事活动的组织。

非法人组织包括个人独资企业、合伙企业、不具有法人资格的专业服务机构等。

【关联司法解释】

《最高人民法院关于适用〈中华人民共和国民事诉讼法〉的解释》

★ 第52条 民事诉讼法第五十一条规定的其他组织是指合法成立、有一定的组织机构和财产，但又不具备法人资格的组织，包括：

（一）依法登记领取营业执照的个人独资企业；

（二）依法登记领取营业执照的合伙企业；

（三）依法登记领取我国营业执照的中外合作经营企业、外资企业；

（四）依法成立的社会团体的分支机构、代表机构；

（五）依法设立并领取营业执照的法人的分支机构；

（六）依法设立并领取营业执照的商业银行、政策性银行和非银行金融机构的分支机构；

（七）经依法登记领取营业执照的乡镇企业、街道企业；

（八）其他符合本条规定条件的组织。

【司法解释条文解读】

在民事主体的分类上，原《民法通则》采取的是公民、法人二元民事主体结构。随着经济的发展，实践中出现了除自然人、法人之外的其他主体，他们在一定范围内进行各种经济活动，在社会经济生活中发挥着重要作用。他们有权以自己的名义设定权利和义务,因而成为公民、法人之外的独立民事主体。他们的合法权益受到侵害或发生争议时,也应赋予其保护自己合法权益的手段,故《民事诉讼法》规定了除公民、法人之外的"其他组织",赋予其诉讼法上的主体资格,成为民事诉讼当事人,能够以自己的名义向人民法院起诉或应诉,独立行使诉讼权利,履行诉讼义务。但原《民法通则》并未对该类主体作出规定,导致了实体法与程序法衔接的不畅。从法律理论看,民事主体和民事诉讼主体的范围原则上应该是一致的,具有民事主体资格,相应地也具有诉讼主体资格。《民法典》将非法人组织作为自然人、法人以外的第三类民事主体,是我国民事主体制度的重大创新,具有重要的理论价值和现实意义。

《民法典》第102条规定的非法人组织即《民事诉讼法》《最高人民法院关于适用〈中华人民共和国民事诉讼法〉的解释》规定的"其他组织",是指合法成立,有一定的组织机构和财产,但又不具备法人资格的组织。非法人组织具有以下特点:(1)虽然不具有法人资格,但能够依法以自己的名义从事民事活动;(2)依法成立,即在设立程序上须履行法定的登记手续,经有关机关核准登记;(3)有一定的组织机构,除拥有符合法律规定的名称、固定的从事生产经营等业务活动的场所外,应当有相应的组织管理机构和负责人,使之能够以该组织的名义对外从事相应的民事活动;(4)有一定的财产或经费,但其财产或经费不是独立的,而是其所属法人或公民财产的一个组成部分,归该法人或公民所有,非法人组织享有管理经营权;(5)不具有独立承担民事责任的能力,当其因对外进行民事活动而需要承担民事责任时,如其自身所管理的财产能够承担责任,则可以其管理的财产承担责任。如其管理的财产不足以承担责任时,则由其出资人或设立人承担责任。

第103条【非法人组织的设立程序】

非法人组织应当依照法律的规定登记。

设立非法人组织,法律、行政法规规定须经有关机关批准的,依照其规定。

第104条【非法人组织的债务承担】

非法人组织的财产不足以清偿债务的，其出资人或者设立人承担无限责任。法律另有规定的，依照其规定。

第105条【非法人组织的代表人】

非法人组织可以确定一人或者数人代表该组织从事民事活动。

第106条【非法人组织解散的情形】

有下列情形之一的，非法人组织解散：

（一）章程规定的存续期间届满或者章程规定的其他解散事由出现；

（二）出资人或者设立人决定解散；

（三）法律规定的其他情形。

第107条【非法人组织的清算】

非法人组织解散的，应当依法进行清算。

第108条【参照适用】

非法人组织除适用本章规定外，参照适用本编第三章第一节的有关规定。

第五章　民事权利

★ 第109条【人身自由、人格尊严受法律保护】

自然人的人身自由、人格尊严受法律保护。

【条文解读】

本条是关于自然人的人身自由、人格尊严受法律保护的规定。本条承继了原《民法通则》第101条的规定，并作了修改，在该条基础上增加规定"人身自由"受法律保护的规定。

人身自由，包括身体行动的自由和自主决定的自由，是自然人自主参加社会各项活动、参与各种社会关系、行使其他人身权和财产权的基本保障，是自然人行使其他一切权利的前提和基础。人格尊严，既包括静态和消极的人格尊严，也包括动态和积极的人格尊严。人格尊严权是一种宣示性权利，内容广泛，很多其他人格权均属于该项权利，比如，侵害名誉权、荣誉权、隐私权等行为都属侵害人格尊严的行为。同时，民事权利随着社会生活的发展也在逐步发生变化，很多新类型权利会随着社会经济的发展而产生。在法律保护自然人人格权出现缺漏时，如果某一行为属于侵害人格尊严的行为，可以援引该权利条款予以保护。

在实务中应注意的问题有：(1) 本条对人格权下属各条文有统领作用。本条文是总括性、包容性条文，在案件审理过程中，尤其是法律解释过程中，应注意相关具体人格权法律条文使用和解释时是否与本条相一致。在侵权类案件中，如果相关侵权行为没有具体条文可以适用，为了发挥一般人格权条文的补充功能，人民法院可以参照适用本条，据此直接认定侵害自然人人身自由和人格尊严的行为为侵权行为，保护自然人的一般人格权。(2) 侵害一般人格权民事责任的基本方式是精神损害赔偿。确定侵害一般人格权民事损害赔偿责任，必须遵循精神损害赔偿的一般原则和方法。赔偿的范围主要是精神利益的损害、财产利益的损失和精神痛苦的损害。其中精神利益的损害和精神痛苦的损害可以一并计算，财产利益的损失应当单独计算。侵害一般人格权的民事责任还应包括其他非财产责任方式，如停止侵害、消除影响、赔礼道歉等，应当根据案件的具体情况选择适用。(3) 应注意区分人格尊严与名誉权。名誉权是以名誉为客体的具体人格权，名誉是客观的社会评价而不是主体的自我评价，但人格尊严则是对个人价值的主客观评价的结合。

【关联司法解释】

《最高人民法院关于确定民事侵权精神损害赔偿责任若干问题的解释》

★ 第1条 因人身权益或者具有人身意义的特定物受到侵害，自然人或者其近亲属向人民法院提起诉讼请求精神损害赔偿的，人民法院应当依法予以受理。

【司法解释条文解读】

精神损害赔偿是受害人因人格利益或身份利益受到损害或者遭受精神痛苦而获得的金钱赔偿。侵害自然人人身权益在很多情形下会造成严重精神损害，受害人当然可以主张精神损害赔偿，对"具有人身意义的特定物"，在实践中主要涉及的物品类型为：（1）与近亲属死者相关的特定纪念物品（如遗像、墓碑、骨灰盒、遗物等）；（2）与结婚礼仪相关的特定纪念物品（如录像、照片等）；（3）与家族祖先相关的特定纪念物品（如祖坟、族谱、祠堂等）。这些物品对被侵权人具有人身意义，如果被侵害了，也可能会给受害人造成严重精神损害，故作为被侵权人的自然人或者其近亲属向人民法院提起诉讼请求精神损害赔偿的，人民法院应当依法予以受理。

第110条【民事主体的人格权】

自然人享有生命权、身体权、健康权、姓名权、肖像权、名誉权、荣誉权、隐私权、婚姻自主权等权利。

法人、非法人组织享有名称权、名誉权和荣誉权。

【关联司法解释】

《最高人民法院关于确定民事侵权精神损害赔偿责任若干问题的解释》

第4条 法人或者非法人组织以名誉权、荣誉权、名称权遭受侵害为由，向人民法院起诉请求精神损害赔偿的，人民法院不予支持。

第111条【个人信息受法律保护】
自然人的个人信息受法律保护。任何组织或者个人需要获取他人个人信息的，应当依法取得并确保信息安全，不得非法收集、使用、加工、传输他人个人信息，不得非法买卖、提供或者公开他人个人信息。

第112条【因婚姻、家庭关系等产生的人身权利受保护】
自然人因婚姻家庭关系等产生的人身权利受法律保护。

第113条【财产权利平等保护】
民事主体的财产权利受法律平等保护。

第114条【物权的定义及类型】
民事主体依法享有物权。

物权是权利人依法对特定的物享有直接支配和排他的权利，包括所有权、用益物权和担保物权。

第115条【物权客体】
物包括不动产和动产。法律规定权利作为物权客体的，依照其规定。

第116条【物权法定原则】
物权的种类和内容，由法律规定。

第117条【征收、征用】
为了公共利益的需要，依照法律规定的权限和程序征收、征用不动产或者动产的，应当给予公平、合理的补偿。

第118条【债权的定义】

民事主体依法享有债权。

债权是因合同、侵权行为、无因管理、不当得利以及法律的其他规定，权利人请求特定义务人为或者不为一定行为的权利。

第119条【合同的约束力】

依法成立的合同，对当事人具有法律约束力。

★ 第120条【侵权责任的承担】

民事权益受到侵害的，被侵权人有权请求侵权人承担侵权责任。

【条文解读】

本条是关于民事侵权责任一般条款的规定。本条承继了原《侵权责任法》第2条第1款和第3条的规定。

侵权责任是指行为人因侵害他人的权益，依法应当承担的民事责任。侵权责任所保护的权利包括人身权和财产权。人身权是指自然人依法享有的与其人身不可分离、无直接财产内容的民事权利。财产权是以财产利益为内容，直接体现财产利益的民事权利。随着侵权责任保护范围的扩大，受保护的对象除了财产权、人身权等绝对权利之外，还包括一些合法的人身利益和财产利益。一般而言，这些利益因缺乏必需的构成要件而尚未上升为权利。但它们是权利的渊源，是对权利的补充，应为法律所保护。这些利益主要包括人格利益、死者人格利益、经济利益以及环境利益等。

（一）侵权人

在侵权法律关系中，侵权人是承担侵权责任的主体，包括直接侵权人与间接侵权人。直接侵权人，是指直接从事侵权行为的人，如一般的交通事故侵权中的驾驶人、医疗事故侵权中的医疗机构等。间接侵权人，是指虽未直接实施侵权行为，但其行为与直接侵权人之间存在特殊的关系或开启了一个危险源，其负有监督、管理直接侵权人、防止损害发生的义务，由于未尽该义务而导致侵权损害后果发生，应当承担侵权责任的人，如网络服务提供者，宾馆、商场、银行、车站、娱乐场所等公共场所的管理人或者群众性活动的组织者，无民事行为能力人、限制民事行为能力人所在的学校、幼儿园或者其他教育机构等，上述相关单位或人员未能尽到相应的义务，即构成间接侵权人。一般而言，不论是直接侵权人还是间接侵权人，都是贯彻了自己责任原则，即只对自己的行为负责。但在例外情形下，即使未实施任何违反义务的行为，法律基于某些特殊考虑，也会将与实施侵权行为的人具有特殊关系的人作为侵权责任的主体。例如，用人单位的工作人员在执行职务过程中造成他人损害的，用人单位应当承担替代责任；监护人对无民事行为能力及限制民事行为能力的被监护人造成他人损害的，虽然监护人对无民事行为能力或限制民事行为能力的被监护人负有保护、教育、照管等义务，但根据《民法典》总则编及侵权责任编中的规定，监护人责任的承担并不完全以其尽到义务为要件，即使监护人尽到监护职责，亦不能免除其责任。

（二）被侵权人

被侵权人，是指侵权行为所直接指向并造成损害的人。在特定情况下，一些人虽然不是侵权行为的直接损害人，但法律基于一定考虑仍赋予其请求侵权损害赔偿的权利。如被侵权死亡的人之近亲属，以及为死亡的被侵权人支付了丧葬费或者医疗费的第三人等。

（三）侵权责任

《民法典》第179条规定了侵权人承担侵权责任的多种方式，另有法律规定惩罚性赔偿的，依照其规定。承担民事责任的方式可以单独适用，也可以合并适用。

★ **第121条【无因管理】**

没有法定的或者约定的义务，为避免他人利益受损失而进行管理的人，有权请求受益人偿还由此支出的必要费用。

【条文解读】

本条是关于无因管理的规定。本条承继了原《民法通则》第93条的规定。

无因管理，是指没有法定或约定的义务，为避免他人利益受损失而进行管理的行为。管理他人事务的人为管理人，因管理人管理其事务而受益的人为受益人。构成无因管理，需符合以下要件：（1）管理他人事务，即为他人进行管理，这是成立无因管理的首要条件，如果将自己的事务误认为他人事务进行管理，即使目的是为他人避免损失，也不能构成无因管理。（2）为避免他人利益受损失，一般来说，在既无法定又无约定义务的情况下管理他人事务，属于干预他人事务的范畴，而法律所规定的无因管理，是为避免他人利益受损失而进行管理的行为，有助于鼓励和保护助人为乐、危难相助的行为。（3）没有法定或约定的义务，这是无因管理成立的重要条件。需要注意的是，符合上述三个要件的无因管理只是原则上享有费用返还请求权，但管理人管理事务的行为不符合受益人的真实意愿的，根据《民法典》第979条的规定，管理人不享有前述权利，但是，受益人的真实意思违反法律或者违背公序良俗的除外。

【关联司法解释】

《最高人民法院关于审理民事案件适用诉讼时效制度若干问题的规定》

★ **第7条** 管理人因无因管理行为产生的给付必要管理费用、赔偿损失请求权的诉讼时效期间，从无因管理行为结束并且管理人知道或者应当知道本人之日起计算。

本人因不当无因管理行为产生的赔偿损失请求权的诉讼时效期间，从其知道或者应当知道管理人及损害事实之日起计算。

【司法解释条文解读】

本条规定的是无因管理法律关系中所涉请求权的诉讼时效期间起算点的问题，涉及无因管理法律关系中诉讼时效期限计算的前提，必须具备两个条件：一是管理行为存在且结束，时效期间才可以起算。如果未结束，管理费用和损失不能确定，诉讼时效无从起算。二是管理人知道或者应当知道本人存在。故管理人对本人享有的给付必要管理费用请求权、损害赔偿请求权，诉讼时效期间从无因管理行为终了且管理人知道或者应当知道本人之日起算。同理，本人因不当无因管理行为产生的赔偿损失请求权诉讼时效期间起算点也只有在本人知道或者应当知道管理人以及损害事实之日才开始计算。

第122条【不当得利】

因他人没有法律根据，取得不当利益，受损失的人有权请求其返还不当利益。

第123条【知识产权的定义】

民事主体依法享有知识产权。

知识产权是权利人依法就下列客体享有的专有的权利：

（一）作品；

（二）发明、实用新型、外观设计；

（三）商标；

（四）地理标志；

（五）商业秘密；

（六）集成电路布图设计；

（七）植物新品种；

（八）法律规定的其他客体。

第124条【继承权】

自然人依法享有继承权。

自然人合法的私有财产，可以依法继承。

第125条【投资性权利】

民事主体依法享有股权和其他投资性权利。

第126条【其他民事权益】

民事主体享有法律规定的其他民事权利和利益。

第127条【数据、网络虚拟财产的保护】

法律对数据、网络虚拟财产的保护有规定的，依照其规定。

第128条【民事权利的特别保护】

法律对未成年人、老年人、残疾人、妇女、消费者等的民事权利保护有特别规定的，依照其规定。

第129条【民事权利的取得方式】

民事权利可以依据民事法律行为、事实行为、法律规定的事件或者法律规定的其他方式取得。

第130条【按照自己的意愿依法行使民事权利】

民事主体按照自己的意愿依法行使民事权利，不受干涉。

第131条【权利义务一致】

民事主体行使权利时，应当履行法律规定的和当事人约定的义务。

第132条【不得滥用民事权利】

民事主体不得滥用民事权利损害国家利益、社会公共利益或者他人合法权益。

第六章　民事法律行为

第一节　一般规定

第133条【民事法律行为的定义】

民事法律行为是民事主体通过意思表示设立、变更、终止民事法律关系的行为。

第134条【民事法律行为的成立】

民事法律行为可以基于双方或者多方的意思表示一致成立，也可以基于单方的意思表示成立。

法人、非法人组织依照法律或者章程规定的议事方式和表决程序作出决议的，该决议行为成立。

第135条【民事法律行为的形式】

民事法律行为可以采用书面形式、口头形式或者其他形式；法律、行政法规规定或者当事人约定采用特定形式的，应当采用特定形式。

第136条【民事法律行为的生效时间】

民事法律行为自成立时生效，但是法律另有规定或者当事人另有约定的除外。

行为人非依法律规定或者未经对方同意，不得擅自变更或者解除民事法律行为。

第二节　意思表示

第137条【有相对人的意思表示生效时间】

以对话方式作出的意思表示，相对人知道其内容时生效。

以非对话方式作出的意思表示，到达相对人时生效。以非对话方式作出的采用数据电文形式的意思表示，相对人指定特定系统接收数据电文的，该数据电文进入该特定系统时生效；未指定特定系统的，相对人知道或者应当知道该数据电文进入其系统时生效。当事人对采用数据电文形式的意思表示的生效时间另有约定的，按照其约定。

第138条【无相对人的意思表示生效时间】

无相对人的意思表示，表示完成时生效。法律另有规定的，依照其规定。

第139条【以公告方式作出的意思表示生效时间】

以公告方式作出的意思表示，公告发布时生效。

第140条【意思表示的作出方式】

行为人可以明示或者默示作出意思表示。

沉默只有在有法律规定、当事人约定或者符合当事人之间的交易习惯时，才可以视为意思表示。

第141条【意思表示的撤回】

行为人可以撤回意思表示。撤回意思表示的通知应当在意思表示到达相对人前或者与意思表示同时到达相对人。

第142条【意思表示的解释】

有相对人的意思表示的解释，应当按照所使用的词句，结合相关条款、行为的性质和目的、习惯以及诚信原则，确定意思表示的含义。

无相对人的意思表示的解释，不能完全拘泥于所使用的词句，而应当结合相关条款、行为的性质和目的、习惯以及诚信原则，确定行为人的真实意思。

第三节 民事法律行为的效力

第143条【民事法律行为有效的条件】

具备下列条件的民事法律行为有效：

（一）行为人具有相应的民事行为能力；

（二）意思表示真实；

（三）不违反法律、行政法规的强制性规定，不违背公序良俗。

第144条【无民事行为能力人实施的民事法律行为的效力】

无民事行为能力人实施的民事法律行为无效。

第145条【限制民事行为能力人实施的民事法律行为的效力】

限制民事行为能力人实施的纯获利益的民事法律行为或者与其年龄、智力、精神健康状况相适应的民事法律行为有效；实施的其他民事法律行为经法定代理人同意或者追认后有效。

相对人可以催告法定代理人自收到通知之日起三十日内予以追认。法定代理人未作表示的，视为拒绝追认。民事法律行为被追认前，善意相对人有撤销的权利。撤销应当以通知的方式作出。

★★ 第146条【虚假表示与隐藏行为的效力】

行为人与相对人以虚假的意思表示实施的民事法律行为无效。

以虚假的意思表示隐藏的民事法律行为的效力，依照有关法律规定处理。

【条文解读】

本条是关于通谋虚伪行为的法律效力的规定。在原《民法总则》颁布之前，当事人之间的表象行为与真实意思不一致时，不同时期民事法律对其效力和内容分别予以了规制，如原《民法通则》第58条及原《合同法》第52条，但通谋虚伪并不意味着当事人必然存在着恶意和非法目的，故上述法律规定的情形与通谋虚伪并非完全等同。原《民法总则》针对通谋虚伪行为缺少标准明确的规范，如何处理合同领域以外法律问题的相关情形，以及双方虚假行为并非基于恶意串通和非法目的，或者并没有损害国家、集体或第三人利益的情形的问题，对通谋虚伪行为进行了规范，并对表象行为和隐藏行为的效力进行了区分。

本条第1款是对双方以虚假意思表示作出的民事法律行为效力的规定。虚假的意思表示是指行为人故意作出与真实意思不一致的表示行为。虚假意思表示包括单方虚假意思表示和双方虚假意思表示。双方虚假意思表示也称通谋虚伪，是指行为人与相对人都知道自己所表示的意思并非真意，通谋作出与真意不一致的意思表示。通谋虚伪的特征在于双方当事人都知道自己所表示出的意思不是真实意思，民事法律行为本身欠缺效果意思，双方均不希望此行为能够真正发生法律上的效力。之所以对通过虚假意思表示效力予以否定，是因为该"意思表示"所指向的法律效果并非双方当事人的内心真意，双方对此相互知晓，如果认定其为有效，有悖于意思自治原则。

本条第2款是对隐藏行为效力的规定。隐藏行为又称隐匿行为，是指在通谋虚伪意思表示掩盖下行为人与相对人真心所欲达成的民事法律行为。本款对隐藏行为的效力作出上述规定主要是因为：（1）实践中当存在通谋虚伪行为时，往往同时存在隐藏行为。如果仅规定通谋虚伪行为的效力规则而不对隐藏行为的效力作出规定，将导致大量隐藏行为的处理没有依据。（2）通谋虚伪行为背后隐藏的民事法律行为，体现了双方当事人的真实意思表示，原则上不应否定其效力，如果被隐藏的行为违反法律、行政法规的强制性规定或者违背公序良俗，则应认定为无效。

【条文适用疑难解析】

如何认定"黑白合同"的效力

实践中常说的"黑白合同"在民法学理论上被称为隐藏行为。隐藏行为一般包括两个行为：一个是欠缺效果意思的虚拟表示行为，该行为对于双方当事人而言均为虚假，对于表示行为欠缺效果意思之事实，双方当事人是明知的。该行为在实践中有一个通俗称谓，即"白合同"。另一个是被虚假表示行为所掩盖的隐藏行为。该行为是双方当事人的真实意思。该行为在实践中也有一个通俗称谓，即"黑合同"。在过去的实践中，合道德性和合法性而非意思之力被视为合同效力的重要源泉。由于实践中的"黑白合同"多是为规避监管而为之。"黑合同"带有规避监管之目的，通常被认定为无效合同。"白合同"在形式上符合法律规定，且有表示行为印证其内容，在举证证明责任上亦更易完成举证责任，通常被认定为有效合同。"白合同"有效，"黑合同"无效，在道德伦理上似乎也较容易让人接受。

《民法典》完善了我国民事行为制度，进一步回归传统民法的意思表示理论，与民法意思自治品格进一步契合。依据本条规定，作为虚假意思表示的"白合同"，因欠缺效果意思，违背了意思自治原则，因此对当事人不发生约束力，属于无效的民事法律行为；作为真实意思表示的"黑合同"，属于当事人的真实意思，双方均具有受"黑合同"约束之效果意思，只要该行为不违反法律、行政法规的强制性规定、不违背公序良俗，则属于有效合同。这与过去的理念有所不同。从法治宣传的角度看，"黑白合同"这种表述并不准确，也不合适。生活丰富多彩，本条规定的"以虚假的意思表示隐藏的民事法律行为"，并非都是"黑"合同，而以"虚假的意思表示"所为之行为，也并不"白"。司法实践在认定民事法律行为的效力时，应当以《民法典》等民事法律为依据，准确把握民事法律行为效力背后的理论依据，才能较好地处理实践中常见且争议较多的民事法律行为效力问题。

【关联司法解释】

《最高人民法院关于适用〈中华人民共和国民法典〉合同编通则若干问题的解释》

★ **第14条** 当事人之间就同一交易订立多份合同，人民法院应当认定其中以虚假意思表示订立的合同无效。当事人为规避法律、行政法规的强制性规定，以虚假意思表示隐藏真实意思表示的，人民法院应当依据民法典第一百五十三条第一款的规定认定被隐藏合同的效力；当事人为规避法律、行政法规关于合同应当办理批准等手续的规定，以虚假意思表示隐藏真实意思表示的，人民法院应当依据民法典第五百零二条第二款的规定认定被隐藏合同的效力。

依据前款规定认定被隐藏合同无效或者确定不发生效力的，人民法院应当以被隐藏合同为事实基础，依据民法典第一百五十七条的规定确定当事人的民事责任。但是，法律另有规定的除外。

当事人就同一交易订立的多份合同均系真实意思表示，且不存在其他影响合同效力情形的，人民法院应当在查明各合同成立先后顺序和实际履行情况的基础上，认定合同内容是否发生变更。法律、行政法规禁止变更合同内容的，人民法院应当认定合同的相应变更无效。

【司法解释条文解读】

本条是关于"隐藏行为"效力的规定。民事行为效力取决于合意性和合法性两个要件。"隐藏行为"由两个行为组成：一是用于隐藏真实意思的虚假意思表示，该行为因缺乏合意性而无效；二是虚假意思表示所隐藏的真实意思表示。真实意思表示已经具备合意性要件，只要其具备合法性要件，该行为就有效。依真实意思表示确定当事人之间的民事法律关系，是民法的一般原则，但也有例外。法律为维护特定的交易秩序，会对当事人的意思自治进行限制。例如，《招标投标法》第46条规定："招标人和中标人应当自中标通知书发出之日起三十日内,按照招标文件和中标人的投标文件订立书面合同。招标人和中标人不得再行订立背离合同实质性内容的其他协议。招标文件要求中标人提交履约保证金的,中标人应当提交。"依据该条规定,如果招标人和中标人再行订立背离合同实质性内容的其他协议,该"其他协议"虽是当事人的真实意思表示,但仍不按该协议认定当事人之间的法律关系,而应当以招标投标文件和中标通知书为依据。

第15条 人民法院认定当事人之间的权利义务关系,不应当拘泥于合同使用的名称,而应当根据合同约定的内容。当事人主张的权利义务关系与根据合同内容认定的权利义务关系不一致的,人民法院应当结合缔约背景、交易目的、交易结构、履行行为以及当事人是否存在虚构交易标的等事实认定当事人之间的实际民事法律关系。

【关联指导案例】

最高人民法院指导案例179号: 聂美兰诉北京林氏兄弟文化有限公司确认劳动关系案

裁判要点: 1.劳动关系适格主体以"合作经营"等为名订立协议,但协议约定的双方权利义务内容、实际履行情况等符合劳动关系认定标准,劳动者主张与用人单位存在劳动关系的,人民法院应予支持。

2.用人单位与劳动者签订的书面协议中包含工作内容、劳动报酬、劳动合同期限等符合劳动合同法第十七条规定的劳动合同条款,劳动者以用人单位未订立书面劳动合同为由要求支付第二倍工资的,人民法院不予支持。

第147条【基于重大误解实施的民事法律行为的效力】

基于重大误解实施的民事法律行为,行为人有权请求人民法院或者仲裁机构予以撤销。

★★ 第148条【以欺诈手段实施的民事法律行为的效力】

一方以欺诈手段，使对方在违背真实意思的情况下实施的民事法律行为，受欺诈方有权请求人民法院或者仲裁机构予以撤销。

【条文解读】

本条是关于行为人以欺诈手段实施的民事法律行为的效力规定。本条承继了原《合同法》第54条第2款的规定。

民法中的欺诈，一般是指行为人故意欺骗他人，使对方陷入错误判断，并基于此错误判断作出意思表示的行为。《民法典》之所以将原《合同法》规定的欺诈相对人可以向法院或者仲裁机构申请变更或者撤销合同的权利变更为仅可撤销，是因为因欺诈行使变更权在实践中未得到广泛适用，绝大多数欺诈行为的相对人仍然选择通过撤销权的行使来保护其合法权益，而且如何变更仍涉及当事人意思自治，人民法院直接判决变更当事人的民事法律行为亦不适当。民事法律行为因欺诈被撤销后，如果行为人与相对人有意重新达成合意实施民事法律行为，法律并不禁止。

欺诈的构成要件一般包括：（1）行为人须有欺诈的故意，这种故意既包括使对方陷入错误判断的故意，也包括诱使对方基于此错误判断而作出意思表示的故意。（2）行为人须有欺诈的行为，这种行为既可以是故意虚构虚假事实，也可以是故意隐瞒应当告知的真实情况等。（3）行为人的欺诈行为与受欺诈人的错误判断之间存在因果关系。（4）受欺诈人基于错误判断作出意思表示。欺诈的构成并不需要受欺诈人客观上遭受损害后果的事实，只要受欺诈人因欺诈行为作出了实施民事法律行为的意思表示，即可成立欺诈。

对于撤销权的行使，一般认为撤销权性质上属于形成权，撤销权人可以通过自己的行为行使，但立法过程中考虑到撤销权人撤销权的行使与否，直接关涉民事法律行为的效力，也因此会对双方当事人的利益产生重大影响，故规定应通过法院或者仲裁机构行使为宜。

【条文适用疑难解析】

欺诈人行为构成诈骗罪的，其所为民事法律行为是否无效

我国立法和司法实践中，对于欺诈行为的效力经历了从无效到可撤销的变化过程。欺诈人行为构成诈骗罪的，不宜仅因该行为构成犯罪而在民法上亦认定该行为无效。在学理上，刑罚的基础学说主要是报应论和预防论。依报应论，刑罚是对犯罪行为之报应。在民法上，将构成诈骗罪的欺诈行为作为可撤销行为，由受欺诈一方根据自身利益最大化作出是否撤销的决策，对于欺诈人而言是更为不利的制度，符合刑法上的"报应"理论。同理，由受欺诈一方根据自身利益最大化作出是否撤销的决策，会使欺诈人面临更重的民事责任。因为被欺诈人的权利就是欺诈人之义务。被欺诈人基于利益最大化作出的是否撤销民事法律行为的决策，对于欺诈人而言就是"利益最小化"的结果。这会增加违法犯罪成本，有利于"遏制犯罪"。因此，欺诈人行为构成诈骗罪的，将其所为民事法律行为认定为可撤销行为而非无效行为，不仅符合《民法典》的规定和精神，也符合刑罚理论，与《刑法》的价值取向一致。

【关联司法解释】

《最高人民法院关于审理与企业改制相关的民事纠纷案件若干问题的规定》

第15条 债务人以隐瞒企业资产或者虚列企业资产为手段，骗取债权人与其签订债权转股权协议，债权人在法定期间内行使撤销权的，人民法院应当予以支持。

债权转股权协议被撤销后，债权人有权要求债务人清偿债务。

第19条 企业出售中，出卖人实施的行为具有法律规定的撤销情形，买受人在法定期限内行使撤销权的，人民法院应当予以支持。

《最高人民法院关于审理技术合同纠纷案件适用法律若干问题的解释》

第9条 当事人一方采取欺诈手段，就其现有技术成果作为研究开发标的与他人订立委托开发合同收取研究开发费用，或者就同一研究开发课题先后与两个或者两个以上的委托人分别订立委托开发合同重复收取研究开发费用，使对方在违背真实意思的情况下订立的合同，受损害方依照民法典第一百四十八条规定请求撤销合同的，人民法院应当予以支持。

第149条【受第三人欺诈的民事法律行为的效力】

第三人实施欺诈行为，使一方在违背真实意思的情况下实施的民事法律行为，对方知道或者应当知道该欺诈行为的，受欺诈方有权请求人民法院或者仲裁机构予以撤销。

【关联司法解释】

《最高人民法院关于适用〈中华人民共和国民法典〉合同编通则若干问题的解释》

第5条 第三人实施欺诈、胁迫行为，使当事人在违背真实意思的情况下订立合同，受到损失的当事人请求第三人承担赔偿责任的，人民法院依法予以支持；当事人亦有违背诚信原则的行为的，人民法院应当根据各自的过错确定相应的责任。但是，法律、司法解释对当事人与第三人的民事责任另有规定的，依照其规定。

第150条【以胁迫手段实施的民事法律行为的效力】

一方或者第三人以胁迫手段，使对方在违背真实意思的情况下实施的民事法律行为，受胁迫方有权请求人民法院或者仲裁机构予以撤销。

第151条【显失公平的民事法律行为的效力】

一方利用对方处于危困状态、缺乏判断能力等情形，致使民事法律行为成立时显失公平的，受损害方有权请求人民法院或者仲裁机构予以撤销。

【关联司法解释】

《最高人民法院关于适用〈中华人民共和国民法典〉合同编通则若干问题的解释》

第11条 当事人一方是自然人，根据该当事人的年龄、智力、知识、经验并结合交易的复杂程度，能够认定其对合同的性质、合同订立的法律后果或者交易中存在的特定风险缺乏应有的认知能力的，人民法院可以认定该情形构成民法典第一百五十一条规定的"缺乏判断能力"。

★★ 第152条【撤销权的消灭】

有下列情形之一的，撤销权消灭：

（一）当事人自知道或者应当知道撤销事由之日起一年内、重大误解的当事人自知道或者应当知道撤销事由之日起九十日内没有行使撤销权；

（二）当事人受胁迫，自胁迫行为终止之日起一年内没有行使撤销权；

（三）当事人知道撤销事由后明确表示或者以自己的行为表明放弃撤销权。

当事人自民事法律行为发生之日起五年内没有行使撤销权的，撤销权消灭。

【条文解读】

本条是关于撤销权消灭期间的规定。本条承继了原《合同法》第55条的规定，并作了修改完善：一是增加规定了重大误解的当事人应当自知道或者应当知道撤销事由之日起90日内行使撤销权；二是增加规定了当事人受胁迫的情况下，撤销权除斥期间自胁迫行为终止之日起计算；三是增加了第2款规定，即当事人自民事法律行为发生之日起5年内没有行使撤销权的，撤销权消灭。

撤销权，是指表意人对其已经作出的意思表示进行撤销，从而使整个民事法律行为的效力终局性地归于无效的权利。根据本条的规定，撤销权的行使期限包括如下几种情形：(1)当事人自知道或者应当知道撤销事由之日起1年内没有行使撤销权。这里规定的1年，起算时间是当事人自知道或者应当知道撤销事由之日，在性质上属于除斥期间，不存在中止、中断和延长的情形。(2)重大误解的当事人自知道或者应当知道撤销事由之日起90日内没有行使撤销权。撤销权的除斥期间一般是1年，而本条规定重大误解撤销权的除斥期间为90日，主要理由是，重大误解产生的原因是表意人自己，是表意人自己的过错造成，而不是交易的相对方。法律在平衡表意人真实意思的保护与相对人利益及交易安全的保护之间，要适当偏向于无过错的相对人，缩短表意人行使撤销权的时间。(3)当事人受胁迫，自胁迫行为终止之日起1年内没有行使撤销权。"自胁迫行为终止之日"是制定原《民法总则》时新增加的规定。《民法典》的规定与原《民法总则》的规定相同。(4)当事人知道撤销事由后明确表示或者以自己的行为表明放弃撤销权。这里只能是当事人"知道"，而不存在"应当知道"的情形。口头形式订立的合同，行使撤销权也可以采取口头形式。如果是书面合同，行使撤销权则应采用书面形式。"以自己的行为表明放弃撤销权"，应当理解为撤销权人知道撤销事由后还按合同向对方履行，或者接受对方的履行。该履行行为足以表明撤销权人放弃了撤销权。(5)当事人自民事法律行为发生之日起5年内没有行使撤销权的，撤销权消灭。撤销权的消灭时间，主要采取了"主观期间"的标准，即知道或者应当知道撤销事由开始计算撤销权消灭的时间，但"主观期间"会导致可能出现权利人知道或者应当知道的时间太晚，影响交易关系的稳定，影响交易秩序和交易安全，为平衡双方当事人之间的利益，又统一规定了一个"客观期间"，即当事人自民事法律行为发生之日起5年内没有行使撤销权的，撤销权消灭。

【关联司法解释】

《最高人民法院关于审理民事案件适用诉讼时效制度若干问题的规定》
第5条 享有撤销权的当事人一方请求撤销合同的，应适用民法典关于除斥期间的规定。对方当事人对撤销合同请求权提出诉讼时效抗辩的,人民法院不予支持。

合同被撤销,返还财产、赔偿损失请求权的诉讼时效期间从合同被撤销之日起计算。

第153条【违反强制性规定及违背公序良俗的民事法律行为的效力】
违反法律、行政法规的强制性规定的民事法律行为无效。但是,该强制性规定不导致该民事法律行为无效的除外。

违背公序良俗的民事法律行为无效。

【关联司法解释】

《最高人民法院关于适用〈中华人民共和国民法典〉合同编通则若干问题的解释》

★ 第16条 合同违反法律、行政法规的强制性规定,有下列情形之一,由行为人承担行政责任或者刑事责任能够实现强制性规定的立法目的的,人民法院可以依据民法典第一百五十三条第一款关于"该强制性规定不导致该民事法律行为无效的除外"的规定认定该合同不因违反强制性规定无效:

(一)强制性规定虽然旨在维护社会公共秩序,但是合同的实际履行对社会公共秩序造成的影响显著轻微,认定合同无效将导致案件处理结果有失公平公正;

(二)强制性规定旨在维护政府的税收、土地出让金等国家利益或者其他民事主体的合法利益而非合同当事人的民事权益,认定合同有效不会影响该规范目的的实现;

(三)强制性规定旨在要求当事人一方加强风险控制、内部管理等,对方无能力或者无义务审查合同是否违反强制性规定,认定合同无效将使其承担不利后果;

(四)当事人一方虽然在订立合同时违反强制性规定,但是在合同订立后其已经具备补正违反强制性规定的条件却违背诚信原则不予补正；

（五）法律、司法解释规定的其他情形。

法律、行政法规的强制性规定旨在规制合同订立后的履行行为，当事人以合同违反强制性规定为由请求认定合同无效的，人民法院不予支持。但是，合同履行必然导致违反强制性规定或者法律、司法解释另有规定的除外。

依据前两款认定合同有效，但是当事人的违法行为未经处理的，人民法院应当向有关行政管理部门提出司法建议。当事人的行为涉嫌犯罪的，应当将案件线索移送刑事侦查机关；属于刑事自诉案件的，应当告知当事人可以向有管辖权的人民法院另行提起诉讼。

【司法解释条文解读】

本条司法解释就违反强制性规定不导致合同无效的四类情形进行了列举，并在区分合同效力与合同履行的基础上，明确规定针对履行行为的强制性规定原则上不应影响合同效力，除非合同的履行必然违反强制性规定或者法律、司法解释另有规定。

第一，强制性规定虽然旨在维护社会公共秩序，但是合同的实际履行对社会公共秩序造成的影响显著轻微，认定合同无效将导致案件处理结果有失公平公正。本项规定体现了在认定导致合同无效的强制性规定时应当坚持比例原则。本项规定也可从经济学的角度解释，如果认定合同有效对社会带来的全部利益高于认定合同无效对社会带来的全部利益，就不宜认定合同无效。

第二，强制性规定旨在维护政府的税收、土地出让金等国家利益或者其他民事主体的合法利益而非合同当事人的民事权益，认定合同有效不会影响该规范目的的实现。本书认为，在认定哪些强制性规定会导致合同无效时，可以坚持一个标准：强制性规定所保护的公共利益是否高于对契约自由原则的保护。这一标准的前提是强制性规定所保护的公共利益与合同的订立和履行产生的后果相背离。显然，如果强制规定所保护的公共利益与认定合同效力没有直接关系,则不宜认定合同无效。

第三,强制性规定旨在要求当事人一方加强风险控制、内部管理等,对方无能力或者无义务审查合同是否违反强制性规定,认定合同无效将使其承担不利后果。本项的适用应注意与恶意串通行为相区分。实践中,有的银行职员与相对人恶意串通,违反金融管理规定非法套取银行信用,损害银行利益的,不应认定合同有效。

第四,当事人一方虽然在订立合同时违反强制性规定,但是在合同订立后其已经具备补正违反强制性规定的条件却违背诚信原则不予补正。这是司法实践的惯例,也是鼓励交易原则在司法实践中的体现。例如,《最高人民法院关于审理商品房买卖合同纠纷案件适用法律若干问题的解释》第2条规定:"出卖人未取得商品房预售许可证明,与买受人订立的商品房预售合同,应当认定无效,但是在起诉前取得商品房预售许可证明的,可以认定有效。"关于补正的时间,实践中主要有两种做法:一是在起诉前;二是在一审法庭辩论终结前。

第17条 合同虽然不违反法律、行政法规的强制性规定,但是有下列情形之一,人民法院应当依据民法典第一百五十三条第二款的规定认定合同无效:

(一)合同影响政治安全、经济安全、军事安全等国家安全的;

(二)合同影响社会稳定、公平竞争秩序或者损害社会公共利益等违背社会公共秩序的;

(三)合同背离社会公德、家庭伦理或者有损人格尊严等违背善良风俗的。

人民法院在认定合同是否违背公序良俗时,应当以社会主义核心价值观为导向,综合考虑当事人的主观动机和交易目的、政府部门的监管强度、一定期限内当事人从事类似交易的频次、行为的社会后果等因素,并在裁判文书中充分说理。当事人确因生活需要进行交易,未给社会公共秩序造成重大影响,且不影响国家安全,也不违背善良风俗的,人民法院不应当认定合同无效。

第18条 法律、行政法规的规定虽然有"应当""必须"或者"不得"等表述，但是该规定旨在限制或者赋予民事权利，行为人违反该规定将构成无权处分、无权代理、越权代表等，或者导致合同相对人、第三人因此获得撤销权、解除权等民事权利的，人民法院应当依据法律、行政法规规定的关于违反该规定的民事法律后果认定合同效力。

《最高人民法院关于适用〈中华人民共和国民法典〉时间效力的若干规定》

第8条 民法典施行前成立的合同，适用当时的法律、司法解释的规定合同无效而适用民法典的规定合同有效的，适用民法典的相关规定。

《最高人民法院关于审理期货纠纷案件若干问题的规定》

第13条 有下列情形之一的，应当认定期货经纪合同无效：

（一）没有从事期货经纪业务的主体资格而从事期货经纪业务的；

（二）不具备从事期货交易主体资格的客户从事期货交易的；

（三）违反法律、行政法规的强制性规定的。

《最高人民法院关于审理因垄断行为引发的民事纠纷案件应用法律若干问题的规定》

第15条 被诉合同内容、行业协会的章程等违反反垄断法或者其他法律、行政法规的强制性规定的，人民法院应当依法认定其无效。但是，该强制性规定不导致该民事法律行为无效的除外。

《最高人民法院关于审理外商投资企业纠纷案件若干问题的规定（一）》

第3条 人民法院在审理案件中，发现经外商投资企业审批机关批准的外商投资企业合同具有法律、行政法规规定的无效情形的，应当认定合同无效；该合同具有法律、行政法规规定的可撤销情形，当事人请求撤销的，人民法院应予支持。

《最高人民法院关于适用〈中华人民共和国涉外民事关系法律适用法〉若干问题的解释（一）》

第9条 一方当事人故意制造涉外民事关系的连结点，规避中华人民共和国法律、行政法规的强制性规定的，人民法院应认定为不发生适用外国法律的效力。

【其他关联规定】

《全国法院民商事审判工作会议纪要》

30.【强制性规定的识别】 合同法施行后,针对一些人民法院动辄以违反法律、行政法规的强制性规定为由认定合同无效,不当扩大无效合同范围的情形,合同法司法解释(二)第14条将《合同法》第52条第5项规定的"强制性规定"明确限于"效力性强制性规定"。此后,《最高人民法院关于当前形势下审理民商事合同纠纷案件若干问题的指导意见》进一步提出了"管理性强制性规定"的概念,指出违反管理性强制性规定的,人民法院应当根据具体情形认定合同效力。随着这一概念的提出,审判实践中又出现了另一种倾向,有的人民法院认为凡是行政管理性质的强制性规定都属于"管理性强制性规定",不影响合同效力。这种望文生义的认定方法,应予纠正。

人民法院在审理合同纠纷案件时,要依据《民法总则》第153条第1款和合同法司法解释(二)第14条的规定慎重判断"强制性规定"的性质,特别是要在考量强制性规定所保护的法益类型、违法行为的法律后果以及交易安全保护等因素的基础上认定其性质,并在裁判文书中充分说明理由。下列强制性规定,应当认定为"效力性强制性规定":强制性规定涉及金融安全、市场秩序、国家宏观政策等公序良俗的;交易标的禁止买卖的,如禁止人体器官、毒品、枪支等买卖;违反特许经营规定的,如场外配资合同;交易方式严重违法的,如违反招投标等竞争性缔约方式订立的合同;交易场所违法的,如在批准的交易场所之外进行期货交易。关于经营范围、交易时间、交易数量等行政管理性质的强制性规定,一般应当认定为"管理性强制性规定"。

第154条【恶意串通的民事法律行为的效力】

行为人与相对人恶意串通,损害他人合法权益的民事法律行为无效。

【关联司法解释】

《最高人民法院关于适用〈中华人民共和国民法典〉合同编通则若干问题的解释》

第23条 法定代表人、负责人或者代理人与相对人恶意串通，以法人、非法人组织的名义订立合同，损害法人、非法人组织的合法权益，法人、非法人组织主张不承担民事责任的，人民法院应予支持。法人、非法人组织请求法定代表人、负责人或者代理人与相对人对因此受到的损失承担连带赔偿责任的，人民法院应予支持。

根据法人、非法人组织的举证，综合考虑当事人之间的交易习惯、合同在订立时是否显失公平、相关人员是否获取了不正当利益、合同的履行情况等因素，人民法院能够认定法定代表人、负责人或者代理人与相对人存在恶意串通的高度可能性的，可以要求前述人员就合同订立、履行的过程等相关事实作出陈述或者提供相应的证据。其无正当理由拒绝作出陈述，或者所作陈述不具合理性又不能提供相应证据的，人民法院可以认定恶意串通的事实成立。

《最高人民法院关于审理外商投资企业纠纷案件若干问题的规定（一）》

第20条 实际投资者与外商投资企业名义股东之间的合同因恶意串通，损害国家、集体或者第三人利益，被认定无效的，人民法院应当将因此取得的财产收归国家所有或者返还集体、第三人。

第155条【无效、被撤销的民事法律行为自始无效】

无效的或者被撤销的民事法律行为自始没有法律约束力。

第156条【民事法律行为部分无效】

民事法律行为部分无效，不影响其他部分效力的，其他部分仍然有效。

第157条【民事法律行为无效、被撤销或确定不发生效力的法律后果】

民事法律行为无效、被撤销或者确定不发生效力后，行为人因该行为取得的财产,应当予以返还;不能返还或者没有必要返还的,应当折价补偿。有过错的一方应当赔偿对方由此所受到的损失;各方都有过错的,应当各自承担相应的责任。法律另有规定的,依照其规定。

【关联司法解释】

《最高人民法院关于适用〈中华人民共和国民法典〉合同编通则若干问题的解释》

★ 第24条 合同不成立、无效、被撤销或者确定不发生效力,当事人请求返还财产,经审查财产能够返还的,人民法院应当根据案件具体情况,单独或者合并适用返还占有的标的物、更正登记簿册记载等方式;经审查财产不能返还或者没有必要返还的,人民法院应当以认定合同不成立、无效、被撤销或者确定不发生效力之日该财产的市场价值或者以其他合理方式计算的价值为基准判决折价补偿。

除前款规定的情形外,当事人还请求赔偿损失的,人民法院应当结合财产返还或者折价补偿的情况,综合考虑财产增值收益和贬值损失、交易成本的支出等事实,按照双方当事人的过错程度及原因力大小,根据诚信原则和公平原则,合理确定损失赔偿额。

合同不成立、无效、被撤销或者确定不发生效力,当事人的行为涉嫌违法且未经处理,可能导致一方或者双方通过违法行为获得不当利益的,人民法院应当向有关行政管理部门提出司法建议。当事人的行为涉嫌犯罪的,应当将案件线索移送刑事侦查机关;属于刑事自诉案件的,应当告知当事人可以向有管辖权的人民法院另行提起诉讼。

【司法解释条文解读】

本条是关于合同无效的法律责任的规定。《民法典》第157条规定,民事行为无效产生三个法律责任:一是因无效民事法律行为取得财产的一方应当返还财产；二是不能返还或者没有必要返还财产的，应当折价补偿；三是赔偿损失。在理解和适用本条解释时，需要注意两个问题：

第一，要正确处理这三个法律责任的关系。返还财产与折价补偿是"候补"关系，如果能够返还财产，则没有必要折价补偿。只有不能返还或者没有必要返还财产情况下，才需要折价补偿。返还财产、折价补偿与赔偿损失之间是并列关系。实践中，有观点认为，返还财产不能的，应当折价补偿，如果折价补偿仍然不能，就应当赔偿损失，即认为赔偿损失是返还财产、折价补偿之"候补"，这一观点不正确，也与本条规定不一致。折价补偿本身就属于金钱责任，没有必要转化为赔偿责任。而且"补偿"与"赔偿"不宜认定为相同性质的责任。

第二，要正确把握这三个法律责任的构成要件。返还财产有三个构成要件：一是民事法律行为无效；二是一方因无效民事法律行为获得财产；三是能够且有必要返还财产。折价补偿有三个构成要件：一是民事法律行为无效；二是一方因无效民事法律行为获得财产；三是不能返还或者没有必要返还财产。可见，返还财产和折价补偿均无需以当事人有过错为前提，目的是要使当事人之间的权利义务关系恢复到合同未缔结时的状态。赔偿损失有四个构成要件：一是民事法律行为无效；二是一方当事人受到损失，这里的损失应当指返还原物和折价补偿之外的损失；三是对方当事人存在过错；四是一方当事人的损失与对方当事人的过错行为存在法律上的因果关系。

★ **第25条** 合同不成立、无效、被撤销或者确定不发生效力，有权请求返还价款或者报酬的当事人一方请求对方支付资金占用费的，人民法院应当在当事人请求的范围内按照中国人民银行授权全国银行间同业拆借中心公布的一年期贷款市场报价利率（LPR）计算。但是，占用资金的当事人对于合同不成立、无效、被撤销或者确定不发生效力没有过错的，应当以中国人民银行公布的同期同类存款基准利率计算。

双方互负返还义务，当事人主张同时履行的，人民法院应予支持；占有标的物的一方对标的物存在使用或者依法可以使用的情形，对方请求将其应支付的资金占用费与应收取的标的物使用费相互抵销的，人民法院应予支持，但是法律另有规定的除外。

【司法解释条文解读】

本条是关于合同不成立、无效、被撤销或者确定不发生效力后返还责任的规定。根据本条第1款规定，支付以中国人民银行公布的同期同类存款基准利率计算的利息被视为法定孳息的责任依附于"返还财产"责任，因此不以占用资金的当事人对于合同不成立、无效、被撤销或者确定不发生效力存在过错为条件。而支付按照中国人民银行授权全国银行间同业拆借中心公布的一年期贷款市场报价利率（LPR）计算的利息属于赔偿损失责任，需以占用资金的当事人对于合同不成立、无效、被撤销或者确定不发生效力存在过错为条件。

《最高人民法院关于审理期货纠纷案件若干问题的规定》

第3条 人民法院审理期货侵权纠纷和无效的期货交易合同纠纷案件，应当根据各方当事人是否有过错，以及过错的性质、大小，过错和损失之间的因果关系，确定过错方承担的民事责任。

第14条 因期货经纪合同无效给客户造成经济损失的，应当根据无效行为与损失之间的因果关系确定责任的承担。一方的损失系对方行为所致，应当由对方赔偿损失；双方有过错的，根据过错大小各自承担相应的民事责任。

《最高人民法院关于审理外商投资企业纠纷案件若干问题的规定（一）》

第19条 实际投资者与外商投资企业名义股东之间的合同被认定无效，名义股东持有的股权价值低于实际投资额，实际投资者请求名义股东向其返还现有股权的等值价款的，人民法院应予支持；外商投资企业名义股东明确表示放弃股权或者拒绝继续持有股权的，人民法院可以判令以拍卖、变卖名义股东持有的外商投资企业股权所得向实际投资者返还投资款。

实际投资者请求名义股东赔偿损失的，人民法院应当根据名义股东对合同无效是否存在过错及过错大小认定其是否承担赔偿责任及具体赔偿数额。

第四节　民事法律行为的附条件和附期限

第158条【附条件的民事法律行为】

民事法律行为可以附条件，但是根据其性质不得附条件的除外。附生效条件的民事法律行为，自条件成就时生效。附解除条件的民事法律行为，自条件成就时失效。

第159条【条件成就和不成就的拟制】

附条件的民事法律行为，当事人为自己的利益不正当地阻止条件成就的，视为条件已经成就；不正当地促成条件成就的，视为条件不成就。

第160条【附期限的民事法律行为】

民事法律行为可以附期限，但是根据其性质不得附期限的除外。附生效期限的民事法律行为，自期限届至时生效。附终止期限的民事法律行为，自期限届满时失效。

第七章　代理

第一节　一般规定

第161条【代理适用范围】

民事主体可以通过代理人实施民事法律行为。

依照法律规定、当事人约定或者民事法律行为的性质，应当由本人亲自实施的民事法律行为，不得代理。

第162条【代理的效力】

代理人在代理权限内，以被代理人名义实施的民事法律行为，对被代理人发生效力。

【关联司法解释】

《最高人民法院关于审理海上货运代理纠纷案件若干问题的规定》

第2条　人民法院审理海上货运代理纠纷案件，认定货运代理企业因处理海上货运代理事务与委托人之间形成代理、运输、仓储等不同法律关系的，应分别适用相关的法律规定。

第163条【代理的类型】

代理包括委托代理和法定代理。

委托代理人按照被代理人的委托行使代理权。法定代理人依照法律的规定行使代理权。

第164条【代理人不当行为的法律后果】

代理人不履行或者不完全履行职责，造成被代理人损害的，应当承担民事责任。

代理人和相对人恶意串通，损害被代理人合法权益的，代理人和相对人应当承担连带责任。

第二节　委托代理

第165条【授权委托书】

委托代理授权采用书面形式的，授权委托书应当载明代理人的姓名或者名称、代理事项、权限和期限，并由被代理人签名或者盖章。

第166条【共同代理】

数人为同一代理事项的代理人的，应当共同行使代理权，但是当事人另有约定的除外。

第167条【违法代理及其法律后果】

代理人知道或者应当知道代理事项违法仍然实施代理行为，或者被代理人知道或者应当知道代理人的代理行为违法未作反对表示的，被代理人和代理人应当承担连带责任。

第168条【禁止自我代理和双方代理及例外】

代理人不得以被代理人的名义与自己实施民事法律行为，但是被代理人同意或者追认的除外。

代理人不得以被代理人的名义与自己同时代理的其他人实施民事法律行为，但是被代理的双方同意或者追认的除外。

第169条【复代理】

代理人需要转委托第三人代理的，应当取得被代理人的同意或者追认。

转委托代理经被代理人同意或者追认的，被代理人可以就代理事务直接指示转委托的第三人，代理人仅就第三人的选任以及对第三人的指示承担责任。

转委托代理未经被代理人同意或者追认的，代理人应当对转委托的第三人的行为承担责任；但是，在紧急情况下代理人为了维护被代理人的利益需要转委托第三人代理的除外。

第170条【职务代理】

执行法人或者非法人组织工作任务的人员，就其职权范围内的事项，以法人或者非法人组织的名义实施的民事法律行为，对法人或者非法人组织发生效力。

法人或者非法人组织对执行其工作任务的人员职权范围的限制，不得对抗善意相对人。

第171条【无权代理】

行为人没有代理权、超越代理权或者代理权终止后，仍然实施代理行为，未经被代理人追认的，对被代理人不发生效力。

相对人可以催告被代理人自收到通知之日起三十日内予以追认。被代理人未作表示的，视为拒绝追认。行为人实施的行为被追认前，善意相对人有撤销的权利。撤销应当以通知的方式作出。

行为人实施的行为未被追认的，善意相对人有权请求行为人履行债务或者就其受到的损害请求行为人赔偿。但是，赔偿的范围不得超过被代理人追认时相对人所能获得的利益。

相对人知道或者应当知道行为人无权代理的，相对人和行为人按照各自的过错承担责任。

【关联司法解释】

《最高人民法院关于适用〈中华人民共和国民法典〉合同编通则若干问题的解释》

第21条　法人、非法人组织的工作人员就超越其职权范围的事项以法人、非法人组织的名义订立合同，相对人主张该合同对法人、非法人组织发生效力并由其承担违约责任的，人民法院不予支持。但是，法人、非法人组织有过错的，人民法院可以参照民法典第一百五十七条的规定判决其承担相应的赔偿责任。前述情形，构成表见代理的，人民法院应当依据民法典第一百七十二条的规定处理。

合同所涉事项有下列情形之一的，人民法院应当认定法人、非法人组织的工作人员在订立合同时超越其职权范围：

（一）依法应当由法人、非法人组织的权力机构或者决策机构决议的事项；

（二）依法应当由法人、非法人组织的执行机构决定的事项；

（三）依法应当由法定代表人、负责人代表法人、非法人组织实施的事项；

（四）不属于通常情形下依其职权可以处理的事项。

合同所涉事项未超越依据前款确定的职权范围，但是超越法人、非法人组织对工作人员职权范围的限制，相对人主张该合同对法人、非法人组织发生效力并由其承担违约责任的，人民法院应予支持。但是，法人、非法人组织举证证明相对人知道或者应当知道该限制的除外。

法人、非法人组织承担民事责任后，向故意或者有重大过失的工作人员追偿的，人民法院依法予以支持。

第22条 法定代表人、负责人或者工作人员以法人、非法人组织的名义订立合同且未超越权限，法人、非法人组织仅以合同加盖的印章不是备案印章或者系伪造的印章为由主张该合同对其不发生效力的，人民法院不予支持。

合同系以法人、非法人组织的名义订立，但是仅有法定代表人、负责人或者工作人员签名或者按指印而未加盖法人、非法人组织的印章，相对人能够证明法定代表人、负责人或者工作人员在订立合同时未超越权限的，人民法院应当认定合同对法人、非法人组织发生效力。但是，当事人约定以加盖印章作为合同成立条件的除外。

合同仅加盖法人、非法人组织的印章而无人员签名或者按指印，相对人能够证明合同系法定代表人、负责人或者工作人员在其权限范围内订立的，人民法院应当认定该合同对法人、非法人组织发生效力。

在前三款规定的情形下，法定代表人、负责人或者工作人员在订立合同时虽然超越代表或者代理权限，但是依据民法典第五百零四条的规定构成表见代表，或者依据民法典第一百七十二条的规定构成表见代理的，人民法院应当认定合同对法人、非法人组织发生效力。

《最高人民法院关于适用〈中华人民共和国公司法〉若干问题的规定（三）》

第3条 发起人以设立中公司名义对外签订合同，公司成立后合同相对人请求公司承担合同责任的，人民法院应予支持。

公司成立后有证据证明发起人利用设立中公司的名义为自己的利益与相对人签订合同，公司以此为由主张不承担合同责任的，人民法院应予支持，但相对人为善意的除外。

《最高人民法院关于审理期货纠纷案件若干问题的规定》

第54条　期货公司擅自以客户的名义进行交易，客户对交易结果不予追认的，所造成的损失由期货公司承担。

第172条【表见代理】

行为人没有代理权、超越代理权或者代理权终止后，仍然实施代理行为，相对人有理由相信行为人有代理权的，代理行为有效。

【关联司法解释】

《最高人民法院关于审理海上货运代理纠纷案件若干问题的规定》

第6条　一方当事人根据双方的交易习惯，有理由相信行为人有权代表对方当事人订立海上货运代理合同，该方当事人依据民法典第一百七十二条的规定主张合同成立的，人民法院应予支持。

《最高人民法院关于审理期货纠纷案件若干问题的规定》

第9条　期货公司授权非本公司人员以本公司的名义从事期货交易行为的，期货公司应当承担由此产生的民事责任；非期货公司人员以期货公司名义从事期货交易行为，具备民法典第一百七十二条所规定的表见代理条件的，期货公司应当承担由此产生的民事责任。

第三节　代理终止

第173条【委托代理终止的情形】

有下列情形之一的，委托代理终止：

（一）代理期限届满或者代理事务完成；

（二）被代理人取消委托或者代理人辞去委托；

（三）代理人丧失民事行为能力；

（四）代理人或者被代理人死亡；

（五）作为代理人或者被代理人的法人、非法人组织终止。

★★ 第174条【委托代理终止的例外】

被代理人死亡后，有下列情形之一的，委托代理人实施的代理行为有效：

（一）代理人不知道且不应当知道被代理人死亡；

（二）被代理人的继承人予以承认；

（三）授权中明确代理权在代理事务完成时终止；

（四）被代理人死亡前已经实施，为了被代理人的继承人的利益继续代理。

作为被代理人的法人、非法人组织终止的，参照适用前款规定。

【条文解读】

本条是关于委托代理关系终止的例外规则。本条吸收了原《最高人民法院关于贯彻执行〈中华人民共和国民法通则〉若干问题的意见（试行）》第82条的规定，并作了完善。一是第1款第1项增加了代理人不应当知道被代理人死亡的规定；二是增加了第2款规定，即作为被代理人的法人、非法人组织终止的，参照适用前款规定。

委托代理以代理人与被代理人之间的人身信赖关系为基础，代理人所实施的民事法律行为的效果直接归属于被代理人，如果被代理人死亡或终止，代理人所实施的民事法律行为的效果直接归属于被代理人继承人或者出资人。因此，代理人应当等被代理人的继承人或者出资人决定是否继续委托代理人完成委托事项。但是，在下列情况下，代理人实施的代理行为仍然有效：一是代理人不知道且不应当知道被代理人死亡；二是被代理人的继承人予以承认；三是授权中明确代理权在代理事务完成时终止；四是被代理人死亡前已经实施，为了被代理人的继承人的利益继续代理。

【条文适用疑难解析】

诉讼代理中，不知道且不应当知道被代理人死亡时所为的诉讼代理行为是否有效

《民事诉讼法》第153条第1款第1项规定，一方当事人死亡，需要等待继承人表明是否参加诉讼的，应当中止诉讼。在继承人表明参加诉讼后，如果继承人愿意继续委托原来的诉讼代理人的，原诉讼代理人可继续参加诉讼；如果继承人不愿意继续委托原来的诉讼代理人的，原诉讼代理人不能继续参加诉讼。

如果一方当事人死亡后，人民法院和其诉讼代理人均不知道其已经死亡，继续开展诉讼活动的，该诉讼代理行为是否对死亡当事人的继承人仍然发生效力呢？根据本条第1款第1项的规定，被代理人死亡后，代理人不知道且不应当知道被代理人死亡的，委托代理人实施的代理行为有效。

第175条【法定代理终止的情形】
有下列情形之一的，法定代理终止：
（一）被代理人取得或者恢复完全民事行为能力；
（二）代理人丧失民事行为能力；
（三）代理人或者被代理人死亡；
（四）法律规定的其他情形。

第八章　民事责任

第176条【民事义务与责任】
民事主体依照法律规定或者按照当事人约定，履行民事义务，承担民事

责任。

第177条【按份责任】

二人以上依法承担按份责任，能够确定责任大小的，各自承担相应的责任；难以确定责任大小的，平均承担责任。

第178条【连带责任】

二人以上依法承担连带责任的，权利人有权请求部分或者全部连带责任人承担责任。

连带责任人的责任份额根据各自责任大小确定；难以确定责任大小的，平均承担责任。实际承担责任超过自己责任份额的连带责任人，有权向其他连带责任人追偿。

连带责任，由法律规定或者当事人约定。

【关联司法解释】

《最高人民法院关于适用〈中华人民共和国民法典〉有关担保制度的解释》

第10条 一人有限责任公司为其股东提供担保，公司以违反公司法关于公司对外担保决议程序的规定为由主张不承担担保责任的，人民法院不予支持。公司因承担担保责任导致无法清偿其他债务，提供担保时的股东不能证明公司财产独立于自己的财产，其他债权人请求该股东承担连带责任的，人民法院应予支持。

第13条 同一债务有两个以上第三人提供担保，担保人之间约定相互追偿及分担份额，承担了担保责任的担保人请求其他担保人按照约定分担份额的，人民法院应予支持；担保人之间约定承担连带共同担保，或者约定相互追偿但是未约定分担份额的，各担保人按照比例分担向债务人不能追偿的部分。

同一债务有两个以上第三人提供担保，担保人之间未对相互追偿作出约定且未约定承担连带共同担保，但是各担保人在同一份合同书上签字、盖章或者按指印，承担了担保责任的担保人请求其他担保人按照比例分担向债务人不能追偿部分的，人民法院应予支持。

除前两款规定的情形外，承担了担保责任的担保人请求其他担保人分担向债务人不能追偿部分的，人民法院不予支持。

第25条 当事人在保证合同中约定了保证人在债务人不能履行债务或者无力偿还债务时才承担保证责任等类似内容，具有债务人应当先承担责任的意思表示的，人民法院应当将其认定为一般保证。

当事人在保证合同中约定了保证人在债务人不履行债务或者未偿还债务时即承担保证责任、无条件承担保证责任等类似内容，不具有债务人应当先承担责任的意思表示的，人民法院应当将其认定为连带责任保证。

第31条 一般保证的债权人在保证期间内对债务人提起诉讼或者申请仲裁后，又撤回起诉或者仲裁申请，债权人在保证期间届满前未再行提起诉讼或者申请仲裁，保证人主张不再承担保证责任的，人民法院应予支持。

连带责任保证的债权人在保证期间内对保证人提起诉讼或者申请仲裁后，又撤回起诉或者仲裁申请，起诉状副本或者仲裁申请书副本已经送达保证人的，人民法院应当认定债权人已经在保证期间内向保证人行使了权利。

第36条 第三人向债权人提供差额补足、流动性支持等类似承诺文件作为增信措施，具有提供担保的意思表示，债权人请求第三人承担保证责任的，人民法院应当依照保证的有关规定处理。

第三人向债权人提供的承诺文件，具有加入债务或者与债务人共同承担债务等意思表示的，人民法院应当认定为民法典第五百五十二条规定的债务加入。

前两款中第三人提供的承诺文件难以确定是保证还是债务加入的，人民法院应当将其认定为保证。

第三人向债权人提供的承诺文件不符合前三款规定的情形，债权人请求第三人承担保证责任或者连带责任的，人民法院不予支持，但是不影响其依据承诺文件请求第三人履行约定的义务或者承担相应的民事责任。

第59条 存货人或者仓单持有人在仓单上以背书记载"质押"字样，并经保管人签章，仓单已经交付质权人的，人民法院应当认定质权自仓单交付质权人时设立。没有权利凭证的仓单，依法可以办理出质登记的，仓单质权自办理出质登记时设立。

出质人既以仓单出质，又以仓储物设立担保，按照公示的先后确定清偿顺序；难以确定先后的，按照债权比例清偿。

保管人为同一货物签发多份仓单，出质人在多份仓单上设立多个质权，按照公示的先后确定清偿顺序；难以确定先后的，按照债权比例受偿。

存在第二款、第三款规定的情形，债权人举证证明其损失系由出质人与保管人的共同行为所致，请求出质人与保管人承担连带赔偿责任的，人民法院应予支持。

第69条 股东以将其股权转移至债权人名下的方式为债务履行提供担保，公司或者公司的债权人以股东未履行或者未全面履行出资义务、抽逃出资等为由，请求作为名义股东的债权人与股东承担连带责任的，人民法院不予支持。

《最高人民法院关于审理技术合同纠纷案件适用法律若干问题的解释》

第12条 根据民法典第八百五十条的规定，侵害他人技术秘密的技术合同被确认无效后，除法律、行政法规另有规定的以外，善意取得该技术秘密的一方当事人可以在其取得时的范围内继续使用该技术秘密，但应当向权利人支付合理的使用费并承担保密义务。

当事人双方恶意串通或者一方知道或者应当知道另一方侵权仍与其订立或者履行合同的，属于共同侵权，人民法院应当判令侵权人承担连带赔偿责任和保密义务，因此取得技术秘密的当事人不得继续使用该技术秘密。

《最高人民法院关于审理民间借贷案件适用法律若干问题的规定》

第4条 保证人为借款人提供连带责任保证，出借人仅起诉借款人的，人民法院可以不追加保证人为共同被告；出借人仅起诉保证人的，人民法院可以追加借款人为共同被告。

保证人为借款人提供一般保证，出借人仅起诉保证人的，人民法院应当追加借款人为共同被告；出借人仅起诉借款人的，人民法院可以不追加保证人为共同被告。

《最高人民法院关于审理使用人脸识别技术处理个人信息相关民事案件适用法律若干问题的规定》

第7条　多个信息处理者处理人脸信息侵害自然人人格权益，该自然人主张多个信息处理者按照过错程度和造成损害结果的大小承担侵权责任的，人民法院依法予以支持；符合民法典第一千一百六十八条、第一千一百六十九条第一款、第一千一百七十条、第一千一百七十一条等规定的相应情形，该自然人主张多个信息处理者承担连带责任的，人民法院依法予以支持。

信息处理者利用网络服务处理人脸信息侵害自然人人格权益的，适用民法典第一千一百九十五条、第一千一百九十六条、第一千一百九十七条等规定。

《最高人民法院关于审理网络消费纠纷案件适用法律若干问题的规定（一）》

第15条　网络直播营销平台经营者对依法需取得食品经营许可的网络直播间的食品经营资质未尽到法定审核义务，使消费者的合法权益受到损害，消费者依据食品安全法第一百三十一条等规定主张网络直播营销平台经营者与直播间运营者承担连带责任的，人民法院应予支持。

第16条　网络直播营销平台经营者知道或者应当知道网络直播间销售的商品不符合保障人身、财产安全的要求，或者有其他侵害消费者合法权益行为，未采取必要措施，消费者依据电子商务法第三十八条等规定主张网络直播营销平台经营者与直播间运营者承担连带责任的，人民法院应予支持。

第17条　直播间运营者知道或者应当知道经营者提供的商品不符合保障人身、财产安全的要求，或者有其他侵害消费者合法权益行为，仍为其推广，给消费者造成损害，消费者依据民法典第一千一百六十八条等规定主张直播间运营者与提供该商品的经营者承担连带责任的，人民法院应予支持。

第18条　网络餐饮服务平台经营者违反食品安全法第六十二条和第一百三十一条规定，未对入网餐饮服务提供者进行实名登记、审查许可证，或者未履行报告、停止提供网络交易平台服务等义务，使消费者的合法权益受到损害，消费者主张网络餐饮服务平台经营者与入网餐饮服务提供者承担连带责任的，人民法院应予支持。

《最高人民法院关于审理侵害信息网络传播权民事纠纷案件适用法律若干问题的规定》

第4条 有证据证明网络服务提供者与他人以分工合作等方式共同提供作品、表演、录音录像制品，构成共同侵权行为的，人民法院应当判令其承担连带责任。网络服务提供者能够证明其仅提供自动接入、自动传输、信息存储空间、搜索、链接、文件分享技术等网络服务，主张其不构成共同侵权行为的，人民法院应予支持。

《最高人民法院关于审理利用信息网络侵害人身权益民事纠纷案件适用法律若干问题的规定》

第10条 被侵权人与构成侵权的网络用户或者网络服务提供者达成一方支付报酬，另一方提供删除、屏蔽、断开链接等服务的协议，人民法院应认定为无效。

擅自篡改、删除、屏蔽特定网络信息或者以断开链接的方式阻止他人获取网络信息，发布该信息的网络用户或者网络服务提供者请求侵权人承担侵权责任的，人民法院应予支持。接受他人委托实施该行为的，委托人与受托人承担连带责任。

《最高人民法院关于涉网络知识产权侵权纠纷几个法律适用问题的批复》

二、网络服务提供者、电子商务平台经营者收到知识产权权利人依法发出的通知后，应当及时将权利人的通知转送相关网络用户、平台内经营者，并根据构成侵权的初步证据和服务类型采取必要措施；未依法采取必要措施，权利人主张网络服务提供者、电子商务平台经营者对损害的扩大部分与网络用户、平台内经营者承担连带责任的，人民法院可以依法予以支持。

《最高人民法院关于审理人身损害赔偿案件适用法律若干问题的解释》

第2条 赔偿权利人起诉部分共同侵权人的，人民法院应当追加其他共同侵权人作为共同被告。赔偿权利人在诉讼中放弃对部分共同侵权人的诉讼请求的，其他共同侵权人对被放弃诉讼请求的被告应当承担的赔偿份额不承担连带责任。责任范围难以确定的，推定各共同侵权人承担同等责任。

人民法院应当将放弃诉讼请求的法律后果告知赔偿权利人，并将放弃诉讼请求的情况在法律文书中叙明。

《最高人民法院关于审理铁路运输人身损害赔偿纠纷案件适用法律若干问题的解释》

第8条 铁路机车车辆与机动车发生碰撞造成机动车驾驶人员以外的人人身损害的，由铁路运输企业与机动车一方对受害人承担连带赔偿责任。铁路运输企业与机动车一方之间的责任份额根据各自责任大小确定；难以确定责任大小的，平均承担责任。对受害人实际承担赔偿责任超出应当承担份额的一方，有权向另一方追偿。

铁路机车车辆与机动车发生碰撞造成机动车驾驶人员人身损害的，按照本解释第四条至第六条的规定处理。

《最高人民法院关于审理船舶碰撞纠纷案件若干问题的规定》

第8条 碰撞船舶船载货物权利人或者第三人向碰撞船舶一方或者双方就货物或其他财产损失提出赔偿请求的，由碰撞船舶方提供证据证明过失程度的比例。无正当理由拒不提供证据的，由碰撞船舶一方承担全部赔偿责任或者由双方承担连带赔偿责任。

前款规定的证据指具有法律效力的判决书、裁定书、调解书和仲裁裁决书。对于碰撞船舶提交的国外的判决书、裁定书、调解书和仲裁裁决书，依照民事诉讼法第二百八十二条[①]和第二百八十三条[②]规定的程序审查。

《最高人民法院关于审理道路交通事故损害赔偿案件适用法律若干问题的解释》

第3条 套牌机动车发生交通事故造成损害，属于该机动车一方责任，当事人请求由套牌机动车的所有人或者管理人承担赔偿责任的，人民法院应予支持；被套牌机动车所有人或者管理人同意套牌的，应当与套牌机动车的

[①] 现为第299条、第300条。
[②] 现为第304条。

所有人或者管理人承担连带责任。

第4条 拼装车、已达到报废标准的机动车或者依法禁止行驶的其他机动车被多次转让，并发生交通事故造成损害，当事人请求由所有的转让人和受让人承担连带责任的，人民法院应予支持。

第10条 多辆机动车发生交通事故造成第三人损害，当事人请求多个侵权人承担赔偿责任的，人民法院应当区分不同情况，依照民法典第一千一百七十条、第一千一百七十一条、第一千一百七十二条的规定，确定侵权人承担连带责任或者按份责任。

《最高人民法院关于审理医疗损害责任纠纷案件适用法律若干问题的解释》

第22条 缺陷医疗产品与医疗机构的过错诊疗行为共同造成患者同一损害，患者请求医疗机构与医疗产品的生产者、销售者、药品上市许可持有人承担连带责任的，应予支持。

医疗机构或者医疗产品的生产者、销售者、药品上市许可持有人承担赔偿责任后，向其他责任主体追偿的，应当根据诊疗行为与缺陷医疗产品造成患者损害的原因力大小确定相应的数额。

输入不合格血液与医疗机构的过错诊疗行为共同造成患者同一损害的，参照适用前两款规定。

《最高人民法院关于审理建设工程施工合同纠纷案件适用法律问题的解释（一）》

第7条 缺乏资质的单位或者个人借用有资质的建筑施工企业名义签订建设工程施工合同，发包人请求出借方与借用方对建设工程质量不合格等因出借资质造成的损失承担连带赔偿责任的，人民法院应予支持。

《最高人民法院关于审理与企业改制相关的民事纠纷案件若干问题的规定》

第6条 企业以其部分财产和相应债务与他人组建新公司，对所转移的债务债权人认可的，由新组建的公司承担民事责任；对所转移的债务未通知债权人或者虽通知债权人，而债权人不予认可的，由原企业承担民事责任。原企业无力偿还债务，债权人就此向新设公司主张债权的，新设公司在所接收的财产范围内与原企业承担连带民事责任。

第7条 企业以其优质财产与他人组建新公司,而将债务留在原企业,债权人以新设公司和原企业作为共同被告提起诉讼主张债权的,新设公司应当在所接收的财产范围内与原企业共同承担连带责任。

第12条 债权人向分立后的企业主张债权,企业分立时对原企业的债务承担有约定,并经债权人认可的,按照当事人的约定处理;企业分立时对原企业债务承担没有约定或者约定不明,或者虽然有约定但债权人不予认可的,分立后的企业应当承担连带责任。

第13条 分立的企业在承担连带责任后,各分立的企业间对原企业债务承担有约定的,按照约定处理;没有约定或者约定不明的,根据企业分立时的资产比例分担。

《最高人民法院关于审理证券市场虚假陈述侵权民事赔偿案件的若干规定》

第23条 承担连带责任的当事人之间的责任分担与追偿,按照民法典第一百七十八条的规定处理,但本规定第二十条第二款规定的情形除外。

保荐机构、承销机构等责任主体以存在约定为由,请求发行人或者其控股股东、实际控制人补偿其因虚假陈述所承担的赔偿责任的,人民法院不予支持。

第32条 当事人主张以揭露日或更正日起算诉讼时效的,人民法院应当予以支持。揭露日与更正日不一致的,以在先的为准。

对于虚假陈述责任人中的一人发生诉讼时效中断效力的事由,应当认定对其他连带责任人也发生诉讼时效中断的效力。

《最高人民法院关于审理票据纠纷案件若干问题的规定》

第74条 依据票据法第一百零四条的规定,由于金融机构工作人员在票据业务中玩忽职守,对违反票据法规定的票据予以承兑、付款、贴现或者保证,给当事人造成损失的,由该金融机构与直接责任人员依法承担连带责任。

《最高人民法院关于审理海上货运代理纠纷案件若干问题的规定》

第12条 货运代理企业接受未在我国交通主管部门办理提单登记的无船承运业务经营者的委托签发提单,当事人主张由货运代理企业和无船承运业务经营者对提单项下的损失承担连带责任的，人民法院应予支持。

货运代理企业承担赔偿责任后，有权向无船承运业务经营者追偿。

《最高人民法院关于适用〈中华人民共和国保险法〉若干问题的解释（四）》

第16条 责任保险的被保险人因共同侵权依法承担连带责任，保险人以该连带责任超出被保险人应承担的责任份额为由，拒绝赔付保险金的，人民法院不予支持。保险人承担保险责任后，主张就超出被保险人责任份额的部分向其他连带责任人追偿的，人民法院应予支持。

《最高人民法院关于审理期货纠纷案件若干问题的规定》

第19条 期货公司执行非受托人的交易指令造成客户损失，应当由期货公司承担赔偿责任，非受托人承担连带责任，客户予以追认的除外。

第49条 期货交易所未代期货公司履行期货合约，期货公司应当根据客户请求向期货交易所主张权利。

期货公司拒绝代客户向期货交易所主张权利的，客户可直接起诉期货交易所，期货公司可作为第三人参加诉讼。

《最高人民法院关于审理独立保函纠纷案件若干问题的规定》

第3条 保函具有下列情形之一，当事人主张保函性质为独立保函的，人民法院应予支持，但保函未载明据以付款的单据和最高金额的除外：

（一）保函载明见索即付；

（二）保函载明适用国际商会《见索即付保函统一规则》等独立保函交易示范规则；

（三）根据保函文本内容，开立人的付款义务独立于基础交易关系及保函申请法律关系，其仅承担相符交单的付款责任。

当事人以独立保函记载了对应的基础交易为由，主张该保函性质为一般保证或连带保证的，人民法院不予支持。

当事人主张独立保函适用民法典关于一般保证或连带保证规定的，人民法院不予支持。

《最高人民法院关于审理存单纠纷案件的若干规定》

第6条 对以存单为表现形式的借贷纠纷案件的认定和处理

……

（二）处理

以存单为表现形式的借贷，属于违法借贷，出资人收取的高额利差应充抵本金，出资人、金融机构与用资人因参与违法借贷均应当承担相应的民事责任。可分以下几种情况处理：

1.出资人将款项或票据（以下统称资金）交付给金融机构，金融机构给出资人出具存单或进账单、对账单或与出资人签订存款合同，并将资金自行转给用资人的，金融机构与用资人对偿还出资人本金及利息承担连带责任；利息按人民银行同期存款利率计算至给付之日。

……

第7条 对存单纠纷案件中存在的委托贷款关系和信托贷款关系的认定和纠纷的处理

……

（二）处理

构成委托贷款的，金融机构出具的存单或进账单、对账单或与出资人签订的存款合同不作为存款关系的证明，借款方不能偿还贷款的风险应当由委托人承担。如有证据证明金融机构出具上述凭证是对委托贷款进行担保的，金融机构对偿还贷款承担连带担保责任。委托贷款中约定的利率超过人民银行规定的部分无效。构成信托贷款的，按人民银行有关信托贷款的规定处理。

第8条 对存单质押的认定和处理

存单可以质押。存单持有人以伪造、变造的虚假存单质押的，质押合同无效。接受虚假存单质押的当事人如以该存单质押为由起诉金融机构，要求兑付存款优先受偿的，人民法院应当判决驳回其诉讼请求，并告知其可另案起诉出质人。

存单持有人以金融机构开具的、未有实际存款或与实际存款不符的存单进行质押，以骗取或占用他人财产的，该质押关系无效。接受存单质押的人起诉的，该存单持有人与开具存单的金融机构为共同被告。利用存单骗取或占用他人财产的存单持有人对侵犯他人财产权承担赔偿责任，开具存单的金融机构因其过错致他人财产权受损，对所造成的损失承担连带赔偿责任。接受存单质押的人在审查存单的真实性上有重大过失的，开具存单的金融机构仅对所造成的损失承担补充赔偿责任。明知存单虚假而接受存单质押的，开具存单的金融机构不承担民事赔偿责任。

以金融机构核押的存单出质的，即便存单系伪造、变造、虚开，质押合同均为有效，金融机构应当依法向质权人兑付存单所记载的款项。

《最高人民法院关于审理无正本提单交付货物案件适用法律若干问题的规定》

第11条　正本提单持有人可以要求无正本提单交付货物的承运人与无正本提单提取货物的人承担连带赔偿责任。

《最高人民法院关于审理食品药品纠纷案件适用法律若干问题的规定》

第8条　集中交易市场的开办者、柜台出租者、展销会举办者未履行食品安全法规定的审查、检查、报告等义务，使消费者的合法权益受到损害的，消费者请求集中交易市场的开办者、柜台出租者、展销会举办者承担连带责任的，人民法院应予支持。

第9条　消费者通过网络交易第三方平台购买食品、药品遭受损害，网络交易第三方平台提供者不能提供食品、药品的生产者或者销售者的真实名称、地址与有效联系方式，消费者请求网络交易第三方平台提供者承担责任的，人民法院应予支持。

网络交易第三方平台提供者承担赔偿责任后，向生产者或者销售者行使追偿权的，人民法院应予支持。

网络交易第三方平台提供者知道或者应当知道食品、药品的生产者、销售者利用其平台侵害消费者合法权益，未采取必要措施，给消费者造成损害，消费者要求其与生产者、销售者承担连带责任的，人民法院应予支持。

第10条　未取得食品生产资质与销售资质的民事主体，挂靠具有相应资质的生产者与销售者，生产、销售食品，造成消费者损害，消费者请求挂靠者与被挂靠者承担连带责任的，人民法院应予支持。

消费者仅起诉挂靠者或者被挂靠者的，必要时人民法院可以追加相关当事人参加诉讼。

第11条 消费者因虚假广告推荐的食品、药品存在质量问题遭受损害，依据消费者权益保护法等法律相关规定请求广告经营者、广告发布者承担连带责任的，人民法院应予支持。

其他民事主体在虚假广告中向消费者推荐食品、药品，使消费者遭受损害，消费者依据消费者权益保护法等法律相关规定请求其与食品、药品的生产者、销售者承担连带责任的，人民法院应予支持。

第12条 食品检验机构故意出具虚假检验报告，造成消费者损害，消费者请求其承担连带责任的，人民法院应予支持。

食品检验机构因过失出具不实检验报告，造成消费者损害，消费者请求其承担相应责任的，人民法院应予支持。

第13条 食品认证机构故意出具虚假认证，造成消费者损害，消费者请求其承担连带责任的，人民法院应予支持。

食品认证机构因过失出具不实认证，造成消费者损害，消费者请求其承担相应责任的，人民法院应予支持。

《最高人民法院关于审理食品安全民事纠纷案件适用法律若干问题的解释（一）》

第3条 电子商务平台经营者违反食品安全法第六十二条和第一百三十一条规定，未对平台内食品经营者进行实名登记、审查许可证，或者未履行报告、停止提供网络交易平台服务等义务，使消费者的合法权益受到损害，消费者主张电子商务平台经营者与平台内食品经营者承担连带责任的，人民法院应予支持。

第5条 有关单位或者个人明知食品生产经营者从事食品安全法第一百二十三条第一款规定的违法行为而仍为其提供设备、技术、原料、销售渠道、运输、储存或者其他便利条件，消费者主张该单位或者个人依据食品安全法第一百二十三条第二款的规定与食品生产经营者承担连带责任的，人民法院应予支持。

《最高人民法院关于审理生态环境侵权责任纠纷案件适用法律若干问题的解释》

第5条　两个以上侵权人分别污染环境、破坏生态造成同一损害，每一个侵权人的行为都足以造成全部损害，被侵权人根据民法典第一千一百七十一条的规定请求侵权人承担连带责任的，人民法院应予支持。

第7条　两个以上侵权人分别污染环境、破坏生态，部分侵权人的行为足以造成全部损害，部分侵权人的行为只造成部分损害，被侵权人请求足以造成全部损害的侵权人对全部损害承担责任，并与其他侵权人就共同造成的损害部分承担连带责任的，人民法院应予支持。

被侵权人依照前款规定请求足以造成全部损害的侵权人与其他侵权人承担责任的，受偿范围应以侵权行为造成的全部损害为限。

第8条　两个以上侵权人分别污染环境、破坏生态，部分侵权人能够证明其他侵权人的侵权行为已先行造成全部或者部分损害，并请求在相应范围内不承担责任或者减轻责任的，人民法院应予支持。

第24条　两个以上侵权人就污染环境、破坏生态造成的损害承担连带责任，实际承担责任超过自己责任份额的侵权人根据民法典第一百七十八条的规定向其他侵权人追偿的，人民法院应予支持。侵权人就惩罚性赔偿责任向其他侵权人追偿的，人民法院不予支持。

第25条　两个以上侵权人污染环境、破坏生态造成他人损害，人民法院应当根据行为有无许可，污染物的种类、浓度、排放量、危害性，破坏生态的方式、范围、程度，以及行为对损害后果所起的作用等因素确定各侵权人的责任份额。

两个以上侵权人污染环境、破坏生态承担连带责任，实际承担责任的侵权人向其他侵权人追偿的，依照前款规定处理。

《最高人民法院关于审理旅游纠纷案件适用法律若干问题的规定》

第10条　旅游经营者将旅游业务转让给其他旅游经营者，旅游者不同意转让，请求解除旅游合同、追究旅游经营者违约责任的，人民法院应予支持。

旅游经营者擅自将其旅游业务转让给其他旅游经营者，旅游者在旅游过程中遭受损害，请求与其签订旅游合同的旅游经营者和实际提供旅游服务的旅游经营者承担连带责任的，人民法院应予支持。

第14条 旅游经营者准许他人挂靠其名下从事旅游业务，造成旅游者人身损害、财产损失，旅游者依据民法典第一千一百六十八条的规定请求旅游经营者与挂靠人承担连带责任的，人民法院应予支持。

《最高人民法院关于审理涉及公证活动相关民事案件的若干规定》

第5条 当事人提供虚假证明材料申请公证致使公证书错误造成他人损失的，当事人应当承担赔偿责任。公证机构依法尽到审查、核实义务的，不承担赔偿责任；未依法尽到审查、核实义务的，应当承担与其过错相应的补充赔偿责任；明知公证证明的材料虚假或者与当事人恶意串通的，承担连带赔偿责任。

★★ 第179条【承担民事责任的方式】

承担民事责任的方式主要有：

（一）停止侵害；

（二）排除妨碍；

（三）消除危险；

（四）返还财产；

（五）恢复原状；

（六）修理、重作、更换；

（七）继续履行；

（八）赔偿损失；

（九）支付违约金；

（十）消除影响、恢复名誉；

（十一）赔礼道歉。

法律规定惩罚性赔偿的，依照其规定。

本条规定的承担民事责任的方式，可以单独适用，也可以合并适用。

【条文解读】

本条是关于承担民事责任方式的规定。本条承继了原《民法通则》第134条的规定，并作了修改：一是增加"继续履行"这一责任方式；二是增加了关于惩罚性赔偿责任的民事责任承担方式；三是删除原《民法通则》第134条第3款规定，即"人民法院审理民事案件，除适用上述规定外，还可以予以训诫、责令具结悔过、收缴进行非法活动的财物和非法所得，并可以依照法律规定处以罚款、拘留"。

本条规定的11种承担民事责任的方式，在实务中，可以采用一种方式，也可以采用多种方式。具体适用原则为：如果一种方式不足以救济权利人的，就应当同时适用其他方式。如对侵害名誉权、隐私权等人格权的，既可以单独适用消除影响、恢复名誉，也可以并用消除影响、恢复名誉和精神损害赔偿。至于什么情况下单独适用、什么情况下合并适用，需要根据案件具体情况并依据有关法律、司法解释的具体规定来确定，目的是充分救济受害人受到损害的权利。

【条文适用疑难解析】

人民法院在审理民事案件过程中能否收缴进行非法活动的财物和非法所得

本条删除了原《民法通则》第134条第3款的规定，从体系性和科学性的角度看，这一修改很有必要。原《民法通则》第134条第3款规定的内容本质上不是民事责任，不在本条中规定，符合逻辑。原《民法通则》第134条第3款规定的人民法院的职权中，关于训诫、责令具结悔过、罚款、拘留，在《民事诉讼法》中已经作出规定，本条中予以删除对司法实务没有实质影响，但本条删除的原《民法通则》第134条第3款关于"收缴进行非法活动的财物和非法所得"的规定，对民事审判影响很大。由于现有法律规定均未再授予人民法院"收缴进行非法活动的财物和非法所得"的职权，人民法院再继续收缴缺乏法律依据。这一问题在实践中存在不同认识，但倾向性意见是人民法院不再享有这一职权。这种情况下，人民法院可通过向行政监管部门发出司法建议，由行政监管部门依法采取收缴等措施。

第180条【不可抗力】

因不可抗力不能履行民事义务的，不承担民事责任。法律另有规定的，依照其规定。

不可抗力是不能预见、不能避免且不能克服的客观情况。

第181条【正当防卫】

因正当防卫造成损害的，不承担民事责任。

正当防卫超过必要的限度，造成不应有的损害的，正当防卫人应当承担适当的民事责任。

第182条【紧急避险】

因紧急避险造成损害的，由引起险情发生的人承担民事责任。

危险由自然原因引起的，紧急避险人不承担民事责任，可以给予适当补偿。

紧急避险采取措施不当或者超过必要的限度，造成不应有的损害的，紧急避险人应当承担适当的民事责任。

第183条【因保护他人民事权益受损时的责任承担与补偿办法】

因保护他人民事权益使自己受到损害的，由侵权人承担民事责任，受益人可以给予适当补偿。没有侵权人、侵权人逃逸或者无力承担民事责任，受害人请求补偿的，受益人应当给予适当补偿。

第184条【紧急救助人不承担民事责任】

因自愿实施紧急救助行为造成受助人损害的，救助人不承担民事责任。

第185条【侵害英烈等的姓名、肖像、名誉、荣誉的民事责任】

侵害英雄烈士等的姓名、肖像、名誉、荣誉，损害社会公共利益的，应当承担民事责任。

【关联司法解释】

《最高人民法院关于适用〈中华人民共和国民法典〉时间效力的若干规定》

第6条 《中华人民共和国民法总则》施行前，侵害英雄烈士等的姓名、肖像、名誉、荣誉，损害社会公共利益引起的民事纠纷案件，适用民法典第一百八十五条的规定。

★ 第186条【责任竞合】

因当事人一方的违约行为，损害对方人身权益、财产权益的，受损害方有权选择请求其承担违约责任或者侵权责任。

【条文解读】

本条是关于违约责任与侵权责任竞合的规定。本条承继了《合同法》第122条的规定。

同一行为或同一事实符合多个法律规范的要件，从而能够适用多个法律规范的现象，学理上称之为规范竞合。在民法领域内，同一行为虽符合多种民事责任的构成要件，可以成立几种民事责任，但受害人只能选择其一而为请求，民事责任的竞合最典型表现即为违约责任与侵权责任的竞合。由于两种责任在功能上均以填补损失为目的，因此债权人不能双重请求，否则即构成不当得利。本条规定与原《合同法》第122条的规定本质并无变化，鉴于责任竞合制度被置于《民法典》总则编民事责任中，故在合同编不再重复该规定。

【关联司法解释】

《最高人民法院关于审理无正本提单交付货物案件适用法律若干问题的规定》

★ 第3条 承运人因无正本提单交付货物造成正本提单持有人损失的，正本提单持有人可以要求承运人承担违约责任，或者承担侵权责任。

正本提单持有人要求承运人承担无正本提单交付货物民事责任的，适用海商法规定；海商法没有规定的，适用其他法律规定。

【司法解释条文解读】

本条规定的是承运人因无正本提单交付货物造成正本提单持有人损失的责任规定。承运人无正本提单交付货物应当承担违约责任还是侵权责任，在本条司法解释起草之前，海事审判实践中始终有不同的理解，裁判依据和标准也不统一，在起草中几经论证，最终对此问题作出了统一解释。确切地说，无正本提单交付货物的行为发生在承运人履行海上货物运输过程中的货物交付环节，损害了提单持有人的权利，构成了请求权竞合。因此，本条解释参照原《合同法》第122条规定，明确规定正本提单持有人有权选择依照《海商法》有关海上货物运输合同权利义务关系的规定，请求承运人承担违约责任，或者依照原《民法通则》的规定，请求承运人承担侵权责任。同时，本条解释规定请求权竞合情况下选择侵权之诉适用的法律顺序与普通侵权之诉适用的法律顺序是不同的。普通侵权之诉首先适用的法律是《民法典》，而本规定请求权竞合情况下选择的侵权之诉优先选择适用的法律是《海商法》，只有在《海商法》没有规定的情况下，才选择适用其他法律规定。因此，在审理无正本提单交付货物案件中所涉及的损害赔偿范围、承运人交付货物抗辩的认定以及诉讼时效的认定等问题时，应当按照特别法优于普通法的原则，首先适用《海商法》的规定。

| 民法典与司法解释关联对照及重点条文解读

★ **第 187 条【民事责任优先承担】**

民事主体因同一行为应当承担民事责任、行政责任和刑事责任的，承担行政责任或者刑事责任不影响承担民事责任；民事主体的财产不足以支付的，优先用于承担民事责任。

【条文解读】

本条是关于民事主体责任财产不足以承担民事责任、行政责任和刑事责任的情况下优先承担民事责任的规定。本条承继了原《侵权责任法》第 4 条的规定，将民事责任优先原则从债权责任扩大至民事责任。

法律责任可以分为民事责任、行政责任和刑事责任。民事责任，是指自然人、法人或者非法人组织因违反民事法律、违约或者因法律规定的其他事由而依法承担的不利后果。行政责任，是指因违反行政法律或行政法规而应当承担的法定的不利后果。刑事责任，是指因违反刑事法律而应当承担的法定的不利后果。这三者虽然是三种性质不同的法律责任，却可能因为同一法律行为而同时产生。如缺陷产品的致害行为，既可能要承担侵权民事责任，也可能依照《产品质量法》的规定承担行政责任，构成犯罪的，还要依照《刑法》的规定承担刑事责任。通常情况下，民事责任、行政责任、刑事责任独立存在，并行不悖，但在特定情况下，某一责任主体的财产不足以同时满足承担民事赔偿责任和承担罚款、罚金及没收财产等行政或刑事责任时，三种责任在承担上就发生冲突，会产生哪一种责任优先适用的问题。本条规定确立的民事责任优先原则就是解决这类责任竞合时的法律原则。民事责任优先原则是实现法的价值及维护市场经济秩序和交易安全的需要，且民事责任、行政责任和刑事责任发生竞合时，即使民事责任优先适用，结果可能造成财产性的罚款、罚金等行政制裁或刑事制裁难以实现，但并不影响责任人承担人身方面的行政责任和刑事责任。当然，民事责任优先原则的适用也有条件，主要是：(1) 责任主体所承担的民事责任须依法应当承担，其发生的依据或者基于法律的规定或基于约定；(2) 责任主体的财产不足以同时承担民事责任、行政责任和刑事责任。

【关联司法解释】

《最高人民法院关于审理食品药品纠纷案件适用法律若干问题的规定》

第14条 生产、销售的食品、药品存在质量问题,生产者与销售者需同时承担民事责任、行政责任和刑事责任,其财产不足以支付,当事人依照民法典等有关法律规定,请求食品、药品的生产者、销售者首先承担民事责任的,人民法院应予支持。

《最高人民法院关于在审理经济纠纷案件中涉及经济犯罪嫌疑若干问题的规定》

第1条 同一自然人、法人或非法人组织因不同的法律事实,分别涉及经济纠纷和经济犯罪嫌疑的,经济纠纷案件和经济犯罪嫌疑案件应当分开审理。

第2条 单位直接负责的主管人员和其他直接责任人员,以为单位骗取财物为目的,采取欺骗手段对外签订经济合同,骗取的财物被该单位占有、使用或处分构成犯罪的,除依法追究有关人员的刑事责任,责令该单位返还骗取的财物外,如给被害人造成经济损失的,单位应当承担赔偿责任。

第3条 单位直接负责的主管人员和其他直接责任人员,以该单位的名义对外签订经济合同,将取得的财物部分或全部占为己有构成犯罪的,除依法追究行为人的刑事责任外,该单位对行为人因签订、履行该经济合同造成的后果,依法应当承担民事责任。

第4条 个人借用单位的业务介绍信、合同专用章或者盖有公章的空白合同书,以出借单位名义签订经济合同,骗取财物归个人占有、使用、处分或者进行其他犯罪活动,给对方造成经济损失构成犯罪的,除依法追究借用人的刑事责任外,出借业务介绍信、合同专用章或者盖有公章的空白合同书的单位,依法应当承担赔偿责任。但是,有证据证明被害人明知签订合同对方当事人是借用行为,仍与之签订合同的除外。

第5条 行为人盗窃、盗用单位的公章、业务介绍信、盖有公章的空白合同书，或者私刻单位的公章签订经济合同，骗取财物归个人占有、使用、处分或者进行其他犯罪活动构成犯罪的，单位对行为人该犯罪行为所造成的经济损失不承担民事责任。

行为人私刻单位公章或者擅自使用单位公章、业务介绍信、盖有公章的空白合同书以签订经济合同的方法进行的犯罪行为，单位有明显过错，且该过错行为与被害人的经济损失之间具有因果关系的，单位对该犯罪行为所造成的经济损失，依法应当承担赔偿责任。

第6条 企业承包、租赁经营合同期满后，企业按规定办理了企业法定代表人的变更登记，而企业法人未采取有效措施收回其公章、业务介绍信、盖有公章的空白合同书，或者没有及时采取措施通知相对人，致原企业承包人、租赁人得以用原承包、租赁企业的名义签订经济合同，骗取财物占为己有构成犯罪的，该企业对被害人的经济损失，依法应当承担赔偿责任。但是，原承包人、承租人利用擅自保留的公章、业务介绍信、盖有公章的空白合同书以原承包、租赁企业的名义签订经济合同，骗取财物占为己有构成犯罪的，企业一般不承担民事责任。

单位聘用的人员被解聘后，或者受单位委托保管公章的人员被解除委托后，单位未及时收回其公章，行为人擅自利用保留的原单位公章签订经济合同，骗取财物占为己有构成犯罪，如给被害人造成经济损失的，单位应当承担赔偿责任。

第7条 单位直接负责的主管人员和其他直接责任人员，将单位进行走私或其他犯罪活动所得财物以签订经济合同的方法予以销售，买方明知或者应当知道的，如因此造成经济损失，其损失由买方自负。但是，如果买方不知该经济合同的标的物是犯罪行为所得财物而购买的，卖方对买方所造成的经济损失应当承担民事责任。

第8条 根据《中华人民共和国刑事诉讼法》第一百零一条第一款的规定，被害人或其法定代理人、近亲属对本规定第二条因单位犯罪行为造成经济损失的，对第四条、第五条第一款、第六条应当承担刑事责任的被告人未能返还财物而遭受经济损失提起附带民事诉讼的，受理刑事案件的人民法院应当依法一并审理。被害人或其法定代理人、近亲属因被害人遭受经济损失也有权对单位另行提起民事诉讼。若被害人或其法定代理人、近亲属另行提起民事诉讼的，有管辖权的人民法院应当依法受理。

第九章　诉讼时效

★ 第188条【普通诉讼时效、最长权利保护期间】

向人民法院请求保护民事权利的诉讼时效期间为三年。法律另有规定的，依照其规定。

诉讼时效期间自权利人知道或者应当知道权利受到损害以及义务人之日起计算。法律另有规定的，依照其规定。但是，自权利受到损害之日起超过二十年的，人民法院不予保护，有特殊情况的，人民法院可以根据权利人的申请决定延长。

【条文解读】

本条是关于普通诉讼时效期间及起算规则、最长权利保护期间的规定。本条承继了原《民法通则》第135条、第137条和第141条的规定，并作了修改完善：一是将诉讼时效期间从2年延长至3年；二是将人民法院延长最长诉讼时效期间修改为人民法院依当事人申请延长最长诉讼时效期间。

本条第1款中"法律另有规定的，依照其规定"，是允许特别法对诉讼时效作出不同于普通诉讼时效期间的规定，在商事领域，如《海商法》第257条、第258条、第265条，可能存在不同的情形，法律另有规定时，根据特别规定优于一般规定的原则，优先适用特别规定。本条第2款规定了普通诉讼时效起算规则，需要说明的是：（1）"知道或者应当知道权利受到损害"和"知道或者应当知道义务人"两个条件应当同时具备；（2）20年最长权利保护期间经司法实践证实已经足够保护，但立法考虑到可能仍有特殊情况，

20年期间仍不够用,这时赋予当事人申请延长的权利,但是否能够延长,需人民法院决定。

【关联司法解释】

《最高人民法院关于审理融资租赁合同纠纷案件适用法律问题的解释》

第14条 当事人因融资租赁合同租金欠付争议向人民法院请求保护其权利的诉讼时效期间为三年,自租赁期限届满之日起计算。

《最高人民法院关于审理无正本提单交付货物案件适用法律若干问题的规定》

第14条 正本提单持有人以承运人无正本提单交付货物为由提起的诉讼,适用海商法第二百五十七条的规定,时效期间为一年,自承运人应当交付货物之日起计算。

正本提单持有人以承运人与无正本提单提取货物的人共同实施无正本提单交付货物行为为由提起的侵权诉讼,诉讼时效适用本条前款规定。

第189条【分期履行债务的诉讼时效】

当事人约定同一债务分期履行的,诉讼时效期间自最后一期履行期限届满之日起计算。

第190条【对法定代理人请求权的诉讼时效】

无民事行为能力人或者限制民事行为能力人对其法定代理人的请求权的诉讼时效期间,自该法定代理终止之日起计算。

第191条【受性侵未成年人赔偿请求权的诉讼时效】

未成年人遭受性侵害的损害赔偿请求权的诉讼时效期间,自受害人年满十八周岁之日起计算。

第192条【诉讼时效期间届满的法律效果】

诉讼时效期间届满的，义务人可以提出不履行义务的抗辩。

诉讼时效期间届满后，义务人同意履行的，不得以诉讼时效期间届满为由抗辩；义务人已经自愿履行的，不得请求返还。

【关联司法解释】

《最高人民法院关于适用〈中华人民共和国民法典〉合同编通则若干问题的解释》

第58条　当事人互负债务，一方以其诉讼时效期间已经届满的债权通知对方主张抵销，对方提出诉讼时效抗辩的，人民法院对该抗辩应予支持。一方的债权诉讼时效期间已经届满，对方主张抵销的，人民法院应予支持。

《最高人民法院关于审理民事案件适用诉讼时效制度若干问题的规定》

第3条　当事人在一审期间未提出诉讼时效抗辩，在二审期间提出的，人民法院不予支持，但其基于新的证据能够证明对方当事人的请求权已过诉讼时效期间的情形除外。

当事人未按照前款规定提出诉讼时效抗辩，以诉讼时效期间届满为由申请再审或者提出再审抗辩的，人民法院不予支持。

第19条　诉讼时效期间届满，当事人一方向对方当事人作出同意履行义务的意思表示或者自愿履行义务后，又以诉讼时效期间届满为由进行抗辩的，人民法院不予支持。

当事人双方就原债务达成新的协议，债权人主张义务人放弃诉讼时效抗辩权的，人民法院应予支持。

超过诉讼时效期间，贷款人向借款人发出催收到期贷款通知单，债务人在通知单上签字或者盖章，能够认定借款人同意履行诉讼时效期间已经届满的义务的，对于贷款人关于借款人放弃诉讼时效抗辩权的主张，人民法院应予支持。

第193条【诉讼时效援引】

人民法院不得主动适用诉讼时效的规定。

第194条【诉讼时效中止的情形】

在诉讼时效期间的最后六个月内，因下列障碍，不能行使请求权的，诉讼时效中止：

（一）不可抗力；

（二）无民事行为能力人或者限制民事行为能力人没有法定代理人，或者法定代理人死亡、丧失民事行为能力、丧失代理权；

（三）继承开始后未确定继承人或者遗产管理人；

（四）权利人被义务人或者其他人控制；

（五）其他导致权利人不能行使请求权的障碍。

自中止时效的原因消除之日起满六个月，诉讼时效期间届满。

第195条【诉讼时效中断的情形】

有下列情形之一的，诉讼时效中断，从中断、有关程序终结时起，诉讼时效期间重新计算：

（一）权利人向义务人提出履行请求；

（二）义务人同意履行义务；

（三）权利人提起诉讼或者申请仲裁；

（四）与提起诉讼或者申请仲裁具有同等效力的其他情形。

【关联司法解释】

《最高人民法院关于审理民事案件适用诉讼时效制度若干问题的规定》

第8条　具有下列情形之一的，应当认定为民法典第一百九十五条规定的"权利人向义务人提出履行请求"，产生诉讼时效中断的效力：

（一）当事人一方直接向对方当事人送交主张权利文书，对方当事人在文书上签名、盖章、按指印或者虽未签名、盖章、按指印但能够以其他方式证明该文书到达对方当事人的；

（二）当事人一方以发送信件或者数据电文方式主张权利，信件或者数据电文到达或者应当到达对方当事人的；

（三）当事人一方为金融机构，依照法律规定或者当事人约定从对方当事人账户中扣收欠款本息的；

（四）当事人一方下落不明，对方当事人在国家级或者下落不明的当事人一方住所地的省级有影响的媒体上刊登具有主张权利内容的公告的，但法律和司法解释另有特别规定的，适用其规定。

前款第（一）项情形中，对方当事人为法人或者其他组织的，签收人可以是其法定代表人、主要负责人、负责收发信件的部门或者被授权主体；对方当事人为自然人的，签收人可以是自然人本人、同住的具有完全行为能力的亲属或者被授权主体。

第9条 权利人对同一债权中的部分债权主张权利，诉讼时效中断的效力及于剩余债权，但权利人明确表示放弃剩余债权的情形除外。

第11条 下列事项之一，人民法院应当认定与提起诉讼具有同等诉讼时效中断的效力：

（一）申请支付令；

（二）申请破产、申报破产债权；

（三）为主张权利而申请宣告义务人失踪或死亡；

（四）申请诉前财产保全、诉前临时禁令等诉前措施；

（五）申请强制执行；

（六）申请追加当事人或者被通知参加诉讼；

（七）在诉讼中主张抵销；

（八）其他与提起诉讼具有同等诉讼时效中断效力的事项。

第12条 权利人向人民调解委员会以及其他依法有权解决相关民事纠纷的国家机关、事业单位、社会团体等社会组织提出保护相应民事权利的请求，诉讼时效从提出请求之日起中断。

第13条　权利人向公安机关、人民检察院、人民法院报案或者控告，请求保护其民事权利的，诉讼时效从其报案或者控告之日起中断。

上述机关决定不立案、撤销案件、不起诉的，诉讼时效期间从权利人知道或者应当知道不立案、撤销案件或者不起诉之日起重新计算；刑事案件进入审理阶段，诉讼时效期间从刑事裁判文书生效之日起重新计算。

第14条　义务人作出分期履行、部分履行、提供担保、请求延期履行、制定清偿债务计划等承诺或者行为的，应当认定为民法典第一百九十五条规定的"义务人同意履行义务"。

第15条　对于连带债权人中的一人发生诉讼时效中断效力的事由，应当认定对其他连带债权人也发生诉讼时效中断的效力。

对于连带债务人中的一人发生诉讼时效中断效力的事由，应当认定对其他连带债务人也发生诉讼时效中断的效力。

第16条　债权人提起代位权诉讼的，应当认定对债权人的债权和债务人的债权均发生诉讼时效中断的效力。

第17条　债权转让的，应当认定诉讼时效从债权转让通知到达债务人之日起中断。

债务承担情形下，构成原债务人对债务承认的，应当认定诉讼时效从债务承担意思表示到达债权人之日起中断。

《最高人民法院关于在审理经济纠纷案件中涉及经济犯罪嫌疑若干问题的规定》

第9条　被害人请求保护其民事权利的诉讼时效在公安机关、检察机关查处经济犯罪嫌疑期间中断。如果公安机关决定撤销涉嫌经济犯罪案件或者检察机关决定不起诉的，诉讼时效从撤销案件或决定不起诉之次日起重新计算。

《最高人民法院关于债务人在约定的期限届满后未履行债务而出具没有还款日期的欠款条诉讼时效期间应从何时开始计算问题的批复》

山东省高级人民法院：

你院鲁高法（1992）70号请示收悉。关于债务人在约定的期限届满后未

履行债务,而出具没有还款日期的欠款条,诉讼时效期间应从何时开始计算的问题,经研究,答复如下:

据你院报告称,双方当事人原约定,供方交货后,需方立即付款。需方收货后因无款可付,经供方同意写了没有还款日期的欠款条。根据民法典第一百九十五条的规定,应认定诉讼时效中断。如果供方在诉讼时效中断后一直未主张权利,诉讼时效期间则应从供方收到需方所写欠款条之日起重新计算。

此复。

第196条【不适用诉讼时效的情形】

下列请求权不适用诉讼时效的规定:

(一)请求停止侵害、排除妨碍、消除危险;

(二)不动产物权和登记的动产物权的权利人请求返还财产;

(三)请求支付抚养费、赡养费或者扶养费;

(四)依法不适用诉讼时效的其他请求权。

【关联司法解释】

《最高人民法院关于审理民事案件适用诉讼时效制度若干问题的规定》

第1条 当事人可以对债权请求权提出诉讼时效抗辩,但对下列债权请求权提出诉讼时效抗辩的,人民法院不予支持:

(一)支付存款本金及利息请求权;

(二)兑付国债、金融债券以及向不特定对象发行的企业债券本息请求权;

(三)基于投资关系产生的缴付出资请求权;

(四)其他依法不适用诉讼时效规定的债权请求权。

第197条【诉讼时效法定、时效利益预先放弃无效】

诉讼时效的期间、计算方法以及中止、中断的事由由法律规定,当事人约定无效。

当事人对诉讼时效利益的预先放弃无效。

第198条【仲裁时效】

法律对仲裁时效有规定的，依照其规定；没有规定的，适用诉讼时效的规定。

第199条【除斥期间】

法律规定或者当事人约定的撤销权、解除权等权利的存续期间，除法律另有规定外，自权利人知道或者应当知道权利产生之日起计算，不适用有关诉讼时效中止、中断和延长的规定。存续期间届满，撤销权、解除权等权利消灭。

【关联司法解释】

《最高人民法院关于适用〈中华人民共和国民事诉讼法〉的解释》

第127条　民事诉讼法第五十九条第三款、第二百一十二条①以及本解释第三百七十二条、第三百八十二条、第三百九十九条、第四百二十条、第四百二十一条规定的六个月，民事诉讼法第二百三十条②规定的一年，为不变期间，不适用诉讼时效中止、中断、延长的规定。

第十章　期间计算

第200条【期间计算单位】

民法所称的期间按照公历年、月、日、小时计算。

---

① 现为第216条。
② 现为第234条。

第201条【期间起算】

按照年、月、日计算期间的,开始的当日不计入,自下一日开始计算。
按照小时计算期间的,自法律规定或者当事人约定的时间开始计算。

【关联司法解释】

《最高人民法院关于适用〈中华人民共和国民事诉讼法〉的解释》

第125条 依照民事诉讼法第八十五条第二款规定,民事诉讼中以时起算的期间从次时起算;以日、月、年计算的期间从次日起算。

第202条【期间结束】

按照年、月计算期间的,到期月的对应日为期间的最后一日;没有对应日的,月末日为期间的最后一日。

第203条【期间结束日顺延和末日结束点】

期间的最后一日是法定休假日的,以法定休假日结束的次日为期间的最后一日。

期间的最后一日的截止时间为二十四时;有业务时间的,停止业务活动的时间为截止时间。

【其他关联规定】

《中华人民共和国民事诉讼法》

第85条 期间包括法定期间和人民法院指定的期间。

期间以时、日、月、年计算。期间开始的时和日,不计算在期间内。

期间届满的最后一日是法定休假日的,以法定休假日后的第一日为期间届满的日期。

期间不包括在途时间,诉讼文书在期满前交邮的,不算过期。

第86条 当事人因不可抗拒的事由或者其他正当理由耽误期限的，在障碍消除后的十日内，可以申请顺延期限，是否准许，由人民法院决定。

第204条【期间的法定或约定】

期间的计算方法依照本法的规定，但是法律另有规定或者当事人另有约定的除外。

第二编 物 权

第一分编　通则

第一章　一般规定

★ **第205条【物权编的调整范围】**
本编调整因物的归属和利用产生的民事关系。

【条文解读】

本条是关于《民法典》物权编调整范围的规定。原《物权法》第2条共有3款规定，其中第1款是调整范围的规定，第2款是物的概念的规定，第3款是物权的概念的规定。本条承继了原《物权法》第2条第1款的规定，对该款内容未作实质性修改，只是对部分文字和内容顺序进行了修改和调整，另外两款内容予以删除。根据本条规定，《民法典》物权编的调整范围为因物的归属和利用而产生的民事关系。因物的归属所产生的民事关系主要包括因物的设定或取得、变更或放弃、转让以及确权和侵害物权而产生的民事关系，如物权的设立、变更、转让和消灭等。因物的利用所产生的民事关系主要包括利用他人财产的使用价值、利用物的交换价值等产生的民事关系，如用益物权、担保物权等。物主要包括不动产和动产，权利在法律明确规定的情况下亦可以作为本编规定的物权客体。

【关联司法解释】

《最高人民法院关于适用〈中华人民共和国民法典〉物权编的解释（一）》
第1条　因不动产物权的归属，以及作为不动产物权登记基础的买卖、赠与、抵押等产生争议，当事人提起民事诉讼的，应当依法受理。当事人已经在行政诉讼中申请一并解决上述民事争议,且人民法院一并审理的除外。

★ **第206条【社会主义基本经济制度与社会主义市场经济】**

国家坚持和完善公有制为主体、多种所有制经济共同发展,**按劳分配为主体、多种分配方式并存,社会主义市场经济体制**等社会主义基本经济制度。

国家巩固和发展公有制经济,鼓励、支持和引导非公有制经济的发展。

国家实行社会主义市场经济,保障一切市场主体的平等法律地位和发展权利。

【条文解读】

本条是关于社会主义基本经济制度与社会主义市场经济的规定。本条承继了原《物权法》第3条的规定,其中第2款和第3款的内容与原《物权法》第3条第2款和第3款的内容完全一致,第1款在原《物权法》第3条第1款的基础上增加了关于分配方式和社会主义市场经济体制的规定,即"按劳分配为主体、多种分配方式并存,社会主义市场经济体制",删掉了"社会主义初级阶段"的内容。我国社会主义基本经济制度是《民法典》物权编的基石,并贯彻体现于整编之中。

第207条【物权平等保护原则】

国家、集体、私人的物权和其他权利人的物权受法律平等保护,任何组织或者个人不得侵犯。

★ **第208条【物权公示原则】**

不动产物权的设立、变更、转让和消灭,应当依照法律规定登记。动产物权的设立和转让,应当依照法律规定交付。

【条文解读】

本条是关于物权公示原则的规定。本条完全保留了原《物权法》第6条的规定，未作任何修改。物权公示公信是指物权设立和变动时，须以法定的方式进行公示，才能发生相应效力。按照法定方式设立、变动物权后，即发生相应的法律后果，产生公信力。任何市场主体基于对公示信息的信赖进行的交易行为均应当予以保护。物权公示公信原则主要包括两方面的内容：一是物权设立与变动的公示方式。物权设立是指创设一个之前并不存在的物权。物权变动包括物权的变更、转让与消灭三种情形。物权变更是在不改变物权主体的情况下，物权的内容发生变更。物权转让是指物权在不同民事主体之间发生转移，即物权主体发生变更。物权消灭是指物权终止，如标的物灭失时，物权随之消灭。物权设立与变动的公示方式因标的物系动产还是不动产而有所不同。不动产物权以登记作为设立与变动的公示方式，动产物权以交付作为设立与变动的公示方式。《不动产登记暂行条例》第2条第1款规定，不动产登记，是指不动产登记机构依法将不动产权利归属和其他法定事项记载于不动产登记簿的行为。第6条第2款规定，县级以上地方人民政府应当确定一个部门为本行政区域的不动产登记机构，负责不动产登记工作，并接受上级人民政府不动产登记主管部门的指导、监督。不动产物权的设立、变更、转让和消灭只有经登记之后才能产生法律效力。动产交付根据交付形态的不同，分为现实交付、简易交付、占有改定和指示交付。现实交付是指动产的占有转移。对于简易交付、占有改定和指示交付，《民法典》第226条至第228条分别作了规定。二是物权公示方式的公信力。公信是指权公示所产生的可信赖性。物权是排他的绝对性权利，第三人就物权进行交易前，需以一种可信赖的方式确定谁是物权人，谁有资格转让物权，应与谁进行交易，这就是物权公信原则。不动产物权以登记作为权利享有的公示方式，即不动产登记簿上记载的人就是该不动产的权利人；动产物权以占有作为享有权利的公示方式，即动产由谁占有，除有相反证据外，谁就是该动产的权利人。第三人与动产占有和不动产登记公示的权利人发生交易，不论该权利人是否系实际权利人，其权益应受到法律保护。

第二章　物权的设立、变更、转让和消灭

第一节　不动产登记

第209条【不动产物权登记的效力】

不动产物权的设立、变更、转让和消灭，经依法登记，发生效力；未经登记，不发生效力，但是法律另有规定的除外。

依法属于国家所有的自然资源，所有权可以不登记。

第210条【不动产登记机构和不动产统一登记】

不动产登记，由不动产所在地的登记机构办理。

国家对不动产实行统一登记制度。统一登记的范围、登记机构和登记办法，由法律、行政法规规定。

第211条【不动产登记申请资料】

当事人申请登记，应当根据不同登记事项提供权属证明和不动产界址、面积等必要材料。

第212条【登记机构的职责】

登记机构应当履行下列职责：

（一）查验申请人提供的权属证明和其他必要材料；

（二）就有关登记事项询问申请人；

（三）如实、及时登记有关事项；

（四）法律、行政法规规定的其他职责。

申请登记的不动产的有关情况需要进一步证明的，登记机构可以要求申

请人补充材料，必要时可以实地查看。

第213条【登记机构不得从事的行为】
登记机构不得有下列行为：
（一）要求对不动产进行评估；
（二）以年检等名义进行重复登记；
（三）超出登记职责范围的其他行为。

第214条【不动产物权变动的生效时间】
不动产物权的设立、变更、转让和消灭，依照法律规定应当登记的，自记载于不动产登记簿时发生效力。

★★第215条【合同效力与物权变动区分】
当事人之间订立有关设立、变更、转让和消灭不动产物权的合同，除法律另有规定或者当事人另有约定外，自合同成立时生效；未办理物权登记的，不影响合同效力。

【条文解读】

本条是关于合同效力与物权变动区分原则的规定，也称为物权变动的原因与结果区分的规定。本条承继了原《物权法》第15条的规定，未作实质性修改，仅将"合同另有约定"改为"当事人另有约定"。当事人以设立、变更、转让和消灭物权为目的订立的合同是物权变动的原因。当事人依据订立的合同办理登记或者交付动产，从而产生物权变动的结果。

【条文适用疑难解析】

关于物权变动，《民法典》第209条第1款规定："不动产物权的设立、变更、转让和消灭，经依法登记，发生效力；未经登记，不发生效力，但是法律另有规定的除外。"如果当事人只是订立了以不动产物权的设立、变更、转让和消灭为标的的合同，如买卖合同、建设用地使用权出让合同、抵押合同等，只是为一方当事人设定了变更、转让不动产物权等义务，并不能发生不动产物权变动之结果，只有在当事人履行合同，进行不动产物权登记后才能发生物权变动的结果。司法实践中最常见的"一房二卖"中，不动产出卖人就同一房屋先后与两个不同的买受人订立房屋买卖合同。两份房屋买卖合同均不存在法定无效情形，均为合法有效。此时，如果其中一方买受人就不动产买卖办理了登记，则另一买受人就无法依据与不动产出卖人订立的合同再次办理登记取得物权。依法成立生效的合同不能办理登记发生物权变动的结果，既可能是由于客观情况发生变化导致无法办理登记，也可能是由于当事人一方的违约行为造成，实践中区分不动产物权变动的原因和结果，应注意以下几个方面的问题：一是合同的成立及效力应依据债权法律规范予以判断。当事人之间订立的有关设立、变更、转让和消灭不动产物权的合同属于债权法律关系调整的范畴，应当依据《民法典》合同编的有关规定对其效力进行判断，当事人是否办理不动产物权登记不影响合同效力。二是不动产物权未发生变动不影响合同效力以及当事人依据有效合同享有的债权请求权。合同生效后，如果由于一方当事人违约导致无法办理物权变更登记，另一方当事人可以请求违约方承担违约责任。三是登记是不动产物权变动的必要条件，仅有生效的合同不能发生不动产物权变动的结果。合同生效只能产生请求办理登记或交付标的物的债权，要产生不动产物权变动的法律效果，当事人必须要对不动产物权进行登记或者交付动产。对于《民法典》第229条至第231条规定的非因民事法律行为产生的物权变动，该物权变动系依据法律规定或者事实行为，不以当事人的意思表示为原因，不以登记或交付为物权变动的要件。

第216条【不动产登记簿的效力和管理】

不动产登记簿是物权归属和内容的根据。

不动产登记簿由登记机构管理。

第217条【不动产登记簿与不动产权属证书的关系】

不动产权属证书是权利人享有该不动产物权的证明。不动产权属证书记载的事项，应当与不动产登记簿一致；记载不一致的，除有证据证明不动产登记簿确有错误外，以不动产登记簿为准。

第218条【不动产登记资料的查询、复制】

权利人、利害关系人可以申请查询、复制**不动产**登记资料，登记机构应当提供。

★★ 第219条【不动产登记资料的合理使用】

利害关系人不得公开、非法使用权利人的不动产登记资料。

【条文解读】

本条是关于利害关系人不得公开、非法使用权利人不动产登记资料义务的规定。本条系《民法典》新增加的条文，旨在保护权利人的个人登记信息。

【条文适用疑难解析】

登记是法律规定的不动产物权的公示方式。不动产登记后，哪些人有权申请查询、复制登记资料，实践中曾存在不同观点：一种观点认为，公示就意味着公开，公开的信息不再受到法律保护，因此，所有人均可以向登记机关申请查阅当事人的不动产登记资料。另一种观点认为，公示不代表公开，公示的信息也不完全转化为公开的信息，登记信息作为不动产权利人个人信息的一部分应在一定程度上受到法律的保护，因此，不动产登记资料的查阅主体只能是特定的主体。《民法典》采用了第二种观点。《民法典》第218条规定："权利人、利害关系人可以申请查询、复制不动产登记资料，登记机构应当提供。"根据该条规定，不动产登记资料的查询、复制主体只能是权利人和利害关系人，除权利人和利害关系人之外的人无权申请、查阅不动产登记资料。权利人一般指登记的不动产物权人。利害关系人是指与登记的不动产有法律上利害关系的人。利害关系人向不动产登记机构申请查询、复制不动产登记资料，应举证证明其与所登记的不动产存在利害关系。此外，《民法典》第218条的规定也表明不动产登记资料不属于可以向社会公众开放查询的公开信息。不动产登记信息属于权利人的个人信息。关于个人信息，《民法典》第111条规定："自然人的个人信息受法律保护。任何组织或者个人需要获取他人个人信息的，应当依法取得并确保信息安全，不得非法收集、使用、加工、传输他人个人信息，不得非法买卖、提供或者公开他人个人信息。"因此，利害关系人对于通过查询、复制获得的权利人的不动产登记资料应负有相应的保护义务，不得公开、非法使用权利人的不动产登记信息。

第220条【更正登记与异议登记】

权利人、利害关系人认为不动产登记簿记载的事项错误的，可以申请更正登记。不动产登记簿记载的权利人书面同意更正或者有证据证明登记确有错误的，登记机构应当予以更正。

不动产登记簿记载的权利人不同意更正的，利害关系人可以申请异议登记。登记机构予以异议登记，申请人自异议登记之日起十五日内不提起诉讼的，异议登记失效。异议登记不当，造成权利人损害的，权利人可以向申请人请求损害赔偿。

【关联司法解释】

《最高人民法院关于适用〈中华人民共和国民法典〉物权编的解释（一）》

第2条 当事人有证据证明不动产登记簿的记载与真实权利状态不符、其为该不动产物权的真实权利人，请求确认其享有物权的，应予支持。

第3条 异议登记因民法典第二百二十条第二款规定的事由失效后，当事人提起民事诉讼，请求确认物权归属的，应当依法受理。异议登记失效不影响人民法院对案件的实体审理。

★★ **第221条【预告登记】**

当事人签订**买卖房屋的协议**或者**签订**其他不动产物权的协议，为保障将来实现物权，按照约定可以向登记机构申请预告登记。预告登记后，未经预告登记的权利人同意，处分该不动产的，不发生物权效力。

预告登记后，债权消灭或者自能够进行不动产登记之日起九十日内未申请登记的，预告登记失效。

【条文解读】

本条是关于预告登记制度的规定，主要承继了原《物权法》第20条的规定，《民法典》对该条内容未作实质性修改，仅对字词作修改。本条主要包括三方面内容：一是预告登记的适用范围。预告登记主要适用于当事人签订的房屋买卖协议或其他不动产物权的协议。二是预告登记的法律效力。当事人将签订的不动产物权协议进行预告登记后，未经预告登记的权利人同意，处分该不动产的，不发生物权效力。三是预告登记失效的法定事由。根据本条规定，预告登记失效的法定事由有两个，分别是债权消灭和未在能够进行不动产登记之日起的90日内申请登记。

【条文适用疑难解析】

由于登记管理等原因，不动产预告登记在实践中相对较少，房屋交易合同网签备案却广泛适用。这两种登记制度的法律后果并不相同。前者使不动产协议债权人获得了受让不动产所有权之债权优先实现之保障，能够有效防止不动产出让人"一物二卖"或者在该不动产上设定抵押权等负担。房屋交易合同网签备案是行政主管部门办理房屋过户登记的管理手段，并不能达到预告登记的效果。由于实践中办理不动产预告登记的情况很少，相反办理房屋交易合同网签备案往往是办理房屋过户的前提条件，因此，办理房屋交易合同网签备案的情况广泛存在。在"一房二卖"的情况下，未办理不动产预告登记，但办理房屋交易合同网签备案登记的购房人所享有的债权是否对于既未办理不动产预告登记，亦未办理房屋交易合同网签备案登记的购房人享有之债权具有优先性的问题，实践中存在不同认识。无论如何，对房屋交易合同网签备案登记是一种公示方式，能够产生一定公信力。对由此产生的公信力应当保护到何种程度有待进一步研究。

【关联司法解释】

《最高人民法院关于适用〈中华人民共和国民法典〉物权编的解释（一）》

第4条　未经预告登记的权利人同意，转让不动产所有权等物权，或者设立建设用地使用权、居住权、地役权、抵押权等其他物权的，应当依照民法典第二百二十一条第一款的规定，认定其不发生物权效力。

第5条　预告登记的买卖不动产物权的协议被认定无效、被撤销，或者预告登记的权利人放弃债权的，应当认定为民法典第二百二十一条第二款所称的"债权消灭"。

《最高人民法院关于适用〈中华人民共和国民法典〉有关担保制度的解释》

★ 第52条　当事人办理抵押预告登记后，预告登记权利人请求就抵押财产优先受偿，经审查存在尚未办理建筑物所有权首次登记、预告登记的财产与办理建筑物所有权首次登记时的财产不一致、抵押预告登记已经失效等情形，导致不具备办理抵押登记条件的，人民法院不予支持；经审查已经办理建筑物所有权首次登记，且不存在预告登记失效等情形的，人民法院应予支持，并应当认定抵押权自预告登记之日起设立。

当事人办理了抵押预告登记，抵押人破产，经审查抵押财产属于破产财产，预告登记权利人主张就抵押财产优先受偿的，人民法院应当在受理破产申请时抵押财产的价值范围内予以支持，但是在人民法院受理破产申请前一年内，债务人对没有财产担保的债务设立抵押预告登记的除外。

【司法解释条文解读】

　　本条是关于不动产抵押预告登记效力的规定。预告登记制度由德国民法创立，日本民法将其称为假登记。预告登记是相对于本登记而言的，是指为保全将来的请求权实现物权变动的法律效果而进行的不动产登记。预告登记的保护对象是促使将来发生不动产物权变动的请求权。本登记又称终局登记，是指直接使当事人所期待的不动产物权变动发生效力的登记。在进行本登记之后，当事人所要设立的物权即刻设立，所要变更、消灭的物权即刻发生变更、消灭的结果。《民法典》对当事人签订买卖房屋的协议或者签订其他不动产物权的协议的预告登记效力进行了明确规定，但对于抵押预告登记的效力未作明确规定。《民法典》第221条第1款规定："当事人签订买卖房屋的协议或者签订其他不动产物权的协议，为保障将来实现物权，按照约定可以向登记机构申请预告登记。预告登记后，未经预告登记的权利人同意，处分该不动产的，不发生物权效力。"根据该款规定，当事人就买卖房屋等协议办理的预告登记能够产生限制不动产权利人在预告登记之后对标的物的再次处分的法律效力。对于抵押权，根据《民法典》的规定，抵押权人并不能阻止抵押人对标的物的处分以及抵押人在标的物上为他人再次设定抵押权。因此，抵押权预告登记同样也不能阻止抵押人对标的物的处分行为以及抵押人再次在标的物上设定抵押权等担保物权。从这个角度上来说，抵押权预告登记并不具有《民法典》第221条规定的限制不动产物权人对抵押物再次处分的法律效力。抵押权预告登记是当事人在本登记暂时无法办理的情况下，为确保将来抵押权的实现而暂时办理的登记。抵押权预告登记保障将来抵押权实现的主要方式是使预告登记的抵押权较之后面的其他担保物权人享有更加优先的顺位。《民法典》第221条第1款规定的预告登记保障将来物权实现的主要方式是要求不动产权利人处分标的物必须经过预告登记的权利人同意。只有经过预告登记的权利人同意，不动产权利人的处分行为才能产生物权变动的效力，如果没有经过预告登记的权利人同意，不动产权利人的处分行为就不能发生物权变动的效力。因此，抵押权预告登记与房屋买卖等预告登记保障将来物权实现的方式并不相同。这种不同本质上是由不同物权的性质和功能决定的，无论预告登记所针对的物权为何种类型，其在坚持公示公信原则前提下对未获得物权之债权人以物权方式的保护，进而使债权人之债权具有对世性和对抗第三人的效力。在转移所有权合同的预告登记中，债权人获得了债权优先实现的保障；在设立抵押权合同的预告登记中，债权人获得了其将来获得的抵押权优先于其他物权包括抵押物买受人之所有权以及预告登记之后设定的抵押权的效力。

实践中对于当事人在签订抵押合同后未办理抵押登记但已办理预告登记，预告登记权利人能否主张行使抵押权的问题一直存在争议，本条司法解释区分不同的情形对该问题作了回应。根据本条解释规定，在判断当事人办理的抵押权预告登记能否产生优先受偿效力时，应从以下几个方面予以把握：一是审查预告登记权利人请求就抵押财产优先受偿时，当事人办理抵押登记的条件是否具备。如果预告登记权利人请求就抵押财产优先受偿时，预告登记的标的物因尚未办理建筑物所有权首次登记、抵押预告登记已经失效等原因，导致标的物尚不具备办理抵押登记的条件，那么预告登记权利人请求行使抵押权的，人民法院不应支持。同时需要注意的是，此时不支持预告登记权利人主张行使抵押权，并不影响其在具备抵押登记条件后再行使抵押权。二是预告登记的有效期内，标的物已经具备办理抵押登记的条件的，人民法院应认定预告登记权利人可直接主张行使抵押权。预告登记权利人起诉主张行使抵押优先受偿权的，虽然当事人办理的只是抵押预告登记而非抵押登记，但人民法院经审查已经具备办理抵押登记的条件的，从减轻当事人诉累的目的出发，应当认定预告登记权利人的抵押权自预告登记之日起即设立。在预告登记权利人已经具备办理抵押登记的条件的情况下，如果人民法院判决预告登记权利人在办理抵押登记后再主张抵押权，会导致当事人先败诉，然后在办理抵押登记后，再重新起诉的情况，增加当事人诉累。三是参照破产程序中债权加速到期的规定，赋予抵押预告登记具有抵押登记的效力。考虑到实践中抵押人破产的，预告登记权利人往往无法等到具备办理抵押登记条件时行使抵押权，本条解释规定抵押预告登记权利人可以在抵押财产的范围内主张优先受偿。但同时要注意，破产程序中，赋予抵押权预告登记具有抵押登记的效力，同样应适用《企业破产法》第31条第3项关于债务人设定担保物权时间的限制性规定。如果抵押权预告登记在人民法院受理破产申请前一年内设立，债务人破产的，抵押预告权利人主张就抵押财产优先受偿的，不予支持。

第222条【不动产登记错误的赔偿】

当事人提供虚假材料申请登记，造成他人损害的，应当承担赔偿责任。

因登记错误，造成他人损害的，登记机构应当承担赔偿责任。登记机构赔偿后，可以向造成登记错误的人追偿。

第223条【不动产登记的费用】

不动产登记费按件收取，不得按照不动产的面积、体积或者价款的比例收取。

第二节 动产交付

第224条【动产交付的效力】

动产物权的设立和转让，自交付时发生效力，但是法律另有规定的除外。

★★ 第225条【特殊动产登记的效力】

船舶、航空器和机动车等的物权的设立、变更、转让和消灭，未经登记，不得对抗善意第三人。

【条文解读】

本条是关于船舶、航空器、机动车等特殊动产物权登记效力的规定。本条承继了原《物权法》第24条的规定，未作实质性修改。动产物权变动以交付为生效要件，不动产物权变动以登记为生效要件。船舶、航空器、机动车等动产，由于其价值超过一般的动产，在法律上又称为"准不动产"或"特殊动产"，其以登记作为物权变动的公示方法。但鉴于船舶、航空器、机动车本身又具有动产的属性，其物权变动又以交付作为生效要件。船舶、航空器、机动车作为特殊的动产，其物权变动采取登记对抗主义。登记对抗主义，是指以交付作为物权变动的生效要件，以登记作为物权变动的对抗要件。与登记对抗主义相对应的是登记生效主义。登记生效主义，是指以登记作为物权变动的生效要件，该原则主要适用于不动产物权的变动。船舶、航空器、机动车物权的变动自交付时发生效力，其抵押权在抵押合同生效时设立。船舶、航空器、机动车的物权发生变动后如果未在登记部门进行登记，则不能产生对抗善意第三人的效力。对船舶、航空器、机动车等特殊动产物权的变动，采用登记对抗主义原则，一方面是考虑到船舶、航空器和机动车的价值较大，实践中一般都有登记，如果仅以交付作为物权变动的要件，不足以保护交易安全；另一方面也避免了不动产物权登记生效主义影响交易便捷，增加交易成本的缺陷。这一点充分体现了物权制度对交易效率和交易安全两种价值取向的兼顾。对于价值高的物，如不动产，原则上采用登记生效主义，以维护高价值财产的静态安全；对于价值低但流动性强的物，如一般动产，物权变动原则上采用交付方式，以占有来彰显所有关系，以便利物的流转，降低交易成本。特殊动产介于二者之间，物权变动采用登记对抗主义，体现了交易安全和交易效率两种价值的兼顾和平衡。

【条文适用疑难解析】

实践中，在理解特殊动产物权变动的登记对抗主义原则时，应注意准确把握善意第三人的范围。《最高人民法院关于适用〈中华人民共和国民法典〉物权编的解释（一）》第6条规定："转让人转让船舶、航空器和机动车等所有权，受让人已经支付合理价款并取得占有，虽未经登记，但转让人的债权人主张其为民法典第二百二十五条所称的'善意第三人'的，不予支持，法律另有规定的除外。"根据该条规定，这里的善意第三人主要是指不知道且不应当知道物权发生变动的物权关系相对人，不包括转让人的债权人。之所以将特殊动产转让人的债权人排除在善意第三人的范围之外，主要是基于物权优先性的原理。所谓物权的优先性，主要表现就是同一标的物之上同时存在物权和债权时，物权优先。受让人已经占有船舶等特殊动产时，其已经从法律上取得该特殊动产的物权，而该特殊动产转让人的债权人所享有的只是债权。因此，基于物权的优先性，受让人在取得船舶等特殊动产的情况下，即使未经登记，其对转让人的债权人仍享有物权的优先对抗效力。

【关联司法解释】

《最高人民法院关于适用〈中华人民共和国民法典〉物权编的解释（一）》

第6条 转让人转让船舶、航空器和机动车等所有权，受让人已经支付合理价款并取得占有，虽未经登记，但转让人的债权人主张其为民法典第二百二十五条所称的"善意第三人"的，不予支持，法律另有规定的除外。

第226条【简易交付】

动产物权设立和转让前，权利人已经占有该动产的，物权自民事法律行为生效时发生效力。

第227条【指示交付】

动产物权设立和转让前，第三人占有该动产的，负有交付义务的人可以通过转让请求第三人返还原物的权利代替交付。

第228条【占有改定】

动产物权转让时，当事人又约定由出让人继续占有该动产的，物权自该约定生效时发生效力。

第三节 其他规定

第229条【法律文书或征收决定导致的物权变动】
因人民法院、仲裁机构的法律文书或者人民政府的征收决定等，导致物权设立、变更、转让或者消灭的，自法律文书或者征收决定等生效时发生效力。

【关联司法解释】

《最高人民法院关于适用〈中华人民共和国民法典〉物权编的解释（一）》

第7条 人民法院、仲裁机构在分割共有不动产或者动产等案件中作出并依法生效的改变原有物权关系的判决书、裁决书、调解书，以及人民法院在执行程序中作出的拍卖成交裁定书、变卖成交裁定书、以物抵债裁定书，应当认定为民法典第二百二十九条所称导致物权设立、变更、转让或者消灭的人民法院、仲裁机构的法律文书。

★ **第230条【因继承取得物权】**
因继承取得物权的，自继承开始时发生效力。

【条文解读】

本条是关于因继承取得物权效力时间的规定。原《物权法》第29条规定："因继承或者受遗赠取得物权的，自继承或者受遗赠开始时发生效力。"原《物权法》第29条同时规定了因继承或者受遗赠取得物权两种情形。本条删除了受遗赠的情形，保留了因继承取得物权的规定。之所以作此修改，是因为无论法定继承、遗嘱继承或者遗赠，遗产均于继承开始亦即被继承人死亡之时转归继承人或者受遗赠人所有。继承人放弃继承、受遗赠人放弃受遗赠的财产，则归属于其余继承人。原《物权法》第29条同时规定"继承开始"和"受遗赠开始"，容易导致混淆。理解《民法典》本条规定时，应注意以下两点：（1）因继承取得物权，不以登记或者交付为生效要件。继承开始时，继承人即取得物权，未经登记或者交付不影响其取得继承遗产的物权。关于继承开始的时间，《民法典》第1121条第1款规定，继承从被继承人死亡时开始。（2）继承人处分因继承取得的不动产的，应当办理变更登记，未办理变更登记的，该处分行为不发生效力。根据《民法典》第232条的规定，遗产系不动产的，继承人取得其物权虽不需要登记，但如果继承人要处分该遗产，需要办理登记，未经登记，其处分该遗产的行为不能发生物权变动的效力。

第231条【因事实行为发生物权变动】

因合法建造、拆除房屋等事实行为设立或者消灭物权的，自事实行为成就时发生效力。

★★第232条【处分非因民事法律行为享有的不动产物权】

处分依照本节规定享有的不动产物权，依照法律规定需要办理登记的，未经登记，不发生物权效力。

【条文解读】

本条是关于处分非因民事法律行为取得的不动产物权的限制规定。本条承继了原《物权法》第31条的规定，未作实质性修改。《民法典》第229条至第231条对非因民事法律行为取得物权作了专门规定，非因民事法律行为享有的不动产物权无须进行登记即可发生物权变动的效力。一般来说，物权具有绝对排他的效力，其变动必须具有足以由外部可以辨认的表征，才可能透明其法律关系，减少交易成本，避免第三人遭受侵害，保护交易安全。这种可由外部辨认的表征，就是物权变动的公示方法。[1]法律要求物权的享有和变动应当采用特定的方式予以公示，即物权公示原则。关于物权变动的公

---

[1] 王泽鉴：《民法物权：通则·所有权》（第1册），中国政法大学出版社2001年版，第92页。

示,《民法典》第208条规定:"不动产物权的设立、变更、转让和消灭,应当依照法律规定登记。动产物权的设立和转让,应当依照法律规定交付。"根据该条规定,不动产物权以登记作为公示方式,动产物权以交付作为公示方式。对于非因民事法律行为导致的物权变动,《民法典》第229条至第231条作了特别规定,即当事人无须交付或者登记即可享有物权,这种情况下,将导致标的物实际权利人和公示权利人不一致的情形,这必然会损害到交易秩序和交易安全。基于此,本条明确规定,处分非因民事法律行为取得的不动产物权,依照法律规定需要办理登记的,只有经过登记,才能发生物权效力;未经登记,不能发生物效力。

【条文适用疑难解析】

司法实践中,人民法院适用本条规定裁判案件时,应注意从以下几个方面进行把握:一是基于非民事法律行为取得不动产物权的,当事人无须登记即可直接取得物权。二是当事人基于非民事法律行为取得不动产物权后,如果要对该不动产进行处分,应先办理登记,再进行处分,否则其处分行为不能发生物权变动的法律效力。[1]但如果当事人基于非民事法律行为取得不动产物权后,并不打算对该不动产进行处分,则法律不强制其就该不动产办理登记。三是本条仅适用于非基于民事法律行为获得不动产物权,且该不动产物权依照法律规定需要办理登记的情形。

【关联司法解释】

《最高人民法院关于适用〈中华人民共和国民法典〉物权编的解释(一)》

第8条 依据民法典第二百二十九条至第二百三十一条规定享有物权,

---

[1] 最高人民法院民法典贯彻实施工作领导小组主编:《中华人民共和国民法典物权编理解与适用》(上),人民法院出版社2020年版,第176—177页。

但尚未完成动产交付或者不动产登记的权利人，依据民法典第二百三十五条至第二百三十八条的规定，请求保护其物权的，应予支持。

第三章　物权的保护

第233条【物权纠纷解决方式】
物权受到侵害的，权利人可以通过和解、调解、仲裁、诉讼等途径解决。

第234条【物权确认请求权】
因物权的归属、内容发生争议的，利害关系人可以请求确认权利。

第235条【返还原物请求权】
无权占有不动产或者动产的，权利人可以请求返还原物。

第236【排除妨害请求权】
妨害物权或者可能妨害物权的，权利人可以请求排除妨害或者消除危险。

第237条【物权复原请求权】
造成不动产或者动产毁损的，权利人可以**依法**请求修理、重作、更换或者恢复原状。

第238条【物权损害赔偿请求权】
侵害物权，造成权利人损害的，权利人可以**依法**请求损害赔偿，也可以**依法**请求承担其他民事责任。

★ 第239条【物权保护方式的单用与并用】
本章规定的物权保护方式，可以单独适用，也可以根据权利被侵害的情形合并适用。

【条文解读】

本条是关于物权保护方式的规定。本条与原《物权法》第38条第1款规定完全一致，删除了原《物权法》第38条第2款"侵害物权，除承担民事责任外，违反行政管理规定的，依法承担行政责任；构成犯罪的，依法追究刑事责任"之规定。《民法典》删除原《物权法》第38条第2款关于侵害物权承担刑事责任或行政责任的规定，并非因为侵害物权不会产生刑事责任或行政责任，而是刑事责任、行政责任应当在刑法或行政法律法规中规定。本章第234条至第238条规定了物权的不同保护方式，如返还原物、排除妨害或者消除危险、修理、重作、更换或者恢复原状、损害赔偿等。实践中，当事人可以根据具体情况，选择适用一种物权保护方式或者同时适用多种物权保护方式。

第二分编　所有权

第四章　一般规定

第240条【所有权的定义】

所有权人对自己的不动产或者动产,依法享有占有、使用、收益和处分的权利。

第241条【所有权人设立他物权】

所有权人有权在自己的不动产或者动产上设立用益物权和担保物权。用益物权人、担保物权人行使权利,不得损害所有权人的权益。

第242条【国家专属所有权】

法律规定专属于国家所有的不动产和动产,任何组织或者个人不能取得所有权。

第243条【征收】

为了公共利益的需要,依照法律规定的权限和程序可以征收集体所有的土地和组织、个人的房屋以及其他不动产。

征收集体所有的土地,应当依法及时足额支付土地补偿费、安置补助费以及农村村民住宅、其他地上附着物和青苗等的补偿费用,并安排被征地农民的社会保障费用,保障被征地农民的生活,维护被征地农民的合法权益。

征收组织、个人的房屋以及其他不动产,应当依法给予征收补偿,维护被征收人的合法权益;征收个人住宅的,还应当保障被征收人的居住条件。

任何组织或者个人不得贪污、挪用、私分、截留、拖欠征收补偿费等费用。

【其他关联规定】

《中华人民共和国土地管理法》

第45条 为了公共利益的需要，有下列情形之一，确需征收农民集体所有的土地的，可以依法实施征收：

（一）军事和外交需要用地的；

（二）由政府组织实施的能源、交通、水利、通信、邮政等基础设施建设需要用地的；

（三）由政府组织实施的科技、教育、文化、卫生、体育、生态环境和资源保护、防灾减灾、文物保护、社区综合服务、社会福利、市政公用、优抚安置、英烈保护等公共事业需要用地的；

（四）由政府组织实施的扶贫搬迁、保障性安居工程建设需要用地的；

（五）在土地利用总体规划确定的城镇建设用地范围内，经省级以上人民政府批准由县级以上地方人民政府组织实施的成片开发建设需要用地的；

（六）法律规定为公共利益需要可以征收农民集体所有的土地的其他情形。

前款规定的建设活动，应当符合国民经济和社会发展规划、土地利用总体规划、城乡规划和专项规划；第（四）项、第（五）项规定的建设活动，还应当纳入国民经济和社会发展年度计划；第（五）项规定的成片开发并应当符合国务院自然资源主管部门规定的标准。

第46条 征收下列土地的，由国务院批准：

（一）永久基本农田；

（二）永久基本农田以外的耕地超过三十五公顷的；

（三）其他土地超过七十公顷的。

征收前款规定以外的土地的，由省、自治区、直辖市人民政府批准。

征收农用地的，应当依照本法第四十四条的规定先行办理农用地转用审批。其中，经国务院批准农用地转用的，同时办理征地审批手续，不再另行办理征地审批；经省、自治区、直辖市人民政府在征地批准权限内批准农用地转用的，同时办理征地审批手续，不再另行办理征地审批，超过征地批准权限的，应当依照本条第一款的规定另行办理征地审批。

第47条 国家征收土地的，依照法定程序批准后，由县级以上地方人民政府予以公告并组织实施。

县级以上地方人民政府拟申请征收土地的，应当开展拟征收土地现状调查和社会稳定风险评估，并将征收范围、土地现状、征收目的、补偿标准、安置方式和社会保障等在拟征收土地所在的乡（镇）和村、村民小组范围内公告至少三十日，听取被征地的农村集体经济组织及其成员、村民委员会和其他利害关系人的意见。

多数被征地的农村集体经济组织成员认为征地补偿安置方案不符合法律、法规规定的，县级以上地方人民政府应当组织召开听证会，并根据法律、法规的规定和听证会情况修改方案。

拟征收土地的所有权人、使用权人应当在公告规定期限内，持不动产权属证明材料办理补偿登记。县级以上地方人民政府应当组织有关部门测算并落实有关费用，保证足额到位，与拟征收土地的所有权人、使用权人就补偿、安置等签订协议；个别确实难以达成协议的，应当在申请征收土地时如实说明。

相关前期工作完成后，县级以上地方人民政府方可申请征收土地。

第48条 征收土地应当给予公平、合理的补偿，保障被征地农民原有生活水平不降低、长远生计有保障。

征收土地应当依法及时足额支付土地补偿费、安置补助费以及农村村民住宅、其他地上附着物和青苗等的补偿费用，并安排被征地农民的社会保障费用。

征收农用地的土地补偿费、安置补助费标准由省、自治区、直辖市通过制定公布区片综合地价确定。制定区片综合地价应当综合考虑土地原用途、土地资源条件、土地产值、土地区位、土地供求关系、人口以及经济社会发展水平等因素，并至少每三年调整或者重新公布一次。

征收农用地以外的其他土地、地上附着物和青苗等的补偿标准，由省、自治区、直辖市制定。对其中的农村村民住宅，应当按照先补偿后搬迁、居住条件有改善的原则，尊重农村村民意愿，采取重新安排宅基地建房、提供安置房或者货币补偿等方式给予公平、合理的补偿，并对因征收造成的搬迁、临时安置等费用予以补偿，保障农村村民居住的权利和合法的住房财产权益。

县级以上地方人民政府应当将被征地农民纳入相应的养老等社会保障体系。被征地农民的社会保障费用主要用于符合条件的被征地农民的养老保险等社会保险缴费补贴。被征地农民社会保障费用的筹集、管理和使用办法，由省、自治区、直辖市制定。

第244条【耕地保护】

国家对耕地实行特殊保护，严格限制农用地转为建设用地，控制建设用地总量。不得违反法律规定的权限和程序征收集体所有的土地。

【其他关联规定】

《中华人民共和国土地管理法》

第4条 国家实行土地用途管制制度。

国家编制土地利用总体规划，规定土地用途，将土地分为农用地、建设用地和未利用地。严格限制农用地转为建设用地，控制建设用地总量，对耕地实行特殊保护。

前款所称农用地是指直接用于农业生产的土地，包括耕地、林地、草地、农田水利用地、养殖水面等；建设用地是指建造建筑物、构筑物的土地，包括城乡住宅和公共设施用地、工矿用地、交通水利设施用地、旅游用地、军事设施用地等；未利用地是指农用地和建设用地以外的土地。

使用土地的单位和个人必须严格按照土地利用总体规划确定的用途使用土地。

第30条 国家保护耕地，严格控制耕地转为非耕地。

国家实行占用耕地补偿制度。非农业建设经批准占用耕地的，按照"占多少，垦多少"的原则，由占用耕地的单位负责开垦与所占用耕地的数量和质量相当的耕地；没有条件开垦或者开垦的耕地不符合要求的，应当按照省、自治区、直辖市的规定缴纳耕地开垦费，专款用于开垦新的耕地。

省、自治区、直辖市人民政府应当制定开垦耕地计划，监督占用耕地的单位按照计划开垦耕地或者按照计划组织开垦耕地，并进行验收。

第38条 禁止任何单位和个人闲置、荒芜耕地。已经办理审批手续的非农业建设占用耕地，一年内不用而又可以耕种并收获的，应当由原耕种该幅耕地的集体或者个人恢复耕种，也可以由用地单位组织耕种；一年以上未动工建设的，应当按照省、自治区、直辖市的规定缴纳闲置费；连续二年未使用的，经原批准机关批准，由县级以上人民政府无偿收回用地单位的土地使用权；该幅土地原为农民集体所有的，应当交由原农村集体经济组织恢复耕种。

在城市规划区范围内，以出让方式取得土地使用权进行房地产开发的闲置土地，依照《中华人民共和国城市房地产管理法》的有关规定办理。

第44条 建设占用土地，涉及农用地转为建设用地的，应当办理农用地转用审批手续。

永久基本农田转为建设用地的，由国务院批准。

在土地利用总体规划确定的城市和村庄、集镇建设用地规模范围内，为实施该规划而将永久基本农田以外的农用地转为建设用地的，按土地利用年度计划分批次按照国务院规定由原批准土地利用总体规划的机关或者其授权的机关批准。在已批准的农用地转用范围内，具体建设项目用地可以由市、县人民政府批准。

在土地利用总体规划确定的城市和村庄、集镇建设用地规模范围外，将永久基本农田以外的农用地转为建设用地的，由国务院或者国务院授权的省、自治区、直辖市人民政府批准。

《中华人民共和国黑土地保护法》

第1条 为了保护黑土地资源，稳步恢复提升黑土地基础地力，促进资源可持续利用，维护生态平衡，保障国家粮食安全，制定本法。

第2条 从事黑土地保护、利用和相关治理、修复等活动，适用本法。本法没有规定的，适用土地管理等有关法律的规定。

本法所称黑土地，是指黑龙江省、吉林省、辽宁省、内蒙古自治区（以下简称四省区）的相关区域范围内具有黑色或者暗黑色腐殖质表土层，性状好、肥力高的耕地。

第3条 国家实行科学、有效的黑土地保护政策，保障黑土地保护财政投入，综合采取工程、农艺、农机、生物等措施，保护黑土地的优良生产能力，确保黑土地总量不减少、功能不退化、质量有提升、产能可持续。

第4条 黑土地保护应当坚持统筹规划、因地制宜、用养结合、近期目标与远期目标结合、突出重点、综合施策的原则，建立健全政府主导、农业生产经营者实施、社会参与的保护机制。

国务院农业农村主管部门会同自然资源、水行政等有关部门，综合考虑黑土地开垦历史和利用现状，以及黑土层厚度、土壤性状、土壤类型等，按照最有利于全面保护、综合治理和系统修复的原则，科学合理确定黑土地保护范围并适时调整，有计划、分步骤、分类别地推进黑土地保护工作。历史上属黑土地的，除确无法修复的外，原则上都应列入黑土地保护范围进行修恢复。

第5条 黑土地应当用于粮食和油料作物、糖料作物、蔬菜等农产品生产。

黑土层深厚、土壤性状良好的黑土地应当按照规定的标准划入永久基本农田，重点用于粮食生产，实行严格保护，确保数量和质量长期稳定。

第245条【征用】

因抢险救灾、疫情防控等紧急需要，依照法律规定的权限和程序可以征用组织、个人的不动产或者动产。被征用的不动产或者动产使用后，应当返还被征用人。组织、个人的不动产或者动产被征用或者征用后毁损、灭失的，应当给予补偿。

第五章　国家所有权和集体所有权、私人所有权

第246条【国有财产的范围、国家所有的性质和国家所有权的行使】
法律规定属于国家所有的财产，属于国家所有即全民所有。
国有财产由国务院代表国家行使所有权。法律另有规定的，依照其规定。

【其他关联规定】

《中华人民共和国土地管理法》
　　第2条　中华人民共和国实行土地的社会主义公有制，即全民所有制和劳动群众集体所有制。
　　全民所有，即国家所有土地的所有权由国务院代表国家行使。
　　任何单位和个人不得侵占、买卖或者以其他形式非法转让土地。土地使用权可以依法转让。
　　国家为了公共利益的需要，可以依法对土地实行征收或者征用并给予补偿。
　　国家依法实行国有土地有偿使用制度。但是，国家在法律规定的范围内划拨国有土地使用权的除外。

第247条【矿藏、水流、海域的国家所有权】
矿藏、水流、海域属于国家所有。

★　**第248条【无居民海岛的国家所有权】**
无居民海岛属于国家所有，国务院代表国家行使无居民海岛所有权。

【条文解读】

本条是关于无居民海岛所有权的规定。本条是《民法典》新增加的条文，其内容与自2010年3月1日起施行的《海岛保护法》第4条规定的内容完全一致。《海岛保护法》第2条第2款规定，海岛是指四面环海水并在高潮时高于水面的自然形成的陆地区域，包括有居民海岛和无居民海岛。该规定从地理自然形态的角度对海岛予以规定。海岛作为独立的地理单元，属于特殊类型的土地。对于无居民海岛，本条明确规定，无居民海岛属于国家所有，国务院代表国家行使无居民海岛所有权。

第249条【国家所有土地的范围】

城市的土地，属于国家所有。法律规定属于国家所有的农村和城市郊区的土地，属于国家所有。

【其他关联规定】

《中华人民共和国土地管理法》

第9条　城市市区的土地属于国家所有。

农村和城市郊区的土地，除由法律规定属于国家所有的以外，属于农民集体所有；宅基地和自留地、自留山，属于农民集体所有。

第250条【自然资源的国家所有权】

森林、山岭、草原、荒地、滩涂等自然资源，属于国家所有，但是法律规定属于集体所有的除外。

第251条【野生动植物资源的国家所有权】

法律规定属于国家所有的野生动植物资源，属于国家所有。

第252条【无线电频谱资源的国家所有权】

无线电频谱资源属于国家所有。

第253条【文物的国家所有权】

法律规定属于国家所有的文物，属于国家所有。

第254条【国防资产和基础设施的国家所有权】

国防资产属于国家所有。

铁路、公路、电力设施、电信设施和油气管道等基础设施，依照法律规定为国家所有的，属于国家所有。

第255条【国家机关的物权】

国家机关对其直接支配的不动产和动产，享有占有、使用以及依照法律和国务院的有关规定处分的权利。

第256条【国家举办的事业单位的物权】

国家举办的事业单位对其直接支配的不动产和动产，享有占有、使用以及依照法律和国务院的有关规定收益、处分的权利。

第257条【国家出资的企业出资人制度】

国家出资的企业，由国务院、地方人民政府依照法律、行政法规规定分别代表国家履行出资人职责，享有出资人权益。

第258条【国有财产的保护】

国家所有的财产受法律保护，禁止任何组织或者个人侵占、哄抢、私分、截留、破坏。

第259条【国有财产管理的法律责任】

履行国有财产管理、监督职责的机构及其工作人员,应当依法加强对国有财产的管理、监督,促进国有财产保值增值,防止国有财产损失;滥用职权,玩忽职守,造成国有财产损失的,应当依法承担法律责任。

违反国有财产管理规定,在企业改制、合并分立、关联交易等过程中,低价转让、合谋私分、擅自担保或者以其他方式造成国有财产损失的,应当依法承担法律责任。

第260条【集体财产的范围】

集体所有的不动产和动产包括:

(一)法律规定属于集体所有的土地和森林、山岭、草原、荒地、滩涂;

(二)集体所有的建筑物、生产设施、农田水利设施;

(三)集体所有的教育、科学、文化、卫生、体育等设施;

(四)集体所有的其他不动产和动产。

★ #### 第261条【农民集体所有财产归属及重大事项集体决定】

农民集体所有的不动产和动产,属于本集体成员集体所有。

下列事项应当依照法定程序经本集体成员决定:

(一)土地承包方案以及将土地发包给本集体以外的组织或者个人承包;

(二)个别土地承包经营权人之间承包地的调整;

(三)土地补偿费等费用的使用、分配办法;

(四)集体出资的企业的所有权变动等事项;

(五)法律规定的其他事项。

【条文解读】

本条是关于农民集体所有财产归属及重大事项集体决定的规定,承继了原《物权法》第59条的规定,除将第2款第1项中的"单位"修改为"组织"

外，未作其他修改。本条主要规定了两方面内容：一是农民集体所有财产的归属，即农民集体所有的不动产和动产，属于本集体成员集体所有。二是集体的法定重大事项应当依照法定程序由集体决定。本条第2款通过概括加列举的方式，明确规定了应当依照民主法定程序由集体成员集体决定的事项类型。

在司法实践中需要注意，如果本条第2款所列举事项未依照法定程序经本集体成员决定可能导致相关民事行为无效。农村集体经济组织成员决策权对于开展村民自治、保护农村集体经济组织成员利益具有重要意义。如果应当经本集体成员决定的事项，未依照法定程序经本集体成员决定，损害了农村集体成员利益，扰乱了村民自治秩序，一般应当认定无效。实践中，对于农村集体经济组织成员的真实意思，应当结合案件具体情况和诚信原则作出认定。例如，村委会将土地发包给本集体以外的组织或者个人承包，承包人承包土地后种植了果园，5年后开始产果。全体村民与承包人共同生活、劳作，对于承包事实不可能不知道。等到承包人所承包土地开始丰收后，部分村民在之前从未提异议，甚至还分得了承包费的情况下，再以未经其同意将土地发包给本集体以外的组织或者个人承包为由，主张承包协议无效的，一般不应支持。

【关联司法解释】

《最高人民法院关于审理森林资源民事纠纷案件适用法律若干问题的解释》

第5条 当事人以违反法律规定的民主议定程序为由，主张集体林地承包合同无效的，人民法院应予支持。但下列情形除外：

（一）合同订立时，法律、行政法规没有关于民主议定程序的强制性规定的；

（二）合同订立未经民主议定程序讨论决定，或者民主议定程序存在瑕疵，一审法庭辩论终结前已经依法补正的；

（三）承包方对村民会议或者村民代表会议决议进行了合理审查，不知道且不应当知道决议系伪造、变造,并已经对林地大量投入的。

第262条【集体所有的不动产所有权行使】

对于集体所有的土地和森林、山岭、草原、荒地、滩涂等,依照下列规定行使所有权:

(一)属于村农民集体所有的,由村集体经济组织或者村民委员会依法代表集体行使所有权;

(二)分别属于村内两个以上农民集体所有的,由村内各该集体经济组织或者村民小组依法代表集体行使所有权;

(三)属于乡镇农民集体所有的,由乡镇集体经济组织代表集体行使所有权。

【其他关联规定】

《中华人民共和国土地管理法》

第11条 农民集体所有的土地依法属于村农民集体所有的,由村集体经济组织或者村民委员会经营、管理;已经分别属于村内两个以上农村集体经济组织的农民集体所有的,由村内各该农村集体经济组织或者村民小组经营、管理;已经属于乡(镇)农民集体所有的,由乡(镇)农村集体经济组织经营、管理。

第263条【城镇集体所有的财产权利行使】

城镇集体所有的不动产和动产,依照法律、行政法规的规定由本集体享有占有、使用、收益和处分的权利。

第264条【集体成员对集体财产的知情权】

农村集体经济组织或者村民委员会、村民小组应当依照法律、行政法规以及章程、村规民约向本集体成员公布集体财产的状况。**集体成员有权查**

阅、复制相关资料。

【其他关联规定】

《中华人民共和国土地管理法》

第49条　被征地的农村集体经济组织应当将征收土地的补偿费用的收支状况向本集体经济组织的成员公布，接受监督。

禁止侵占、挪用被征收土地单位的征地补偿费用和其他有关费用。

第265条【集体所有财产保护及农村集体成员合法权益保护】

集体所有的财产受法律保护，禁止任何组织或者个人侵占、哄抢、私分、破坏。

农村集体经济组织、村民委员会或者其负责人作出的决定侵害集体成员合法权益的，受侵害的集体成员可以请求人民法院予以撤销。

第266条【私有财产的范围】

私人对其合法的收入、房屋、生活用品、生产工具、原材料等不动产和动产享有所有权。

第267条【私人合法财产的保护】

私人的合法财产受法律保护，禁止任何组织或者个人侵占、哄抢、破坏。

第268条【国家、集体和私人依法出资设立公司或其他企业】

国家、集体和私人依法可以出资设立有限责任公司、股份有限公司或者其他企业。国家、集体和私人所有的不动产或者动产投到企业的，由出资人按照约定或者出资比例享有资产收益、重大决策以及选择经营管理者等权利并履行义务。

第269条【法人财产权】

营利法人对其不动产和动产依照法律、行政法规以及章程享有占有、使用、收益和处分的权利。

营利法人以外的法人，对其不动产和动产的权利，适用有关法律、行政法规以及章程的规定。

第270条【社会团体法人、捐助法人合法财产的保护】

社会团体法人、捐助法人依法所有的不动产和动产，受法律保护。

第六章　业主的建筑物区分所有权

第271条【建筑物区分所有权】

业主对建筑物内的住宅、经营性用房等专有部分享有所有权，对专有部分以外的共有部分享有共有和共同管理的权利。

【关联司法解释】

《最高人民法院关于审理建筑物区分所有权纠纷案件适用法律若干问题的解释》

第1条　依法登记取得或者依据民法典第二百二十九条至第二百三十一条规定取得建筑物专有部分所有权的人，应当认定为民法典第二编第六章所称的业主。

基于与建设单位之间的商品房买卖民事法律行为，已经合法占有建筑物专有部分，但尚未依法办理所有权登记的人，可以认定为民法典第二编第六章所称的业主。

第16条　建筑物区分所有权纠纷涉及专有部分的承租人、借用人等物业使用人的，参照本解释处理。

专有部分的承租人、借用人等物业使用人，根据法律、法规、管理规约、业主大会或者业主委员会依法作出的决定，以及其与业主的约定，享有相应权利，承担相应义务。

第272条【业主对专有部分的权利和义务】

业主对其建筑物专有部分享有占有、使用、收益和处分的权利。业主行使权利不得危及建筑物的安全，不得损害其他业主的合法权益。

【关联司法解释】

《最高人民法院关于审理建筑物区分所有权纠纷案件适用法律若干问题的解释》

第2条 建筑区划内符合下列条件的房屋，以及车位、摊位等特定空间，应当认定为民法典第二编第六章所称的专有部分：

（一）具有构造上的独立性，能够明确区分；

（二）具有利用上的独立性，可以排他使用；

（三）能够登记成为特定业主所有权的客体。

规划上专属于特定房屋，且建设单位销售时已经根据规划列入该特定房屋买卖合同中的露台等，应当认定为前款所称的专有部分的组成部分。

本条第一款所称房屋，包括整栋建筑物。

第273条【业主对共有部分的权利和义务】

业主对建筑物专有部分以外的共有部分，享有权利，承担义务；不得以放弃权利为由不履行义务。

业主转让建筑物内的住宅、经营性用房，其对共有部分享有的共有和共同管理的权利一并转让。

【关联司法解释】

《最高人民法院关于审理建筑物区分所有权纠纷案件适用法律若干问题的解释》

第4条 业主基于对住宅、经营性用房等专有部分特定使用功能的合理需要，无偿利用屋顶以及与其专有部分相对应的外墙面等共有部分的，不应认定为侵权。但违反法律、法规、管理规约，损害他人合法权益的除外。

第274条【建筑区划内道路、绿地等的权利归属】

建筑区划内的道路，属于业主共有，但是属于城镇公共道路的除外。建筑区划内的绿地，属于业主共有，但是属于城镇公共绿地或者明示属于个人的除外。建筑区划内的其他公共场所、公用设施和物业服务用房，属于业主共有。

第275条【车位、车库的归属】

建筑区划内，规划用于停放汽车的车位、车库的归属，由当事人通过出售、附赠或者出租等方式约定。

占用业主共有的道路或者其他场地用于停放汽车的车位，属于业主共有。

【关联司法解释】

《最高人民法院关于审理建筑物区分所有权纠纷案件适用法律若干问题的解释》

第6条 建筑区划内在规划用于停放汽车的车位之外，占用业主共有道路或者其他场地增设的车位，应当认定为民法典第二百七十五条第二款所称的车位。

第276条【车位、车库的首要用途】

建筑区划内，规划用于停放汽车的车位、车库应当首先满足业主的需要。

【关联司法解释】

《最高人民法院关于审理建筑物区分所有权纠纷案件适用法律若干问题的解释》

第5条 建设单位按照配置比例将车位、车库,以出售、附赠或者出租等方式处分给业主的,应当认定其行为符合民法典第二百七十六条有关"应当首先满足业主的需要"的规定。

前款所称配置比例是指规划确定的建筑区划内规划用于停放汽车的车位、车库与房屋套数的比例。

第277条【业主自治管理组织的设立及指导和协助】

业主可以设立业主大会,选举业主委员会。**业主大会、业主委员会成立的具体条件和程序,依照法律、法规的规定。**

地方人民政府有关部门、**居民委员会**应当对设立业主大会和选举业主委员会给予指导和协助。

第278条【业主共同决定事项及表决】

下列事项由业主共同决定:

(一)制定和修改业主大会议事规则;

(二)制定和修改管理规约;

(三)选举业主委员会或者更换业主委员会成员;

(四)选聘和解聘物业服务企业或者其他管理人;

(五)使用建筑物及其附属设施的维修资金;

(六)筹集建筑物及其附属设施的维修资金;

(七)改建、重建建筑物及其附属设施;

(八)改变共有部分的用途或者利用共有部分从事经营活动;

(九)有关共有和共同管理权利的其他重大事项。

业主共同决定事项,应当由专有部分面积占比三分之二以上的业主且人数占比三分之二以上的业主**参与表决**。决定前款第六项至第八项规定的事项，应当经**参与表决**专有部分面积四分之三以上的业主且**参与表决**人数四分之三以上的业主同意。决定前款其他事项，应当经**参与表决**专有部分面积过半数的业主且**参与表决**人数过半数的业主同意。

【关联司法解释】

《最高人民法院关于审理建筑物区分所有权纠纷案件适用法律若干问题的解释》

第8条 民法典第二百七十八条第二款和第二百八十三条规定的专有部分面积可以按照不动产登记簿记载的面积计算；尚未进行物权登记的，暂按测绘机构的实测面积计算；尚未进行实测的，暂按房屋买卖合同记载的面积计算。

第9条 民法典第二百七十八条第二款规定的业主人数可以按照专有部分的数量计算，一个专有部分按一人计算。但建设单位尚未出售和虽已出售但尚未交付的部分，以及同一买受人拥有一个以上专有部分的，按一人计算。

★ 第279条【业主改变住宅用途的限制条件】

业主不得违反法律、法规以及管理规约，将住宅改变为经营性用房。业主将住宅改变为经营性用房的，除遵守法律、法规以及管理规约外，应当经有利害关系的业主**一致**同意。

【条文解读】

本条是关于业主将住宅改变为经营性用房的限制性规定。本条在原《物权法》第77条规定的"应当经有利害关系的业主同意"的基础上增加了"一致"两字，即修改为"应当经有利害关系的业主一致同意"。不得随意改变住宅的居住用途是业主必须遵守的一项基本义务，但随着经济的发展，实践中出现了业主擅自将小区内的住宅房屋改为餐饮等经营性用房的情况，由此引发了纠纷，主要表现为有利害关系的业主作为权利人起诉请求法院判决擅自将住宅改变为经营性用房的业主排除妨害、消除危险、恢复原状或者赔偿损失。根据本条规定，业主将住宅改变为经营性用房，需要满足两个条件：一是不得违反法律、法规以及管理规约。如果法律、法规以及管理规约明确禁止业主改变住宅用途，则业主不得私自将住宅改为经营性用房使用。二是经有利害关系的业主一致同意。对于实践中以多数决确定有利害关系业主的意见的，《最高人民法院关于审理建筑物区分所有权纠纷案件适用法律若干问题的解释》第10条第2款明确规定，将住宅改变为经营性用房的业主以多数有利害关系的业主同意其行为进行抗辩的，人民法院不予支持。对于有利害关系业主的认定，《最高人民法院关于审理建筑物区分所有权纠纷案件适用法律若干问题的解释》第11条规定："业主将住宅改变为经营性用房，本栋建筑物内的其他业主，应当认定为民法典第二百七十九条所称'有利害关系的业主'。建筑区划内，本栋建筑物之外的业主，主张与自己有利害关系的，应证明其房屋价值、生活质量受到或者可能受到不利影响。"根据该条规定，有利害关系的业主主要可分为两种：一种是与改变住宅用途的业主处于同一栋建筑物内的其他业主，另一种是本小区内其他有利害关系的业主。两种有利害关系的业主的身份不同，其承担的举证责任是不同的，个案审理中应注意区分。此外，有利害关系的业主表示同意需以明示的方式作出。明示的表现形式既可以是书面的，也可以是口头的。如果有利害关系的业主未以明示的方式表示同意，不能推定其同意。

【关联司法解释】

《最高人民法院关于审理建筑物区分所有权纠纷案件适用法律若干问题的解释》

第10条 业主将住宅改变为经营性用房，未依据民法典第二百七十九条的规定经有利害关系的业主一致同意，有利害关系的业主请求排除妨害、消除危险、恢复原状或者赔偿损失的，人民法院应予支持。

将住宅改变为经营性用房的业主以多数有利害关系的业主同意其行为进行抗辩的，人民法院不予支持。

第11条 业主将住宅改变为经营性用房，本栋建筑物内的其他业主，应当认定为民法典第二百七十九条所称"有利害关系的业主"。建筑区划内，本栋建筑物之外的业主，主张与自己有利害关系的，应证明其房屋价值、生活质量受到或者可能受到不利影响。

第280条【业主大会、业主委员会决定的效力】

业主大会或者业主委员会的决定，对业主具有法律约束力。

业主大会或者业主委员会作出的决定侵害业主合法权益的，受侵害的业主可以请求人民法院予以撤销。

【关联司法解释】

《最高人民法院关于审理建筑物区分所有权纠纷案件适用法律若干问题的解释》

第12条 业主以业主大会或者业主委员会作出的决定侵害其合法权益或者违反了法律规定的程序为由，依据民法典第二百八十条第二款的规定请求人民法院撤销该决定的，应当在知道或者应当知道业主大会或者业主委员会作出决定之日起一年内行使。

★★第281条【建筑物及其附属设施维修资金的归属和处分】

建筑物及其附属设施的维修资金，属于业主共有。经业主共同决定，可以用于电梯、屋顶、外墙、无障碍设施等共有部分的维修、更新和改造。建筑物及其附属设施的维修资金的筹集、使用情况应当定期公布。

紧急情况下需要维修建筑物及其附属设施的，业主大会或者业主委员会可以依法申请使用建筑物及其附属设施的维修资金。

【条文解读】

本条是关于建筑物及其附属设施维修资金的归属、用途、公开及使用的规定。本条在原《物权法》第79条的基础上主要作了以下修改和完善：一是增加明确列举的共有部分的类型，将"电梯、水箱等共有部分"修改为"电梯、屋顶、外墙、无障碍设施等共有部分"。二是增加维修资金的使用用途。将"共有部分的维修"一项用途增加为"共有部分的维修、更新和改造"三项用途。三是增加紧急情况下建筑物及其附属设施的维修资金的使用的规定，即增加"紧急情况下需要维修建筑物及其附属设施的，业主大会或者业主委员会可以依法申请使用建筑物及其附属设施的维修资金"作为本条第2款的内容。

【条文适用疑难解析】

随着城镇化的推进，我国居民通过购买商品房入住住宅小区的比例越来越高，建筑物及其附属设施老化、损坏的情况增多，因住宅小区内的建筑物及其附属设施的维修所引发的纠纷也相应增加。建筑物及其附属设施的维修关系到居民的基本生存权益，关系到社会的安定和谐。关于维修资金的缴纳和归属，根据《物业管理条例》第7条第4项的规定，业主在物业管理活动中应当按照国家有关规定履行交纳专项维修资金的义务。根据该规定，维修资金系业主在购买房屋时交纳的，目的是用于日后对建筑物共有部分进行维修、更新和改造。实践中建筑物及其附属设施的维修资金一般是由选聘的物业服务企业统一管理，但维修资金属于全体业主共有。关于维修资金的使用方式，本条规定了两种情形：一是建筑物及其附属设施的维修资金的使用须经业主共同决定。建筑物及其附属设施的维修资金的使用涉及全体业主的利益，应当经全体业主共同决定。对于共同决定的方式，《民法典》第278条规定，应当由专有部分面积占比2/3以上的业主且人数占比2/3以上的业主参与表决，经参与表决专有部分面积过半数的业主且参与表决人数过半数的业主同意。二是紧急情况下建筑物及其附属设施维修资金可以由业主大会或者业主委员会依法申请使用。该种维修资金使用方式系《民法典》新增加的情形，仅限于在紧急情况下使用，申请主体必须是业主大会或者业主委员会，且需"依法"申请。关于维修资金的用途，本条增加了共有部分的"更新""改造"两种使用用途，主要依据是《住宅专项维修资金管理办法》的规定，维修资金的用途不只限于维修，还包括更新、改造。关于可以使用维修资金的共有部分的范围，本条列举的共有部分类型中删掉了"水箱"，这是因为根据相关行政法规，供水设施的维修费用应由供水企业承担。增加"屋顶""外墙""无障碍设施"是因为这三类同"电梯"一样在现实生活中损坏率较高。同时要注意，除上述列明的四类共有部分外，建筑物及其附属设施的其他共有部分的维修、更新和改造也可以使用维修资金。

【关联指导案例】

最高人民法院指导案例65号：上海市虹口区久乐大厦小区业主大会诉上海环亚实业总公司业主共有权纠纷案

裁判要点：专项维修资金是专门用于物业共用部位、共用设施设备保修期满后的维修和更新、改造的资金，属于全体业主共有。缴纳专项维修资金是业主为维护建筑物的长期安全使用而应承担的一项法定义务。业主拒绝缴纳专项维修资金，并以诉讼时效提出抗辩的，人民法院不予支持。

★★ 第282条【共有部分的收入分配】

建设单位、物业服务企业或者其他管理人等利用业主的共有部分产生的收入，在扣除合理成本之后，属于业主共有。

【条文解读】

本条是关于建筑物共有部分收益归属的规定。本条系《民法典》新增加的条文。《民法典》明确规定建筑物共有部分产生的收益属于业主所有，旨在加强对建筑物业主权利的保护。

【条文适用疑难解析】

实践中，在理解本条规定时，应注意把握以下两个方面的问题。

一是建筑物共有部分的认定。《民法典》第274条、第275条第2款及《最高人民法院关于审理建筑物区分所有权纠纷案件适用法律若干问题的解释》第3条分别对建筑物及其附属设施共有部分的认定进行了明确规定。《民法典》第274条规定："建筑区划内的道路，属于业主共有，但是属于城镇公共道路的除外。建筑区划内的绿地，属于业主共有，但是属于城镇公共绿地或者明示属于个人的除外。建筑区划内的其他公共场所、公用设施和物业服务用房，属于业主共有。"第275条第2款规定："占用业主共有的道路或者其他场地用于停放汽车的车位，属于业主共有。"《最高人民法院关于审理建筑物区分所有权纠纷案件适用法律若干问题的解释》第3条规定："除法律、行政法规规定的共有部分外，建筑区划内的以下部分，也应当认定为民法典第二编第六章所称的共有部分：（一）建筑物的基础、承重结构、外墙、屋顶等基本结构部分，通道、楼梯、大堂等公共通行部分，消防、公共照明等附属设施、设备，避难层、设备层或者设备间等结构部分；（二）其他不属于业主专有部分，也不属于市政公用部分或者其他权利人所有的场所及设施等。建筑区划内的土地，依法由业主共同享有建设用地使用权，但属于业主专有的整栋建筑物的规划占地或者城镇公共道路、绿地占地除外。"根据上述规定，建筑物的共有部分主要包括：（1）建筑区划内的不属于城镇公共部分的道路、绿地。（2）占用业主共有的道路或者其他场地设置的车位。（3）建筑物的基础、承重结构、外墙、屋顶等基本结构部分。（4）通道、楼梯、大堂等公共通行部分。（5）消防、公共照明等附属设施、设备。（6）避难层、设备层或者设备间等结构部分。（7）其他既不属于业主专有，也不属于市政公用部分或者其他权利人所有的场所及设施。

在各项共有部分中，经常被利用并产生收益的共有部分，主要有车库、车位、电梯、通道、楼梯、大堂及建筑外墙面。对于车库、车位，《民法典》第276条规定应当首先满足业主的需要。对于电梯、通道、楼梯、大堂及建筑外墙面，开发商、物业服务企业或其他管理人在这些部分设置广告牌、电子灯牌等宣传标识的，应当支付使用费。

二是共有部分收益的认定和使用问题。建设单位、物业服务企业或者其他管理人等利用业主的共有部分产生的收入，在扣除合理的成本之后，才属于业主共有的收益。所谓"合理成本"，是指产生收益所必须发生的费用。法律规定开发商等利用建筑物共有部分进行经营活动产生的收入应归业主所有，那么实施经营活动所发生的经营成本理应由业主承担。对于经营成本的支出及合理性，根据《最高人民法院关于审理建筑物区分所有权纠纷案件适用法律若干问题的解释》第14条第2款的规定，行为人对成本的支出及其合理性承担举证责任。

【关联司法解释】

《最高人民法院关于审理建筑物区分所有权纠纷案件适用法律若干问题的解释》

第3条　除法律、行政法规规定的共有部分外，建筑区划内的以下部分，也应当认定为民法典第二编第六章所称的共有部分：

（一）建筑物的基础、承重结构、外墙、屋顶等基本结构部分，通道、楼梯、大堂等公共通行部分，消防、公共照明等附属设施、设备，避难层、设备层或者设备间等结构部分；

（二）其他不属于业主专有部分，也不属于市政公用部分或者其他权利人所有的场所及设施等。

建筑区划内的土地，依法由业主共同享有建设用地使用权，但属于业主专有的整栋建筑物的规划占地或者城镇公共道路、绿地占地除外。

第14条　建设单位、物业服务企业或者其他管理人等擅自占用、处分业主共有部分、改变其使用功能或者进行经营性活动，权利人请求排除妨害、恢复原状、确认处分行为无效或者赔偿损失的，人民法院应予支持。

属于前款所称擅自进行经营性活动的情形，权利人请求建设单位、物业服务企业或者其他管理人等将扣除合理成本之后的收益用于补充专项维修资金或者业主共同决定的其他用途的，人民法院应予支持。行为人对成本的支出及其合理性承担举证责任。

第17条　本解释所称建设单位，包括包销期满，按照包销合同约定的包销价格购买尚未销售的物业后，以自己名义对外销售的包销人。

第18条　人民法院审理建筑物区分所有权案件中，涉及有关物权归属争议的，应当以法律、行政法规为依据。

第283条【建筑物及其附属设施的费用分担和收益分配】

建筑物及其附属设施的费用分摊、收益分配等事项，有约定的，按照约定；没有约定或者约定不明确的，按照业主专有部分面积所占比例确定。

第284条【建筑物及其附属设施的管理主体】

业主可以自行管理建筑物及其附属设施，也可以委托物业服务企业或者其他管理人管理。

对建设单位聘请的物业服务企业或者其他管理人，业主有权依法更换。

【关联司法解释】

《最高人民法院关于审理物业服务纠纷案件适用法律若干问题的解释》

第1条　业主违反物业服务合同或者法律、法规、管理规约，实施妨碍物业服务与管理的行为，物业服务人请求业主承担停止侵害、排除妨碍、恢复原状等相应民事责任的，人民法院应予支持。

第2条　物业服务人违反物业服务合同约定或者法律、法规、部门规章规定，擅自扩大收费范围、提高收费标准或者重复收费，业主以违规收费为由提出抗辩的，人民法院应予支持。

业主请求物业服务人退还其已经收取的违规费用的，人民法院应予支持。

第3条 物业服务合同的权利义务终止后，业主请求物业服务人退还已经预收，但尚未提供物业服务期间的物业费的，人民法院应予支持。

第4条 因物业的承租人、借用人或者其他物业使用人实施违反物业服务合同，以及法律、法规或者管理规约的行为引起的物业服务纠纷，人民法院可以参照关于业主的规定处理。

★ **第285条【业主和物业服务企业或其他管理人的关系】**

物业服务企业或者其他管理人根据业主的委托，依照本法第三编有关物业服务合同的规定管理建筑区划内的建筑物及其附属设施，接受业主的监督，并及时答复业主对物业服务情况提出的询问。

物业服务企业或者其他管理人应当执行政府依法实施的应急处置措施和其他管理措施，积极配合开展相关工作。

【条文解读】

本条是关于物业服务企业或者其他管理人与业主关系的规定。本条第1款在承继原《物权法》第82条的基础上，增加"并及时答复业主对物业服务情况提出的询问"的内容。本条第2款系《民法典》新增加的内容。

【关联司法解释】

《最高人民法院关于审理建筑物区分所有权纠纷案件适用法律若干问题的解释》

第13条 业主请求公布、查阅下列应当向业主公开的情况和资料的，人民法院应予支持：

（一）建筑物及其附属设施的维修资金的筹集、使用情况；

（二）管理规约、业主大会议事规则，以及业主大会或者业主委员会的决定及会议记录；

（三）物业服务合同、共有部分的使用和收益情况；

（四）建筑区划内规划用于停放汽车的车位、车库的处分情况；

（五）其他应当向业主公开的情况和资料。

★ **第286条【业主的相关义务及责任】**

业主应当遵守法律、法规以及管理规约，相关行为应当符合节约资源、保护生态环境的要求。对于物业服务企业或者其他管理人执行政府依法实施的应急处置措施和其他管理措施，业主应当依法予以配合。

业主大会或者业主委员会，对任意弃置垃圾、排放污染物或者噪声、违反规定饲养动物、违章搭建、侵占通道、拒付物业费等损害他人合法权益的行为，有权依照法律、法规以及管理规约，请求行为人停止侵害、排除妨碍、消除危险、**恢复原状**、赔偿损失。

业主或者其他行为人拒不履行相关义务的，有关当事人可以向有关行政主管部门报告或者投诉，有关行政主管部门应当依法处理。

【条文解读】

本条是关于业主和小区内人员服从物业管理义务和责任的规定。本条第1款在承继原《物权法》第83条第1款规定的基础上，增加了"相关行为应当符合节约资源、保护生态环境的要求。对于物业服务企业或者其他管理人执行政府依法实施的应急处置措施和其他管理措施，业主应当依法予以配合"的内容。本条第2款在承继原《物权法》第83条第2款前半部分规定的基础上，增加了"恢复原状"这一保护方式，将"排除妨害"修改为"排除妨碍"并将其位置调整至"停止侵害"之后。本条第3款系新增加的内容，增加了当事人可以就侵害自己合法权益的行为向有关行政主管部门报告或者投诉的救济方式。

【关联司法解释】

《最高人民法院关于审理建筑物区分所有权纠纷案件适用法律若干问题的解释》

第15条 业主或者其他行为人违反法律、法规、国家相关强制性标准、管理规约，或者违反业主大会、业主委员会依法作出的决定，实施下列行为的，可以认定为民法典第二百八十六条第二款所称的其他"损害他人合法权益的行为"：

（一）损害房屋承重结构，损害或者违章使用电力、燃气、消防设施，在建筑物内放置危险、放射性物品等危及建筑物安全或者妨碍建筑物正常使用；

（二）违反规定破坏、改变建筑物外墙面的形状、颜色等损害建筑物外观；

（三）违反规定进行房屋装饰装修；

（四）违章加建、改建，侵占、挖掘公共通道、道路、场地或者其他共有部分。

第287条【业主合法权益的保护】

业主对建设单位、物业服务企业或者其他管理人以及其他业主侵害自己合法权益的行为，有权请求其承担民事责任。

第七章 相邻关系

第288条【处理相邻关系的原则】

不动产的相邻权利人应当按照有利生产、方便生活、团结互助、公平合理的原则，正确处理相邻关系。

第289条【处理相邻关系的法律依据】

法律、法规对处理相邻关系有规定的，依照其规定；法律、法规没有规定的，可以按照当地习惯。

第290条【用水、排水相邻关系】

不动产权利人应当为相邻权利人用水、排水提供必要的便利。

对自然流水的利用，应当在不动产的相邻权利人之间合理分配。对自然流水的排放，应当尊重自然流向。

第291条【通行相邻关系】

不动产权利人对相邻权利人因通行等必须利用其土地的，应当提供必要的便利。

第292条【相邻土地的利用】

不动产权利人因建造、修缮建筑物以及铺设电线、电缆、水管、暖气和燃气管线等必须利用相邻土地、建筑物的，该土地、建筑物的权利人应当提供必要的便利。

第293条【相邻通风、采光和日照】

建造建筑物，不得违反国家有关工程建设标准，不得妨碍相邻建筑物的通风、采光和日照。

第294条【相邻不动产之间不可量物侵害】

不动产权利人不得违反国家规定弃置固体废物，排放大气污染物、水污染物、**土壤污染物**、噪声、光辐射、电磁辐射等有害物质。

第295条【维护相邻不动产安全】

不动产权利人挖掘土地、建造建筑物、铺设管线以及安装设备等，不得危及相邻不动产的安全。

第296条【使用相邻不动产避免造成损害】

不动产权利人因用水、排水、通行、铺设管线等利用相邻不动产的，应当尽量避免对相邻的不动产权利人造成损害。

第八章　共有

第297条【共有及其类型】

不动产或者动产可以由两个以上组织、个人共有。共有包括按份共有和共同共有。

第298条【按份共有】

按份共有人对共有的不动产或者动产按照其份额享有所有权。

第299条【共同共有】

共同共有人对共有的不动产或者动产共同享有所有权。

第300条【共有人对共有物的管理权】

共有人按照约定管理共有的不动产或者动产；没有约定或者约定不明确的，各共有人都有管理的权利和义务。

第301条【共有物的处分、重大修缮和性质、用途变更】

处分共有的不动产或者动产以及对共有的不动产或者动产作重大修缮、变更性质或者用途的，应当经占份额三分之二以上的按份共有人或者全体共同共有人同意，但是共有人之间另有约定的除外。

第302条【共有物管理费用的分担】

共有人对共有物的管理费用以及其他负担，有约定的，按照其约定；没有约定或者约定不明确的,按份共有人按照其份额负担,共同共有人共同负担。

第303条【共有物的分割】

共有人约定不得分割共有的不动产或者动产,以维持共有关系的,应当按照约定,但是共有人有重大理由需要分割的,可以请求分割;没有约定或者约定不明确的,按份共有人可以随时请求分割,共同共有人在共有的基础丧失或者有重大理由需要分割时可以请求分割。因分割造成其他共有人损害的,应当给予赔偿。

第304条【共有物的分割方式】

共有人可以协商确定分割方式。达不成协议,共有的不动产或者动产可以分割且不会因分割减损价值的,应当对实物予以分割;难以分割或者因分割会减损价值的,应当对折价或者拍卖、变卖取得的价款予以分割。

共有人分割所得的不动产或者动产有瑕疵的,其他共有人应当分担损失。

第305条【按份共有人的份额处分权和其他共有人的优先购买权】

按份共有人可以转让其享有的共有的不动产或者动产份额。其他共有人在同等条件下享有优先购买的权利。

【关联司法解释】

《最高人民法院关于适用〈中华人民共和国民法典〉物权编的解释(一)》

第9条　共有份额的权利主体因继承、遗赠等原因发生变化时,其他按份共有人主张优先购买的,不予支持,但按份共有人之间另有约定的除外。

第10条　民法典第三百零五条所称的"同等条件",应当综合共有份额的转让价格、价款履行方式及期限等因素确定。

第13条　按份共有人之间转让共有份额,其他按份共有人主张依据民法典第三百零五条规定优先购买的，不予支持，但按份共有人之间另有约定的除外。

★ **第306条【优先购买权的实现方式】**
按份共有人转让其享有的共有的不动产或者动产份额的，应当将转让条件及时通知其他共有人。其他共有人应当在合理期限内行使优先购买权。
两个以上其他共有人主张行使优先购买权的，协商确定各自的购买比例；协商不成的，按照转让时各自的共有份额比例行使优先购买权。

【条文解读】

本条是关于按份共有人优先购买权实现方式的规定。本条系《民法典》新增加的条文。原《物权法》虽对按份共有人享有优先购买权进行了明确规定，但对该优先购买权的实现方式却未作出具体规定，仅在相关司法解释中对优先购买权的行使作了规定。实践中，因按份共有人主张行使优先购买权引发的纠纷比较多，为满足实践需求，《民法典》在借鉴相关司法解释规定和司法实践经验的基础上，增加了按份共有人优先购买权实现方式的规定。根据本条规定，按份共有人优先购买权的实现方式主要包括以下几方面内容：

第一，拟转让共有份额的按份共有人的通知义务。按份共有人转让其享有的共有的不动产或者动产份额的，应当将转让条件及时通知其他共有人。其他共有人只有在知道拟转让份额的转让条件的情况下，才能决定其是否行使优先购买权，因此，拟转让共有份额的按份共有人应当及时履行通知义务。

第二，优先购买权的行使期间。本条规定，其他共有人在收到转让条件的通知后应当在合理期限内行使优先购买权。根据《最高人民法院关于适用〈中华人民共和国民法典〉物权编的解释（一）》第11条的规定，认定按份共有人行使优先购买权的合理期间，应遵循以下原则：一是按份共有人之间对优先购买权行使期间有约定的，从其约定；二是没有约定，但拟转让共有份额的转让人向其他共有人发出的包含最终转让条件内容的通知中载明行使期间的,以该期间为准;三是既无约定,发出的通知又未载明行使期间或载明的期间短于自送达之日起15日的,行使期间为15日;四是转让人未向其他共有人通知转让条件的,为其他按份共有人知道或者应当知道最终转让条件之日起15日;五是转让人未通知,且无法确定其他按份共有人知道或者应当知道最终转让条件的,为共有份额权属转移之日起6个月。

第三,两个以上共有人主张行使优先购买权的方式。本条第2款规定,两个以上其他共有人主张行使优先购买权的,协商确定各自的购买比例;协商不成的,则按照转让时各自的共有份额比例行使优先购买权。

第四,共有人的优先购买权与承租人的优先购买权发生竞合的处理。按份共有人转让其享有的共有份额的,共有物的承租人与其他共有人同时就拟转让的共有份额主张优先购买权的,属于共有人的优先购买权与承租人的优先购买权发生竞合。承租人的优先购买权产生的基础是租赁的债权法律关系,共有人的优先购买权产生的基础是共有的物权法律关系。一般认为,共有人的优先购买权应当优先于承租人的优先购买权。

第五,按份共有人的优先购买权仅针对受让人为非共有人的情形。《最高人民法院关于适用〈中华人民共和国民法典〉物权编的解释(一)》第13条规定:"按份共有人之间转让共有份额,其他按份共有人主张依据民法典第三百零五条规定优先购买的,不予支持,但按份共有人之间另有约定的除外。"根据该条规定,在按份共有人之间无特别约定的情况下,按份共有人之间转让共有份额的,其他按份共有人不享有优先购买权。

【关联司法解释】

《最高人民法院关于适用〈中华人民共和国民法典〉物权编的解释(一)》

第11条 优先购买权的行使期间,按份共有人之间有约定的,按照约定处理;没有约定或者约定不明的,按照下列情形确定:

(一)转让人向其他按份共有人发出的包含同等条件内容的通知中载明

行使期间的，以该期间为准；

（二）通知中未载明行使期间，或者载明的期间短于通知送达之日起十五日的，为十五日；

（三）转让人未通知的，为其他按份共有人知道或者应当知道最终确定的同等条件之日起十五日；

（四）转让人未通知，且无法确定其他按份共有人知道或者应当知道最终确定的同等条件的，为共有份额权属转移之日起六个月。

第12条　按份共有人向共有人之外的人转让其份额，其他按份共有人根据法律、司法解释规定，请求按照同等条件优先购买该共有份额的，应予支持。其他按份共有人的请求具有下列情形之一的，不予支持：

（一）未在本解释第十一条规定的期间内主张优先购买，或者虽主张优先购买，但提出减少转让价款、增加转让人负担等实质性变更要求；

（二）以其优先购买权受到侵害为由，仅请求撤销共有份额转让合同或者认定该合同无效。

第307条【因共同财产产生的债权债务关系的对外、对内效力】

因共有的不动产或者动产产生的债权债务，在对外关系上，共有人享有连带债权、承担连带债务，但是法律另有规定或者第三人知道共有人不具有连带债权债务关系的除外；在共有人内部关系上，除共有人另有约定外，按份共有人按照份额享有债权、承担债务，共同共有人共同享有债权、承担债务。偿还债务超过自己应当承担份额的按份共有人，有权向其他共有人追偿。

第308条【按份共有的推定】

共有人对共有的不动产或者动产没有约定为按份共有或者共同共有，或者约定不明确的，除共有人具有家庭关系等外，视为按份共有。

第309条【按份共有人份额的确定】

按份共有人对共有的不动产或者动产享有的份额，没有约定或者约定不明确的，按照出资额确定；不能确定出资额的，视为等额享有。

第310条【用益物权、担保物权共有的参照适用】

两个以上组织、个人共同享有用益物权、担保物权的，参照适用本章的有关规定。

【关联司法解释】

《最高人民法院关于审理森林资源民事纠纷案件适用法律若干问题的解释》

第4条 当事人一方未依法经林权证等权利证书载明的共有人同意，擅自处分林地、林木，另一方主张取得相关权利的，人民法院不予支持。但符合民法典第三百一十一条关于善意取得规定的除外。

第九章 所有权取得的特别规定

★★第311条【善意取得】

无处分权人将不动产或者动产转让给受让人的，所有权人有权追回；除法律另有规定外，符合下列情形的，受让人取得该不动产或者动产的所有权：

（一）受让人受让该不动产或者动产时是善意；

（二）以合理的价格转让；

（三）转让的不动产或者动产依照法律规定应当登记的已经登记，不需要登记的已经交付给受让人。

受让人依据前款规定取得不动产或者动产的所有权的，原所有权人有权向无处分权人请求损害赔偿。

当事人善意取得其他物权的，参照适用前两款规定。

【条文解读】

本条是关于善意取得制度的规定。本条规定承继了原《物权法》第106条的规定，未对内容作实质性修改，只是对个别文字进行了修改。善意取得制度，是指物的占有人向受让人转移物的所有权或为第三人在物上设定其他物权，即使物的占有人无处分的权利，如果受让人或者第三人是善意的，其仍可取得物的所有权或其他物权的制度。善意取得制度的目的在于保护占有的公信力，保障交易安全，鼓励交易，维护商品交易的正常秩序，促进市场经济发展。保护交易当事人的信赖利益，实际上就是保护交易安全。一旦交易安全缺乏保障，任何一个参与交易的主体，在购买物品或者在财产上设定权利时，都需对财产的权属进行详尽、确实的调查，以排除从无权处分人处取得财产及相应权利的可能性。这样提高了交易成本，降低了交易效率，从而影响社会经济发展。善意取得制度承认善意买受人可以即时取得所有权，则交易者就能放心地进行交易，从而有利于市场经济的健康发展。[1] 本条第1款对所有权善意取得的构成要件作了规定，第2款对所有权善意取得的法律后果作了规定，第3款对其他物权参照适用善意取得所有权规则作了规定。

【条文适用疑难解析】

实践中，对于善意取得制度的适用，应当注意以下问题：

第一，关于所有权善意取得的构成要件。根据本条及相关司法解释的规定，善意取得的成立需要具备以下要件：

一是受让人受让动产或者不动产时是善意的。根据《最高人民法院关于适用〈中华人民共和国民法典〉物权编的解释（一）》第14条、第15条、

---

[1] 最高人民法院物权法研究小组编著：《〈中华人民共和国物权法〉条文理解与适用》，人民法院出版社2007年版，第328页。

第16条的规定，受让人善意，是指受让人受让不动产或者动产时，不知道转让人无处分权，且无重大过失的主观状态。关于受让人是否存在重大过失的问题，应依据受让人受让财产时交易的对象、场所或者时机等是否符合交易习惯作出判断。如果受让人受让财产时的交易对象、场所或者时机等不符合交易习惯，应当认定受让人具有重大过失。受让人是否善意应当以其受让财产时的主观状态为依据。关于"受让时"的认定，《最高人民法院关于适用〈中华人民共和国民法典〉物权编的解释（一）》第17条规定："民法典第三百一十一条第一款第一项所称的'受让人受让该不动产或者动产时'，是指依法完成不动产物权转移登记或者动产交付之时。当事人以民法典第二百二十六条规定的方式交付动产的，转让动产民事法律行为生效时为动产交付之时；当事人以民法典第二百二十七条规定的方式交付动产的，转让人与受让人之间有关转让返还原物请求权的协议生效时为动产交付之时。法律对不动产、动产物权的设立另有规定的，应当按照法律规定的时间认定权利人是否为善意。"

二是以合理的价格转让。无偿取得财产不适用善意取得。关于价格合理的认定标准，《最高人民法院关于适用〈中华人民共和国民法典〉物权编的解释（一）》第18条规定："民法典第三百一十一条第一款第二项所称'合理的价格'，应当根据转让标的物的性质、数量以及付款方式等具体情况，参考转让时交易地市场价格以及交易习惯等因素综合认定。"根据该条规定，判断财产的转让价格是否合理应依据市场价格以及交易习惯等进行认定。

三是转让的财产依照法律规定应当登记的已经登记，不需要登记的已经交付给受让人。不动产以登记作为物权变动的公示要件，无权处分人处分不动产的，受让人只有在不动产已经登记在其名下时，才能主张适用善意取得。动产以交付作为物权变动的公示要件，无权处分人处分动产的，受让人只有在已实际占有出让人交付的动产的情况下，才能主张适用善意取得。对于船舶、航空器和机动车等特殊动产，《最高人民法院关于适用〈中华人民共和国民法典〉物权编的解释（一）》第19条规定："转让人将民法典第二百二十五条规定的船舶、航空器和机动车等交付给受让人的，应当认定符合民法典第三百一十一条第一款第三项规定的善意取得的条件。"

四是出让人与受让人签订的转让合同有效。《最高人民法院关于适用〈中华人民共和国民法典〉物权编的解释（一）》第20条规定，转让合同被认定无效或者被撤销的，受让人主张依据《民法典》第311条取得所有权的，不予支持。根据该条规定，善意取得适用的前提是转让合同有效。转让合同无效或者被撤销的，不适用善意取得。

第二，关于所有权善意取得的法律后果。根据本条第2款的规定，所有权善意取得的法律后果主要包括两个方面的内容：一是受让人依据善意取得制度取得动产或者不动产的所有权。二是原所有权人有权请求无处分权人承担损害赔偿责任。善意取得的情况下，无处分权人的行为导致原所有权人对动产或不动产享有的所有权消灭。对于因此受到的损失，原所有权人有权向无处分权人请求损害赔偿。

第三，关于其他物权的善意取得。本条第3款规定："当事人善意取得其他物权的，参照适用前两款规定。"根据该条规定，其他物权也可以适用善意取得的规定。《最高人民法院关于适用〈中华人民共和国民法典〉有关担保制度的解释》第37条第1款规定："当事人以所有权、使用权不明或者有争议的财产抵押，经审查构成无权处分的，人民法院应当依照民法典第三百一十一条的规定处理。"根据该款规定，当事人在财产上设立抵押权构成无权处分的，应依据《民法典》关于善意取得的规定进行处理。

【关联司法解释】

《最高人民法院关于适用〈中华人民共和国民法典〉物权编的解释（一）》

第14条 受让人受让不动产或者动产时，不知道转让人无处分权，且无重大过失的，应当认定受让人为善意。

真实权利人主张受让人不构成善意的，应当承担举证证明责任。

第15条 具有下列情形之一的，应当认定不动产受让人知道转让人无处分权：

（一）登记簿上存在有效的异议登记；

（二）预告登记有效期内，未经预告登记的权利人同意；

（三）登记簿上已经记载司法机关或者行政机关依法裁定、决定查封或者以其他形式限制不动产权利的有关事项；

（四）受让人知道登记簿上记载的权利主体错误；

（五）受让人知道他人已经依法享有不动产物权。

真实权利人有证据证明不动产受让人应当知道转让人无处分权的，应当认定受让人具有重大过失。

第16条　受让人受让动产时，交易的对象、场所或者时机等不符合交易习惯的，应当认定受让人具有重大过失。

第17条　民法典第三百一十一条第一款第一项所称的"受让人受让该不动产或者动产时"，是指依法完成不动产物权转移登记或者动产交付之时。

当事人以民法典第二百二十六条规定的方式交付动产的，转让动产民事法律行为生效时为动产交付之时；当事人以民法典第二百二十七条规定的方式交付动产的，转让人与受让人之间有关转让返还原物请求权的协议生效时为动产交付之时。

法律对不动产、动产物权的设立另有规定的，应当按照法律规定的时间认定权利人是否为善意。

第18条　民法典第三百一十一条第一款第二项所称"合理的价格"，应当根据转让标的物的性质、数量以及付款方式等具体情况，参考转让时交易地市场价格以及交易习惯等因素综合认定。

第19条　转让人将民法典第二百二十五条规定的船舶、航空器和机动车等交付给受让人的，应当认定符合民法典第三百一十一条第一款第三项规定的善意取得的条件。

第20条　具有下列情形之一，受让人主张依据民法典第三百一十一条规定取得所有权的，不予支持：

（一）转让合同被认定无效；

（二）转让合同被撤销。

《最高人民法院关于适用〈中华人民共和国民法典〉合同编通则若干问题的解释》

第19条 以转让或者设定财产权利为目的订立的合同，当事人或者真正权利人仅以让与人在订立合同时对标的物没有所有权或者处分权为由主张合同无效的，人民法院不予支持；因未取得真正权利人事后同意或者让与人事后未取得处分权导致合同不能履行，受让人主张解除合同并请求让与人承担违反合同的赔偿责任的，人民法院依法予以支持。

前款规定的合同被认定有效，且让与人已经将财产交付或者移转登记至受让人，真正权利人请求认定财产权利未发生变动或者请求返还财产的，人民法院应予支持。但是，受让人依据民法典第三百一十一条等规定善意取得财产权利的除外。

《最高人民法院关于适用〈中华人民共和国民法典〉有关担保制度的解释》

★ 第37条 当事人以所有权、使用权不明或者有争议的财产抵押，经审查构成无权处分的，人民法院应当依照民法典第三百一十一条的规定处理。

当事人以依法被查封或者扣押的财产抵押，抵押权人请求行使抵押权，经审查查封或者扣押措施已经解除的，人民法院应予支持。抵押人以抵押权设立时财产被查封或者扣押为由主张抵押合同无效的，人民法院不予支持。

以依法被监管的财产抵押的，适用前款规定。

【司法解释条文解读】

《最高人民法院关于适用〈中华人民共和国民法典〉物权编的解释（一）》第37条是关于抵押权善意取得和被查封、扣押、监管财产抵押效力的规定。《民法典》第399条规定，所有权、使用权不明或者有争议的财产以及依法被查封、扣押、监管的财产不得抵押。实践中，当事人以上述财产设定抵押的，对于抵押权设立及抵押合同的效力，应根据物权变动与其基础法律关系相区分的原则进行区别认定。对于当事人以上述财产设立抵押所签订的抵押合同的效力，应当按照《民法典》总则编及合同编关于民事行为法律效力及合同效力的相关法律规定进行处理。如果抵押合同不存在《民法典》总则编及合同编规定的法定无效情形，应认定为有效。对于当事人以上述财产设立的抵押权的效力，则应根据本条解释规定，依据不同的情形分别审查认定。

对于当事人以所有权、使用权不明或者有争议的财产设定的抵押权的效力，实践中人民法院经审查可能出现两种结果：一种是经审查抵押人对抵押财产享有处分权。此时，不仅当事人设立的抵押合同有效，抵押权在具备其他设立条件的情况下，可以依法设立。另一种是经审查抵押人对抵押财产无处分权。此时抵押合同的效力不因抵押人无权处分而受影响，但抵押权的设立则因债权人是否满足善意取得的法定条件而有所不同。如果债权人满足善意取得的构成要件，抵押权设立，债权人可以主张行使抵押权。如果债权人不符合善意取得的条件，抵押合同虽然有效，但抵押权不能设立，债权人无权主张行使抵押权，此时抵押物的真正权利人可以请求注销抵押登记。对于因不能实现抵押权所造成的损失，债权人可以依据抵押合同的约定请求抵押人承担违约责任。

对于当事人以被查封、扣押的财产设定抵押的，根据本条规定，抵押合同不因财产被查封、扣押而无效，但抵押权的行使则要依据债权人请求行使抵押权时，查封、扣押的措施是否解除而区别对待。如果债权人请求行使抵押权时，查封、扣押的措施已经解除，此时申请对财产采取查封、扣押措施的债权人的权益不会因人民法院认定其他债权人对抵押物享有优先受偿权而受到损害，因此，人民法院对于抵押权人此时行使抵押权应予支持。如果债权人请求行使抵押权时，查封、扣押的措施尚未解除，依据查封、扣押的财产不得处分的原则，债权人请求行使抵押权的，人民法院不予支持，对于因不能实现抵押权给债权人造成损失的，债权人可以依据抵押合同的约定请求抵押人承担违约责任。

第312条【遗失物的善意取得】

所有权人或者其他权利人有权追回遗失物。该遗失物通过转让被他人占有的，权利人有权向无处分权人请求损害赔偿，或者自知道或者应当知道受让人之日起二年内向受让人请求返还原物；但是，受让人通过拍卖或者向具有经营资格的经营者购得该遗失物的，权利人请求返还原物时应当支付受让人所付的费用。权利人向受让人支付所付费用后，有权向无处分权人追偿。

第313条【善意取得的动产上原有权利的消灭】

善意受让人取得动产后，该动产上的原有权利消灭。但是，善意受让人在受让时知道或者应当知道该权利的除外。

第314条【拾得遗失物的返还】

拾得遗失物，应当返还权利人。拾得人应当及时通知权利人领取，或者送交公安等有关部门。

第315条【有关部门收到遗失物的处理】

有关部门收到遗失物，知道权利人的，应当及时通知其领取；不知道的，应当及时发布招领公告。

第316条【拾得人及有关部门妥善保管遗失物义务】

拾得人在遗失物送交有关部门前，有关部门在遗失物被领取前，应当妥善保管遗失物。因故意或者重大过失致使遗失物毁损、灭失的，应当承担民事责任。

第317条【权利人在领取遗失物时应尽义务】

权利人领取遗失物时，应当向拾得人或者有关部门支付保管遗失物等支出的必要费用。

权利人悬赏寻找遗失物的，领取遗失物时应当按照承诺履行义务。

拾得人侵占遗失物的，无权请求保管遗失物等支出的费用，也无权请求权利人按照承诺履行义务。

★ 第318条【公告期满无人认领的遗失物归属】
遗失物自发布招领公告之日起**一年**内无人认领的，归国家所有。

【条文解读】

本条是关于遗失物公告期满无人认领情况下权利归属的规定。原《物权法》第113条规定，遗失物自发布招领公告之日起6个月内无人认领的，归国家所有。本条将原《物权法》第113条规定的遗失物的公告期从"六个月"延长为"一年"。实践中，应注意遗失物1年公告期属于除斥期间，不发生中止、中断和延长的后果。

第319条【拾得漂流物、发现埋藏物或隐藏物】
拾得漂流物、发现埋藏物或者隐藏物的，参照适用拾得遗失物的有关规定。法律另有规定的，依照其规定。

第320条【从物所有权的转移】
主物转让的，从物随主物转让，但是当事人另有约定的除外。

第321条【天然孳息和法定孳息的归属】
天然孳息，由所有权人取得；既有所有权人又有用益物权人的，由用益物权人取得。当事人另有约定的，按照其约定。

法定孳息，当事人有约定的，按照约定取得；没有约定或者约定不明确的，按照交易习惯取得。

★★ 第322条【添附取得物的归属】

因加工、附合、混合而产生的物的归属，有约定的，按照约定；没有约定或者约定不明确的，依照法律规定；法律没有规定的，按照充分发挥物的效用以及保护无过错当事人的原则确定。因一方当事人的过错或者确定物的归属造成另一方当事人损害的，应当给予赔偿或者补偿。

【条文解读】

本条是关于添附取得物归属的规定。本条系《民法典》新增加的条文。加工、附合、混合统称添附，是指不同所有人的物被结合、混合在一起成为一个新物，或者利用别人之物加工成为新物的事实状态。其中附合、混合为物与物相结合，加工为劳力与他人之物相结合。[1]添附是我国所有权取得的一种重要方式，其表现形式主要有三种：一是加工。加工是指将他人的材料加工制造成新物。这里的加工是一种事实行为，不同于加工承揽合同的情况。关于加工物的归属问题，各国主要采用材料主义和加工主义两种不同的立法例。材料主义是指加工以后形成的新物的所有权一般由材料的所有人取得，采用该立法例的主要有法国、日本等。加工主义是指加工以后形成的新物的所有权一般由加工人取得，采用该立法例的主要有德国、瑞士。二是附合。附合是指不同所有人的物紧密结合在一起成为一个新物。附合后，不同所有人的原物非毁损一般不能分离或者即使能够分离，但由于分离费用过高，进行分离在经济上并不可行。附合主要包括动产与不动产的附合及动产与动产的附合两种情形。三是混合。混合是指不同所有人的物被混合在一起成为一个新物。混合与附合的主要区别在于，混合后的不同所有权人的原物无法加以识别、分开，或者即使能够采用某种方法进行识别、分开但成本太高。

---

[1] 黄薇主编：《中华人民共和国民法典释义及适用指南》（上），中国民主法制出版社2020年版，第480页。

【条文适用疑难解析】

《民法典》出台前，我国法律没有对添附制度作出明确规定。随着我国理论界对添附制度研究的不断深入以及司法实践中积累的丰富经验，《民法典》通过增加本条规定从法律上对添附制度作出了明确规定。根据本条规定，关于添附物归属的认定，应当遵循以下原则：首先，有约定的，按照约定。其次，没有约定或者约定不明确的，依照法律规定。再次，在当事人既未约定，法律也没有规定的情况下，按照充分发挥物的效用以及保护无过错当事人的原则确定。比如，动产因附合成为不动产的重要组成部分的，可以由不动产所有人取得该动产的所有权。同时要注意的是，实践中人民法院在适用充分发挥物的效用原则确定添附物的归属时，还要考虑各方当事人的过错。如果一方当事人对添附存在过错的，在确定添附物的归属时应当予以考虑。最后，因一方当事人的过错或者确定物的归属造成另一方当事人损害的，应当给予赔偿或者补偿。一方当事人有过错，造成另一方损害的，应当给予赔偿；一方当事人无过错的，但因确定物的归属造成另一方损害的，应当给予补偿。

第三分编　用益物权

第十章　一般规定

第323条【用益物权的定义】

用益物权人对他人所有的不动产或者动产，依法享有占有、使用和收益的权利。

第324条【国有和集体所有自然资源的用益物权】

国家所有或者国家所有由集体使用以及法律规定属于集体所有的自然资源，**组织**、个人依法可以占有、使用和收益。

第325条【自然资源使用制度】

国家实行自然资源有偿使用制度，但是法律另有规定的除外。

第326条【用益物权人权利的行使】

用益物权人行使权利，应当遵守法律有关保护和合理开发利用资源、**保护生态环境**的规定。所有权人不得干涉用益物权人行使权利。

第327条【用益物权人因征收、征用有权获得补偿】

因不动产或者动产被征收、征用致使用益物权消灭或者影响用益物权行使的，用益物权人有权依据本法第二百四十三条、第二百四十五条的规定获得相应补偿。

第328条【海域使用权的法律保护】

依法取得的海域使用权受法律保护。

第329条【合法探矿权等权利的法律保护】

依法取得的探矿权、采矿权、取水权和使用水域、滩涂从事养殖、捕捞的权利受法律保护。

【关联司法解释】

《最高人民法院关于审理矿业权纠纷案件适用法律若干问题的解释》

第1条　人民法院审理探矿权、采矿权等矿业权纠纷案件，应当依法保护矿业权流转，维护市场秩序和交易安全，保障矿产资源合理开发利用，促进资源节约与环境保护。

第2条　县级以上人民政府自然资源主管部门作为出让人与受让人签订的矿业权出让合同，除法律、行政法规另有规定的情形外，当事人请求确认自依法成立之日起生效的，人民法院应予支持。

第3条　受让人请求自矿产资源勘查许可证、采矿许可证载明的有效期起始日确认其探矿权、采矿权的，人民法院应予支持。

矿业权出让合同生效后、矿产资源勘查许可证或者采矿许可证颁发前，第三人越界或者以其他方式非法勘查开采，经出让人同意已实际占有勘查作业区或者矿区的受让人，请求第三人承担停止侵害、排除妨碍、赔偿损失等侵权责任的，人民法院应予支持。

第4条　出让人未按照出让合同的约定移交勘查作业区或者矿区、颁发矿产资源勘查许可证或者采矿许可证，受让人请求解除出让合同的，人民法院应予支持。

受让人勘查开采矿产资源未达到自然资源主管部门批准的矿山地质环境保护与土地复垦方案要求，在自然资源主管部门规定的期限内拒不改正，或者因违反法律法规被吊销矿产资源勘查许可证、采矿许可证，或者未按照出让合同的约定支付矿业权出让价款，出让人解除出让合同的，人民法院应予支持。

第5条 未取得矿产资源勘查许可证、采矿许可证，签订合同将矿产资源交由他人勘查开采的，人民法院应依法认定合同无效。

第6条 矿业权转让合同自依法成立之日起具有法律约束力。矿业权转让申请未经自然资源主管部门批准，受让人请求转让人办理矿业权变更登记手续的，人民法院不予支持。

当事人仅以矿业权转让申请未经自然资源主管部门批准为由请求确认转让合同无效的，人民法院不予支持。

第7条 矿业权转让合同依法成立后，在不具有法定无效情形下，受让人请求转让人履行报批义务或者转让人请求受让人履行协助报批义务的，人民法院应予支持，但法律上或者事实上不具备履行条件的除外。

人民法院可以依据案件事实和受让人的请求，判决受让人代为办理报批手续，转让人应当履行协助义务，并承担由此产生的费用。

第8条 矿业权转让合同依法成立后，转让人无正当理由拒不履行报批义务，受让人请求解除合同、返还已付转让款及利息，并由转让人承担违约责任的，人民法院应予支持。

第9条 矿业权转让合同约定受让人支付全部或者部分转让款后办理报批手续，转让人在办理报批手续前请求受让人先履行付款义务的，人民法院应予支持，但受让人有确切证据证明存在转让人将同一矿业权转让给第三人、矿业权人将被兼并重组等符合民法典第五百二十七条规定情形的除外。

第10条 自然资源主管部门不予批准矿业权转让申请致使矿业权转让合同被解除，受让人请求返还已付转让款及利息，采矿权人请求受让人返还获得的矿产品及收益，或者探矿权人请求受让人返还勘查资料和勘查中回收的矿产品及收益的，人民法院应予支持，但受让人可请求扣除相关的成本费用。

当事人一方对矿业权转让申请未获批准有过错的，应赔偿对方因此受到的损失；双方均有过错的，应当各自承担相应的责任。

第11条 矿业权转让合同依法成立后、自然资源主管部门批准前，矿业权人又将矿业权转让给第三人并经自然资源主管部门批准、登记，受让人请求解除转让合同、返还已付转让款及利息，并由矿业权人承担违约责任的，人民法院应予支持。

第12条　当事人请求确认矿业权租赁、承包合同自依法成立之日起生效的，人民法院应予支持。

矿业权租赁、承包合同约定矿业权人仅收取租金、承包费，放弃矿山管理，不履行安全生产、生态环境修复等法定义务，不承担相应法律责任的，人民法院应依法认定合同无效。

第13条　矿业权人与他人合作进行矿产资源勘查开采所签订的合同，当事人请求确认自依法成立之日起生效的，人民法院应予支持。

合同中有关矿业权转让的条款适用本解释关于矿业权转让合同的规定。

第14条　矿业权人为担保自己或者他人债务的履行，将矿业权抵押给债权人的，抵押合同自依法成立之日起生效，但法律、行政法规规定不得抵押的除外。

当事人仅以未经主管部门批准或者登记、备案为由请求确认抵押合同无效的，人民法院不予支持。

第15条　当事人请求确认矿业权之抵押权自依法登记时设立的，人民法院应予支持。

颁发矿产资源勘查许可证或者采矿许可证的自然资源主管部门根据相关规定办理的矿业权抵押备案手续，视为前款规定的登记。

第16条　债务人不履行到期债务或者发生当事人约定的实现抵押权的情形，抵押权人依据民事诉讼法第一百九十六条[①]、第一百九十七条[②]规定申请实现抵押权的，人民法院可以拍卖、变卖矿业权或者裁定以矿业权抵债，但矿业权竞买人、受让人应具备相应的资质条件。

第17条　矿业权抵押期间因抵押人被兼并重组或者矿床被压覆等原因

[①]　现为第207条。
[②]　现为第208条。

导致矿业权全部或者部分灭失，抵押权人请求就抵押人因此获得的保险金、赔偿金或者补偿金等款项优先受偿或者将该款项予以提存的，人民法院应予支持。

第18条 当事人约定在自然保护区、风景名胜区、重点生态功能区、生态环境敏感区和脆弱区等区域内勘查开采矿产资源，违反法律、行政法规的强制性规定或者损害环境公共利益的，人民法院应依法认定合同无效。

第19条 因越界勘查开采矿产资源引发的侵权责任纠纷，涉及自然资源主管部门批准的勘查开采范围重复或者界限不清的，人民法院应告知当事人先向自然资源主管部门申请解决。

第20条 因他人越界勘查开采矿产资源，矿业权人请求侵权人承担停止侵害、排除妨碍、返还财产、赔偿损失等侵权责任的，人民法院应予支持，但探矿权人请求侵权人返还越界开采的矿产品及收益的除外。

第21条 勘查开采矿产资源造成环境污染，或者导致地质灾害、植被毁损等生态破坏，国家规定的机关或者法律规定的组织提起环境公益诉讼的，人民法院应依法予以受理。

国家规定的机关或者法律规定的组织为保护国家利益、环境公共利益提起诉讼的，不影响因同一勘查开采行为受到人身、财产损害的自然人、法人和非法人组织依据民事诉讼法第一百一十九条[①]的规定提起诉讼。

第22条 人民法院在审理案件中，发现无证勘查开采，勘查资质、地质资料造假，或者勘查开采未履行生态环境修复义务等违法情形的，可以向有关行政主管部门提出司法建议，由其依法处理；涉嫌犯罪的，依法移送侦查机关处理。

第23条 本解释施行后，人民法院尚未审结的一审、二审案件适用本解释规定。本解释施行前已经作出生效裁判的案件，本解释施行后依法再审的，不适用本解释。

[①] 现为第122条。

第十一章　土地承包经营权

第330条【双层经营体制与土地承包经营制度】
农村集体经济组织实行家庭承包经营为基础、统分结合的双层经营体制。

农民集体所有和国家所有由农民集体使用的耕地、林地、草地以及其他用于农业的土地，依法实行土地承包经营制度。

【其他关联规定】

《中华人民共和国农村土地承包法》

第3条　国家实行农村土地承包经营制度。

农村土地承包采取农村集体经济组织内部的家庭承包方式，不宜采取家庭承包方式的荒山、荒沟、荒丘、荒滩等农村土地，可以采取招标、拍卖、公开协商等方式承包。

第4条　农村土地承包后，土地的所有权性质不变。承包地不得买卖。

第5条　农村集体经济组织成员有权依法承包由本集体经济组织发包的农村土地。

任何组织和个人不得剥夺和非法限制农村集体经济组织成员承包土地的权利。

第6条　农村土地承包，妇女与男子享有平等的权利。承包中应当保护妇女的合法权益，任何组织和个人不得剥夺、侵害妇女应当享有的土地承包经营权。

第13条　农民集体所有的土地依法属于村农民集体所有的，由村集体经济组织或者村民委员会发包；已经分别属于村内两个以上农村集体经济组织的农民集体所有的，由村内各该农村集体经济组织或者村民小组发包。村集体经济组织或者村民委员会发包的，不得改变村内各集体经济组织农民集体所有的土地的所有权。

国家所有依法由农民集体使用的农村土地，由使用该土地的农村集体经济组织、村民委员会或者村民小组发包。

第14条 发包方享有下列权利：

（一）发包本集体所有的或者国家所有依法由本集体使用的农村土地；

（二）监督承包方依照承包合同约定的用途合理利用和保护土地；

（三）制止承包方损害承包地和农业资源的行为；

（四）法律、行政法规规定的其他权利。

第15条 发包方承担下列义务：

（一）维护承包方的土地承包经营权，不得非法变更、解除承包合同；

（二）尊重承包方的生产经营自主权，不得干涉承包方依法进行正常的生产经营活动；

（三）依照承包合同约定为承包方提供生产、技术、信息等服务；

（四）执行县、乡（镇）土地利用总体规划，组织本集体经济组织内的农业基础设施建设；

（五）法律、行政法规规定的其他义务。

第16条 家庭承包的承包方是本集体经济组织的农户。

农户内家庭成员依法平等享有承包土地的各项权益。

第19条 土地承包应当遵循以下原则：

（一）按照规定统一组织承包时，本集体经济组织成员依法平等地行使承包土地的权利，也可以自愿放弃承包土地的权利；

（二）民主协商，公平合理；

（三）承包方案应当按照本法第十三条的规定，依法经本集体经济组织成员的村民会议三分之二以上成员或者三分之二以上村民代表的同意；

（四）承包程序合法。

第20条 土地承包应当按照以下程序进行：

（一）本集体经济组织成员的村民会议选举产生承包工作小组；

（二）承包工作小组依照法律、法规的规定拟订并公布承包方案；

（三）依法召开本集体经济组织成员的村民会议，讨论通过承包方案；

（四）公开组织实施承包方案；

（五）签订承包合同。

第331条【土地承包经营权的定义】

土地承包经营权人依法对其承包经营的耕地、林地、草地等享有占有、使用和收益的权利，有权从事种植业、林业、畜牧业等农业生产。

【关联司法解释】

《最高人民法院关于审理涉及农村土地承包纠纷案件适用法律问题的解释》

第1条　下列涉及农村土地承包民事纠纷，人民法院应当依法受理：

（一）承包合同纠纷；

（二）承包经营权侵权纠纷；

（三）土地经营权侵权纠纷；

（四）承包经营权互换、转让纠纷；

（五）土地经营权流转纠纷；

（六）承包地征收补偿费用分配纠纷；

（七）承包经营权继承纠纷；

（八）土地经营权继承纠纷。

农村集体经济组织成员因未实际取得土地承包经营权提起民事诉讼的，人民法院应当告知其向有关行政主管部门申请解决。

农村集体经济组织成员就用于分配的土地补偿费数额提起民事诉讼的，人民法院不予受理。

第2条　当事人自愿达成书面仲裁协议的，受诉人民法院应当参照《最高人民法院关于适用〈中华人民共和国民事诉讼法〉的解释》第二百一十五条、第二百一十六条的规定处理。

当事人未达成书面仲裁协议，一方当事人向农村土地承包仲裁机构申请仲裁，另一方当事人提起诉讼的，人民法院应予受理，并书面通知仲裁机构。但另一方当事人接受仲裁管辖后又起诉的，人民法院不予受理。

当事人对仲裁裁决不服并在收到裁决书之日起三十日内提起诉讼的，人民法院应予受理。

第3条　承包合同纠纷，以发包方和承包方为当事人。

前款所称承包方是指以家庭承包方式承包本集体经济组织农村土地的农户，以及以其他方式承包农村土地的组织或者个人。

第4条　农户成员为多人的，由其代表人进行诉讼。

农户代表人按照下列情形确定：

（一）土地承包经营权证等证书上记载的人；

（二）未依法登记取得土地承包经营权证等证书的，为在承包合同上签名的人；

（三）前两项规定的人死亡、丧失民事行为能力或者因其他原因无法进行诉讼的，为农户成员推选的人。

《最高人民法院关于审理涉及农村土地承包经营纠纷调解仲裁案件适用法律若干问题的解释》

第1条　农村土地承包仲裁委员会根据农村土地承包经营纠纷调解仲裁法第十八条规定，以超过申请仲裁的时效期间为由驳回申请后，当事人就同一纠纷提起诉讼的，人民法院应予受理。

第2条　当事人在收到农村土地承包仲裁委员会作出的裁决书之日起三十日后或者签收农村土地承包仲裁委员会作出的调解书后，就同一纠纷向人民法院提起诉讼的，裁定不予受理；已经受理的，裁定驳回起诉。

第3条　当事人在收到农村土地承包仲裁委员会作出的裁决书之日起三十日内，向人民法院提起诉讼，请求撤销仲裁裁决的，人民法院应当告知当事人就原纠纷提起诉讼。

第10条　当事人根据农村土地承包经营纠纷调解仲裁法第四十九条规定，向人民法院申请执行调解书、裁决书，符合《最高人民法院关于人民法院执行工作若干问题的规定（试行）》第十六条规定条件的，人民法院应予受理和执行。

第 11 条 当事人因不服农村土地承包仲裁委员会作出的仲裁裁决向人民法院提起诉讼的，起诉期从其收到裁决书的次日起计算。

《最高人民法院关于审理森林资源民事纠纷案件适用法律若干问题的解释》

第 1 条 人民法院审理涉及森林、林木、林地等森林资源的民事纠纷案件，应当贯彻民法典绿色原则，尊重自然、尊重历史、尊重习惯，依法推动森林资源保护和利用的生态效益、经济效益、社会效益相统一，促进人与自然和谐共生。

第 2 条 当事人因下列行为，对林地、林木的物权归属、内容产生争议，依据民法典第二百三十四条的规定提起民事诉讼，请求确认权利的，人民法院应当依法受理：

（一）林地承包；

（二）林地承包经营权互换、转让；

（三）林地经营权流转；

（四）林木流转；

（五）林地、林木担保；

（六）林地、林木继承；

（七）其他引起林地、林木物权变动的行为。

当事人因对行政机关作出的林地、林木确权、登记行为产生争议，提起民事诉讼的，人民法院告知其依法通过行政复议、行政诉讼程序解决。

【其他关联规定】

《中华人民共和国农村土地承包法》

第 17 条 承包方享有下列权利：

（一）依法享有承包地使用、收益的权利，有权自主组织生产经营和处置产品；

（二）依法互换、转让土地承包经营权；

（三）依法流转土地经营权；

（四）承包地被依法征收、征用、占用的，有权依法获得相应的补偿；

（五）法律、行政法规规定的其他权利。

第18条 承包方承担下列义务：

（一）维持土地的农业用途，未经依法批准不得用于非农建设；

（二）依法保护和合理利用土地，不得给土地造成永久性损害；

（三）法律、行政法规规定的其他义务。

第22条 因土地承包经营发生纠纷的，双方当事人可以通过协商解决，也可以请求村民委员会、乡（镇）人民政府等调解解决。

当事人不愿协商、调解或者协商、调解不成的，可以向农村土地承包仲裁机构申请仲裁，也可以直接向人民法院起诉。

第56条 任何组织和个人侵害土地承包经营权、土地经营权的，应当承担民事责任。

第65条 国家机关及其工作人员有利用职权干涉农村土地承包经营，变更、解除承包经营合同，干涉承包经营当事人依法享有的生产经营自主权，强迫、阻碍承包经营当事人进行土地承包经营权互换、转让或者土地经营权流转等侵害土地承包经营权、土地经营权的行为，给承包经营当事人造成损失的，应当承担损害赔偿等责任；情节严重的，由上级机关或者所在单位给予直接责任人员处分；构成犯罪的，依法追究刑事责任。

《中华人民共和国土地管理法》

第14条 土地所有权和使用权争议，由当事人协商解决；协商不成的，由人民政府处理。

单位之间的争议，由县级以上人民政府处理；个人之间、个人与单位之间的争议，由乡级人民政府或者县级以上人民政府处理。

当事人对有关人民政府的处理决定不服的，可以自接到处理决定通知之日起三十日内，向人民法院起诉。

在土地所有权和使用权争议解决前，任何一方不得改变土地利用现状。

《中华人民共和国农村土地承包经营纠纷调解仲裁法》

第2条 农村土地承包经营纠纷调解和仲裁，适用本法。

农村土地承包经营纠纷包括：

（一）因订立、履行、变更、解除和终止农村土地承包合同发生的纠纷；

（二）因农村土地承包经营权转包、出租、互换、转让、入股等流转发生的纠纷；

（三）因收回、调整承包地发生的纠纷；

（四）因确认农村土地承包经营权发生的纠纷；

（五）因侵害农村土地承包经营权发生的纠纷；

（六）法律、法规规定的其他农村土地承包经营纠纷。

因征收集体所有的土地及其补偿发生的纠纷，不属于农村土地承包仲裁委员会的受理范围，可以通过行政复议或者诉讼等方式解决。

第3条　发生农村土地承包经营纠纷的，当事人可以自行和解，也可以请求村民委员会、乡（镇）人民政府等调解。

第4条　当事人和解、调解不成或者不愿和解、调解的，可以向农村土地承包仲裁委员会申请仲裁，也可以直接向人民法院起诉。

第47条　仲裁农村土地承包经营纠纷，应当自受理仲裁申请之日起六十日内结束；案情复杂需要延长的，经农村土地承包仲裁委员会主任批准可以延长，并书面通知当事人，但延长期限不得超过三十日。

第48条　当事人不服仲裁裁决的，可以自收到裁决书之日起三十日内向人民法院起诉。逾期不起诉的，裁决书即发生法律效力。

第49条　当事人对发生法律效力的调解书、裁决书，应当依照规定的期限履行。一方当事人逾期不履行的，另一方当事人可以向被申请人住所地或者财产所在地的基层人民法院申请执行。受理申请的人民法院应当依法执行。

第332条【土地承包期】

耕地的承包期为三十年。草地的承包期为三十年至五十年。林地的承包期为三十年至七十年。

前款规定的承包期限届满，由土地承包经营权人依照**农村土地承包的法律规定**继续承包。

【关联司法解释】

《最高人民法院关于审理涉及农村土地承包纠纷案件适用法律问题的解释》

第7条 承包合同约定或者土地承包经营权证等证书记载的承包期限短于农村土地承包法规定的期限，承包方请求延长的，应予支持。

第23条 林地家庭承包中，承包方的继承人请求在承包期内继续承包的，应予支持。

其他方式承包中，承包方的继承人或者权利义务承受者请求在承包期内继续承包的，应予支持。

《最高人民法院关于审理森林资源民事纠纷案件适用法律若干问题的解释》

第11条 林地经营权流转合同约定的流转期限超过承包期的剩余期限，或者林地经营权再流转合同约定的流转期限超过原林地经营权流转合同的剩余期限，林地经营权流转、再流转合同当事人主张超过部分无效的，人民法院不予支持。

第12条 林地经营权流转合同约定的流转期限超过承包期的剩余期限，发包方主张超过部分的约定对其不具有法律约束力的，人民法院应予支持。但发包方对此知道或者应当知道的除外。

林地经营权再流转合同约定的流转期限超过原林地经营权流转合同的剩余期限，承包方主张超过部分的约定对其不具有法律约束力的，人民法院应予支持。但承包方对此知道或者应当知道的除外。

因前两款原因，致使林地经营权流转合同、再流转合同不能履行，当事人请求解除合同、由违约方承担违约责任的，人民法院依法予以支持。

【其他关联规定】

《中华人民共和国农村土地承包法》

第21条 耕地的承包期为三十年。草地的承包期为三十年至五十年。林地的承包期为三十年至七十年。

前款规定的耕地承包期届满后再延长三十年，草地、林地承包期届满后依照前款规定相应延长。

第32条 承包人应得的承包收益，依照继承法的规定继承。

林地承包的承包人死亡，其继承人可以在承包期内继续承包。

《中华人民共和国土地管理法》

第13条 农民集体所有和国家所有依法由农民集体使用的耕地、林地、草地，以及其他依法用于农业的土地，采取农村集体经济组织内部的家庭承包方式承包，不宜采取家庭承包方式的荒山、荒沟、荒丘、荒滩等，可以采取招标、拍卖、公开协商等方式承包，从事种植业、林业、畜牧业、渔业生产。家庭承包的耕地的承包期为三十年，草地的承包期为三十年至五十年，林地的承包期为三十年至七十年；耕地承包期届满后再延长三十年，草地、林地承包期届满后依法相应延长。

国家所有依法用于农业的土地可以由单位或者个人承包经营，从事种植业、林业、畜牧业、渔业生产。

发包方和承包方应当依法订立承包合同，约定双方的权利和义务。承包经营土地的单位和个人，有保护和按照承包合同约定的用途合理利用土地的义务。

★ **第333条【土地承包经营权的设立和登记】**
土地承包经营权自土地承包经营权合同生效时设立。

登记机构应当向土地承包经营权人发放土地承包经营权证、林权证等证书，并登记造册，确认土地承包经营权。

【条文解读】

本条是关于土地承包经营权设立和登记的规定。本条第1款规定，土地承包经营权自土地承包经营权合同生效时设立。根据该款规定，土地承包经营权不以登记作为其设立的生效要件，而是以土地承包经营权合同的生效作为其设立的时间。关于合同成立生效的时间，《民法典》第490条规定："当事人采用合同书形式订立合同的，自当事人均签名、盖章或者按指印时合同成立。在签名、盖章或者按指印之前，当事人一方已经履行主要义务，对方接受时，该合同成立。法律、行政法规规定或者当事人约定合同应当采用书面形式订立，当事人未采用书面形式但是一方已经履行主要义务，对方接受时，该合同成立。"第502条第1款规定："依法成立的合同，自成立时生效，但是法律另有规定或者当事人另有约定的除外。"对于土地承包经营权合同，《农村土地承包法》第22条第1款规定："发包方应当与承包方签订书面承包合同。"明确规定土地承包经营权合同应当采用书面形式。因此，土地承包经营权合同应自当事人均在书面合同上签名、盖章或者按指印时生效。承包人的土地承包经营权自当事人均签名、盖章或者按指印时设立。《民法典》第209条第1款规定："不动产物权的设立、变更、转让和消灭，经依法登记，发生效力；未经登记，不发生效力，但是法律另有规定的除外。"土地承包经营权是不动产物权，不依登记设立而依土地承包经营权合同生效而设立，属于该款但书规定的情形。土地承包经营权之所以不依登记设立而依土地承包经营权合同的生效而设立，主要有两点原因：一是尊重我国农村地区现状，降低农民获得承包经营权的成本。我国广大农村地区的承包地并未全面完成勘界、确权、颁证工作。现行情况下，农村承包地勘界、确权、颁证成本亦较高，不可能一蹴而就。如果要求土地承包经营权依登记成立，相当部分的农户就不能获得承包经营权。二是即使暂时未进行登记也不会对农户享有和行使承包经营权造成明显不当的影响。在农村集体经济组织内部，农户之间形成熟人社会。每户承包土地的范围在各农户之间都非常清楚。农村居民通常采取约定俗成的方法进行划界、确权。例如，四川等地农民用田坎、地埂划界。无法用田坎、地埂划界的小块地划界，可在田坎、地埂上埋一块石头为界。在河北等，农民在土地分界线上打一深坑，填上草灰为界。即使在耕种过程中将地面的界线挖掉，则可以通过继续深挖找到草灰以明确边界。在相对封闭的熟人社会中，所有成员之间形成重复博弈的过程，面临强有力的声誉约束，诚信是每位成员基于自身利益最大化的唯一选择，因此，诚信的社会关系是封闭熟人社会成员之间博弈形成的唯一纳什均衡。在这种环境中，即使没有登记这一公示制度产生的公信力，也不会产生抵赖、侵占等违法行为。

本条第2款规定了土地承包经营权的登记确认。《农村土地承包法》第24条第1款规定："国家对耕地、林地和草地等实行统一登记，登记机构应当向承包方颁发土地承包经营权证或者林权证等证书，并登记造册，确认土地承包经营权。"本条第2款根据修改后的《农村土地承包法》的规定，对原《物权法》第127条第2款规定进行了细微修改，将原《物权法》规定的登记主体"县级以上地方人民政府"修改为"登记机构"。国家登记机构对土地承包经营权进行登记确认，不仅可以明确权利归属，稳定土地承包关系，而且可以维护土地承包经营权流转的交易安全。在经营权的流转突破集体经济组织成员范围，亦即熟人社会范围的情况下，熟人社会中的声誉机制失去作用，通过登记划定产权对于保护交易安全、促进经营权流转具有重要意义。

【其他关联规定】

《中华人民共和国农村土地承包法》

第22条 发包方应当与承包方签订书面承包合同。

承包合同一般包括以下条款：

（一）发包方、承包方的名称，发包方负责人和承包方代表的姓名、住所；

（二）承包土地的名称、坐落、面积、质量等级；

（三）承包期限和起止日期；

（四）承包土地的用途；

（五）发包方和承包方的权利和义务；

（六）违约责任。

第23条 承包合同自成立之日起生效。承包方自承包合同生效时取得土地承包经营权。

第24条 国家对耕地、林地和草地等实行统一登记，登记机构应当向承包方颁发土地承包经营权证或者林权证等证书，并登记造册，确认土地承包经营权。

土地承包经营权证或者林权证等证书应当将具有土地承包经营权的全部家庭成员列入。

登记机构除按规定收取证书工本费外，不得收取其他费用。

第25条　承包合同生效后，发包方不得因承办人或者负责人的变动而变更或者解除，也不得因集体经济组织的分立或者合并而变更或者解除。

第26条　国家机关及其工作人员不得利用职权干涉农村土地承包或者变更、解除承包合同。

★ 第334条【土地承包经营权的互换、转让】

土地承包经营权人依照法律规定，有权将土地承包经营权互换、转让。未经依法批准，不得将承包地用于非农建设。

【条文解读】

本条是关于土地承包经营权互换、转让的规定。土地承包经营权互换，是指同一集体经济组织内部的农户之间自愿协商将各自承包地的土地承包经营权进行交换。土地承包经营权互换客观上表现为承包户之间将不同地块进行相互交换，法律上表现为发包方与原承包方之间的承包关系变为发包方与互换后的承包方之间的承包关系。承包户将土地承包经营权互换应当依照法律规定进行。关于土地承包经营权互换，《农村土地承包法》第33条规定："承包方之间为方便耕种或者各自需要，可以对属于同一集体经济组织的土地的土地承包经营权进行互换，并向发包方备案。"根据该条规定，土地承包经营权互换应当遵从以下原则：一是互换应当坚持自愿、协商一致的原则。任何一方均不能强迫另一方进行互换。二是互换应当限于同一集体经济组织成员之间。互换的双方当事人必须都是本集体经济组织的农户，互换的土地必须都是同一集体经济组织的土地。

土地承包经营权转让，是指土地承包经营权人将其承包地的剩余承包期限内的土地承包经营权转让给其他农户。土地承包经营权转让不同于土地承包经营权互换。土地承包经营权互换只是引起承包方与发包方之间承包关系的变化，不会使承包方的权利终止。土地承包经营权转让的法律后果是承包方与发包方的土地承包关系即行终止，转让方不再享有土地承包经营权，发包方与受让方之间形成新的承包关系。关于土地承包经营权的转让，2018年修正后的《农村土地承包法》对原来的规定作了修改：一是取消了转让人"有稳定的非农职业或者有稳定的收入来源"的限制；二是将受让人由"其他从事农业生产经营的农户"修改为"本集体经济组织的其他农户"。2018年修正后的《农村土地承包法》第34条规定："经发包方同意，承包方可以将全部或者部分的土地承包经营权转让给本集体经济组织的其他农户，由该农户同发包方确立新的承包关系，原承包方与发包方在该土地上的承包关系即行终止。"根据该条规定，土地承包经营权转让应当符合以下条件：一是应当经发包方同意。在我国，土地是绝大多数农民赖以生存和发展的最基本的生产资料，土地承包经营权是农民最基本的生活保障。为避免农民因转让土地承包经营权而丧失基本生活保障，承包方转让土地承包经营权需要经发包方同意。发包方在决定是否同意转让人转让其享有的土地承包经营权时，应当考虑转让人是否有除土地以外的其他稳定的收入来源。二是土地承包经营权的受让人应当是本集体经济组织的其他农户，即土地承包经营权的受让人应仅限于本集体经济组织成员。

【关联司法解释】

《最高人民法院关于审理涉及农村土地承包纠纷案件适用法律问题的解释》

第8条 承包方违反农村土地承包法第十八条规定，未经依法批准将承包地用于非农建设或者对承包地造成永久性损害，发包方请求承包方停止侵害、恢复原状或者赔偿损失的，应予支持。

★ **第13条** 承包方未经发包方同意，转让其土地承包经营权的，转让合同无效。但发包方无法定理由不同意或者拖延表态的除外。

【司法解释条文解读】

《最高人民法院关于审理涉及农村土地承包纠纷案件适用法律问题的解释》第13条是关于土地承包经营权转让合同效力认定规则的规定。转让是土地承包经营权流转的一种重要形式。根据《农村土地承包法》第34条的规定，以转让方式流转土地承包经营权是承包方依法享有的权利，承包方采取转让方式流转土地承包经营权的，应当经发包方同意。对于承包方转让土地承包经营权是否应经发包方同意，实践中曾存在两种不同的观点：一种观点认为，土地承包经营权转让应当经发包方同意。理由是：土地承包经营权转让会导致发包方与原转让人之间的承包关系终止，发包方与新的受让方确立新的承包关系。这种情况下，如果允许承包方不经发包方同意就将土地承包经营权转让给他人，发包方的权利将难以得到保障。[1]另一种观点认为，承包方转让土地承包经营权无需经发包方同意。理由是：对土地承包经营权转让的限制阻碍了土地承包经营权的流转，既然原《物权法》已将土地承包经营权纳入其中，土地承包经营权即具有不受土地承包经营权人以外的其他人干涉的效力。允许发包人对土地承包经营权人的处分权进行干预，有违原《物权法》基本原理，"与《物权法》中物权属绝对权和物权保护之绝对性相冲突"。[2]本条在与《农村土地承包法》第34条规定保持一致的基础上，规定承包方未经发包方同意，转让其土地承包经营权的，转让合同无效。同时，为避免发包方不合理限制承包方转让土地承包经营权，本条明确规定发包方无法定理由不同意或者拖延表态的，不影响土地承包经营权转让合同的效力。

---

[1] 王宗非主编：《农村土地承包法释义与适用》，人民法院出版社2002年版，第98页。
[2] 罗凯原：《论土地承包经营权及其在〈物权法草案〉中的完善》，载《广东行政学院学报》2006年第1期。

《最高人民法院关于审理森林资源民事纠纷案件适用法律若干问题的解释》

第6条　家庭承包林地的承包方转让林地承包经营权未经发包方同意，或者受让方不是本集体经济组织成员，受让方主张取得林地承包经营权的，人民法院不予支持。但发包方无法定理由不同意或者拖延表态的除外。

【其他关联规定】

《中华人民共和国农村土地承包法》

第11条　农村土地承包经营应当遵守法律、法规，保护土地资源的合理开发和可持续利用。未经依法批准不得将承包地用于非农建设。

国家鼓励增加对土地的投入，培肥地力，提高农业生产能力。

第18条　承包方承担下列义务：

（一）维持土地的农业用途，未经依法批准不得用于非农建设；

（二）依法保护和合理利用土地，不得给土地造成永久性损害；

（三）法律、行政法规规定的其他义务。

第33条　承包方之间为方便耕种或者各自需要，可以对属于同一集体经济组织的土地的土地承包经营权进行互换，并向发包方备案。

第34条　经发包方同意，承包方可以将全部或者部分的土地承包经营权转让给本集体经济组织的其他农户，由该农户同发包方确立新的承包关系，原承包方与发包方在该土地上的承包关系即行终止。

第60条　任何组织和个人强迫进行土地承包经营权互换、转让或者土地经营权流转的，该互换、转让或者流转无效。

第63条　承包方、土地经营权人违法将承包地用于非农建设的，由县级以上地方人民政府有关主管部门依法予以处罚。

承包方给承包地造成永久性损害的，发包方有权制止，并有权要求赔偿由此造成的损失。

第64条　土地经营权人擅自改变土地的农业用途、弃耕抛荒连续两年以上、给土地造成严重损害或者严重破坏土地生态环境，承包方在合理期限内不解除土地经营权流转合同的，发包方有权要求终止土地经营权流转合同。土地经营权人对土地和土地生态环境造成的损害应当予以赔偿。

★ **第335条【土地承包经营权互换、转让的登记】**
土地承包经营权互换、转让的，当事人可以向登记机构申请登记；未经登记，不得对抗善意第三人。

【条文解读】

本条是关于土地承包经营权互换、转让登记的规定。登记是不动产物权制度的基石。对于登记，根据其效力的不同，可以分为两种：一种是登记生效主义，即不动产物权未经登记不发生物权变动的效力。另一种是登记对抗主义，即不动产物权不以登记作为物权变动的生效要件，但不动产物权变动未经登记不得对抗善意第三人。对于土地承包经营权的互换、转让，本条规定采用登记对抗主义。根据本条规定，土地承包经营权互换、转让的，当事人可以向登记机构申请登记，但不强制当事人进行登记。当事人未就土地承包经营权互换、转让进行登记的，不影响转让人与受让人之间土地承包经营权互换、转让的法律效果。如果转让人同时将土地承包经营权转让给第三人的，转让人与受让人未就土地承包经营权转让进行登记的，将不能对抗善意第三人。需要注意，土地承包经营权的原始取得既不采登记生效主义，也不采登记对抗主义。

【关联司法解释】

《最高人民法院关于审理森林资源民事纠纷案件适用法律若干问题的解释》
第3条 当事人以未办理批准、登记、备案、审查、审核等手续为由，主张林地承包、林地承包经营权互换或者转让、林地经营权流转、林木流转、森林资源担保等合同无效的，人民法院不予支持。

因前款原因，不能取得相关权利的当事人请求解除合同、由违约方承担违约责任的，人民法院依法予以支持。

【其他关联规定】

《中华人民共和国农村土地承包法》
第35条 土地承包经营权互换、转让的，当事人可以向登记机构申请登记。未经登记，不得对抗善意第三人。

第336条【承包地的调整】
承包期内发包人不得调整承包地。
因自然灾害严重毁损承包地等特殊情形，需要适当调整承包的耕地和草地的，应当依照农村土地承包的法律规定办理。

第337条【承包地的收回】
承包期内发包人不得收回承包地。法律另有规定的，依照其规定。

【关联司法解释】

《最高人民法院关于审理涉及农村土地承包纠纷案件适用法律问题的解释》
第5条 承包合同中有关收回、调整承包地的约定违反农村土地承包法第二十七条、第二十八条、第三十一条规定的，应当认定该约定无效。
第6条 因发包方违法收回、调整承包地，或者因发包方收回承包方弃耕、撂荒的承包地产生的纠纷，按照下列情形，分别处理：
（一）发包方未将承包地另行发包，承包方请求返还承包地的，应予支持；
（二）发包方已将承包地另行发包给第三人，承包方以发包方和第三人为共同被告，请求确认其所签订的承包合同无效、返还承包地并赔偿损失的，应予支持。但属于承包方弃耕、撂荒情形的，对其赔偿损失的诉讼请求,不予支持。

前款第(二)项所称的第三人,请求受益方补偿其在承包地上的合理投入的,应予支持。

第9条 发包方根据农村土地承包法第二十七条规定收回承包地前,承包方已经以出租、入股或者其他形式将其土地经营权流转给第三人,且流转期限尚未届满,因流转价款收取产生的纠纷,按照下列情形,分别处理:

(一)承包方已经一次性收取了流转价款,发包方请求承包方返还剩余流转期限的流转价款的,应予支持;

(二)流转价款为分期支付,发包方请求第三人按照流转合同的约定支付流转价款的,应予支持。

第10条 承包方交回承包地不符合农村土地承包法第三十条规定程序的,不得认定其为自愿交回。

第24条 人民法院在审理涉及本解释第五条、第六条第一款第(二)项及第二款、第十五条的纠纷案件时,应当着重进行调解。必要时可以委托人民调解组织进行调解。

【其他关联规定】

《中华人民共和国农村土地承包法》

第27条 承包期内,发包方不得收回承包地。

国家保护进城农户的土地承包经营权。不得以退出土地承包经营权作为农户进城落户的条件。

承包期内,承包农户进城落户的,引导支持其按照自愿有偿原则依法在本集体经济组织内转让土地承包经营权或者将承包地交回发包方,也可以鼓励其流转土地经营权。

承包期内,承包方交回承包地或者发包方依法收回承包地时,承包方对其在承包地上投入而提高土地生产能力的,有权获得相应的补偿。

第28条 承包期内,发包方不得调整承包地。

承包期内，因自然灾害严重毁损承包地等特殊情形对个别农户之间承包的耕地和草地需要适当调整的，必须经本集体经济组织成员的村民会议三分之二以上成员或者三分之二以上村民代表的同意，并报乡（镇）人民政府和县级人民政府农业农村、林业和草原等主管部门批准。承包合同中约定不得调整的，按照其约定。

第29条 下列土地应当用于调整承包土地或者承包给新增人口：

（一）集体经济组织依法预留的机动地；

（二）通过依法开垦等方式增加的；

（三）发包方依法收回和承包方依法、自愿交回的。

第30条 承包期内，承包方可以自愿将承包地交回发包方。承包方自愿交回承包地的，可以获得合理补偿，但是应当提前半年以书面形式通知发包方。承包方在承包期内交回承包地的，在承包期内不得再要求承包土地。

第31条 承包期内，妇女结婚，在新居住地未取得承包地的，发包方不得收回其原承包地；妇女离婚或者丧偶，仍在原居住地生活或者不在原居住地生活但在新居住地未取得承包地的，发包方不得收回其原承包地。

第57条 发包方有下列行为之一的，应当承担停止侵害、排除妨碍、消除危险、返还财产、恢复原状、赔偿损失等民事责任：

（一）干涉承包方依法享有的生产经营自主权；

（二）违反本法规定收回、调整承包地；

（三）强迫或者阻碍承包方进行土地承包经营权的互换、转让或者土地经营权流转；

（四）假借少数服从多数强迫承包方放弃或者变更土地承包经营权；

（五）以划分"口粮田"和"责任田"等为由收回承包地搞招标承包；

（六）将承包地收回抵顶欠款；

（七）剥夺、侵害妇女依法享有的土地承包经营权；

（八）其他侵害土地承包经营权的行为。

第58条 承包合同中违背承包方意愿或者违反法律、行政法规有关不得收回、调整承包地等强制性规定的约定无效。

第59条　当事人一方不履行合同义务或者履行义务不符合约定的，应当依法承担违约责任。

第338条【承包地的征收补偿】

承包地被征收的，土地承包经营权人有权依据本法第二百四十三条的规定获得相应补偿。

【关联司法解释】

《最高人民法院关于审理涉及农村土地承包纠纷案件适用法律问题的解释》

第20条　承包地被依法征收，承包方请求发包方给付已经收到的地上附着物和青苗的补偿费的，应予支持。

承包方已将土地经营权以出租、入股或者其他方式流转给第三人的，除当事人另有约定外，青苗补偿费归实际投入人所有，地上附着物补偿费归附着物所有人所有。

第21条　承包地被依法征收，放弃统一安置的家庭承包方，请求发包方给付已经收到的安置补助费的，应予支持。

第22条　农村集体经济组织或者村民委员会、村民小组，可以依照法律规定的民主议定程序，决定在本集体经济组织内部分配已经收到的土地补偿费。征地补偿安置方案确定时已经具有本集体经济组织成员资格的人，请求支付相应份额的，应予支持。但已报全国人大常委会、国务院备案的地方性法规、自治条例和单行条例、地方政府规章对土地补偿费在农村集体经济组织内部的分配办法另有规定的除外。

【其他关联规定】

《中华人民共和国农村土地承包法》

第62条　违反土地管理法规，非法征收、征用、占用土地或者贪污、挪用土地征收、征用补偿费用，构成犯罪的，依法追究刑事责任；造成他人损害的，应当承担损害赔偿等责任。

★★ 第339条【土地经营权的流转】

土地承包经营权人可以自主决定依法采取出租、入股或者其他方式向他人流转土地经营权。

【条文解读】

本条是关于土地经营权流转方式的规定。本条系《民法典》新增加的条文，主要来源于《农村土地承包法》第36条的规定。农村土地"三权分置"是继家庭联产承包责任制后农村土地改革的又一重大制度创新，主要是指农村承包地的所有权、承包权、经营权"三权分置"和宅基地所有权、资格权、使用权"三权分置"。目前只有前者在立法上得以确立。推进农村承包地"三权分置"必须坚持落实集体所有权，稳定农户承包权，放活土地经营权的基本原则。实践中，承包方从发包方处获得土地承包经营权后，既可以自己在土地上经营，也可以在保留土地承包权的基础上通过一定的方式流转给他人由他人在土地上从事经营活动，此即土地经营权的流转。

【条文适用疑难解析】

土地经营权流转的方式主要有三种：一是出租。出租就是承包方与受让方通过签订租赁合同的方式流转土地经营权，承包方在约定的租赁期限内将土地交由受让方从事经营活动，并向受让方收取相应的租金；受让方在约定的租赁期限内可以占有、使用承包地，并按照约定向承包方支付租金。二是入股。入股就是承包方将土地经营权作为出资投入合作社、公司等。承包户通过该出资可以取得合作社成员或公司股东的身份，并基于该身份取得分红的权利。三是其他方式。实践中，土地经营权存在复杂多变的流转方式，如代耕代种、托管等,这些都属于其他方式。①

　　土地经营权的流转不同于土地承包经营权的流转,两者相比主要存在以下区别:一是法律后果不同。土地经营权的流转不会引起承包户与发包人之间的法律关系消灭或变更。土地承包经营权的流转会导致发包方与原承包方之间的法律关系变更或消灭。二是流转的方式不同。土地经营权流转的方式主要为出租、入股或其他方式。土地承包经营权流转的方式主要为互换与转让。三是受让的主体不同。土地经营权的受让方不限于本集体经济组织成员,其既可以是本集体经济组织的成员,也可以是本集体经济组织成员以外的个人、法人或非法人组织。土地承包经营权的受让方一般仅限于本集体经济组织成员。土地经营权作为一种新的权利类型,以承包方获得的土地承包经营权为基础,并依照法律规定的原则和方式由承包方自主决定以一定的方式进行流转。土地经营权的流转是有期限的。期限届满后,受让方应将承包地返还给承包方。

　　实践中,承包方要求受让方返还承包土地而提起诉讼时,受让方往往以承包方已经转让土地承包经营权进行抗辩。对于这类纠纷,审判实践中应当从严把握土地承包经营权的转让条件。土地承包经营权的流转涉及农民的生存保障,我国法律对其设定了非常严格的条件,即须经发包方同意,流转方式仅限于转让和互换,受让方仅限于本集体经济组织成员。除此之外,在认定双方是否属于土地承包经营权转让时,还应审查当事人之间是否有明确的转让土地承包经营权的意思表示。如果双方签订了书面的土地承包经营权转让合同或者虽未签订书面的转让合同,但双方已就土地承包经营权办理变更登记的或者虽未办理变更登记,但承包方向发包方或政府相关部门已经提出变更承包合同或者办理土地承包经营权变更登记申请,且发包方同意的,应认定土地承包经营权转让成立。

---

① 最高人民法院民法典贯彻实施工作领导小组主编:《中华人民共和国民法典物权编理解与适用》(下),人民法院出版社2020年版,第695页。

【关联司法解释】

《最高人民法院关于审理涉及农村土地承包纠纷案件适用法律问题的解释》

★ **第11条** 土地经营权流转中，本集体经济组织成员在流转价款、流转期限等主要内容相同的条件下主张优先权的，应予支持。但下列情形除外：

（一）在书面公示的合理期限内未提出优先权主张的；

（二）未经书面公示，在本集体经济组织以外的人开始使用承包地两个月内未提出优先权主张的。

【司法解释条文解读】

《最高人民法院关于审理涉及农村土地承包纠纷案件适用法律问题的解释》第11条是关于土地经营权流转中，本集体经济组织成员优先权及其例外情形的规定。根据本条规定，在同等条件下，本集体经济组织成员享有土地经营权流转的优先权。所谓同等条件是指流转价款、流转期限等主要内容均相同。土地经营权流转的受让方既可以是本集体经济组织的成员，也可以是本集体经济组织成员之外的自然人、法人或非法人组织。承包方将土地经营权流转时，如果本集体经济组织的其他成员以及本集体经济组织成员之外的自然人、法人或非法人组织同时主张受让该权利的，同等条件下，本集体经济组织成员享有优先受让的权利。本条司法解释规定的优先权的法律依据是《农村土地承包法》第38条。根据该条第5项规定，在同等条件下，本集体经济组织成员对土地经营权流转享有优先权。需要注意的是《农村土地承包法》第38条规定的土地经营权流转主要是指以家庭承包方式取得的土地经营权的流转，不包括以公开招标、拍卖等其他方式取得的土地经营权。因此，本条司法解释规定的本集体经济组织成员的优先权也应仅限于以家庭承包方式取得的土地承包经营权中经营权的流转。

对于土地经营权流转中，本集体经济组织成员优先权的例外，本条规定了两种情形：一是在书面公示的合理期限内未提出优先权主张的，不享有优先权。承包户通过一定的方式将其欲流转土地经营权进行了公示。如果本集体经济组织成员在书面公示的合理期限内未提出优先权主张的，则其优先权消灭。二是未经书面公示，在本集体经济组织以外的人开始使用承包地2个月后提出优先权主张的，不予支持。如果土地承包经营权人流转经营权时没有通知本集体经济组织成员，理论上本集体经济组织成员有权要求行使优先权。但如果本集体经济组织以外的人开始使用承包地已经超过2个月，本集体经济组织成员才主张优先权的，则不予支持。之所以如此规定，主要是因为如果本集体经济组织以外的人已经实际使用承包地，那么本集体经济组织成员就应该知晓该情况，如果在长达2个月的时间内都不提出优先权主张，则表明本集体经济组织成员已经放弃了优先权，默许了本集体经济组织以外的人对该土地进行经营，此时如果再允许本集体经济组织成员享有优先权，会对本集体经济组织以外的人不公平，毕竟本集体经济组织以外的人已经在土地上有一定的投入，如果再允许成员行使优先权，就不利于土地流转关系的稳定，也不利于社会的稳定。[1]

第12条 发包方胁迫承包方将土地经营权流转给第三人，承包方请求撤销其与第三人签订的流转合同的，应予支持。

发包方阻碍承包方依法流转土地经营权，承包方请求排除妨碍、赔偿损失的，应予支持。

第14条 承包方依法采取出租、入股或者其他方式流转土地经营权，发包方仅以该土地经营权流转合同未报其备案为由，请求确认合同无效的，不予支持。

第15条 因承包方不收取流转价款或者向对方支付费用的约定产生纠

---

[1] 最高人民法院民事审判第一庭编著：《最高人民法院农村土地承包纠纷案件司法解释理解与适用》(重印本)，人民法院出版社2015年版，第136页。

纷，当事人协商变更无法达成一致，且继续履行又显失公平的，人民法院可以根据发生变更的客观情况，按照公平原则处理。

第16条　当事人对出租地流转期限没有约定或者约定不明的，参照民法典第七百三十条规定处理。除当事人另有约定或者属于林地承包经营外，承包地交回的时间应当在农作物收获期结束后或者下一耕种期开始前。

对提高土地生产能力的投入，对方当事人请求承包方给予相应补偿的，应予支持。

第17条　发包方或者其他组织、个人擅自截留、扣缴承包收益或者土地经营权流转收益，承包方请求返还的，应予支持。

发包方或者其他组织、个人主张抵销的，不予支持。

《最高人民法院关于审理森林资源民事纠纷案件适用法律若干问题的解释》

第8条　家庭承包林地的承包方以林地经营权人擅自再流转林地经营权为由，请求解除林地经营权流转合同、收回林地的，人民法院应予支持。但林地经营权人能够证明林地经营权再流转已经承包方书面同意的除外。

第9条　本集体经济组织成员以其在同等条件下享有的优先权受到侵害为由，主张家庭承包林地经营权流转合同无效的，人民法院不予支持；其请求赔偿损失的，依法予以支持。

第10条　林地承包期内，因林地承包经营权互换、转让、继承等原因，承包方发生变动，林地经营权人请求新的承包方继续履行原林地经营权流转合同的，人民法院应予支持。但当事人另有约定的除外。

【其他关联规定】

《中华人民共和国农村土地承包法》

第9条　承包方承包土地后，享有土地承包经营权，可以自己经营，也可以保留土地承包权，流转其承包地的土地经营权，由他人经营。

第36条　承包方可以自主决定依法采取出租（转包）、入股或者其他方式向他人流转土地经营权，并向发包方备案。

第38条　土地经营权流转应当遵循以下原则：

（一）依法、自愿、有偿，任何组织和个人不得强迫或者阻碍土地经营权流转；

（二）不得改变土地所有权的性质和土地的农业用途，不得破坏农业综合生产能力和农业生态环境；

（三）流转期限不得超过承包期的剩余期限；

（四）受让方须有农业经营能力或者资质；

（五）在同等条件下，本集体经济组织成员享有优先权。

第39条　土地经营权流转的价款，应当由当事人双方协商确定。流转的收益归承包方所有，任何组织和个人不得擅自截留、扣缴。

第44条　承包方流转土地经营权的，其与发包方的承包关系不变。

第46条　经承包方书面同意，并向本集体经济组织备案，受让方可以再流转土地经营权。

第61条　任何组织和个人擅自截留、扣缴土地承包经营权互换、转让或者土地经营权流转收益的，应当退还。

★ **第340条【土地经营权的定义】**

土地经营权人有权在合同约定的期限内占有农村土地，自主开展农业生产经营并取得收益。

【条文解读】

本条是关于土地经营权权能的规定。本条吸纳了《农村土地承包法》第37条的规定。

土地经营权，是指土地经营权人对他人的承包地依法享有在一定期限内占有、耕作并取得相应收益的权利。土地经营权人是根据土地经营权流转合同取得土地经营权的受让方，其既可以是自然人，也可以是农民专业合作社、农业生产经营公司等法人或非法人组织，既可以是本集体经济组织的自然人，也可以是非本集体经济组织的自然人。对于土地经营权人，《农村土地承包法》第38条第4项规定，土地经营权的受让方须有农业经营能力或者资质。土地经营权的客体是农村承包地。这里的农村承包地主要包括耕地、林地、草地，以及其他依法用于农业的土地，如养殖水面、荒山、荒丘、荒沟、荒滩等，不包括农村建设用地。

根据本条规定，土地经营权人的权利主要包括以下几个方面：一是占有权。受让方取得土地经营权后，有权占有支配承包方的承包地。对于非法干涉土地经营权人对承包地的占有的，土地经营权人有权要求侵权人承担排除妨碍、停止侵权、赔偿损失等民事责任。二是使用权。土地经营权人对承包地的使用是指利用他人承包地自主开展农业生产经营。根据《农村土地承包法》第38条第2项的规定，土地经营权人使用承包地不得改变土地的农业用途。最典型的就是土地经营权人不得将农业用地用来建设厂房、企业、住宅等。三是收益权。土地经营权人占有他人承包地，开展农业生产经营的目的就是取得收益。土地经营权人的收益权依法受法律保护，任何人不得侵害。

除上述三项权能外，根据《农村土地承包法》的规定，土地经营权人还可以享有以下权利：一是再流转的权利。该项权利的法律依据是《农村土地承包法》第46条。根据该条规定，土地经营权人再次流转土地经营权，需经承包方书面同意，并向本集体经济组织备案。二是投资改良土壤、建设农业生产附属、配套设施及就投资部分获得合理补偿的权利。该项权利的法律依据是《农村土地承包法》第43条。根据该条规定，受让方行使上述权利应经承包方同意。承包方同意的方式既可以是书面的，也可以是口头的。但土地经营权人起诉请求承包户就其投资部分进行补偿时，应就承包方同意其对承包地进行投资承担举证责任。三是融资担保的权利。该项权利的法律依据是《农村土地承包法》第47条第1款。根据该款规定，经承包方书面同意并向发包方备案，受让方可以将通过流转取得的土地经营权用于向金融机构融资担保。

【关联司法解释】

《最高人民法院关于审理森林资源民事纠纷案件适用法律若干问题的解释》

第13条 林地经营权流转合同终止时，对于林地经营权人种植的地上林木，按照下列情形处理：

（一）合同有约定的，按照约定处理，但该约定依据民法典第一百五十三条的规定应当认定无效的除外；

（二）合同没有约定或者约定不明，当事人协商一致延长合同期限至轮伐期或者其他合理期限届满，承包方请求由林地经营权人承担林地使用费的，对其合理部分予以支持；

（三）合同没有约定或者约定不明，当事人未能就延长合同期限协商一致，林地经营权人请求对林木价值进行补偿的，对其合理部分予以支持。

林地承包合同终止时，承包方种植的地上林木的处理，参照适用前款规定。

【其他关联规定】

《中华人民共和国农村土地承包法》

第37条 土地经营权人有权在合同约定的期限内占有农村土地，自主开展农业生产经营并取得收益。

第45条 县级以上地方人民政府应当建立工商企业等社会资本通过流转取得土地经营权的资格审查、项目审核和风险防范制度。

工商企业等社会资本通过流转取得土地经营权的，本集体经济组织可以收取适量管理费用。

具体办法由国务院农业农村、林业和草原主管部门规定。

★ **第341条【土地经营权的设立及登记】**

流转期限为五年以上的土地经营权，自流转合同生效时设立。当事人可以向登记机构申请土地经营权登记；未经登记，不得对抗善意第三人。

【条文解读】

　　本条是关于流转期限5年以上的土地经营权的设立和登记的规定。本条吸纳了《农村土地承包法》第41条的规定。本条主要规定了两方面的内容：一是土地经营权的设立；二是土地经营权的登记。

　　关于土地经营权的设立，本条规定，流转期限为5年以上的土地经营权，自流转合同生效时设立。根据该规定，土地经营权的设立采债权意思主义模式，即仅需当事人形成合意即可设立土地经营权。土地经营权流转涉及农民的生产生存权益，影响较大，采用书面形式签订土地经营权流转合同，有利于明确双方之间的权利义务，避免约定不明而引发纠纷。《农村土地承包法》第40条第1款规定，土地经营权流转，当事人双方应当签订书面流转合同。《民法典》第490条第1款规定，当事人采用合同书形式订立合同的，自当事人均签名、盖章或者按指印时合同成立。第502条规定，依法成立的合同，自成立时生效，但是法律另有规定或者当事人另有约定的除外。依照法律、行政法规的规定，合同应当办理批准等手续的，依照其规定。我国现行法律法规未规定土地经营权流转合同应办理批准等手续。因此，根据规定，土地经营权流转合同应自当事人签名、盖章或者按指印时即成立生效，土地经营权亦自此时设立。《农村土地承包法》第36条规定，土地承包经营权人流转土地经营权应向发包方备案。该条规定的备案不影响土地经营权流转合同的生效。

　　关于土地经营权的登记，本条规定，当事人可以向登记机构申请土地经营权登记；未经登记，不得对抗善意第三人。根据该规定，土地经营权采登记对抗主义，未经登记，不影响土地经营权的设立和流转，但其不能对抗善意第三人。相反，经登记的土地经营权不仅在当事人之间发生法律效力，而且可以对抗第三人。例如，甲与乙先签订了土地经营权流转合同。之后，甲又就同一土地与丙签订了土地经营权流转合同，并办理了登记。乙虽然签订合同在先，但因未办理登记，其取得的土地经营权不能对抗丙。丙虽然签订合同在后，但因其办理了登记，其取得的土地经营权具有对抗乙的效力。

乙、丙均主张取得土地经营权的，由丙取得土地经营权。如果乙、丙均未登记，因乙合同生效在先，则由乙取得土地经营权。

【关联司法解释】

《最高人民法院关于审理森林资源民事纠纷案件适用法律若干问题的解释》

第7条　当事人就同一集体林地订立多个经营权流转合同，在合同有效的情况下，受让方均主张取得林地经营权的，由具有下列情形的受让方取得：

（一）林地经营权已经依法登记的；

（二）林地经营权均未依法登记，争议发生前已经合法占有使用林地并大量投入的；

（三）无前两项规定情形，合同生效在先的。

未取得林地经营权的一方请求解除合同、由违约方承担违约责任的，人民法院依法予以支持。

第14条　人民法院对于当事人为利用公益林林地资源和森林景观资源开展林下经济、森林旅游、森林康养等经营活动订立的合同，应当综合考虑公益林生态区位保护要求、公益林生态功能及是否经科学论证的合理利用等因素，依法认定合同效力。

当事人仅以涉公益林为由主张经营合同无效的，人民法院不予支持。

【其他关联规定】

《中华人民共和国农村土地承包法》

第40条　土地经营权流转，当事人双方应当签订书面流转合同。

土地经营权流转合同一般包括以下条款：

（一）双方当事人的姓名、住所；

（二）流转土地的名称、坐落、面积、质量等级；

（三）流转期限和起止日期；

（四）流转土地的用途；

（五）双方当事人的权利和义务；

（六）流转价款及支付方式；

（七）土地被依法征收、征用、占用时有关补偿费的归属；

（八）违约责任。

承包方将土地交由他人代耕不超过一年的，可以不签订书面合同。

第41条 土地经营权流转期限为五年以上的，当事人可以向登记机构申请土地经营权登记。未经登记，不得对抗善意第三人。

第42条 承包方不得单方解除土地经营权流转合同，但受让方有下列情形之一的除外：

（一）擅自改变土地的农业用途；

（二）弃耕抛荒连续两年以上；

（三）给土地造成严重损害或者严重破坏土地生态环境；

（四）其他严重违约行为。

第43条 经承包方同意，受让方可以依法投资改良土壤，建设农业生产附属、配套设施，并按照合同约定对其投资部分获得合理补偿。

第47条 承包方可以用承包地的土地经营权向金融机构融资担保，并向发包方备案。受让方通过流转取得的土地经营权，经承包方书面同意并向发包方备案，可以向金融机构融资担保。

担保物权自融资担保合同生效时设立。当事人可以向登记机构申请登记；未经登记，不得对抗善意第三人。

实现担保物权时，担保物权人有权就土地经营权优先受偿。

土地经营权融资担保办法由国务院有关部门规定。

★ **第342条【其他方式承包的土地经营权流转】**

通过招标、拍卖、公开协商等方式承包农村土地，**经依法登记取得权属证书的**，可以依法采取出租、入股、抵押或者其他方式流转土地经营权。

【条文解读】

本条是关于以其他方式承包的土地经营权流转的规定。本条的主要变化之处是将原《物权法》第133条规定的"依照农村土地承包法等法律和国务院的有关规定"修改为"经依法登记取得权属证书的",进一步明确了以其他方式承包取得的土地经营权流转的范围。

我国农村土地的承包方式主要包括家庭承包和其他方式的承包。其他方式的承包主要是指通过招标、拍卖、公开协商等方式承包。根据《农村土地承包法》第48条的规定,以其他方式承包的农村土地主要是指不宜采取家庭承包方式的荒山、荒沟、荒丘、荒滩等。以其他方式承包农村土地的,在同等条件下,本集体经济组织成员有权优先承包。对于以家庭承包方式取得的农村土地,《民法典》第339条规定土地承包经营人可以自主决定以出租、入股或者其他方式向他人流转土地经营权。对于以其他方式承包农村土地的,本条规定土地经营权人经依法登记取得权属证书的,可以采取出租、入股、抵押或者其他方式流转土地经营权。

以其他方式承包取得的土地经营权流转的法定条件是经依法登记取得权属证书。之所以作此规定,主要是因为以其他方式承包取得的土地经营权,有的承包期限较短,发包方与承包方之间的关系不稳定,这种情况下取得的土地经营权不具备流转的基础;只有承包期限较长,投入又大,承包方与发包方经依法登记建立一种比较稳定的关系,土地经营权才具备流转的基础。以其他方式承包取得的土地经营权的主体不限于本集体经济组织成员,权利人与权利客体之间无需有成员身份关系基础。因此,以其他方式承包是一种单纯的合同关系。这是以其他方式承包取得的土地经营权与家庭承包经营权的主要区别。在熟人关系内部,声誉机制足以形成有效约束,占有足以公示物权信息,但是在超出熟人关系的范围后,声誉机制的约束力减弱,占有公示的效果也大大减弱。经登记的承包经营权可通过登记方式公示承包地的承包经营权信息,并产生公信力,有利于维护交易安全。

【关联司法解释】

《最高人民法院关于审理涉及农村土地承包纠纷案件适用法律问题的解释》

第18条 本集体经济组织成员在承包费、承包期限等主要内容相同的条件下主张优先承包的，应予支持。但在发包方将农村土地发包给本集体经济组织以外的组织或者个人，已经法律规定的民主议定程序通过，并由乡（镇）人民政府批准后主张优先承包的，不予支持。

★ 第19条 发包方就同一土地签订两个以上承包合同，承包方均主张取得土地经营权的，按照下列情形，分别处理：

（一）已经依法登记的承包方，取得土地经营权；

（二）均未依法登记的，生效在先合同的承包方取得土地经营权；

（三）依前两项规定无法确定的，已经根据承包合同合法占有使用承包地的人取得土地经营权，但争议发生后一方强行先占承包地的行为和事实，不得作为确定土地经营权的依据。

【司法解释条文解读】

《最高人民法院关于审理涉及农村土地承包纠纷案件适用法律问题的解释》第19条是关于"一地两包"法律后果的规定。本条的主要变化之处是根据《民法典》的规定，将原条文中的"土地承包经营权"统一修正为"土地经营权"。

根据本条规定，发包方就同一土地签订两个以上承包合同时，承包方均主张取得土地经营权的，应依次适用以下原则进行处理：一是登记对抗原则。两个以上承包合同同时存在于同一土地上时，承包方均主张土地经营权的，土地承包经营权由办理登记的承包方取得。这样有利于维护交易秩序的稳定和保护善意第三人的利益。二是合同生效在先原则。同一块土地上成立的两个承包经营权均未登记的，根据合同生效的时间顺序，由先生效的合同承包方取得土地经营权。根据《民法典》的规定，土地承包合同自成立时即生效，土地经营权自承包合同生效时即设立，在承包方均未办理登记的情况下，生效在先合同的承包方先于生效在后合同的承包方取得土地经营权。三是合法先占原则。在依前两项原则无法确定经营权人的情况下，已经根据承包合同合法占有使用承包地的人取得土地经营权。该处理原则的法理依据是民法上的占有原则。合法占有承包地的承包人一般已经对土地进行了投入和经营，如果不赋予其土地经营权，则会损害其合法利益，有违公平原则。但如果承包方是在争议发生后强行先占承包地的，则占有行为不得作为确定土地经营权的依据。需要注意的是，上述三个处理原则存在适用的优先顺序，即登记对抗原则优先于合同在先生效原则适用，合同在先生效原则优先于合法先占原则适用。

《最高人民法院关于审理森林资源民事纠纷案件适用法律若干问题的解释》

第15条 以林地经营权、林木所有权等法律、行政法规未禁止抵押的森林资源资产设定抵押，债务人不履行到期债务或者发生当事人约定的实现抵押权的情形，抵押权人与抵押人协议以抵押的森林资源资产折价，并据此请求接管经营抵押财产的，人民法院依法予以支持。

抵押权人与抵押人未就森林资源资产抵押权的实现方式达成协议，抵押权人依据民事诉讼法第二百零三条①、第二百零四条②的规定申请实现抵押权的，人民法院依法裁定拍卖、变卖抵押财产。

第16条 以森林生态效益补偿收益、林业碳汇等提供担保，债务人不履行到期债务或者发生当事人约定的实现担保物权的情形，担保物权人请求就担保财产优先受偿的，人民法院依法予以支持。

---

① 现为第207条。
② 现为第208条。

《最高人民法院关于国有土地开荒后用于农耕的土地使用权转让合同纠纷案件如何适用法律问题的批复》

甘肃省高级人民法院：

你院《关于对国有土地经营权转让如何适用法律的请示》（甘高法〔2010〕84号）收悉。经研究，答复如下：

开荒后用于农耕而未交由农民集体使用的国有土地，不属于《农村土地承包法》第二条规定的农村土地。此类土地使用权的转让，不适用《农村土地承包法》的规定，应适用《中华人民共和国民法典》和《土地管理法》等相关法律规定加以规范。

对于国有土地开荒后用于农耕的土地使用权转让合同，不违反法律、行政法规的强制性规定的，当事人仅以转让方未取得土地使用权证书为由请求确认合同无效的，人民法院依法不予支持；当事人根据合同约定主张对方当事人履行办理土地使用权证书义务的，人民法院依法应予支持。

【其他关联规定】

《中华人民共和国农村土地承包法》

第48条　不宜采取家庭承包方式的荒山、荒沟、荒丘、荒滩等农村土地，通过招标、拍卖、公开协商等方式承包的，适用本章规定。

第49条　以其他方式承包农村土地的，应当签订承包合同，承包方取得土地经营权。当事人的权利和义务、承包期限等，由双方协商确定。以招标、拍卖方式承包的，承包费通过公开竞标、竞价确定；以公开协商等方式承包的，承包费由双方议定。

第50条　荒山、荒沟、荒丘、荒滩等可以直接通过招标、拍卖、公开协商等方式实行承包经营，也可以将土地经营权折股分给本集体经济组织成员后，再实行承包经营或者股份合作经营。

承包荒山、荒沟、荒丘、荒滩的，应当遵守有关法律、行政法规的规定，防止水土流失，保护生态环境。

第51条 以其他方式承包农村土地，在同等条件下，本集体经济组织成员有权优先承包。

第52条 发包方将农村土地发包给本集体经济组织以外的单位或者个人承包，应当事先经本集体经济组织成员的村民会议三分之二以上成员或者三分之二以上村民代表的同意，并报乡（镇）人民政府批准。

由本集体经济组织以外的单位或者个人承包的，应当对承包方的资信情况和经营能力进行审查后，再签订承包合同。

第53条 通过招标、拍卖、公开协商等方式承包农村土地，经依法登记取得权属证书的，可以依法采取出租、入股、抵押或者其他方式流转土地经营权。

第54条 依照本章规定通过招标、拍卖、公开协商等方式取得土地经营权的，该承包人死亡，其应得的承包收益，依照继承法的规定继承；在承包期内，其继承人可以继续承包。

第343条【国有农用地承包经营的法律适用】

国家所有的农用地实行承包经营的，参照适用本编的有关规定。

第十二章 建设用地使用权

第344条【建设用地使用权的定义】

建设用地使用权人依法对国家所有的土地享有占有、使用和收益的权利，有权利用该土地建造建筑物、构筑物及其附属设施。

第345条【建设用地使用权的分层设立】

建设用地使用权可以在土地的地表、地上或者地下分别设立。

★★ 第346条【建设用地使用权的设立原则】

设立建设用地使用权，应当符合节约资源、保护生态环境的要求，遵守法律、行政法规关于土地用途的规定，不得损害已经设立的用益物权。

【条文解读】

　　本条是关于建设用地使用权设立原则的规定。原《物权法》第136条规定："建设用地使用权可以在土地的地表、地上或者地下分别设立。新设立的建设用地使用权，不得损害已设立的用益物权。"本条是将原《物权法》第136条第2句单独列出，并增加规定设立建设用地使用权应当遵循绿色原则和守法原则而形成的新条文。本条前段规定设立建设用地使用权应当符合节约资源、保护生态环境的要求，即绿色原则。绿色原则是我国民法的一项基本原则。《民法典》第9条规定："民事主体从事民事活动，应当有利于节约资源、保护生态环境。"本条增加规定设立建设用地使用权应当符合节约资源、保护生态环境的要求是《民法典》总则编绿色原则的具体体现。本条规定设立建设用地使用权应当遵守法律、行政法规关于土地用途的规定，即守法原则。我国有很多法律、行政法规对土地用途作了规定，其中最重要的是《土地管理法》。《土地管理法》第4条规定："国家实行土地用途管制制度。国家编制土地利用总体规划，规定土地用途，将土地分为农用地、建设用地和未利用地。严格限制农用地转为建设用地，控制建设用地总量，对耕地实行特殊保护。前款所称农用地是指直接用于农业生产的土地，包括耕地、林地、草地、农田水利用地、养殖水面等；建设用地是指建造建筑物、构筑物的土地，包括城乡住宅和公共设施用地、工矿用地、交通水利设施用地、旅游用地、军事设施用地等；未利用地是指农用地和建设用地以外的土地。使用土地的单位和个人必须严格按照土地利用总体规划确定的用途使用土地。"第56条规定："建设单位使用国有土地的，应当按照土地使用权出让等有偿使用合同的约定或者土地使用权划拨批准文件的规定使用土地；确需改变该幅土地建设用途的，应当经有关人民政府自然资源主管部门同意，报原批准用地的人民政府批准。其中，在城市规划区内改变土地用途的，在报批前，应当先经有关城市规划行政主管部门同意。"《民法典》第346条后段规定设立建设用地使用权不得损害已设立的用益物权,是承继原《物权法》第136条的规定,不属于新增加的内容。根据该规定内容,建设用地使用权人在取得某一地块的建设用地使用权前,如果该地块上已经设立了相应的用益物权,则其新设立的建设用地使用权不得损害已设立的用益物权。建设用地使用权设立前,如果该建设用地上设定有地役权,先设定的地役权等用益物权应当自然承继,建设用地使用权人应当继续负担该建设用地上已经设立的地役权。例如,甲、乙两公司均为房地产开发公司,分别通过出让方式获得了A和B两块土地的建设用地使用权。对于上述土地,甲公司准备开发住宅公寓,乙公司准备开发大型购物中心。考虑到购物中心的经营时间较长、客流量大,甲公司与乙公司签订了地役权合同,约定购物中心建成后其营业时间不得超过晚上9点,同时保证购物中心与住宅楼之间的距离为200米以上,并进行了登记。后因乙公司破产,无法偿还银行贷款,B土地的使用权被拍卖。丙公司依法取得B土地的使用权,并决定继续修建购物中心。这种情况下,甲公司可以要求丙公司遵守其与乙公司之间地役权合同的有关约定吗?可以。案涉地役权已经登记,丙公司通过拍卖方式取得供役地使用权的同时,该供役地上的地役权同时转让。因此,丙公司应当遵守地役权合同中的相关规定。

【条文适用疑难解析】

司法实践中需要注意的问题是,违反本条规定是否会导致设立建设用地使用权的行为无效。第一,关于"符合节约资源、保护生态环境的要求",更多理解为倡导性规定,不宜作过于严苛的解读,但是,在一些极端情况下,设立建设用地使用权的行为不"符合节约资源、保护生态环境的要求",是否会导致设立行为无效,仍值得研究。第二,设立建设用地使用权的行为未遵守法律、行政法规关于土地用途的规定的,通常会导致设立行为无效。例如,违反规划设立建设用地使用权的行为,农用地未经法定程序变更为建设用地的情况下设立建设用地使用权的行为,实践中被认定为无效的可能性较高。第三，新设立的建设用地使用权损害已经设立的用益物权的，则可能会导致赔偿责任，且应当优先保护先设立的用益物权。例如，甲公司拟在某市的两座"姊妹"楼各30层的地方修建一座空中走廊，该公司通过出让的方式取得了修建空中走廊所需要的地上建设用地使用权（先设立的用益物权），并经批准允许其修建，建成的空中走廊视野非常开阔，可鸟瞰全市，成为甲公司的城市广告牌。其后，乙公司通过出让方式取得了该两座"姊妹"楼之间的地表建设用地使用权，拟建造一座28层的办公大楼。对于"姊妹"楼之间的空间，包括地表、地上和地下，依本条规定皆可以设立建设用地使用权，但新设立的建设用地使用权不得损害已设立的用益物权。乙公司取得的"姊妹"楼之间的地表建设用地使用权并建造28层的办公大楼，显然会影响到甲公司取得的"姊妹"楼30层高度之间的地上建设用地使用权而建造的空中走廊的观光效果和商业价值，可以认为损害了甲公司已设立的建设用地使用权。

★★ 第347条【建设用地使用权的设立方式】

设立建设用地使用权，可以采取出让或者划拨等方式。

工业、商业、旅游、娱乐和商品住宅等经营性用地以及同一土地有两个以上意向用地者的，应当采取招标、拍卖等公开竞价的方式出让。

严格限制以划拨方式设立建设用地使用权。

【条文解读】

本条是关于建设用地使用权设立方式的规定。出让和划拨是设立建设用地使用权的两种方式。这两种方式所适用的情形不同，设立的方式不同，设立后的后果也不同。就法律适用的角度看，需要重点把握二者之间的两个主要区别：一是两种方式设立的建设用地使用权的权能存在区别。建设用地使用权，作为一种他物权，一般包括占有、使用、收益权能，同时也有处分建设用地使用权的权能。通过出让方式获得的建设用地使用权，具有以上全部权能，使用权人可以对其享有使用权的国家所有土地享有占有、使用、收益的权利，并可以处分该建设用地使用权，如将其转让，或者在该建设用地使用权上设立抵押等负担。通过划拨方式取得的建设用地使用权，只具有以上部分权能，主要是对国家所有土地享有占有、使用的权利。根据《土地管理法》第54条和《城市房地产管理法》第24条的规定，划拨方式设立建设用地使用权主要限于公共利益。由于划拨建设用地的公益性和使用人未支付对价的特点，使用权人往往只享有占有、使用的权利。划拨建设用地的使用权人无权转让划拨建设用地使用权，只有按照法律规定经过主管机关批准才有权决定划拨建设用地使用权的转让。划拨建设用地经过法定程序，转为出让建设用地后，土地使用权人也有权转让建设用地使用权。二是两种方式设立的建设用地使用权的存续时间不同。建设用地使用权作为一种他物权，与所有权不同，通常有时间限制。通过出让方式设立的建设用地使用权，一般都有使用期限限制。但是，划拨建设用地以实现公共利益为目的，原则上没有期限限制。对此，《城市房地产管理法》第23条第2款规定："依照本法规定以划拨方式取得土地使用权的，除法律、行政法规另有规定外，没有使用期限的限制。"

【条文适用疑难解析】

司法实践中需要注意两个问题：一是本条第2款属于效力性强制规定，违反该款规定的建设用地使用权设立行为无效。如果工业、商业、旅游、娱乐和商品住宅等经营性用地以及同一土地有两个以上意向用地者，未采取招标、拍卖等公开竞价的方式出让的，出让行为应认定为无效。二是本条第3款规定，严格限制以划拨方式设立建设用地使用权。以划拨方式设立建设用地使用权必须符合法律规定，包括经过有权机关批准、符合法定用途等。在法律规定的用途之外，不能以划拨方式设立建设用地使用权。

【关联司法解释】

《最高人民法院关于破产企业国有划拨土地使用权应否列入破产财产等问题的批复》

一、根据《中华人民共和国土地管理法》第五十八条第一款第（三）项及《城镇国有土地使用权出让和转让暂行条例》第四十七条的规定，破产企业以划拨方式取得的国有土地使用权不属于破产财产，在企业破产时，有关人民政府可以予以收回，并依法处置。纳入国家兼并破产计划的国有企业，其依法取得的国有土地使用权，应依据国务院有关文件规定办理。

【其他关联规定】

《中华人民共和国土地管理法》

第54条 建设单位使用国有土地，应当以出让等有偿使用方式取得；但是，下列建设用地，经县级以上人民政府依法批准，可以以划拨方式取得：

（一）国家机关用地和军事用地；

（二）城市基础设施用地和公益事业用地；

（三）国家重点扶持的能源、交通、水利等基础设施用地；

（四）法律、行政法规规定的其他用地。

《中华人民共和国城市房地产管理法》

第8条 土地使用权出让，是指国家将国有土地使用权（以下简称土地使用权）在一定年限内出让给土地使用者，由土地使用者向国家支付土地使用权出让金的行为。

第9条 城市规划区内的集体所有的土地，经依法征收转为国有土地后，该幅国有土地的使用权方可有偿出让，但法律另有规定的除外。

第13条 土地使用权出让，可以采取拍卖、招标或者双方协议的方式。商业、旅游、娱乐和豪华住宅用地，有条件的，必须采取拍卖、招标方式；没有条件，不能采取拍卖、招标方式的，可以采取双方协议的方式。

采取双方协议方式出让土地使用权的出让金不得低于按国家规定所确定的最低价。

第23条 土地使用权划拨，是指县级以上人民政府依法批准，在土地使用者缴纳补偿、安置等费用后将该幅土地交付其使用，或者将土地使用权无偿交付给土地使用者使用的行为。

依照本法规定以划拨方式取得土地使用权的，除法律、行政法规另有规定外，没有使用期限的限制。

第24条 下列建设用地的土地使用权，确属必需的，可以由县级以上人民政府依法批准划拨：

（一）国家机关用地和军事用地；

（二）城市基础设施用地和公益事业用地；

（三）国家重点扶持的能源、交通、水利等项目用地；

（四）法律、行政法规规定的其他用地。

第348条【建设用地使用权出让合同】

通过招标、拍卖、协议等出让方式设立建设用地使用权的，当事人应当采用书面形式订立建设用地使用权出让合同。

建设用地使用权出让合同一般包括下列条款：

（一）当事人的名称和住所；

（二）土地界址、面积等；

（三）建筑物、构筑物及其附属设施占用的空间；

（四）土地用途、规划条件；

（五）建设用地使用权期限；

（六）出让金等费用及其支付方式；

（七）解决争议的方法。

【关联司法解释】

《最高人民法院关于审理涉及国有土地使用权合同纠纷案件适用法律问题的解释》

第1条 本解释所称的土地使用权出让合同,是指市、县人民政府自然资源主管部门作为出让方将国有土地使用权在一定年限内让与受让方,受让方支付土地使用权出让金的合同。

第2条 开发区管理委员会作为出让方与受让方订立的土地使用权出让合同,应当认定无效。

本解释实施前,开发区管理委员会作为出让方与受让方订立的土地使用权出让合同,起诉前经市、县人民政府自然资源主管部门追认的,可以认定合同有效。

第3条 经市、县人民政府批准同意以协议方式出让的土地使用权,土地使用权出让金低于订立合同时当地政府按照国家规定确定的最低价的,应当认定土地使用权出让合同约定的价格条款无效。

当事人请求按照订立合同时的市场评估价格交纳土地使用权出让金的,应予支持;受让方不同意按照市场评估价格补足,请求解除合同的,应予支持。因此造成的损失,由当事人按照过错承担责任。

第4条 土地使用权出让合同的出让方因未办理土地使用权出让批准手续而不能交付土地,受让方请求解除合同的,应予支持。

【其他关联规定】

《中华人民共和国城市房地产管理法》

第15条 土地使用权出让,应当签订书面出让合同。

土地使用权出让合同由市、县人民政府土地管理部门与土地使用者签订。

★ **第349条【建设用地使用权的登记】**

设立建设用地使用权的，应当向登记机构申请建设用地使用权登记。建设用地使用权自登记时设立。登记机构应当向建设用地使用权人发放权属证书。

【条文解读】

本条是关于建设用地使用权登记的规定。根据本条规定，建设用地使用权的设立采登记生效主义，即建设用地使用权经登记方可设立，当事人仅签订建设用地使用权出让合同但未依法登记的，建设用地使用权不能设立。根据《民法典》的相关规定，建设用地使用权设立的方式主要包括出让和划拨。出让是指出让人将一定期限的建设用地使用权出让给建设用地使用权人使用，建设用地使用权人向出让人支付一定的土地出让金。出让是一种有偿的转让方式。划拨是指县级以上人民政府依法批准将一定土地的建设用地使用权无偿交付建设用地使用权人使用的行为。划拨是一种无偿的转让方式。对于以划拨方式设立建设用地使用权的，法律进行了非常严格的限制。《土地管理法》第54条规定："建设单位使用国有土地，应当以出让等有偿使用方式取得；但是，下列建设用地，经县级以上人民政府依法批准，可以以划拨方式取得：（一）国家机关用地和军事用地；（二）城市基础设施用地和公益事业用地；（三）国家重点扶持的能源、交通、水利等基础设施用地；（四）法律、行政法规规定的其他用地。"根据该条规定，建设单位以划拨方式取得国有土地使用权需要满足两方面的条件：一是经县级以上人民政府依法批准；二是土地的使用符合上述法定用途。需要注意的是，当事人不论是以划拨方式设立建设用地使用权还是以出让方式设立建设用地使用权，均需要进行登记。对于办理登记的机构，《城市房地产管理法》第61条第1款规定："以出让或者划拨方式取得土地使用权，应当向县级以上地方人民政府土地管理部门申请登记，经县级以上地方人民政府土地管理部门核实，由同级人民政府颁发土地使用权证书。"根据该款规定，我国的建设用地使用权由县级以上人民政府登记造册。建设用地使用权人办理登记后，登记机构应当依法核发权属证书。

【其他关联规定】

《中华人民共和国城市房地产管理法》

第60条　国家实行土地使用权和房屋所有权登记发证制度。

第61条　以出让或者划拨方式取得土地使用权，应当向县级以上地方人民政府土地管理部门申请登记，经县级以上地方人民政府土地管理部门核实，由同级人民政府颁发土地使用权证书。

在依法取得的房地产开发用地上建成房屋的，应当凭土地使用权证书向县级以上地方人民政府房产管理部门申请登记，由县级以上地方人民政府房产管理部门核实并颁发房屋所有权证书。

房地产转让或者变更时，应当向县级以上地方人民政府房产管理部门申请房产变更登记，并凭变更后的房屋所有权证书向同级人民政府土地管理部门申请土地使用权变更登记，经同级人民政府土地管理部门核实，由同级人民政府更换或者更改土地使用权证书。

法律另有规定的，依照有关法律的规定办理。

第62条　房地产抵押时，应当向县级以上地方人民政府规定的部门办理抵押登记。

因处分抵押房地产而取得土地使用权和房屋所有权的，应当依照本章规定办理过户登记。

第63条　经省、自治区、直辖市人民政府确定，县级以上地方人民政府由一个部门统一负责房产管理和土地管理工作的，可以制作、颁发统一的房地产权证书，依照本法第六十一条的规定，将房屋的所有权和该房屋占用范围内的土地使用权的确认和变更，分别载入房地产权证书。

第350条【土地用途管制制度】

建设用地使用权人应当合理利用土地，不得改变土地用途；需要改变土地用途的，应当依法经有关行政主管部门批准。

【关联司法解释】

《最高人民法院关于审理涉及国有土地使用权合同纠纷案件适用法律问题的解释》

第5条 受让方经出让方和市、县人民政府城市规划行政主管部门同意，改变土地使用权出让合同约定的土地用途，当事人请求按照起诉时同种用途的土地出让金标准调整土地出让金的，应予支持。

第6条 受让方擅自改变土地使用权出让合同约定的土地用途，出让方请求解除合同的，应予支持。

【其他关联规定】

《中华人民共和国土地管理法》

第56条 建设单位使用国有土地的，应当按照土地使用权出让等有偿使用合同的约定或者土地使用权划拨批准文件的规定使用土地；确需改变该幅土地建设用途的，应当经有关人民政府自然资源主管部门同意，报原批准用地的人民政府批准。其中，在城市规划区内改变土地用途的，在报批前，应当先经有关城市规划行政主管部门同意。

第57条 建设项目施工和地质勘查需要临时使用国有土地或者农民集体所有的土地的，由县级以上人民政府自然资源主管部门批准。其中，在城市规划区内的临时用地，在报批前，应当先经有关城市规划行政主管部门同意。土地使用者应当根据土地权属，与有关自然资源主管部门或者农村集体经济组织、村民委员会签订临时使用土地合同，并按照合同的约定支付临时使用土地补偿费。

临时使用土地的使用者应当按照临时使用土地合同约定的用途使用土地，并不得修建永久性建筑物。

临时使用土地期限一般不超过二年。

《中华人民共和国城市房地产管理法》

第18条 土地使用者需要改变土地使用权出让合同约定的土地用途的,必须取得出让方和市、县人民政府城市规划行政主管部门的同意,签订土地使用权出让合同变更协议或者重新签订土地使用权出让合同,相应调整土地使用权出让金。

★★ 第351条【建设用地使用权人支付出让金等费用的义务】

建设用地使用权人应当依照法律规定以及合同约定支付出让金等费用。

【条文解读】

本条是关于建设用地使用权人缴纳出让金等费用的规定,承继了原《物权法》第141条的规定,未作任何修改。建设用地使用权出让金等费用,是指建设用地使用权人依照法律规定以及合同约定向国家缴纳的出让价款及其他应当支付的税费等。建设用地使用权出让金等费用的本质是由我国的土地公有制和国有土地有偿使用制度决定的。社会主义市场经济条件下,国家通过收取出让金等费用的方式,获得土地收益。对于出让金等费用的数额,《民法典》第347条规定应当采取招标、拍卖等公开竞价的方式确定。

【条文适用疑难解析】

司法实践中,适用本条规定需要注意以下问题。

一是政府机关与国有土地使用权人签订的关于返还、减少、免除建设用地使用权出让金的协议违反法律强制性规定,应认定为无效。《土地管理法》第55条规定:"以出让等有偿使用方式取得国有土地使用权的建设单位,按照国务院规定的标准和办法,缴纳土地使用权出让金等土地有偿使用费和其他费用后,方可使用土地。自本法施行之日起,新增建设用地的土地有偿使用费，百分之三十上缴中央财政，百分之七十留给有关地方人民政府。具体使用管理办法由国务院财政部门会同有关部门制定，并报国务院批准。"国务院《关于加强国有土地资产管理的通知》指出，要进一步加强国有土地收益的征收和管理，任何单位和个人均不得减免和挤占挪用土地使用权出让金、租金等土地收益。对于低价出让、租赁土地，随意减免地价，挤占挪用土地收益，造成国有土地资产流失的，要依法追究责任。国有土地属于国家，国有土地使用权出让金亦属于国家，由法律规定的政府部门占有、依法使用。在缺乏法律依据的情况下，政府机关向开发商承诺不收、少收或者返还国有土地使用权出让金，损害了国家利益，应为无效。

二是国有土地使用权人迟延缴纳建设用地使用权出让金应当支付滞纳金。国务院办公厅《关于规范国有土地使用权出让收支管理的通知》指出，土地出让合同、征地协议等应约定对土地使用者不按时足额缴纳土地出让收入的，按日加收违约金额1‰的违约金。违约金随同土地出让收入一并缴入地方国库。通常情况下，建设用地使用权出让合同会将上述规定内容作为合同条款作出约定。当事人因未按时足额缴纳土地出让收入产生争议，诉至法院时，通常出让人会请求受让人按合同约定支付违约金，而受让人通常会请求调减违约金。司法实践在处理此类调减违约金的请求时会非常慎重，防止损害国家利益。

【其他关联规定】

《中华人民共和国土地管理法》

第55条 以出让等有偿使用方式取得国有土地使用权的建设单位，按照国务院规定的标准和办法，缴纳土地使用权出让金等土地有偿使用费和其他费用后，方可使用土地。

自本法施行之日起，新增建设用地的土地有偿使用费，百分之三十上缴中央财政，百分之七十留给有关地方人民政府。具体使用管理办法由国务院财政部门会同有关部门制定，并报国务院批准。

《中华人民共和国城市房地产管理法》

第16条　土地使用者必须按照出让合同约定，支付土地使用权出让金；未按照出让合同约定支付土地使用权出让金的，土地管理部门有权解除合同，并可以请求违约赔偿。

第17条　土地使用者按照出让合同约定支付土地使用权出让金的，市、县人民政府土地管理部门必须按照出让合同约定，提供出让的土地；未按照出让合同约定提供出让的土地的，土地使用者有权解除合同，由土地管理部门返还土地使用权出让金，土地使用者并可以请求违约赔偿。

第19条　土地使用权出让金应当全部上缴财政，列入预算，用于城市基础设施建设和土地开发。土地使用权出让金上缴和使用的具体办法由国务院规定。

★ 第352条【建设用地使用权人建造的建筑物等设施的权属】

建设用地使用权人建造的建筑物、构筑物及其附属设施的所有权属于建设用地使用权人，但是有相反证据证明的除外。

【条文解读】

本条是关于建筑物、构筑物及其附属设施权利归属的规定。本条规定建设用地使用权人建造的建筑物、构筑物及其附属设施的所有权属于建设用地使用权人。本条规定遵循了国内外立法普遍认可的房地权属的确定和变动原则上一体的法律理念。我国土地归国家和集体所有。建设单位要投资使用土地只能通过一定的方式取得使用权，不能取得所有权。建设单位通过合法方式取得的建设用地使用权属于地上权。地上权是指以建造建筑物、其他工作物或者种植竹木并取得所有权为目的而使用他人土地的权利。[①]在我国除建设用地使用权外，土地承包经营权也属于地上权。建设用地使用权人通过出让

[①] 韩清怀：《农村宅基地使用权制度研究》，中国政法大学出版社2015年版，第39页。

或者划拨方式取得建设用地使用权后，有权利用该土地建造建筑物、构筑物及其附属设施。建设用地使用权人在合法取得使用权的建设用地上建造的建筑物、构筑物及其附属设施的所有权原则上应属于其所有，即建设用地使用权可以作为地上建筑物、构筑物及其附属设施的所有权的正当依据。需要注意，本条但书部分还规定了房地权属一体原则的例外情形，即"但是有相反证据证明的除外"。对于该但书部分所指的情形，实践中主要包括以下两种：一是基于土地租赁权享有建筑物、构筑物及其附属设施所有权的情形。《规范国有土地租赁若干意见》第4条规定："国有土地租赁可以根据具体情况实行短期租赁和长期租赁。对短期使用或用于修建临时建筑物的土地，应实行短期租赁，短期租赁年限一般不超过5年；对需要进行地上建筑物、构筑物建设后长期使用的土地，应实行长期租赁，具体租赁期限由租赁合同约定，但最长租赁期限不得超过法律规定的同类用途土地出让最高年期。"这就明确承认了建筑物所有权得以国有土地租赁权为其正当根据。[①]二是实践中相关政府部门与开发商约定，由开发商投资建设市政公共设施，但所有权属于国家所有的，该市政公共设施不能被当然地认定为属于建设用地使用权人即开发商所有。

第353条【建设用地使用权的流转方式】

建设用地使用权人有权将建设用地使用权转让、互换、出资、赠与或者抵押，但是法律另有规定的除外。

【关联司法解释】

《最高人民法院关于能否将国有土地使用权折价抵偿给抵押权人问题的批复》

四川省高级人民法院：

你院川高法〔1998〕19号《关于能否将国有土地使用权以国土部门认定

[①] 崔建远：《中国民法典释评·物权编》（下卷），中国人民大学出版社2020年版，第198页。

的价格抵偿给抵押权人的请示》收悉。经研究，答复如下：

在依法以国有土地使用权作抵押的担保纠纷案件中，债务履行期届满抵押权人未受清偿的，可以通过拍卖的方式将土地使用权变现。如果无法变现，债务人又没有其他可供清偿的财产时，应当对国有土地使用权依法评估。人民法院可以参考政府土地管理部门确认的地价评估结果将土地使用权折价，经抵押权人同意，将折价后的土地使用权抵偿给抵押权人，土地使用权由抵押权人享有。

【其他关联规定】

《中华人民共和国城市房地产管理法》

第28条 依法取得的土地使用权，可以依照本法和有关法律、行政法规的规定，作价入股，合资、合作开发经营房地产。

第354条【处分建设用地使用权的合同形式和期限】
建设用地使用权转让、互换、出资、赠与或者抵押的，当事人应当采用书面形式订立相应的合同。使用期限由当事人约定，但是不得超过建设用地使用权的剩余期限。

【关联司法解释】

《最高人民法院关于审理涉及国有土地使用权合同纠纷案件适用法律问题的解释》

第7条 本解释所称的土地使用权转让合同，是指土地使用权人作为转让方将出让土地使用权转让于受让方，受让方支付价款的合同。

第8条 土地使用权人作为转让方与受让方订立土地使用权转让合同后，当事人一方以双方之间未办理土地使用权变更登记手续为由，请求确认合同无效的，不予支持。

★ **第9条** 土地使用权人作为转让方就同一出让土地使用权订立数个转让合同，在转让合同有效的情况下，受让方均要求履行合同的，按照以下情形分别处理：

（一）已经办理土地使用权变更登记手续的受让方，请求转让方履行交付土地等合同义务的，应予支持；

（二）均未办理土地使用权变更登记手续，已先行合法占有投资开发土地的受让方请求转让方履行土地使用权变更登记等合同义务的，应予支持；

（三）均未办理土地使用权变更登记手续，又未合法占有投资开发土地，先行支付土地转让款的受让方请求转让方履行交付土地和办理土地使用权变更登记等合同义务的，应予支持；

（四）合同均未履行，依法成立在先的合同受让方请求履行合同的，应予支持。

未能取得土地使用权的受让方请求解除合同、赔偿损失的，依照民法典的有关规定处理。

【司法解释条文解读】

《最高人民法院关于审理涉及国有土地使用权合同纠纷案件适用法律问题的解释》第9条是关于土地使用权人就同一土地使用权与多人签订转让合同处理原则的规定。对于土地使用权的变动，《民法典》采用了债权形式主义的物权变动模式，即当事人就出让土地使用权订立转让合同后，还需就土地使用权转让办理变更登记方可发生物权变动的法律效果，当事人仅就土地使用权签订转让合同，未依法办理登记的，不能产生土地使用权变动的法律效果，该签订合同的行为仅能在当事人之间产生债权变动的法律效果。土地使用权人作为转让方就同一出让土地使用权与他人订立的转让合同应自成立时生效。数个转让合同如果均不存在《民法典》总则编和合同编规定的法定无效情形，则均为有效。转让合同不因土地使用权人作为出让人与他人就同一出让土地同时签订了其他转让合同而无效。对于转让合同均为有效，数个受让方均要求履行合同的，根据本条规定，应按照以下原则进行处理：一是变更登记原则。根据我国土地使用权的物权变动模式，在数个转让合同均为有效的情况下，如果有的受让方已经就土地使用权办理登记，其他受让方尚未就土地使用权办理变更登记，已经办理变更登记的受让方自登记之日起即取得转让的土地使用权；未办理变更登记的受让方仅取得请求转让方履行合同的债权，并未取得土地使用权。因此，这种情况下，由办理登记的受让方取得土地使用权更符合物权变动的法理。二是先占原则。在均未办理土地使用权变更登记手续的情况下，受让人取得的均为债权，这种情况下，应由已先行合法占有投资开发土地的受让方继续履行转让合同，这样既可以减少社会资源的浪费，又可以避免因财产返还带来的麻烦。需要注意的是，该原则保护的是先行合法占有受让方，不包括违法占有受让方。三是先行付款原则。该原则主要是基于公平原则。在转让合同均有效，受让方均未办理登记，且均未先行占有的情况下，如果其中一个受让方先行支付土地转让款，则意味着该受让方已经履行转让合同的主要义务，基于公平原则，转让方也应根据合同约定向其履行交付土地、配合办理建设用地使用权登记的义务。实践中，如果两个以上的受让方都先行支付了土地转让款，此时应根据各方履行支付土地款的顺序，由最先支付土地转让款的受让方继续履行与转让方订立的转让合同。四是合同成立在先原则。在数个土地使用权转让合同均未履行的情况下，由成立在先的合同受让方与转让方继续履行订立的土地使用权转让合同。未能取得土地使用权的受让方可以根据《民法典》的规定，请求解除合同、返还财产、赔偿损失等。这一解释的精神在处理"一房二卖"等"一物二卖"问题时，亦同样适用。

第10条 土地使用权人与受让方订立合同转让划拨土地使用权，起诉前经有批准权的人民政府同意转让，并由受让方办理土地使用权出让手续的，土地使用权人与受让方订立的合同可以按照补偿性质的合同处理。

第11条 土地使用权人与受让方订立合同转让划拨土地使用权，起诉前经有批准权的人民政府决定不办理土地使用权出让手续,并将该划拨土地使用权直接划拨给受让方使用的,土地使用权人与受让方订立的合同可以按照补偿性质的合同处理。

第355条【建设用地使用权流转后变更登记】

建设用地使用权转让、互换、出资或者赠与的,应当向登记机构申请变更登记。

第356条【建筑物等设施随建设用地使用权的流转而一并处分】

建设用地使用权转让、互换、出资或者赠与的,附着于该土地上的建筑物、构筑物及其附属设施一并处分。

★★第357条【建设用地使用权随建筑物等设施的流转而一并处分】

建筑物、构筑物及其附属设施转让、互换、出资或者赠与的,该建筑物、构筑物及其附属设施占用范围内的建设用地使用权一并处分。

【条文解读】

《民法典》第356条和第357条是关于"房随地走""地随房走"的规定。"房随地走"是指建设用地使用权流转时,附着于该土地上的建筑物、构筑物及其附属设施随之一并流转。"地随房走"是指建筑物、构筑物及其附属设施流转时,其占用范围内的建设用地使用权随之一并流转。对于"地随房走"原则和"房随地走"原则,法理上统称为房地权属变动一体原则,即建设用地使用权与地上建筑物、构筑物及其附属设施所有权原则上一体发生变动。建设用地使用权与地上建筑物、构筑物及其附属设施所有权变动的方式主要包括转让、互换、出资或者赠与。当事人将建设用地使用权或者地上建筑物、构筑物及其附属设施用于转让、互换、出资或者赠与的,应当向登记机构申请变更登记。建设用地使用权或者地上建筑物、构筑物及其附属设施所有权自办理变更登记时发生变动。

【条文适用疑难解析】

司法实践中需要注意把握划拨建设用地使用权转让合同的效力问题。《城市房地产管理法》第40条规定："以划拨方式取得土地使用权的，转让房地产时，应当按照国务院规定，报有批准权的人民政府审批。有批准权的人民政府准予转让的，应当由受让方办理土地使用权出让手续，并依照国家有关规定缴纳土地使用权出让金。以划拨方式取得土地使用权的，转让房地产报批时，有批准权的人民政府按照国务院规定决定可以不办理土地使用权出让手续的，转让方应当按照国务院规定将转让房地产所获收益中的土地收益上缴国家或者作其他处理。"划拨建设用地使用权的转让，无论是与地上建筑物一并转让，还是单独转让；无论是转让后继续作为划拨用地使用，还是转让后变更为出让地使用，均需要有关政府机关审批。如果未经审批，划拨建设用地使用权不能转让，但是未经审批，划拨建设用地使用权转让合同是否有效，存在不同认识，司法实践的裁判规则也经历了发展变化的过程。2004年11月23日最高人民法院审判委员会第1334次会议通过，自2005年8月1日起施行的《最高人民法院关于审理涉及国有土地使用权合同纠纷案件适用法律问题的解释》第11条规定："土地使用权人未经有批准权的人民政府批准，与受让方订立合同转让划拨土地使用权的，应当认定合同无效。但起诉前经有批准权的人民政府批准办理土地使用权出让手续的，应当认定合同有效。"根据该条解释规定，划拨土地使用权转让合同，必须经过有批准权的人民政府批准，未经批准，则无效。最高人民法院为鼓励交易，规定只要起诉前经有批准权的人民政府批准办理土地使用权出让手续，就应当认定合同有效。对于本条解释，实践中存在争议：一种观点认为，《城市房地产管理法》第40条规定，以划拨方式取得土地使用权的，转让房地产时，应当报有批准权的人民政府审批，是指划拨建设用地使用权转让合同是经审批才生效的合同，未经批准而签订的划拨建设用地使用权转让合同，违反法律的强制性规定，应当认定为无效。另一种观点认为，《城市房地产管理法》第40条规定，以划拨方式取得土地使用权的，转让房地产时，应当报有批准权的人民政府审批，指的是变更建设用地使用权人登记手续的行为，即物权行为或者说履行行为需要报经审批，债权行为或者说订立合同的行为不需要报经审批。如果当事人未按合同约束履行报请审批义务，或者报请审批后未获得批准，合同无法履行，由当事人依据合同约定或者法律规定承担违约责任即可。因为，双方当事人订立的划拨建设用地使用权转让合同只对双方当事人有约束力，对第三人不产生约束力，也不会影响国家利益和市场秩序，只有直接产生物权变化的合同履行行为或者说物权行为才会影响国家利益和市场秩序。因此，不能仅因划拨建设用地使用权转让合同未经有权审批的政府机关审批而认定合同无效，这有利于保护交易、保护诚信。2020年最高人民法院修正此司法解释时，采纳了第二种观点，删除了第11条的规定。

对于出让建设用地使用权的转让，根据《城市房地产管理法》第39条的规定应当满足以下条件：一是按照出让合同约定已经支付全部土地使用权出让金，并取得土地使用权证书；二是按照出让合同约定进行投资开发，属于房屋建设工程的，完成开发投资总额的25%以上，属于成片开发土地的，形成工业用地或者其他建设用地条件。转让房地产时房屋已经建成的，还应当持有房屋所有权证书。关于转让方在未达到上述条件的情况下建设用地使用权转让合同的效力问题，实践中存在不同的观点：一种观点认为，《城市房地产管理法》第39条属于效力性强制性规定，转让方未满足其规定条件的，建设用地使用权转让合同应为无效。另一种观点认为，《城市房地产管理法》第39条规定的转让条件主要是针对建设用地使用权转让合同签订后的物权变动行为。该物权变动行为与债权合同属于两个相互独立的不同民事行为。转让方未达到规定的转让条件，只会影响建设用地使用权转让合同的履行，并不会影响合同本身的效力。最高人民法院倾向于第二种观点。对于未达到《城市房地产管理法》第39条第1款第2项规定的转让合同效力，《第八次全国法院民事商事审判工作会议（民事部分）纪要》第13条明确规定："城市房地产管理法第三十九条第一款第二项规定并非效力性强制性规定，当事人仅以转让国有土地使用权未达到该项规定条件为由，请求确认转让合同无效的，不予支持。"

【其他关联规定】

《中华人民共和国城市房地产管理法》

第32条 房地产转让、抵押时，房屋的所有权和该房屋占用范围内的土地使用权同时转让、抵押。

第37条 房地产转让，是指房地产权利人通过买卖、赠与或者其他合法方式将其房地产转移给他人的行为。

第38条 下列房地产，不得转让：

（一）以出让方式取得土地使用权的，不符合本法第三十九条规定的条件的；

（二）司法机关和行政机关依法裁定、决定查封或者以其他形式限制房地产权利的；

（三）依法收回土地使用权的；

（四）共有房地产，未经其他共有人书面同意的；

（五）权属有争议的；

（六）未依法登记领取权属证书的；

（七）法律、行政法规规定禁止转让的其他情形。

第39条 以出让方式取得土地使用权的，转让房地产时，应当符合下列条件：

（一）按照出让合同约定已经支付全部土地使用权出让金，并取得土地使用权证书；

（二）按照出让合同约定进行投资开发，属于房屋建设工程的，完成开发投资总额的百分之二十五以上，属于成片开发土地的，形成工业用地或者其他建设用地条件。

转让房地产时房屋已经建成的，还应当持有房屋所有权证书。

第40条　以划拨方式取得土地使用权的，转让房地产时，应当按照国务院规定，报有批准权的人民政府审批。有批准权的人民政府准予转让的，应当由受让方办理土地使用权出让手续，并依照国家有关规定缴纳土地使用权出让金。

以划拨方式取得土地使用权的，转让房地产报批时，有批准权的人民政府按照国务院规定决定可以不办理土地使用权出让手续的，转让方应当按照国务院规定将转让房地产所获收益中的土地收益上缴国家或者作其他处理。

第41条　房地产转让，应当签订书面转让合同，合同中应当载明土地使用权取得的方式。

第42条　房地产转让时，土地使用权出让合同载明的权利、义务随之转移。

第43条　以出让方式取得土地使用权的，转让房地产后，其土地使用权的使用年限为原土地使用权出让合同约定的使用年限减去原土地使用者已经使用年限后的剩余年限。

第44条　以出让方式取得土地使用权的，转让房地产后，受让人改变原土地使用权出让合同约定的土地用途的，必须取得原出让方和市、县人民政府城市规划行政主管部门的同意，签订土地使用权出让合同变更协议或者重新签订土地使用权出让合同，相应调整土地使用权出让金。

第358条【建设用地使用权提前收回及其补偿】

建设用地使用权期限届满前，因公共利益需要提前收回该土地的，应当依据本法第二百四十三条的规定对该土地上的房屋以及其他不动产给予补偿，并退还相应的出让金。

【其他关联规定】

《中华人民共和国土地管理法》

第58条　有下列情形之一的，由有关人民政府自然资源主管部门报经原批准用地的人民政府或者有批准权的人民政府批准，可以收回国有土地使用权：

（一）为实施城市规划进行旧城区改建以及其他公共利益需要，确需使用土地的；

（二）土地出让等有偿使用合同约定的使用期限届满，土地使用者未申请续期或者申请续期未获批准的；

（三）因单位撤销、迁移等原因，停止使用原划拨的国有土地的；

（四）公路、铁路、机场、矿场等经核准报废的。

依照前款第（一）项的规定收回国有土地使用权的，对土地使用权人应当给予适当补偿。

《中华人民共和国城市房地产管理法》

第20条　国家对土地使用者依法取得的土地使用权，在出让合同约定的使用年限届满前不收回；在特殊情况下，根据社会公共利益的需要，可以依照法律程序提前收回，并根据土地使用者使用土地的实际年限和开发土地的实际情况给予相应的补偿。

第21条　土地使用权因土地灭失而终止。

第359条【建设用地使用权的续期】

住宅建设用地使用权期限届满的，自动续期。**续期费用的缴纳或者减免，依照法律、行政法规的规定办理。**

非住宅建设用地使用权期限届满后的续期，依照法律规定办理。该土地上的房屋以及其他不动产的归属，有约定的，按照约定；没有约定或者约定不明确的，依照法律、行政法规的规定办理。

【其他关联规定】

《中华人民共和国城市房地产管理法》

第22条　土地使用权出让合同约定的使用年限届满，土地使用者需要继续使用土地的,应当至迟于届满前一年申请续期,除根据社会公共利益需要收回该幅土地的,应当予以批准。经批准准予续期的,应当重新签订土地使用权出让合同,依照规定支付土地使用权出让金。

土地使用权出让合同约定的使用年限届满,土地使用者未申请续期或者虽申请续期但依照前款规定未获批准的,土地使用权由国家无偿收回。

第360条【建设用地使用权注销登记】

建设用地使用权消灭的,出让人应当及时办理注销登记。登记机构应当收回权属证书。

第361条【集体所有土地作为建设用地的法律适用】

集体所有的土地作为建设用地的,应当依照土地管理的法律规定办理。

【其他关联规定】

《中华人民共和国土地管理法》

第59条 乡镇企业、乡(镇)村公共设施、公益事业、农村村民住宅等乡(镇)村建设,应当按照村庄和集镇规划,合理布局,综合开发,配套建设;建设用地,应当符合乡(镇)土地利用总体规划和土地利用年度计划,并依照本法第四十四条、第六十条、第六十一条、第六十二条的规定办理审批手续。

第60条 农村集体经济组织使用乡(镇)土地利用总体规划确定的建设用地兴办企业或者与其他单位、个人以土地使用权入股、联营等形式共同举办企业的,应当持有关批准文件,向县级以上地方人民政府自然资源主管部门提出申请,按照省、自治区、直辖市规定的批准权限,由县级以上地方人民政府批准;其中,涉及占用农用地的,依照本法第四十四条的规定办理审批手续。

按照前款规定兴办企业的建设用地,必须严格控制。省、自治区、直辖市可以按照乡镇企业的不同行业和经营规模，分别规定用地标准。

第61条 乡（镇）村公共设施、公益事业建设，需要使用土地的，经乡（镇）人民政府审核，向县级以上地方人民政府自然资源主管部门提出申请，按照省、自治区、直辖市规定的批准权限，由县级以上地方人民政府批准；其中，涉及占用农用地的，依照本法第四十四条的规定办理审批手续。

第63条 土地利用总体规划、城乡规划确定为工业、商业等经营性用途，并经依法登记的集体经营性建设用地，土地所有权人可以通过出让、出租等方式交由单位或者个人使用，并应当签订书面合同，载明土地界址、面积、动工期限、使用期限、土地用途、规划条件和双方其他权利义务。

前款规定的集体经营性建设用地出让、出租等，应当经本集体经济组织成员的村民会议三分之二以上成员或者三分之二以上村民代表的同意。

通过出让等方式取得的集体经营性建设用地使用权可以转让、互换、出资、赠与或者抵押，但法律、行政法规另有规定或者土地所有权人、土地使用权人签订的书面合同另有约定的除外。

集体经营性建设用地的出租，集体建设用地使用权的出让及其最高年限、转让、互换、出资、赠与、抵押等，参照同类用途的国有建设用地执行。具体办法由国务院制定。

第64条 集体建设用地的使用者应当严格按照土地利用总体规划、城乡规划确定的用途使用土地。

第65条 在土地利用总体规划制定前已建的不符合土地利用总体规划确定的用途的建筑物、构筑物，不得重建、扩建。

第66条 有下列情形之一的，农村集体经济组织报经原批准用地的人民政府批准，可以收回土地使用权：

（一）为乡（镇）村公共设施和公益事业建设，需要使用土地的；

（二）不按照批准的用途使用土地的；

（三）因撤销、迁移等原因而停止使用土地的。

依照前款第（一）项规定收回农民集体所有的土地的，对土地使用权人应当给予适当补偿。

收回集体经营性建设用地使用权，依照双方签订的书面合同办理，法律、行政法规另有规定的除外。

第十三章　宅基地使用权

第362条【宅基地使用权的定义】
宅基地使用权人依法对集体所有的土地享有占有和使用的权利，有权依法利用该土地建造住宅及其附属设施。

★★ **第363条【宅基地使用权取得、行使和转让的法律适用】**
宅基地使用权的取得、行使和转让，适用土地管理的法律和国家有关规定。

【条文解读】

本条是关于宅基地使用权取得、行使和转让的法律适用的规定。宅基地使用权是一项重要的农村集体经济组织成员权，以资格权为基础，以财产权为内容。宅基地使用权以资格权为基础是因为宅基地使用权的享有以享有农村集体经济组织成员资格为前提，不具有农村集体经济组织成员资格的民事主体，不能享有宅基地使用权。宅基地使用权以财产权为内容是因为宅基地使用权是一种用益物权、财产权。宅基地使用权的双重特性，决定了其不同于一般用益物权的特点。宅基地使用权的原始取得、继受取得、消灭等，既有与普通用益物权的相同之处，也有独特的特点。而这些独特特点是适用《民法典》及相关民事法律、行政法规、部门规章和司法解释的重点和难点问题。

与农村土地承包经营权制度一样，农村宅基地使用权制度不仅是我国农村公有制经济的表现形式，也是确保广大农民住有所居的基础性制度，维护农村宅基地使用权制度的稳定性，对于维护我国基本经济制度和保障农民居住权，具有重要意义。此外，保障农村集体经济组织成员的居住用地是农村集体经济组织的重要义务，但这份义务只针对集体经济组织成员，不针对农村集体经济组织成员之外的人。伴随着工业化和现代化，大量农村人口从农村来到城市工作、学习和生活。大量农村人口离开农村导致部分地区农村承包地撂荒和广大农村地区住宅空置。之所以农村地区空置的是住宅而不是宅基地闲置与我国人民群众安土重迁的传统有重大关系。几千年的农耕经济让农民对土地和住宅有深深的渴望。农民一旦外出务工挣到钱，首先就回农村在宅基地上盖房，但空置率非常高。因此盘活农村住宅、宅基地、承包地等经济资源、减少浪费、促进乡村振兴、提高全要素生产率，是需要解决的问题。我国开展了农村承包土地、宅基地"三权分置"改革，前者已经入法，后者仍在探索之中。农村宅基地使用权承载的不仅是经济功能，还有政治功能和社会功能。在审理涉及农村宅基地使用权的案件时，必须要稳妥，实现政治效果、法律效果和社会效果相统一。

【条文适用疑难解析】

司法实践中需要注意准确把握农村宅基地使用权转让合同的效力问题。宅基地使用权同时具有资格权和财产权双重特性，这决定了宅基地使用权不能自由转让。2016年《第八次全国法院民事商事审判工作会议（民事部分）纪要》指出，在国家确定的宅基地制度改革试点地区，可以按照国家政策及相关指导意见处宅基地使用权因抵押担保、转让而产生的纠纷。在非试点地区，农民将其宅基地上的房屋出售给本集体经济组织以外的个人，该房屋买卖合同认定为无效。合同无效后，买受人请求返还购房款及其利息，以及请求赔偿翻建或者改建成本的，应当综合考虑当事人过错等因素予以确定。因此，向集体经济组织成员之外的民事主体转让宅基地使用权的合同应当认定为无效。实践中，下列情形是否亦会导致宅基地使用权转让合同无效，尚存在不同认识：一是转让人只拥有一处农村住房和宅基地，且在城市没有房屋居住和生活保障；二是受让人已经在农村有住宅和宅基地，已不符合宅基地使用权分配条件；三是宅基地使用权转让合同未征得本集体经济组织同意；四是单独转让宅基地使用权。司法实践中，在处理上述问题时，往往不是一概而论，而是具体分析，要充分考虑当事人家庭成员数量，现有住宅是否满足居住需求，成年子女分户是否面临障碍等因素。

【其他关联规定】

《中华人民共和国土地管理法》

第62条　农村村民一户只能拥有一处宅基地，其宅基地的面积不得超过省、自治区、直辖市规定的标准。

人均土地少、不能保障一户拥有一处宅基地的地区，县级人民政府在充分尊重农村村民意愿的基础上，可以采取措施，按照省、自治区、直辖市规定的标准保障农村村民实现户有所居。

农村村民建住宅，应当符合乡（镇）土地利用总体规划、村庄规划，不得占用永久基本农田，并尽量使用原有的宅基地和村内空闲地。编制乡（镇）土地利用总体规划、村庄规划应当统筹并合理安排宅基地用地，改善农村村民居住环境和条件。

农村村民住宅用地，由乡（镇）人民政府审核批准；其中，涉及占用农用地的，依照本法第四十四条的规定办理审批手续。

农村村民出卖、出租、赠与住宅后，再申请宅基地的，不予批准。

国家允许进城落户的农村村民依法自愿有偿退出宅基地，鼓励农村集体经济组织及其成员盘活利用闲置宅基地和闲置住宅。

国务院农业农村主管部门负责全国农村宅基地改革和管理有关工作。

第364条【宅基地的灭失和重新分配】

宅基地因自然灾害等原因灭失的，宅基地使用权消灭。对失去宅基地的村民，应当依法重新分配宅基地。

第365条【宅基地使用权变更和注销登记】

已经登记的宅基地使用权转让或者消灭的,应当及时办理变更登记或者注销登记。

第十四章 居住权

★ **第366条【居住权的定义】**

居住权人有权按照合同约定,对他人的住宅享有占有、使用的用益物权,以满足生活居住的需要。

【条文解读】

本条是关于居住权概念和权能的规定,系《民法典》新增加的条文。居住权,是指居住权人为满足生活居住的需要,按照合同约定,对他人的住宅享有占有、使用的权利。居住权作为设立在他人住宅上的用益物权,主要具有以下法律特征:(1)居住权的客体是他人的住宅。居住权不能设立在自己的住宅之上。当事人占有、使用自己的住宅系基于所有权,并不能产生居住权。居住权以住宅为权利标的,区别于建设用地使用权、土地承包经营权、地役权等以土地为权利标的的用益物权。(2)居住权设立的目的是满足特定人生活居住的需要。居住权制度源于罗马法,其创设的初衷是为特定身份关系人的生活居住提供保障。正是基于保障特定人生活居住需要的特定目的,居住权不能转让和继承。(3)居住权设立的原因行为包括合同和遗嘱两种形式。《民法典》第367条规定了通过居住权合同设立居住权的情形,第371条规定了通过遗嘱设立居住权的情形。(4)居住权的主体为自然人。民事主体包括自然人、法人和非法人组织三类。考虑到居住权创设的初衷是为了满足特定人生活居住的需要,其权利主体只能是自然人,不能是法人和非法人组织。同时,实践中在认定居住权的主体时,应当注意区分居住权人和享有居住利益的人。《德国民法典》第1093条第2款规定，住宅权人有权将其家庭以及对于符合身份的服侍和护理为必要的人员接纳入住宅中。[①] 借鉴该规定，享有居住权益的人应当包括居住权人的家庭成员及其必需的服务人员。服务人员，一般包括为权利人本人或者权利人的家庭提供服务而与权利人一起生活的人员，如保姆、护理人员等。[②]（5）居住权的权能主要为占有和使用。居住权人的占有一般指直接占有，不包括间接占有。如果居住权人将自己享有居住权的他人住宅长期交由第三人居住，自己仅间接占有他人住宅的，属于变相的转让或出租，这违背了居住权不得转让、出租的法律属性。

★ **第367条【居住权合同】**

设立居住权，当事人应当采用书面形式订立居住权合同。

居住权合同一般包括下列条款：

（一）当事人的姓名或者名称和住所；

（二）住宅的位置；

（三）居住的条件和要求；

（四）居住权期限；

（五）解决争议的方法。

【条文解读】

本条是关于居住权合同订立形式和内容的规定，系《民法典》新增加的条文。关于居住权合同的订立形式，根据本条第1款的规定，当事人应当采用书面形式订立居住权合同。关于居住权合同的内容，根据本条第2款的规定，主要包括以下内容：（1）当事人的姓名或者名称和住所。居住权合同的

[①] 崔建远：《中国民法典释评·物权编》（下卷），中国人民大学出版社2020年版，第252页。

[②] 崔建远主编：《我国物权立法难点问题研究》，清华大学出版社2005年版，第224页。

当事人一般为住宅的所有权人和居住权人。（2）住宅的位置。居住权合同明确住宅的具体位置主要是为了确定设立居住权的具体住宅。（3）居住的条件和要求。当事人在居住权合同中将居住的条件和要求约定清楚，既可以有效避免纠纷发生，也使得纠纷发生时人民法院可以依据当事人约定的权利义务作出公平裁判。该项内容不是居住权合同必须约定的内容。当事人未对该项内容进行约定的，不影响居住权的设立。（4）居住权期限。当事人设立居住权的，应当对居住权的存续期限作出约定。当事人未约定居住权期限的，结合居住权设立的目的是使居住权人生活有保障，应推定居住权的期限为居住权人的终身。（5）解决争议的方法。当事人可以在居住权合同中对履行合同发生争议的解决方法作出约定。该项内容未作约定的，不影响合同的成立生效。

★★ 第368条【居住权的设立】

居住权无偿设立，但是当事人另有约定的除外。设立居住权的，应当向登记机构申请居住权登记。居住权自登记时设立。

【条文解读】

本条是关于居住权设立原则和生效要件的规定，系《民法典》新增加的条文。居住权的设立主要具有以下两方面的特点：一是居住权以无偿设立为原则。这是由居住权制度的本质属性决定的。居住权是当事人为了满足与其具有特定关系的人的生活居住需要而设立的，采用无偿的方式设立，往往更符合当事人设立居住权的本意和目的。因此，居住权一般以无偿设立为原则。但同时，《民法典》也允许当事人通过另行约定的方式，采用有偿的方式设立居住权。二是居住权以登记为生效要件。本条规定，设立居住权的，应当向登记机构申请居住权登记。居住权自登记时设立。根据该规定，居住权的设立采用登记生效主义模式。当事人仅订立居住权合同的，作为物权的居住权不能设立。当事人订立居住权合同后，还应依据合同约定，将居住权设立的情况向不动产登记机构申请登记。不动产登记机构根据当事人的申请将居住权设立的情况记载于不动产登记簿上时，居住权设立。

【条文适用疑难解析】

司法实践中需要注意的问题是，人民法院在离婚析产诉讼中是否可以为一方当事人设立居住权。根据《民法典》第367条、第368条及第371条的规定，居住权只能通过合同、遗嘱方式设立，并经登记后方成立，即居住权的设立一定要尊重住宅所有权人或者处分权人的意志，非经住宅所有权人或处分权人同意，不能在其住宅上设立居住权。司法实践中，有的夫妻只有一套房，双方离婚后，无论是折价分割还是实物分割，都无法保障一方当事人的居住需求。有观点认为，这种情况下，可以为离婚诉讼一方当事人设立居住权，由另一方当事人享有所有权，居住权人在生前均可在房屋中居住，另一方当事人在居住权人居住期间无权居住，但享有所有权，等居住权人去世后才享有对房屋的居住权。而且，只要人民法院作出生效判决后，即使未作居住权登记，也不影响居住权设立，依据是《民法典》第229条。该条规定："因人民法院、仲裁机构的法律文书或者人民政府的征收决定等，导致物权设立、变更、转让或者消灭的，自法律文书或者征收决定等生效时发生效力。"这一观点有待商榷。需要注意的是，因人民法院、仲裁机构的法律文书导致物权设立、变更、转让或者消灭，并不是说人民法院、仲裁机构的法律文书具有创设物权设立、变更、转让或者消灭规则的职能，人民法院、仲裁机构的法律文书关于物权设立、变更、转让或者消灭的判决或裁决必须以法律规定为依据。这是物权法定原则的基本要求。在夫妻离婚析产纠纷中，只有在夫妻双方均同意的情况下，才能在共有的住宅上设立居住权，人民法院不能违背住宅所有权人，包括共有权人的意志设立居住权。

★ 第369条【居住权的转让、继承和设立居住权的住宅出租】

居住权不得转让、继承。设立居住权的住宅不得出租,但是当事人另有约定的除外。

【条文解读】

本条是关于居住权不得转让、继承以及设立居住权的住宅原则上不得出租的规定,系《民法典》新增加的条文。本条前段规定,禁止居住权转让、继承,系基于居住权的本质属性而作出的规定。居住权是为满足特定人的生活居住需要而设立的对他人住宅的占有、使用权。要实现居住权设立的目的,行使该权利的主体只能是该特定身份的人。如果允许居住权人随意转让居住权,则背离了居住权制度创设的初衷。本条后段规定,设立居住权的住宅不得出租,但是当事人另有约定的除外。根据该规定,作为居住权客体的住宅原则上不能出租,但如果当事人对作为居住权客体的住宅能否用于出租另有约定的,根据民法的意思自治原则,应当从其约定。

★ 第370条【居住权的消灭】

居住权期限届满或者居住权人死亡的,居住权消灭。居住权消灭的,应当及时办理注销登记。

【条文解读】

本条是关于居住权消灭原因的规定,系《民法典》新增加的条文。本条前段主要规定了居住权消灭的事由:一是居住权期限届满。根据《民法典》第367条的规定,当事人可以在居住权合同中对居住权的存续期限作出约定。根据当事人约定,居住权存续期限届满的,居住权消灭。二是居住权人死亡。根据《民法典》第369条的规定,居住权不得继承。居住权人死亡的,其继承人不得以享有继承权为由主张由其继续享有居住权。居住权消灭的，根据本条后段规定，当事人应当及时就该情况向不动产登记机构办理注销登记。

★ **第371条【以遗嘱方式设立居住权的参照适用】**
以遗嘱方式设立居住权的，参照适用本章的有关规定。

【条文解读】

本条是关于以遗嘱方式设立居住权的规定，系《民法典》新增加的条文。关于居住权，本章规定了两种设立方式：一种是合同。《民法典》第367条第1款规定，当事人可以通过订立书面的居住权合同的方式设立居住权。另一种是遗嘱。本条规定，以遗嘱方式设立居住权的，参照适用本章的有关规定。该规定包含两方面的含义：一是除合同方式外当事人还可以通过遗嘱的方式设立居住权；二是以遗嘱方式设立居住权的，准用本章前述关于以合同方式设立居住权的有关规定。

第十五章　地役权

第372条【地役权的定义】
地役权人有权按照合同约定，利用他人的不动产，以提高自己的不动产的效益。
前款所称他人的不动产为供役地，自己的不动产为需役地。

第373条【地役权合同】
设立地役权，当事人应当采用书面形式订立地役权合同。
地役权合同一般包括下列条款：
（一）当事人的姓名或者名称和住所；

（二）供役地和需役地的位置；

（三）利用目的和方法；

（四）**地役权期限**；

（五）费用及其支付方式；

（六）解决争议的方法。

★ 第374条【地役权的设立与登记】

地役权自地役权合同生效时设立。当事人要求登记的，可以向登记机构申请地役权登记；未经登记，不得对抗善意第三人。

【条文解读】

本条是关于地役权设立与登记的规定。本条源自原《物权法》第158条，《民法典》未作任何修改。根据本条规定，地役权的设立采用登记对抗主义模式，即地役权的设立不以登记为生效要件，登记于地役权而言不能产生物权设立的法律效果，仅具有对抗第三人的法律效力。地役权自地役权合同生效时即设立。地役权合同属于要式合同，其合同主体主要包括需役人和供役人。需役人即地役权人，供役人为供役地权利人。供役人既可以是供役土地的所有权人，也可以是供役土地上的土地承包经营权、建设用地使用权、宅基地使用权等用益物权人。供役地上已经设立土地承包经营权、宅基地使用权、建设用地使用权等用益物权，供役地所有权人设立地役权的，应当征得用益物权人同意；未经用益物权人同意，供役地所有权人不得设立地役权。除法律另有规定或者当事人另有约定外，地役权合同自成立时生效，地役权亦自此时设立。对于地役权登记，《不动产登记暂行条例实施细则》第60条规定："按照约定设定地役权，当事人可以持需役地和供役地的不动产权属证书、地役权合同以及其他必要文件，申请地役权首次登记。"第64条第1款规定："地役权登记，不动产登记机构应当将登记事项分别记载于需役地和供役地登记簿。"不动产登记机构依当事人申请对地役权进行登记，法律不强制当事人对地役权进行登记，但地役权未登记的，不能产生对抗善意第三人的效力。需要注意的是，地役权未登记不能对抗的对象仅限善意第三人。如果第三人不是善意的，第三人不能否认地役权的效力。

第375条【供役地权利人的义务】

供役地权利人应当按照合同约定，允许地役权人利用其**不动产**，不得妨害地役权人行使权利。

第376条【地役权人的义务】

地役权人应当按照合同约定的利用目的和方法利用供役地，尽量减少对供役地权利人物权的限制。

第377条【地役权期限】

地役权期限由当事人约定；但是，不得超过土地承包经营权、建设用地使用权等用益物权的剩余期限。

第378条【地役权的承继】

土地所有权人享有地役权或者负担地役权的，设立土地承包经营权、宅基地使用权等**用益物权**时，该用益物权人继续享有或者负担已经设立的地役权。

第379条【在先用益物权对地役权的限制】

土地上已经设立土地承包经营权、建设用地使用权、宅基地使用权**等用益物权**的，未经用益物权人同意，土地所有权人不得设立地役权。

第380条【地役权的转让】

地役权不得单独转让。土地承包经营权、建设用地使用权等转让的，地役权一并转让，但是合同另有约定的除外。

第381条【地役权的抵押】

地役权不得单独抵押。**土地经营权**、建设用地使用权等抵押的，在实现抵押权时，地役权一并转让。

第382条【地役权对需役地及其上权利的不可分性】

需役地以及需役地上的土地承包经营权、建设用地使用权等部分转让时，转让部分涉及地役权的，受让人同时享有地役权。

第383条【地役权对供役地及其上权利的不可分性】

供役地以及供役地上的土地承包经营权、建设用地使用权等部分转让时，转让部分涉及地役权的，地役权对受让人具有**法律**约束力。

★ 第384条【供役地权利人单方解除地役权合同的法定事由】

地役权人有下列情形之一的，供役地权利人有权解除地役权合同，地役权消灭：

（一）违反法律规定或者合同约定，滥用地役权；

（二）有偿利用供役地，约定的付款期限届满后在合理期限内经两次催告未支付费用。

【条文解读】

本条是关于供役地权利人法定解除权的规定。除《民法典》第563条规定情形外，本条规定了供役地权利人享有法定解除权的特殊情形：一是地役权人滥用地役权；二是地役权人迟延支付费用。支付费用是地役权人的主要义务，根据《民法典》第563条第1款第3项的规定，当事人一方迟延履行主要债务，经催告后在合理期限内仍未履行的，合同相对人有权解除合同。该项规定的催告以一次催告为条件。但第384条第2项规定，地役权人迟延履行其主要义务即支付费用的义务时，供役地权利人需在合理期限内进行两次催告。这是《民法典》关于供役地权利人法定解除权的特殊规定。按特殊规则优于一般规则的法律适用原则，本条第2项规定应当优先于《民法典》第563条第1款第3项适用。

第385条【已登记地役权的变更、转让或消灭手续】

已经登记的地役权变更、转让或者消灭的，应当及时办理变更登记或者注销登记。

第四分编　担保物权

第十六章　一般规定

第386条【担保物权的定义】

担保物权人在债务人不履行到期债务或者发生当事人约定的实现担保物权的情形，依法享有就担保财产优先受偿的权利，但是法律另有规定的除外。

【关联司法解释】

《最高人民法院关于适用〈中华人民共和国民法典〉有关担保制度的解释》

第4条　有下列情形之一，当事人将担保物权登记在他人名下，债务人不履行到期债务或者发生当事人约定的实现担保物权的情形，债权人或者其受托人主张就该财产优先受偿的，人民法院依法予以支持：

（一）为债券持有人提供的担保物权登记在债券受托管理人名下；

（二）为委托贷款人提供的担保物权登记在受托人名下；

（三）担保人知道债权人与他人之间存在委托关系的其他情形。

第23条　人民法院受理债务人破产案件，债权人在破产程序中申报债权后又向人民法院提起诉讼，请求担保人承担担保责任的，人民法院依法予以支持。

担保人清偿债权人的全部债权后，可以代替债权人在破产程序中受偿；在债权人的债权未获全部清偿前，担保人不得代替债权人在破产程序中受偿，但是有权就债权人通过破产分配和实现担保债权等方式获得清偿总额中超出债权的部分，在其承担担保责任的范围内请求债权人返还。

债权人在债务人破产程序中未获全部清偿，请求担保人继续承担担保责任的，人民法院应予支持；担保人承担担保责任后，向和解协议或者重整计划执行完毕后的债务人追偿的，人民法院不予支持。

第387条【担保物权的适用范围和反担保】

债权人在借贷、买卖等民事活动中，为保障实现其债权，需要担保的，可以依照本法和其他法律的规定设立担保物权。

第三人为债务人向债权人提供担保的，可以要求债务人提供反担保。反担保适用本法和其他法律的规定。

【关联司法解释】

《最高人民法院关于适用〈中华人民共和国民法典〉有关担保制度的解释》

第1条　因抵押、质押、留置、保证等担保发生的纠纷，适用本解释。所有权保留买卖、融资租赁、保理等涉及担保功能发生的纠纷，适用本解释的有关规定。

★ 第388条【担保合同与主合同的关系】

设立担保物权，应当依照本法和其他法律的规定订立担保合同。**担保合同包括抵押合同、质押合同和其他具有担保功能的合同。**担保合同是主债权债务合同的从合同。主债权债务合同无效的，担保合同无效，但是法律另有规定的除外。

担保合同被确认无效后，债务人、担保人、债权人有过错的，应当根据其过错各自承担相应的民事责任。

【条文解读】

本条主要是关于担保合同类型、效力及担保合同无效后民事责任承担规则的规定。与原《物权法》第172条规定相比，本条增加了"担保合同包括抵押合同、质押合同和其他具有担保功能的合同"的规定。

担保物权，是指债权人所享有的为确保债权实现，在债务人或者第三人所有的物或者权利之上设定的，就债务人不履行到期债务或者发生当事人约定的实现担保物权的情形，优先受偿的他物权。依据担保物权发生原因的不同，可以将担保物权分为法定担保物权和意定担保物权。法定担保物权是依据法律规定而发生的物权，留置权属于法定担保物权。意定担保物权是依据当事人的意思所设定的担保物权。抵押权和质押权均为意定担保物权。当事人设立意定担保物权的，依照本条规定，应当订立担保合同。担保合同除包括《民法典》物权编第400条、第427条规定的抵押合同、质押合同外，还包括其他具有担保功能的合同，如让与担保、所有权保留买卖、融资租赁等非典型担保合同。

担保合同是为保障主债权实现而订立。主债权债务合同无效，担保合同的目的确定不能实现。因此，担保合同属于主债权债务合同的从合同，原则上不能独立于主债权债务合同而存在。根据担保合同的从属性，本条规定，主债权债务合同无效的，担保合同无效，但是法律另有规定的除外。本条所规定的例外情形仅限于法律规定情形。对于是否允许当事人约定主债权债务合同效力不影响担保合同效力的问题，实践中曾存在争议：一种观点认为应当允许，理由在于根据民法上的意思自治原则，在当事人对担保合同效力的约定不损害社会公共利益及他人合法权益的情况下，应当允许当事人约定在主债权债务合同无效的情况下，担保合同有效。另一种观点认为不应当允许当事人约定在主债权债务合同无效的情况下，担保合同有效，理由在于当事人约定主债权债务合同无效而担保合同有效，违背了担保物权依附于主债权存在的从属性。对此，《最高人民法院关于适用〈中华人民共和国民法典〉有关担保制度的解释》采取了第二种观点。《最高人民法院关于适用〈中华人民共和国民法典〉有关担保制度的解释》第2条第1款规定，当事人在担保合同中约定担保合同的效力独立于主合同，或者约定担保人对主合同无效的法律后果承担担保责任，该有关担保独立性的约定无效。主合同有效的，有关担保独立性的约定无效不影响担保合同的效力；主合同无效的，人民法院应当认定担保合同无效，但是法律另有规定的除外。

担保合同作为民事合同，主合同无效只是担保合同无效的法定事由之一，除该法定事由外，担保合同还可能因其他事由而无效。对于担保合同是否有效，实践中还应结合《民法典》合同编的有关规定进行认定。对于担保合同无效时民事责任的承担，本条规定担保合同被确认无效后，债务人、担保人、债权人有过错的，应当根据其过错各自承担相应的民事责任。担保合同无效后，担保人虽不用承担担保责任，但并不意味着其不用承担任何责任。如果担保人对担保合同无效存在过错，应当根据其过错承担相应的赔偿责任。如果担保人对担保合同无效不存在错误，则不承担赔偿责任。

【关联司法解释】

《最高人民法院关于适用〈中华人民共和国民法典〉有关担保制度的解释》

第2条　当事人在担保合同中约定担保合同的效力独立于主合同，或者约定担保人对主合同无效的法律后果承担担保责任，该有关担保独立性的约定无效。主合同有效的，有关担保独立性的约定无效不影响担保合同的效力；主合同无效的，人民法院应当认定担保合同无效，但是法律另有规定的除外。

因金融机构开立的独立保函发生的纠纷，适用《最高人民法院关于审理独立保函纠纷案件若干问题的规定》。

★ 第17条　主合同有效而第三人提供的担保合同无效，人民法院应当区分不同情形确定担保人的赔偿责任：

（一）债权人与担保人均有过错的，担保人承担的赔偿责任不应超过债务人不能清偿部分的二分之一；

（二）担保人有过错而债权人无过错的，担保人对债务人不能清偿的部分承担赔偿责任；

（三）债权人有过错而担保人无过错的，担保人不承担赔偿责任。

主合同无效导致第三人提供的担保合同无效，担保人无过错的，不承担赔偿责任；担保人有过错的，其承担的赔偿责任不应超过债务人不能清偿部分的三分之一。

【司法解释条文解读】

《最高人民法院关于适用〈中华人民共和国民法典〉有关担保制度的解释》第17条是关于担保合同无效时第三人作为担保人赔偿责任的规定。担保合同作为民事从合同，既可能因主合同无效而无效，也可能因自身欠缺合同生效要件而无效。对于担保合同无效时，第三人作为担保人民事责任的承担，本条解释依据担保合同是否系因主合同无效而无效进行了区别规定，其中第1款规定了担保合同因自身原因导致无效时第三人作为担保人责任的承担，第2款规定了主合同无效导致担保合同无效时第三人作为担保人责任的承担。

本条解释第1款承继了原《最高人民法院关于适用〈中华人民共和国担保法〉若干问题的解释》第7条的规定。与原《最高人民法院关于适用〈中华人民共和国担保法〉若干问题的解释》第7条相比，该款对主合同有效而担保合同无效时担保人责任的承担主要作了如下修改：一是增加规定了债权人有过错而担保人无过错的，担保人不承担赔偿责任。二是将担保人有过错而债权人无过错的情形下，担保人与债务人共同承担连带责任修改为担保人仅就债务人不能清偿的部分承担赔偿责任。本条解释第2款承继于原《最高人民法院关于适用〈中华人民共和国担保法〉若干问题的解释》第8条规定，未作实质性修改。

对于本条解释，实践中应注意以下问题：

第一，第三人作为担保人承担赔偿责任的基础是债务人存在不能清偿部分。即使担保人对担保合同无效存在过错，但如果债务人不存在不能清偿部分或者债务人虽未清偿但仍有足够的财产进行清偿的情况下，担保人不需要承担赔偿责任。

第二，主合同有效而担保合同无效的情况下，担保人赔偿责任的确定规则。主合同有效而第三人提供的担保合同无效时，担保合同无效往往是由作为担保合同当事人的担保人和债权人原因所致，债务人此时不是担保合同的当事人，担保合同无效与其一般没有关系。该种情况下，根据债权人和担保人是否存在过错，可以细分成三种情形：一是债权人、担保人对担保无效均有过错的，债权人、担保人应根据各自的过错程度承担相应的赔偿责任。其中，担保人承担赔偿责任的上限为债务人不能清偿部分的1/2。二是担保人有过错而债权人无过错的，担保人对债务人不能清偿部分承担全部赔偿责任。三是债权人有过错而担保人无过错的，担保人对债务人不能清偿部分不承担任何赔偿责任。实践中比较常见的债权人与债务人恶意串通骗取第三人提供担保的情况即属于这种情形。

第三，主合同无效导致担保合同无效的情况下，担保人赔偿责任的确定规则。该种情况根据担保人是否存在过错，可以细分成两种情形：一是担保人无过错，不承担赔偿责任。这里的担保人无过错是指担保人对于主合同无效不知道或者不应当知道，或者未促成主合同的成立。需要注意的是，此时担保人的过错和主合同有效而担保合同无效时担保人的过错存在本质区别，担保人的过错并非对于主合同无效上的过错，因为主合同的当事人是债权人和债务人，担保人并非主合同的主体。[①] 主合同无效导致担保合同无效的情况下，如果担保人对主合同无效是明知的，即应认定其存在过错。二是担保人有过错的，应承担赔偿责任，其承担赔偿责任的上限为债务人不能清偿部分的1/3。主合同无效导致担保合同无效的情况下，债权人、债务人往往也存在过错，此时，担保人也存在过错的，其应承担相应的赔偿责任，根据债权人、债务人、担保人各自过错的程度，担保人承担的赔偿责任一般不超过债权人损失的1/3。

第21条 主合同或者担保合同约定了仲裁条款的，人民法院对约定仲裁条款的合同当事人之间的纠纷无管辖权。

债权人一并起诉债务人和担保人的，应当根据主合同确定管辖法院。

债权人依法可以单独起诉担保人且仅起诉担保人的，应当根据担保合同确定管辖法院。

---

① 最高人民法院民事审判第二庭：《最高人民法院民法典担保制度司法解释理解与适用》，人民法院出版社2021年版，第210页。

【其他关联规定】

《全国法院民商事审判工作会议纪要》

54.【独立担保】 从属性是担保的基本属性,但由银行或者非银行金融机构开立的独立保函除外。独立保函纠纷案件依据《最高人民法院关于审理独立保函纠纷案件若干问题的规定》处理。需要进一步明确的是:凡是由银行或者非银行金融机构开立的符合该司法解释第1条、第3条规定情形的保函,无论是用于国际商事交易还是用于国内商事交易,均不影响保函的效力。银行或者非银行金融机构之外的当事人开立的独立保函,以及当事人有关排除担保从属性的约定,应当认定无效。但是,根据"无效法律行为的转换"原理,在否定其独立担保效力的同时,应当将其认定为从属性担保。此时,如果主合同有效,则担保合同有效,担保人与主债务人承担连带保证责任。主合同无效,则该所谓的独立担保也随之无效,担保人无过错的,不承担责任;担保人有过错的,其承担民事责任的部分,不应超过债务人不能清偿部分的三分之一。

66.【担保关系的认定】 当事人订立的具有担保功能的合同,不存在法定无效情形的,应当认定有效。虽然合同约定的权利义务关系不属于物权法规定的典型担保类型,但是其担保功能应予肯定。

67.【约定担保物权的效力】 债权人与担保人订立担保合同,约定以法律、行政法规未禁止抵押或者质押的财产设定以登记作为公示方法的担保,因无法定的登记机构而未能进行登记的,不具有物权效力。当事人请求按照担保合同的约定就该财产折价、变卖或者拍卖所得价款等方式清偿债务的,人民法院依法予以支持,但对其他权利人不具有对抗效力和优先性。

★★ **第389条【担保物权的担保范围】**

担保物权的担保范围包括主债权及其利息、违约金、损害赔偿金、保管担保财产和实现担保物权的费用。当事人另有约定的,按照其约定。

【条文解读】

本条是关于担保物权担保范围的规定。本条承继了原《物权法》第173条的规定。根据本条规定，担保物权的担保范围主要包括以下内容：（1）主债权。主债权是相对于利息债权或其他从债权、附随债权而言的。主债权系担保物权担保的主要对象，是债权人享有的主要债权。（2）利息。利息是金钱债权产生的法定孳息。利息既可以是法定利息，也可以是当事人约定的未超过司法保护上限的利息。（3）违约金。这里的违约金仅指债务人不履行主债务或不全面履行主债务应承担的违约金，不包括当事人就担保责任的承担专门约定的违约金。（4）损害赔偿金。损害赔偿金是指债务人因不履行主债务或不全面履行主债务应向债权人承担的损害赔偿责任。损害赔偿金的数额以填补损失为原则。（5）保管担保财产的费用。保管担保财产的费用主要存在于质权与留置权。抵押权不需要转移标的物，一般不存在抵押权人请求保管担保财产费用的情况。质权人和留置权人依照合同约定、法律规定或习惯妥善保管质物或留置物产生的费用，应由担保人承担，该费用属于担保物权担保的范围。（6）实现担保物权的费用。实践中常见的实现担保物权的费用主要有担保财产的评估费，拍卖、变卖担保财产的费用或者强制执行担保财产的费用。此外，担保物权的担保范围并非一定包括上述全部款项。如果当事人对担保物权的担保范围另有约定的，应当从其约定。

【条文适用疑难解析】

不同的优先受偿权，优先受偿的范围并不相同。根据《民法典》第389条的规定，担保物权的担保范围较为广泛，包括主债权及其利息、违约金、损害赔偿金、保管担保财产和实现担保物权的费用。同样作为优先受偿权，建设工程价款优先受偿权的范围则要窄得多。依据《最高人民法院关于审理建设工程施工合同纠纷案件适用法律问题的解释（一）》第40条的规定，建设工程价款优先受偿的范围仅包括主债权，即建设工程价款债权，建设工程价款的利息、违约金、损害赔偿金等不能优先受偿。

【关联司法解释】

《最高人民法院关于适用〈中华人民共和国民法典〉有关担保制度的解释》

★ **第3条** 当事人对担保责任的承担约定专门的违约责任，或者约定的担保责任范围超出债务人应当承担的责任范围，担保人主张仅在债务人应当承担的责任范围内承担责任的，人民法院应予支持。

担保人承担的责任超出债务人应当承担的责任范围，担保人向债务人追偿，债务人主张仅在其应当承担的责任范围内承担责任的，人民法院应予支持；担保人请求债权人返还超出部分的，人民法院依法予以支持。

【司法解释条文解读】

《最高人民法院关于适用〈中华人民共和国民法典〉有关担保制度的解释》第3条是关于担保责任从属性的规定。本条解释之前，原《最高人民法院关于适用〈中华人民共和国担保法〉若干问题的解释》第43条和《全国法院民商事审判工作会议纪要》第55条分别规定了保证人应承担保证责任的范围和担保人应承担担保责任的范围均应限制在主债务的范围内。本条解释在继承该两条规定精神的基础上，将"主债权的范围"修改为"债务人应当承担的责任范围"，并明确了担保人承担了超出债务人应承担的责任范围的情况下，担保人可以采取的救济措施。

本条第1款规定，担保人承担的担保责任范围原则上不应超出债务人应当承担的责任范围。之所以作此规定，主要是基于担保责任的从属性。担保责任是特定情况下担保人代债务人向债权人承担的责任，本质上属于替代责任，其范围取决于债务人应承担的责任范围。担保责任相对债务人应承担的责任来说，具有从属性。担保人承担担保责任后享有向债务人追偿的权利。如果担保人承担的担保责任范围超出债务人应当承担的责任范围，超出部分将无法向债务人追偿，这与担保责任的替代性和从属性的特点不符。对于担保人承担的担保责任范围超出债务人应承担的责任范围，实践中主要存在两种比较常见的情形：一是当事人对担保责任的承担约定专门的违约责任。当事人在担保合同中约定担保人对不履行或不全面履行担保责任另行承担违约责任，将会导致担保人承担的责任超出债务人应承担的责任范围。这种情况下，担保人有权请求不对担保责任承担违约责任，仅在债务人应当承担的责任范围内承担担保责任。二是当事人约定的担保责任范围超出债务人应当承担的责任范围。担保人应承担的担保责任上限为债务人应当承担的责任。当事人约定的担保责任范围超出该上限的，担保人不应承担超出部分责任。

本条第 2 款规定，担保人向债务人追偿，债务人主张仅在其应当承担的责任范围内承担责任的，人民法院应予支持；担保人请求债权人返还超出部分的，人民法院依法予以支持。根据该款规定，担保人超额承担担保责任后，对超出部分可以基于不当得利请求权请求债权人返还，而不应向债务人追偿。

第22条 人民法院受理债务人破产案件后，债权人请求担保人承担担保责任，担保人主张担保债务自人民法院受理破产申请之日起停止计息的，人民法院对担保人的主张应予支持。

第47条 不动产登记簿就抵押财产、被担保的债权范围等所作的记载与抵押合同约定不一致的，人民法院应当根据登记簿的记载确定抵押财产、被担保的债权范围等事项。

【其他关联规定】

《全国法院民商事审判工作会议纪要》

55.【担保责任的范围】 担保人承担的担保责任范围不应当大于主债务，

是担保从属性的必然要求。当事人约定的担保责任的范围大于主债务的,如针对担保责任约定专门的违约责任、担保责任的数额高于主债务、担保责任约定的利息高于主债务利息、担保责任的履行期先于主债务履行期届满,等等,均应当认定大于主债务部分的约定无效,从而使担保责任缩减至主债务的范围。

58.【担保债权的范围】 以登记作为公示方式的不动产担保物权的担保范围,一般应当以登记的范围为准。但是,我国目前不动产担保物权登记,不同地区的系统设置及登记规则并不一致,人民法院在审理案件时应当充分注意制度设计上的差别,作出符合实际的判断:一是多数省区市的登记系统未设置"担保范围"栏目,仅有"被担保主债权数额(最高债权数额)"的表述,且只能填写固定数字。而当事人在合同中又往往约定担保物权的担保范围包括主债权及其利息、违约金等附属债权,致使合同约定的担保范围与登记不一致。显然,这种不一致是由于该地区登记系统设置及登记规则造成的该地区的普遍现象。人民法院以合同约定认定担保物权的担保范围,是符合实际的妥当选择。二是一些省区市不动产登记系统设置与登记规则比较规范,担保物权登记范围与合同约定一致在该地区是常态或者普遍现象,人民法院在审理案件时,应当以登记的担保范围为准。

第390条【担保物权的物上代位性及代位物的提存】

担保期间,担保财产毁损、灭失或者被征收等,担保物权人可以就获得的保险金、赔偿金或者补偿金等优先受偿。被担保债权的履行期限未届满的,也可以提存该保险金、赔偿金或者补偿金等。

【关联司法解释】

《最高人民法院关于适用〈中华人民共和国民法典〉有关担保制度的解释》
第42条 抵押权依法设立后,抵押财产毁损、灭失或者被征收等,抵押权人请求按照原抵押权的顺位就保险金、赔偿金或者补偿金等优先受偿的，人民法院应予支持。

给付义务人已经向抵押人给付了保险金、赔偿金或者补偿金，抵押权人请求给付义务人向其给付保险金、赔偿金或者补偿金的，人民法院不予支持，但是给付义务人接到抵押权人要求向其给付的通知后仍然向抵押人给付的除外。

抵押权人请求给付义务人向其给付保险金、赔偿金或者补偿金的，人民法院可以通知抵押人作为第三人参加诉讼。

★ **第391条【未经担保人同意转移债务的法律后果】**
第三人提供担保，未经其书面同意，债权人允许债务人转移全部或者部分债务的，担保人不再承担相应的担保责任。

【条文解读】

本条是关于未经担保人同意债权人允许债务人转移债务的法律后果的规定。本条承继了原《物权法》第175条的规定，《民法典》未作任何修改。

实践中，理解本条规定时应注意以下问题：（1）本条仅适用于第三人作为担保人的情况。如果债务人自己作为担保人提供物的担保，债权人允许债务人转移债务，并不当然免除债务人作为担保人的担保责任。（2）债权人允许债务人转移债务应当经担保人书面同意。债权人允许债务人转移债务不仅要经担保人同意，而且担保人还应以书面形式表示同意。（3）债权人未经担保人书面同意允许债务人转移债务的，担保人对转移的债务不再承担担保责任。债权人仅允许债务人转移部分债务的，担保人对转移的部分债务不再承担担保责任，对未转移的剩余债务仍应承担担保责任。

【关联司法解释】

《最高人民法院关于适用〈中华人民共和国民法典〉有关担保制度的解释》
★ **第38条** 主债权未受全部清偿，担保物权人主张就担保财产的全部行使担保物权的，人民法院应予支持，但是留置权人行使留置权的，应当依照民法典第四百五十条的规定处理。

担保财产被分割或者部分转让，担保物权人主张就分割或者转让后的担保财产行使担保物权的，人民法院应予支持，但是法律或者司法解释另有规定的除外。

【司法解释条文解读】

《最高人民法院关于适用〈中华人民共和国民法典〉有关担保制度的解释》第38条是关于担保物权不可分性的规定。担保物权的不可分性是担保物权的重要特征，它不仅意味着债权的各部分都受到担保物权的担保，而且也意味着担保物的各部分都要担保全部债权的实现。[1]本条解释将原《最高人民法院关于适用〈中华人民共和国担保法〉若干问题的解释》第71条规定的行使担保物权及分割或部分转让的客体由"抵押物"扩大为"担保财产"，同时明确了在留置物为可分物的情况下行使留置权的方式。

本条解释第1款规定，主债权未受全部清偿，担保物权人主张就担保财产的全部行使担保物权的，人民法院应予支持。该规定内容体现了债权的各部分都受到担保物权的担保。债务人仅清偿部分债务的，不能产生担保物权部分消灭的效果。债权人对剩余未清偿的债权仍可就全部担保财产行使担保物权。对于留置权的行使，应当注意《民法典》第450条对留置财产为可分物时作了特殊规定，即留置财产为可分物的，留置财产的价值应当相当于债务的金额。该条属于留置权不可分性的例外规定。但如果留置物为不可分物，留置权人在债权未受全部清偿前，可以就其留置物的全部行使留置权。

---

[1] 最高人民法院民事审判第二庭：《最高人民法院民法典担保制度司法解释理解与适用》，人民法院出版社2021年版，第352页。

> 本条解释第2款规定，担保财产被分割或者部分转让，担保物权人主张就分割或者转让后的担保财产行使担保物权的，人民法院应予支持。该规定内容体现了担保物的各部分都要担保全部债权的实现。根据该款规定，担保财产被分割或者部分转让的，原则上不影响担保物权人就包括分割或者转让后的担保财产在内的全部担保财产行使担保物权。需要注意的是，如果法律或者司法解释对担保财产被分割或者部分转让，担保物权人就分割或者转让后的担保财产行使担保物权另行规定的，则从其规定，如《民法典》第404条规定，以动产抵押的，不得对抗正常经营活动中已经支付合理价款并取得抵押财产的买受人。

第39条 主债权被分割或者部分转让，各债权人主张就其享有的债权份额行使担保物权的，人民法院应予支持，但是法律另有规定或者当事人另有约定的除外。

主债务被分割或者部分转移，债务人自己提供物的担保，债权人请求以该担保财产担保全部债务履行的，人民法院应予支持；第三人提供物的担保，主张对未经其书面同意转移的债务不再承担担保责任的，人民法院应予支持。

★★ 第392条【人保和物保并存时担保权的实现规则】

被担保的债权既有物的担保又有人的担保的，债务人不履行到期债务或者发生当事人约定的实现担保物权的情形，债权人应当按照约定实现债权；没有约定或者约定不明确，债务人自己提供物的担保的，债权人应当先就该物的担保实现债权；第三人提供物的担保的，债权人可以就物的担保实现债权，也可以请求保证人承担保证责任。提供担保的第三人承担担保责任后，有权向债务人追偿。

【条文解读】

本条是关于混合共同担保中担保物权实现规则的规定。本条除把原《物权法》第176条规定中的"要求"改为"请求"外，其余均与原《物权法》第176条的规定一致。

混合共同担保是指同一债务上既有物保又有人保的情形。物保，是指以特定标的物担保债权的实现，其担保人既可能是债务人，也可能是债务人以外的第三人。人保即保证，是指债务人以外的第三人以自己的信誉担保债权的实现，担保人只能是债务人以外的第三人。关于物保和人保之间的关系，理论界中存在三种学说：一是保证人绝对优待主义，即物保和人保并存时，担保权人应优先行使物保，人保只在物保不能完全清偿债务时才能行使。二是保证人相对优待主义，即债权人可以选择行使物保或人保，人保的保证人承担责任之后可以代位行使债权人享有的物保，但物的担保人承担担保责任后不能向人保的保证人追偿。三是平等说，即人保和物保在实现顺位上是平等的，债权人可以任意选择行使人保或物保，已承担担保责任的担保人能否向其他担保人追偿不因人保或物保有所区别。本条采取了第三种平等说，并明确担保物权实现属于民法意思自治的范畴。

根据本条规定，混合共同担保中，债权人行使担保权应当遵循以下原则：（1）当事人对债权的实现有约定的，应按照其约定。（2）当事人对债权实现没有约定或者约定不明确的，如果债务人自己提供了物的担保，债权人应先就债务人提供的担保行使担保物权。（3）当事人对债权实现没有约定或约定不明确，且债权人未提供物的担保的，债权人可以选择请求保证人承担保证责任或提供担保的第三人承担担保责任。此外，根据本条规定，保证人或提供物的担保的第三人承担担保责任后，有权向债务人追偿。

【条文适用疑难解析】

实践中，担保权人为确保自身债权在最大限度上实现，通常会与保证人在签订保证合同时约定，无论被担保债权是否设立了物的担保、无论担保权人是否已经行使物的担保，担保权人都有权请求保证人承担保证责任。关于该约定的理解，实践中存在两种观点：一种观点认为，上述约定没有明确约定各担保之债的行使顺序，也没有明确约定债务人自己提供物的担保的情况下，债权人可先就第三人提供的担保物优先受偿或者请求保证人承担保证责任，属于《民法典》第392条规定的"约定不明确"的情形，债权人应当先就债务人提供的物的担保实现债权。另一种观点认为，上述约定明确约定，无论是否有物保、无论物保由谁提供，在同时有物保和人保的情况下，债权人均有选择权。即使债务人自己提供物的担保和第三人的担保同时存在，也不影响债权人请求第三人先承担担保责任，或者同时请求债务人和第三人同时承担担保责任。本书认为，第二种观点更为合理，符合民法意思自治的品格。

【关联司法解释】

《最高人民法院关于适用〈中华人民共和国民法典〉有关担保制度的解释》

★ 第13条 同一债务有两个以上第三人提供担保，担保人之间约定相互追偿及分担份额，承担了担保责任的担保人请求其他担保人按照约定分担份额的，人民法院应予支持；担保人之间约定承担连带共同担保，或者约定相互追偿但是未约定分担份额的，各担保人按照比例分担向债务人不能追偿的部分。

同一债务有两个以上第三人提供担保，担保人之间未对相互追偿作出约定且未约定承担连带共同担保，但是各担保人在同一份合同书上签字、盖章或者按指印，承担了担保责任的担保人请求其他担保人按照比例分担向债务人不能追偿部分的，人民法院应予支持。

除前两款规定的情形外，承担了担保责任的担保人请求其他担保人分担向债务人不能追偿部分的，人民法院不予支持。

【司法解释条文解读】

本条是关于同一债务有两个以上第三人提供担保的情况下，共同担保人之间能否追偿的规定。对于担保人之间能否追偿，实践中曾存在两种观点：一种观点认为，担保人之间可以相互追偿，主要依据是原《最高人民法院关于适用〈中华人民共和国担保法〉若干问题的解释》第22条和第38条规定，该两条解释均规定了担保人之间如无特别约定均可追偿。另一种观点认为，担保人之间原则上不能相互追偿，主要理由是在原《最高人民法院关于适用〈中华人民共和国担保法〉若干问题的解释》之后施行的原《物权法》第176条仅规定了担保人承担担保责任后有权向债务人追偿，并未规定可以向其他担保人追偿，根据新法优于旧法的原则，应认为担保人之间原则上不能追偿。

关于担保人承担担保责任后的追偿问题，《民法典》第392条承继了原《物权法》的精神，仅规定"提供担保的第三人承担担保责任后，有权向债务人追偿"。基于此，本条解释对担保人之间能否追偿采取了第二种观点，即担保人承担担保责任后，原则上不能向其他担保人追偿。同时，担保人之间能否追偿还涉及与意思自治的协调。本条解释第1款和第2款分别规定了担保人之间通过约定追偿的方式或者以其行为表明具有相互追偿意思表示的，应当认定担保人之间能够相互追偿。根据本条解释，担保人之间可以相互追偿的情形主要包括以下三种：一是担保人在合同中明确约定可以相互追偿。这种情况下应当尊重担保人的真实意思表示。二是担保人之间约定承担连带共同担保的，参照《民法典》第519条关于连带债务的规定和理论，应当认定担保人之间可以相互追偿。三是各担保人在同一份合同书上签字、盖章或者按指印。这种情况下，担保人虽未作出明确的追偿意思表示，但其签字的行为表明各自认可就同一债务承担连带共同担保责任。连带共同担保的情况下，担保人之间具有追偿权。

实践中在确定担保人享有追偿权之后，还要确定担保人对其他担保人的追偿份额。根据本条解释规定，担保人之间对分担份额有约定的，承担了担保责任的担保人应当按照约定的分担份额向其他担保人追偿；担保人未对分担份额作出约定的，承担了担保责任的担保人应该先向债务人追偿，对于不能追偿的部分，再按照各自应分担的份额比例向各担保人追偿。[①]

★ **第14条** 同一债务有两个以上第三人提供担保，担保人受让债权的，人民法院应当认定该行为系承担担保责任。受让债权的担保人作为债权人请求其他担保人承担担保责任的，人民法院不予支持；该担保人请求其他担保人分担相应份额的，依照本解释第十三条的规定处理。

【司法解释条文解读】

本条解释是关于担保人受让主债权的特别规定。对于担保人受让债权是产生债权转让的法律后果还是产生担保责任承担的法律后果，之前的法律及司法解释均未作出明确规定。对于该问题，实践中存在争议：一种观点认为，担保人受让主债权不能产生债权转让的法律后果，只能产生承担担保责任的法律后果。理由在于，担保人在受让主债权前对债权人本就负有担保债务，担保人受让主债权后，担保债权和担保债务归于同一人的情况下，相应的担保债权和担保债务发生混同，应归于消灭。如果认为担保人受让主债权能够产生债权转让的法律后果，在共同担保的情况下，担保人除了能够取得债权人对债务人的权利外，还将取得债权人对其他担保人享有的担保物权，而这违背了《民法典》和《最高人民法院关于适用〈中华人民共和国民法典〉有关担保制度的解释》关于共同担保人之间原则上不能追偿的精神。另一种观点认为，担保人受让主债权能够产生债权转让的法律后果。理由是，担保人与债权人之间的真实意思就是转

[①] 最高人民法院民事审判第二庭：《最高人民法院民法典担保制度司法解释理解与适用》，人民法院出版社2021年版，第188页。

让债权，在该意思表示不违背法律、行政法规禁止性规定的情况下，应予尊重。针对上述两种观点，本条解释采取了第一种观点，即担保人受让主债权视为承担担保责任，与《民法典》和《最高人民法院关于适用〈中华人民共和国民法典〉有关担保制度的解释》关于共同担保人之间追偿的规定保持一致。基于担保人受让主债权视为承担担保责任，对于其受让主债权后能否就支付的对价向其他担保人追偿，应按照《最高人民法院关于适用〈中华人民共和国民法典〉有关担保制度的解释》第13条确定的规则进行认定。

第18条 承担了担保责任或者赔偿责任的担保人，在其承担责任的范围内向债务人追偿的，人民法院应予支持。

同一债权既有债务人自己提供的物的担保，又有第三人提供的担保，承担了担保责任或者赔偿责任的第三人，主张行使债权人对债务人享有的担保物权的，人民法院应予支持。

第20条 人民法院在审理第三人提供的物的担保纠纷案件时，可以适用民法典第六百九十五条第一款、第六百九十六条第一款、第六百九十七条第二款、第六百九十九条、第七百条、第七百零一条、第七百零二条等关于保证合同的规定。

【其他关联规定】

《全国法院民商事审判工作会议纪要》

56.【混合担保中担保人之间的追偿问题】 被担保的债权既有保证又有第三人提供的物的担保的，担保法司法解释第38条明确规定，承担了担保责任的担保人可以要求其他担保人清偿其应当分担的份额。但《物权法》第176条并未作出类似规定，根据《物权法》第178条关于"担保法与本法的规定不一致的，适用本法"的规定，承担了担保责任的担保人向其他担保人追偿的，人民法院不予支持，但担保人在担保合同中约定可以相互追偿的除外。

第393条【担保物权消灭事由】

有下列情形之一的，担保物权消灭：

（一）主债权消灭；

（二）担保物权实现；

（三）债权人放弃担保物权；

（四）法律规定担保物权消灭的其他情形。

【关联司法解释】

《最高人民法院关于适用〈中华人民共和国民法典〉有关担保制度的解释》

★ **第16条** 主合同当事人协议以新贷偿还旧贷，债权人请求旧贷的担保人承担担保责任的，人民法院不予支持；债权人请求新贷的担保人承担担保责任的，按照下列情形处理：

（一）新贷与旧贷的担保人相同的，人民法院应予支持；

（二）新贷与旧贷的担保人不同，或者旧贷无担保新贷有担保的，人民法院不予支持，但是债权人有证据证明新贷的担保人提供担保时对以新贷偿还旧贷的事实知道或者应当知道的除外。

主合同当事人协议以新贷偿还旧贷，旧贷的物的担保人在登记尚未注销的情形下同意继续为新贷提供担保，在订立新的贷款合同前又以该担保财产为其他债权人设立担保物权，其他债权人主张其担保物权顺位优先于新贷债权人的，人民法院不予支持。

【司法解释条文解读】

本条解释是关于借新还旧情况下担保人是否承担担保责任及旧贷担保物权顺位的规定。原《最高人民法院关于适用〈中华人民共和国担保法〉若干问题的解释》第39条对借新还旧情况下保证人保证责任的认定作了规定。本条解释在继承原《最高人民法院关于适用〈中华人民共和国担保法〉若干问题的解释》第39条基本精神的基础上,将借新还旧情况下保证人保证责任的认定规定扩展至各类担保责任的认定规定,同时明确了旧贷担保人同意继续以原担保物为新贷提供担保情况下的担保物权顺位问题。借新还旧是指主合同当事人协议以新贷偿还旧贷,性质上属于债务更新,即新的贷款产生,旧的贷款消灭。旧贷消灭,旧贷担保人为旧贷提供的担保亦相应消灭。因此,根据本解释规定,借新还旧情况下,旧贷的担保人不承担担保责任。

对于新贷的担保效力,本条解释根据新贷担保人与旧贷担保人是否系同一人进行了区别规定,具体如下:一是新贷担保人与旧贷担保人系同一人时,不论新贷担保人对借新还旧事实是否知晓,均应承担担保责任。因为新贷担保人同时为旧贷提供担保时,新贷是否被用于偿还旧贷,并不会影响或增加其承担担保责任的风险。二是旧贷无担保新贷有担保,或者新贷担保人与旧贷担保人不同时,新贷担保人原则上不承担担保责任,但如果其对以新贷偿还旧贷的事实是知道或者应当知道的,则要承担担保责任。之所以作此规定,是因为借新还旧情况下,新贷的目的是偿还旧款,相比于一般借款,新贷的担保人承担的担保责任风险更高,而债权人在此情况下贷款风险非但不会增加,甚至可能因借新还旧降低贷款风险,如旧贷无担保新贷有担保。鉴于此,在债权人明知新贷被用于偿还旧贷的情况下,债权人负有将该事实告知新贷担保人的义务。如果新贷担保人对借新还旧的事实不知情,就不应承担担保责任。如果债权人主张新贷担保人知道或者应当知道借新还旧的事实,应承担举证证明责任。

第23条 债权人知道或者应当知道债务人破产,既未申报债权也未通知担保人,致使担保人不能预先行使追偿权的,担保人就该债权在破产程序中可能受偿的范围内免除担保责任,但是担保人因自身过错未行使追偿权的除外。

【其他关联规定】

《全国法院民商事审判工作会议纪要》

57.【借新还旧的担保物权】 贷款到期后，借款人与贷款人订立新的借款合同，将新贷用于归还旧贷，旧贷因清偿而消灭，为旧贷设立的担保物权也随之消灭。贷款人以旧贷上的担保物权尚未进行涂销登记为由，主张对新贷行使担保物权的，人民法院不予支持，但当事人约定继续为新贷提供担保的除外。

第十七章 抵押权

第一节 一般抵押权

第394条【抵押权的定义】

为担保债务的履行，债务人或者第三人不转移财产的占有，将该财产抵押给债权人的，债务人不履行到期债务或者发生当事人约定的实现抵押权的情形，债权人有权就该财产优先受偿。

前款规定的债务人或者第三人为抵押人，债权人为抵押权人，提供担保的财产为抵押财产。

第395条【抵押财产的范围】

债务人或者第三人有权处分的下列财产可以抵押：

（一）建筑物和其他土地附着物；

（二）建设用地使用权；

（三）海域使用权；

（四）生产设备、原材料、半成品、产品；

（五）正在建造的建筑物、船舶、航空器；

（六）交通运输工具；

（七）法律、行政法规未禁止抵押的其他财产。

抵押人可以将前款所列财产一并抵押。

【关联司法解释】

《最高人民法院关于适用〈中华人民共和国民法典〉有关担保制度的解释》

第49条 以违法的建筑物抵押的，抵押合同无效，但是一审法庭辩论终结前已经办理合法手续的除外。抵押合同无效的法律后果，依照本解释第十七条的有关规定处理。

当事人以建设用地使用权依法设立抵押，抵押人以土地上存在违法的建筑物为由主张抵押合同无效的，人民法院不予支持。

★ 第50条 抵押人以划拨建设用地上的建筑物抵押，当事人以该建设用地使用权不能抵押或者未办理批准手续为由主张抵押合同无效或者不生效的，人民法院不予支持。抵押权依法实现时，拍卖、变卖建筑物所得的价款，应当优先用于补缴建设用地使用权出让金。

当事人以划拨方式取得的建设用地使用权抵押，抵押人以未办理批准手续为由主张抵押合同无效或者不生效的，人民法院不予支持。已经依法办理抵押登记，抵押权人主张行使抵押权的，人民法院应予支持。抵押权依法实现时所得的价款，参照前款有关规定处理。

【司法解释条文解读】

本条是关于以划拨建设用地使用权或其上建筑物设立抵押权的合同效力及抵押权实现的规定，系《最高人民法院关于适用〈中华人民共和国民法典〉有关担保制度的解释》新增加的内容。在我国，以划拨建设用地使用权抵押经历了从"需要经过审批"到"登记视为审批"，再到"无需审批"三个阶段。①第一个阶段是以划拨建设用地使用权抵押订立的抵押合同未经审批不能发生法律效力,主要依据是原国家土地管理局于1992年3月8日发布的《划拨土地使用权管理暂行办法》(已失效)第5条关于"未经市、县人民政府土地管理部门批准并办理土地使用权出让手续,交付土地使用权出让金的土地使用者,不得转让、出租、抵押土地使用权"的规定。第二个阶段是土地行政管理部门就划拨建设用地使用权抵押依法办理抵押登记的,视同已经批准,抵押合同有效,主要依据是原国土资源部于2004年1月15日发布的《关于国有划拨土地使用权抵押登记有关问题的通知》(已失效)关于"以国有划拨土地使用权为标的物设定抵押,土地行政管理部门依法办理抵押登记手续,即视同已经具有审批权限的土地行政管理部门批准,不必再另行办理土地使用权抵押的审批手续"的规定。第三阶段认为以划拨建设用地使用权抵押无需审批,抵押未经审批或登记不影响抵押合同的效力,主要依据是原国土资源部于2016年5月27日发布的《关于公布已废止或者失效的规范性文件目录的公告》,该公告依法废止了《关于国有划拨土地使用权抵押登记有关问题的通知》。结合目前的相关法律和政策,本条解释明确规定以划拨建设用地或其上建筑物抵押可以认定抵押合同有效,抵押权实现时所得价款应当优先用于补缴建设用地使用权出让金。

实践中,理解本条解释时应注意从以下几个方面把握:(1)以划拨建设用地使用权或其上建筑物为标的物设立抵押订立的抵押合同不以批准为生效要件,在无法定无效事由的情况下,该抵押合同应自成立时生效。(2)以划拨建设用地使用权或其上建筑物为标的物设立抵押未办理抵押登记,不影响抵押合同的效力。根据物权变动区分原则,抵押合同系抵押权设立的原因行为,登记系抵押权设立的物权行为,未经登记,抵押权不能设立,但作为原因行为的抵押合同效力不受影响。(3)划拨建设用地使

---

① 最高人民法院民事审判第二庭:《最高人民法院民法典担保制度司法解释理解与适用》,人民法院出版社2021年版,第434页。

用权或其上建筑物抵押权实现时,应当优先用于补缴建设用地使用权出让金,补缴后的剩余款项抵押权人可以行使抵押权。

《最高人民法院关于破产企业国有划拨土地使用权应否列入破产财产等问题的批复》

二、企业对其以划拨方式取得的国有土地使用权无处分权,以该土地使用权设定抵押,未经有审批权限的人民政府或土地行政管理部门批准的,不影响抵押合同效力;履行了法定的审批手续,并依法办理抵押登记的,抵押权自登记时设立。根据《中华人民共和国城市房地产管理法》第五十一条的规定,抵押权人只有在以抵押标的物折价或拍卖、变卖所得价款缴纳相当于土地使用权出让金的款项后,对剩余部分方可享有优先受偿权。但纳入国家兼并破产计划的国有企业,其用以划拨方式取得的国有土地使用权设定抵押的,应依据国务院有关文件规定办理。

三、国有企业以关键设备、成套设备、建筑物设定抵押的,如无其他法定的无效情形,不应当仅以未经政府主管部门批准为由认定抵押合同无效。

第396条【浮动抵押】

企业、个体工商户、农业生产经营者可以将现有的以及将有的生产设备、原材料、半成品、产品抵押,债务人不履行到期债务或者发生当事人约定的实现抵押权的情形,债权人有权就抵押财产确定时的动产优先受偿。

【其他关联规定】

《全国法院民商事审判工作会议纪要》

64.【浮动抵押的效力】 企业将其现有的以及将有的生产设备、原材料、半成品及产品等财产设定浮动抵押后,又将其中的生产设备等部分财产设定了动产抵押,并都办理了抵押登记的,根据《物权法》第199条的规定,登记在先的浮动抵押优先于登记在后的动产抵押。

第397条【建筑物与建设用地使用权同时抵押规则】

以建筑物抵押的，该建筑物占用范围内的建设用地使用权一并抵押。以建设用地使用权抵押的，该土地上的建筑物一并抵押。

抵押人未依据前款规定一并抵押的，未抵押的财产视为一并抵押。

【关联司法解释】

《最高人民法院关于适用〈中华人民共和国民法典〉有关担保制度的解释》

★ **第51条** 当事人仅以建设用地使用权抵押，债权人主张抵押权的效力及于土地上已有的建筑物以及正在建造的建筑物已完成部分的，人民法院应予支持。债权人主张抵押权的效力及于正在建造的建筑物的续建部分以及新增建筑物的，人民法院不予支持。

当事人以正在建造的建筑物抵押，抵押权的效力范围限于已办理抵押登记的部分。当事人按照担保合同的约定，主张抵押权的效力及于续建部分、新增建筑物以及规划中尚未建造的建筑物的，人民法院不予支持。

抵押人将建设用地使用权、土地上的建筑物或者正在建造的建筑物分别抵押给不同债权人的，人民法院应当根据抵押登记的时间先后确定清偿顺序。

【司法解释条文解读】

本条解释是关于房地单独抵押或者分别抵押情况下抵押权效力范围和实现顺序的规定。《民法典》第397条和第417条均对房地抵押权效力范围作了规定，其中第397条规定了房地抵押一体原则，即以建筑物抵押的，该建筑物占用范围内的建设用地使用权一并抵押，以建设用地使用权抵押的，该土地上的建筑物一并抵押；第417条规定了土地抵押不及于新增建筑物的原则，即以建设用地使用权抵押，该土地上新增的建筑物不属于抵押财产。对于以建设用地使用权或在建工程抵押,实践中最容易产生争议的就是抵押财产范围的认定。鉴于此,本条解释在《民法典》第397条和第417条确立的房地抵押原则的基础上,结合在建工程实行现状抵押登记,进一步细化了《全国法院民商事审判工作会议纪要》第61条关于房地分别抵押的规定。

实践中,理解和适用本条解释时,应注意以下问题:(1)当事人仅以建设用地使用权抵押的,抵押权的效力及于土地上已有的建筑物以及正在建造的建筑物已完成部分。当事人以建设用地使用权设立抵押,即使其仅就建设用地使用权办理了抵押登记,未就土地上已有的建筑物以及正在建造的建筑物已完成部分办理抵押登记,抵押权人实现抵押权时,抵押土地上已有的建筑物以及正在建造的建筑物已完成部分亦应作为抵押财产。(2)当事人仅以建设用地使用权抵押的,抵押权的效力不及于正在建造的建筑物的续建部分以及新增建筑物。当事人仅以建设用地使用权抵押的,虽然抵押权效力不及于正在建造的建筑物的续建部分以及新增建筑物,但抵押权人实现抵押权时,仍可以就正在建造的建筑物的续建部分以及新增建筑物一并进行处分,只是不能就续建部分以及新增建筑物所对应的价款优先受偿。(3)当事人以在建工程抵押的,抵押权的效力范围仅限于已办理抵押登记的部分,不能及于未办理登记的续建部分、新增建筑物以及规划中尚未建造的建筑物。目前,我国在建工程抵押实行现状登记。根据不动产抵押权登记设立主义,以在建工程抵押的,已办理抵押登记的建设工程部分应认为设立了抵押权,而续建部分、新增建筑物以及规划中尚未建造的建筑物由于未办理抵押登记,不能认为其上设立了抵押权。(4)抵押人将建设用地使用权、建筑物或在建工程抵押给不同债权人时,应当根据抵押登记的时间先后确定债权人的抵押权实现顺序。抵押人将建设用地使用权、建筑物或在建工程抵押给不同债权人的情况下,各抵押权人根据房地抵押一体原则,均获取对建设用地使用权和建筑物的抵押权。不同债权人在相同不动产上均享有抵押权的,根据《民法典》第414条第1款第1项的规定,应当按照登记的时间先后确定清偿顺序。

【其他关联规定】

《中华人民共和国城市房地产管理法》

第47条 房地产抵押,是指抵押人以其合法的房地产以不转移占有的方式向抵押权人提供债务履行担保的行为。债务人不履行债务时,抵押权人有权依法以抵押的房地产拍卖所得的价款优先受偿。

第48条 依法取得的房屋所有权连同该房屋占用范围内的土地使用权,可以设定抵押权。

以出让方式取得的土地使用权,可以设定抵押权。

第49条 房地产抵押,应当凭土地使用权证书、房屋所有权证书办理。

第50条 房地产抵押,抵押人和抵押权人应当签订书面抵押合同。

第51条 设定房地产抵押权的土地使用权是以划拨方式取得的,依法拍卖该房地产后,应当从拍卖所得的价款中缴纳相当于应缴纳的土地使用权出让金的款额后,抵押权人方可优先受偿。

第52条 房地产抵押合同签订后,土地上新增的房屋不属于抵押财产。需要拍卖该抵押的房地产时,可以依法将土地上新增的房屋与抵押财产一同拍卖,但对拍卖新增房屋所得,抵押权人无权优先受偿。

《全国法院民商事审判工作会议纪要》

61.【房地分别抵押】 根据《物权法》第182条之规定,仅以建筑物设定抵押的,抵押权的效力及于占用范围内的土地;仅以建设用地使用权抵押的,抵押权的效力亦及于其上的建筑物。在房地分别抵押,即建设用地使用权抵押给一个债权人,而其上的建筑物又抵押给另一个人的情况下,可能产生两个抵押权的冲突问题。基于"房地一体"规则,此时应当将建筑物和建设用地使用权视为同一财产,从而依照《物权法》第199条的规定确定清偿顺序:登记在先的先清偿;同时登记的,按照债权比例清偿。同一天登记的,视为同时登记。应予注意的是,根据《物权法》第200条的规定,建设用地使用权抵押后,该土地上新增的建筑物不属于抵押财产。

第398条【乡镇、村企业的建设用地使用权抵押限制】

乡镇、村企业的建设用地使用权不得单独抵押。以乡镇、村企业的厂房等建筑物抵押的，其占用范围内的建设用地使用权一并抵押。

第399条【禁止抵押的财产范围】

下列财产不得抵押：

（一）土地所有权；

（二）宅基地、自留地、自留山等集体所有土地的使用权，但是法律规定可以抵押的除外；

（三）学校、幼儿园、医疗机构等为公益目的成立的非营利法人的教育设施、医疗卫生设施和其他公益设施；

（四）所有权、使用权不明或者有争议的财产；

（五）依法被查封、扣押、监管的财产；

（六）法律、行政法规规定不得抵押的其他财产。

【关联司法解释】

《最高人民法院关于适用〈中华人民共和国民法典〉有关担保制度的解释》

第5条　机关法人提供担保的，人民法院应当认定担保合同无效，但是经国务院批准为使用外国政府或者国际经济组织贷款进行转贷的除外。

居民委员会、村民委员会提供担保的，人民法院应当认定担保合同无效，但是依法代行村集体经济组织职能的村民委员会，依照村民委员会组织法规定的讨论决定程序对外提供担保的除外。

第6条　以公益为目的的非营利性学校、幼儿园、医疗机构、养老机构等提供担保的，人民法院应当认定担保合同无效，但是有下列情形之一的除外：

（一）在购入或者以融资租赁方式承租教育设施、医疗卫生设施、养老服务设施和其他公益设施时，出卖人、出租人为担保价款或者租金实现而在该公益设施上保留所有权；

（二）以教育设施、医疗卫生设施、养老服务设施和其他公益设施以外的不动产、动产或者财产权利设立担保物权。

登记为营利法人的学校、幼儿园、医疗机构、养老机构等提供担保，当事人以其不具有担保资格为由主张担保合同无效的，人民法院不予支持。

第400条【抵押合同】

设立抵押权，当事人应当采用书面形式订立抵押合同。

抵押合同一般包括下列条款：

（一）被担保债权的种类和数额；

（二）债务人履行债务的期限；

（三）抵押财产的名称、数量等情况；

（四）担保的范围。

★ **第401条【流押】**

抵押权人在债务履行期限届满前，与抵押人约定债务人不履行到期债务时抵押财产归债权人所有的，**只能依法就抵押财产优先受偿。**

【条文解读】

本条是关于流押条款效力的规定。关于流押，原《物权法》第186条规定："抵押权人在债务履行期届满前，不得与抵押人约定债务人不履行到期债务时抵押财产归债权人所有。"本条在继承原《物权法》第186条禁止流押规定的基础上，对流押条款作了修改，将原"不得与抵押人约定债务人不履行到期债务时抵押财产归债权人所有"修改为"与抵押人约定债务人不履行到期债务时抵押财产归债权人所有的，只能依法就抵押财产优先受偿"。

实践中，在理解本条规定的"只能依法就抵押财产优先受偿"时，应注意以下几个方面的问题：(1)流押条款中的流押意思表示无效。抵押权人与抵押人订立流押条款的目的是以抵押财产的交易价值担保主债权的实现,而不是通过订立流押条款获取额外利益。在抵押财产的交易价值尚未得到评估的情况下,如果直接根据流押条款约定认定抵押财产归债权人所有,有可能会出现抵押财产的交易价值超过抵押人应承担的担保责任的情况。这种情况下,抵押权人就会通过流押条款获得额外利益,违背了抵押合同的目的。因此,为避免造成这种情况,抵押权人根据流押条款主张抵押财产直接归其所有的,不应支持。(2)流押条款中的抵押意思表示有效。虽然流押条款有可能造成抵押财产被低估,损害抵押人的利益,但抵押权人与抵押人通过流押条款对主债权设立抵押担保的意思表示是真实的。因此,确认流押条款中的抵押意思表示有效符合抵押权人和抵押人的本意,且不会损害抵押人的利益。(3)抵押权人根据流押条款就抵押财产优先受偿的前提是抵押权已依法设立。优先受偿属于抵押权的物权效力。对于不动产而言,抵押权须经登记方能设立,因此,当事人订立流押条款后需经抵押登记,方能产生优先受偿的法律效力。但抵押权人未就不动产流押条款办理抵押登记的,其享有用抵押财产清偿债务的权利,但不享有优先受偿的权利。对于动产而言,鉴于其抵押权采登记对抗主义,只需签订包含抵押意思的流押条款即可。

【关联司法解释】

《最高人民法院关于适用〈中华人民共和国民法典〉有关担保制度的解释》
★ **第68条** 债务人或者第三人与债权人约定将财产形式上转移至债权人名下,债务人不履行到期债务,债权人有权对财产折价或者以拍卖、变卖该财产所得价款偿还债务的,人民法院应当认定该约定有效。当事人已经完成财产权利变动的公示,债务人不履行到期债务,债权人请求参照民法典关于担保物权的有关规定就该财产优先受偿的,人民法院应予支持。

债务人或者第三人与债权人约定将财产形式上转移至债权人名下,债务人不履行到期债务,财产归债权人所有的,人民法院应当认定该约定无效,但是不影响当事人有关提供担保的意思表示的效力。当事人已经完成财产权利变动的公示，债务人不履行到期债务，债权人请求对该财产享有所有权的，人民法院不予支持；债权人请求参照民法典关于担保物权的规定对财产折价或者以拍卖、变卖该财产所得的价款优先受偿的，人民法院应予支持；债务人履行债务后请求返还财产，或者请求对财产折价或者以拍卖、变卖所得的价款清偿债务的，人民法院应予支持。

债务人与债权人约定将财产转移至债权人名下，在一定期间后再由债务人或者其指定的第三人以交易本金加上溢价款回购，债务人到期不履行回购义务，财产归债权人所有的，人民法院应当参照第二款规定处理。回购对象自始不存在的，人民法院应当依照民法典第一百四十六条第二款的规定，按照其实际构成的法律关系处理。

【司法解释条文解读】

本条是关于让与担保效力和处理原则的规定。让与担保是大陆法系国家沿袭罗马法上的信托行为理论并吸纳日耳曼法上的信托行为成分，经由判例学说之百年历练而逐渐发展起来的一种非典型物的担保制度，以当事人依权利（所有权）转移方式达成担保信用授受目的为特征。[①]《民法典》未对让与担保这一形式作明确规定。本条解释在承继《全国法院民商事审判工作会议纪要》第71条规定精神的基础上，进一步明确了让与担保的效力认定和处理原则。

让与担保作为非典型担保，虽然其担保合同的订立方式与抵押、质押等典型担保不同，但在取得担保物权效力上，让与担保和抵押、质押等典型担保一样，首先应当完成财产权利变动的公示。于让与担保而言，财产权利变动的公示方式为动产完成交付，不动产完成变更登记。只有在当事人完成了财产权利变动公示的情况下，让与担保才能取得担保物权的效

[①] 王闯：《关于让与担保的司法态度及实务问题之解决》，载《人民司法·案例》2014年第16期。

力，债权人才能对财产折价或者以拍卖、变卖该财产所得价款优先受偿。

让与担保的法律效力和处理原则具体分析如下：（1）当事人约定将财产形式上转移至债权人名下，债务人不履行到期债务，债权人有权对财产折价或者以拍卖、变卖该财产所得价款偿还债务的，应为有效。当事人的上述约定不违反法律、行政法规的强制性规定，亦不损害第三人的利益，合法有效。对于债权人在这种情况下能否取得优先受偿的物权效力，取决于当事人是否完成了财产权利变动的公示，即动产交付，不动产变更登记。如果当事人完成了财产权利变动的公示，债务人不履行到期债务，债权人有权请求对财产折价或拍卖、变卖财产价款优先受偿。如果当事人没有完成财产权利变动的公示，债务人不履行到期债务，债权人有权请求对财产折价或以拍卖、变卖财产价款清偿债务，但对财产折价或拍卖、变卖财产价款不享有优先于第三人的效力。（2）当事人约定将财产形式上转移至债权人名下，债务人不履行到期债务，财产归债权人所有的，该约定无效。需要注意的是，上述情况下，虽然当事人关于债务人不履行债务时，财产归债权人所有的意思表示无效，但其并不影响当事人有关担保的意思表示的效力，如果当事人完成了财产权利变动的公示，债权人亦可请求参照担保物权的规定对财产折价或者对拍卖、变卖财产所得的价款优先受偿。（3）当事人约定溢价回购的，应认定其符合让与担保的构成要件，但如果回购对象自始不存在，则参照《民法典》第146条关于隐藏行为的规定处理。实践中，当事人约定将财产转移至债权人名下，在一定期间后再由债务人或者其指定的第三人以交易本金加上溢价款回购，债务人到期不履行回购义务，财产归债权人所有的，对于当事人有关提供担保的意思表示应认定为有效，有关债权人于债务人不履行债务时取得财产所有权的约定应认定为无效。如果回购对象自始不存在，应根据《民法典》第146条第2款的规定，按照被隐藏的民事法律关系处理。

第69条 股东以将其股权转移至债权人名下的方式为债务履行提供担保，公司或者公司的债权人以股东未履行或者未全面履行出资义务、抽逃出资等为由，请求作为名义股东的债权人与股东承担连带责任的，人民法院不予支持。

【其他关联规定】

《全国法院民商事审判工作会议纪要》

44.【履行期届满后达成的以物抵债协议】 当事人在债务履行期限届满后达成以物抵债协议，抵债物尚未交付债权人，债权人请求债务人交付的，人民法院要着重审查以物抵债协议是否存在恶意损害第三人合法权益等情形，避免虚假诉讼的发生。经审查，不存在以上情况，且无其他无效事由的，人民法院依法予以支持。

当事人在一审程序中因达成以物抵债协议申请撤回起诉的，人民法院可予准许。当事人在二审程序中申请撤回上诉的，人民法院应当告知其申请撤回起诉。当事人申请撤回起诉，经审查不损害国家利益、社会公共利益、他人合法权益的，人民法院可予准许。当事人不申请撤回起诉，请求人民法院出具调解书对以物抵债协议予以确认的，因债务人完全可以立即履行该协议，没有必要由人民法院出具调解书，故人民法院不应准许，同时应当继续对原债权债务关系进行审理。

45.【履行期届满前达成的以物抵债协议】 当事人在债务履行期届满前达成以物抵债协议，抵债物尚未交付债权人，债权人请求债务人交付的，因此种情况不同于本纪要第71条规定的让与担保，人民法院应当向其释明，其应当根据原债权债务关系提起诉讼。经释明后当事人仍拒绝变更诉讼请求的，应当驳回其诉讼请求，但不影响其根据原债权债务关系另行提起诉讼。

71.【让与担保】 债务人或者第三人与债权人订立合同，约定将财产形式上转让至债权人名下，债务人到期清偿债务，债权人将该财产返还给债务人或第三人，债务人到期没有清偿债务，债权人可以对财产拍卖、变卖、折价偿还债权的，人民法院应当认定合同有效。合同如果约定债务人到期没有清偿债务，财产归债权人所有的，人民法院应当认定该部分约定无效，但不影响合同其他部分的效力。

当事人根据上述合同约定,已经完成财产权利变动的公示方式转让至债权人名下,债务人到期没有清偿债务,债权人请求确认财产归其所有的,人民法院不予支持,但债权人请求参照法律关于担保物权的规定对财产拍卖、变卖、折价优先偿还其债权的,人民法院依法予以支持。债务人因到期没有清偿债务,请求对该财产拍卖、变卖、折价偿还所欠债权人合同项下债务的,人民法院亦应依法予以支持。

89.【资产或者资产收益权转让及回购】 信托公司在资金信托成立后,以募集的信托资金受让特定资产或者特定资产收益权,属于信托公司在资金依法募集后的资金运用行为,由此引发的纠纷不应当认定为营业信托纠纷。如果合同中约定由转让方或者其指定的第三方在一定期间后以交易本金加上溢价款等固定价款无条件回购的,无论转让方所转让的标的物是否真实存在、是否实际交付或者过户,只要合同不存在法定无效事由,对信托公司提出的由转让方或者其指定的第三方按约定承担责任的诉讼请求,人民法院依法予以支持。

当事人在相关合同中同时约定采用信托公司受让目标公司股权、向目标公司增资方式并以相应股权担保债权实现的,应当认定在当事人之间成立让与担保法律关系。当事人之间的具体权利义务,根据本纪要第71条的规定加以确定。

第402条【不动产抵押登记】

以本法第三百九十五条第一款第一项至第三项规定的财产或者第五项规定的正在建造的建筑物抵押的,应当办理抵押登记。抵押权自登记时设立。

【关联司法解释】

《最高人民法院关于适用〈中华人民共和国民法典〉有关担保制度的解释》
第46条 不动产抵押合同生效后未办理抵押登记手续,债权人请求抵押人办理抵押登记手续的，人民法院应予支持。

抵押财产因不可归责于抵押人自身的原因灭失或者被征收等导致不能办理抵押登记，债权人请求抵押人在约定的担保范围内承担责任的，人民法院不予支持；但是抵押人已经获得保险金、赔偿金或者补偿金等，债权人请求抵押人在其所获金额范围内承担赔偿责任的，人民法院依法予以支持。

因抵押人转让抵押财产或者其他可归责于抵押人自身的原因导致不能办理抵押登记，债权人请求抵押人在约定的担保范围内承担责任的，人民法院依法予以支持，但是不得超过抵押权能够设立时抵押人应当承担的责任范围。

第48条 当事人申请办理抵押登记手续时，因登记机构的过错致使其不能办理抵押登记，当事人请求登记机构承担赔偿责任的，人民法院依法予以支持。

【其他关联规定】

《全国法院民商事审判工作会议纪要》

60.【未办理登记的不动产抵押合同的效力】 不动产抵押合同依法成立，但未办理抵押登记手续，债权人请求抵押人办理抵押登记手续的，人民法院依法予以支持。因抵押物灭失以及抵押物转让他人等原因不能办理抵押登记，债权人请求抵押人以抵押物的价值为限承担责任的，人民法院依法予以支持，但其范围不得超过抵押权有效设立时抵押人所应当承担的责任。

★ 第403条【动产抵押的效力】

以动产抵押的，抵押权自抵押合同生效时设立；未经登记，不得对抗善意第三人。

【条文解读】

本条是关于动产抵押权设立和登记效力的规定。原《物权法》第188条对一般动产抵押权的设立和登记作了规定，第189条第1款对浮动抵押权的设立和登记作了规定。本条在继承原《物权法》规定精神的基础上，对上述规定进行了整合，不再对一般动产抵押权和浮动抵押权分别进行规定。本条规定的动产抵押包含浮动抵押。根据本条规定，动产抵押权的设立采用登记对抗主义。

实践中，在理解本条规定时，应注意从以下两个方面予以把握：（1）动产抵押权的设立以抵押合同生效为成立要件。这包含两个方面的含义：一是动产抵押权自抵押合同生效时即设立。当事人以动产抵押的，抵押合同生效，抵押权即设立，未经登记不影响动产抵押权的设立。二是动产抵押权的设立以抵押合同生效为前提。当事人以动产抵押，抵押合同无效的，抵押权不能设立。（2）动产抵押权未经登记不得对抗善意第三人。这里的"善意第三人"主要是指不知道且不应当知道动产上已经设立抵押的买受人、承租人、申请保全人及申请执行人等。抵押合同签订后，在当事人未就动产抵押办理登记的情况下，抵押人又将该动产转让给第三人的，除非抵押权人能举证证明第三人知道且应当知道该抵押事实，否则抵押权人无权对第三人取得的动产优先受偿。对于当事人以动产设立抵押后，又将该动产作为标的物进行抵押或出质的，应当根据《民法典》第414条关于数个抵押权的清偿顺序和第415条关于抵押权与质权的清偿顺序的规定，确定各抵押权或抵押权与质权之间的清偿顺序。

【关联司法解释】

《最高人民法院关于适用〈中华人民共和国民法典〉有关担保制度的解释》
第54条 动产抵押合同订立后未办理抵押登记，动产抵押权的效力按照下列情形分别处理：

（一）抵押人转让抵押财产，受让人占有抵押财产后，抵押权人向受让人请求行使抵押权的，人民法院不予支持，但是抵押权人能够举证证明受让人知道或者应当知道已经订立抵押合同的除外；

（二）抵押人将抵押财产出租给他人并移转占有，抵押权人行使抵押权的，租赁关系不受影响，但是抵押权人能够举证证明承租人知道或者应当知道已经订立抵押合同的除外；

（三）抵押人的其他债权人向人民法院申请保全或者执行抵押财产，人民法院已经作出财产保全裁定或者采取执行措施，抵押权人主张对抵押财产优先受偿的，人民法院不予支持；

（四）抵押人破产，抵押权人主张对抵押财产优先受偿的，人民法院不予支持。

★ **第404条【动产抵押权无追及效力】**

以动产抵押的，不得对抗正常经营活动中已经支付合理价款并取得抵押财产的买受人。

【条文解读】

本条是关于动产抵押权无追及效力的规定。本条承继了原《物权法》第189条第2款关于浮动抵押不得对抗正常经营买受人的规定。与原《物权法》第189条第2款相比，本条将正常经营中的买受人可以对抗抵押权人的动产抵押范围从浮动抵押扩大到了所有的动产抵押。

根据本条规定，抵押动产的"正常经营买受人"对抗动产抵押权人，应当满足以下三个条件：（1）买受人系通过出卖人的正常经营活动购得抵押动产。买受人通过出卖人的正常经营活动购得抵押动产的，即应认定其为正常经营活动的买受人。（2）买受人已经支付合理对价。如果买受人购买抵押动产后，尚未支付任何价款，则不属于本条规定的"正常经营买受人"，其对抵押动产享有的债权不得对抗抵押权。买受人已经支付部分价款的，在判断所支付价款是否合理时，应当根据抵押动产的价值，结合一般交易习惯认定。（3）买受人已经取得抵押财产，即抵押人已经将抵押财产交付买受人。如果抵押人未将抵押财产交付买受人，那么买受人未取得抵押财产的所有权，只享有债权。此时买受人享有的债权不得对抗动产抵押权。

【关联司法解释】

《最高人民法院关于适用〈中华人民共和国民法典〉有关担保制度的解释》

第56条 买受人在出卖人正常经营活动中通过支付合理对价取得已被设立担保物权的动产，担保物权人请求就该动产优先受偿的，人民法院不予支持，但是有下列情形之一的除外：

（一）购买商品的数量明显超过一般买受人；

（二）购买出卖人的生产设备；

（三）订立买卖合同的目的在于担保出卖人或者第三人履行债务；

（四）买受人与出卖人存在直接或者间接的控制关系；

（五）买受人应当查询抵押登记而未查询的其他情形。

前款所称出卖人正常经营活动，是指出卖人的经营活动属于其营业执照明确记载的经营范围，且出卖人持续销售同类商品。前款所称担保物权人，是指已经办理登记的抵押权人、所有权保留买卖的出卖人、融资租赁合同的出租人。

★ **第405条【抵押权与租赁权的关系】**

抵押权设立前，抵押财产已经出租并转移占有的，原租赁关系不受该抵押权的影响。

【条文解读】

本条是关于抵押权和租赁权关系的规定。本条主要承继于原《物权法》第190条的规定。与原《物权法》第190条相比，本条将原"订立抵押合同前"修改为"抵押权设立前"，对出租的抵押财产增加"转移占有"这一要件，并删除了关于"抵押权设立后抵押财产出租的，该租赁关系不得对抗已登记的抵押权"的规定。在《民法典》编纂过程中，有些意见提出，仅凭订立抵押合同的时间与订立租赁合同的时间来认定抵押权和租赁关系的先后，容易滋生道德风险。在实践中存在一些当事人恶意串通，通过虚构租赁关系或者倒签租赁合同的方式，侵害抵押权人的利益，为抵押权人实现抵押权制造障碍。同样，当事人之间也有可能虚构抵押关系或者倒签抵押合同，侵害承租人的利益。建议在认定抵押权和租赁关系的先后顺序时规定较为严格的条件。《民法典》吸收了这一意见，将原《物权法》规定的"订立抵押合同前"修改为"抵押权设立前"，将"抵押财产已出租的"修改为"抵押财产已经出租并转移占有的"。①

根据本条规定，租赁权对抗抵押权应当满足下述两个条件：（1）租赁权成立在先，抵押权设立在后。如果抵押权设立在先，且当事人就抵押权办理了登记的，承租人订立租赁合同时就应当知道抵押财产已经设立抵押。承租人在明知抵押事实的情况下仍订立租赁合同，应当承担因抵押权实现所带来的风险，即抵押权实现时，租赁关系终止。对于抵押权设立后，当事人未就抵押权办理登记，抵押人又将抵押财产出租给承租人的，应当按照抵押权未经登记不得对抗善意第三人的原则，认定租赁权与抵押权之间的关系。（2）抵押权设立前，抵押财产已经由承租人占有。租赁权属于债权，抵押权属于物权，根据物权优先于债权的原则，租赁权原则上不能对抗抵押权，但法律之所以要赋予在先租赁权对抗在后抵押权的效力，主要是为了保护抵押权设立前，承租人基于租赁权对抵押财产已经享有的占有支配利益。如果抵押权设立前，承租人并未占有抵押财产，就无赋予租赁权对抗抵押权效力的必要。

★ 第406条【抵押财产的处分】

抵押期间，抵押人可以转让抵押财产。当事人另有约定的，按照其约

---

① 黄薇主编：《中华人民共和国民法典释义及适用指南》（上），中国民主法制出版社2020年版，第612页。

定。抵押财产转让的，抵押权不受影响。

抵押人转让抵押财产的，应当及时通知抵押权人。抵押权人能够证明抵押财产转让可能损害抵押权的，可以请求抵押人将转让所得的价款向抵押权人提前清偿债务或者提存。转让的价款超过债权数额的部分归抵押人所有，不足部分由债务人清偿。

【条文解读】

本条是关于抵押财产处分的规定。本条对原《物权法》第191条限制抵押财产转让的理念作了实质性修改。与原《物权法》第191条规定相比，本条对抵押财产的转让主要作出以下修改：（1）赋予抵押人转让抵押财产的权利。本条将原《物权法》第191条第2款"抵押期间，抵押人未经抵押权人同意，不得转让抵押财产，但受让人代为清偿债务消灭抵押权的除外"修改为"抵押期间，抵押人可以转让抵押财产。当事人另有约定的，按照其约定"。这说明，在当事人无特别约定的情况下，抵押人有权直接转让抵押财产，不需要经过抵押权人同意。需要注意的是，如果当事人特别约定抵押财产不能转让，或者须经抵押权人同意方能转让的，该约定对当事人具有约束力。抵押人违反约定，擅自转让抵押财产的，抵押权人有权根据合同约定请求抵押人承担违约责任。（2）承认抵押权具有追及效力。本条规定，抵押财产转让的，抵押权不受影响。本条在允许抵押财产流转的情况下，承认抵押权的追及效力不仅有利于保护抵押权人的利益，也不会对受让人不公平。抵押权登记公示的，买受人受让抵押财产时应当知道其上存在抵押的权利负担。受让人在明知的情况下，仍愿意受让抵押财产，说明其愿意承担因抵押权实现可能带来的风险。需要注意的是，抵押权设立后未经登记公示的，如果买受人根据《民法典》第311条规定善意取得抵押财产所有权，抵押权因不具有对抗善意第三人的效力而消灭。此时，抵押权人不能向抵押财产的善意取得人主张抵押权，只能就债务人不能清偿部分向抵押人主张损害赔偿。（3）抵押人负有通知义务。本条第2款规定，抵押人转让抵押财产的，应当及时通知抵押权人。规定抵押人的通知义务不仅可以避免抵押权人因抵押人不当转让抵押财产给其造成损失，而且有利于抵押权人就抵押财产行使抵押权。抵押人未尽通知义务的，不影响转让合同的效力，但抵押权人可根据约定或者法律规定请求抵押人承担违约责任。(4)赋予抵押权人在特定情况下请求抵押人将转让价款提前清偿或者提存的权利。本条第2款规定，抵押权人能够证明抵押财产转让可能损害抵押权的，可以请求抵押人将转让所得的价款向抵押权人提前清偿债务或者提存。该规定包含两个方面的含义：一是请求抵押人将转让价款提前清偿或者提存是抵押权人享有的权利。只有抵押权人行使该权利时，抵押人才需要将转让价款用于提前清偿或者提存，不同于原《物权法》第191条规定的抵押人转让抵押财产即应当将转让价款用于提前清偿债务或者提存。二是抵押权人请求抵押人将转让价款用于提前清偿债务或者提存的，应当举证证明抵押人转让抵押财产可能损害其抵押权。抵押权人只有在能够举证证明抵押人转让抵押财产可能损害其抵押权的情况下，才能请求抵押人将转让所得价款用于提前清偿债务或者提存。

【关联司法解释】

《最高人民法院关于适用〈中华人民共和国民法典〉有关担保制度的解释》

★ **第43条** 当事人约定禁止或者限制转让抵押财产但是未将约定登记，抵押人违反约定转让抵押财产，抵押权人请求确认转让合同无效的，人民法院不予支持；抵押财产已经交付或者登记，抵押权人请求确认转让不发生物权效力的，人民法院不予支持，但是抵押权人有证据证明受让人知道的除外；抵押权人请求抵押人承担违约责任的，人民法院依法予以支持。

当事人约定禁止或者限制转让抵押财产且已经将约定登记，抵押人违反约定转让抵押财产，抵押权人请求确认转让合同无效的，人民法院不予支持；抵押财产已经交付或者登记，抵押权人主张转让不发生物权效力的，人民法院应予支持，但是因受让人代替债务人清偿债务导致抵押权消灭的除外。

【司法解释条文解读】

本条是关于当事人约定禁止或者限制抵押财产转让情况下，抵押财产转让合同效力及物权效力的规定。

关于抵押财产转让，《民法典》第406条规定抵押财产原则上可以转让，当事人另有约定的，按照其约定。在当事人另行约定禁止或者限制抵押财产转让的情况下，抵押人违反约定擅自转让抵押财产的，根据本条规定，应当按照以下规则认定转让合同效力及物权效力：（1）转让合同效力不受当事人关于禁止或者限制抵押财产转让的约定以及该约定是否登记的影响。转让合同受《民法典》合同编规范的调整，其不因当事人约定禁止或者限制转让抵押财产而无效，而且即使当事人将该约定进行登记，亦不影响转让合同的效力。（2）转让抵押财产的物权效力因当事人是否将关于禁止或者限制转让抵押财产的约定进行登记而有所区别。实践中，当事人将关于禁止或者限制转让抵押财产的约定向不动产登记机构进行登记。如果当事人已经将该约定登记，抵押人违反约定转让抵押财产，基于登记的公示公信效力，买受人应当知道抵押人系无权处分抵押财产，此时受让人主张依据善意取得制度取得抵押财产所有权的，人民法院不应支持。如果当事人未将该约定登记，抵押人违反约定转让抵押财产，买受人无法知道抵押人系无权处分抵押财产，即买受人受让抵押财产时是善意的，据此其可以适用善意取得制度取得抵押财产所有权。（3）即使当事人未将关于禁止或者限制转让抵押财产的约定登记，但抵押权人能够举证证明受让人知道该约定的，转让也不能发生物权效力。即使当事人未将该约定登记，但受让人通过其他途径知道该约定，且抵押权人能够举证证明该事实的，应认定受让人受让抵押财产不是善意的，其不能依据善意取得主张取得抵押财产所有权。

第407条【抵押权处分的从属性】

抵押权不得与债权分离而单独转让或者作为其他债权的担保。债权转让的，担保该债权的抵押权一并转让，但是法律另有规定或者当事人另有约定的除外。

【其他关联规定】

《全国法院民商事审判工作会议纪要》

62.【抵押权随主债权转让】 抵押权是从属于主合同的从权利，根据"从随主"规则，债权转让的，除法律另有规定或者当事人另有约定外，担保该债权的抵押权一并转让。受让人向抵押人主张行使抵押权，抵押人以受让人不是抵押合同的当事人、未办理变更登记等为由提出抗辩的，人民法院不予支持。

第408条【抵押权的保护】

抵押人的行为足以使抵押财产价值减少的，抵押权人有权请求抵押人停止其行为；抵押财产价值减少的，抵押权人有权请求恢复抵押财产的价值，或者提供与减少的价值相应的担保。抵押人不恢复抵押财产的价值，也不提供担保的，抵押权人有权请求债务人提前清偿债务。

第409条【抵押权及其顺位的处分】

抵押权人可以放弃抵押权或者抵押权的顺位。抵押权人与抵押人可以协议变更抵押权顺位以及被担保的债权数额等内容。但是，抵押权的变更未经其他抵押权人书面同意的，不得对其他抵押权人产生不利影响。

债务人以自己的财产设定抵押，抵押权人放弃该抵押权、抵押权顺位或者变更抵押权的，其他担保人在抵押权人丧失优先受偿权益的范围内免除担保责任，但是其他担保人承诺仍然提供担保的除外。

★ 第410条【抵押权的实现】

债务人不履行到期债务或者发生当事人约定的实现抵押权的情形，抵押权人可以与抵押人协议以抵押财产折价或者以拍卖、变卖该抵押财产所得的价款优先受偿。协议损害其他债权人利益的，**其他债权人可以请求人民法院撤销该协议。**

抵押权人与抵押人未就抵押权实现方式达成协议的，抵押权人可以请求人民法院拍卖、变卖抵押财产。

抵押财产折价或者变卖的，应当参照市场价格。

【条文解读】

本条是关于抵押权实现的规定。本条主要承继了原《物权法》第195条的规定，其中第2款和第3款未作任何改变，第1款在保持其他内容不变的基础上，删除了关于其他债权人行使撤销权应当"在知道或者应当知道撤销事由之日起一年内"的规定。本条删除其他债权人行使撤销权1年期限的规定，并不意味着其他债权人行使撤销权不受任何期限的限制。《民法典》总则编第152条对撤销权的行使期间进行了明确规定，即有下列情形之一的，撤销权消灭：(1)当事人自知道或者应当知道撤销事由之日起1年内、重大误解的当事人自知道或者应当知道撤销事由之日起90日内没有行使撤销权；(2)当事人受胁迫，自胁迫行为终止之日起1年内没有行使撤销权；(3)当事人知道撤销事由后明确表示或者以自己的行为表明放弃撤销权。当事人自民事法律行为发生之日起5年内没有行使撤销权的，撤销权消灭。本条规定的其他债权人的撤销权应受上述规定的限制。

关于抵押权的实现，本条规定了两种实现方式：一是抵押权人与抵押人协议以抵押财产折价或者以拍卖、变卖该抵押财产所得的价款优先受偿。二是抵押权人请求人民法院拍卖、变卖抵押财产。第二种实现方式仅适用于抵押权人与抵押人未就抵押权实现方式达成协议的情况下。

【关联司法解释】

《最高人民法院关于适用〈中华人民共和国民法典〉有关担保制度的解释》

第45条 当事人约定当债务人不履行到期债务或者发生当事人约定的实现担保物权的情形，担保物权人有权将担保财产自行拍卖、变卖并就所得的价款优先受偿的，该约定有效。因担保人的原因导致担保物权人无法自行对担保财产进行拍卖、变卖，担保物权人请求担保人承担因此增加的费用的，人民法院应予支持。

当事人依照民事诉讼法有关"实现担保物权案件"的规定，申请拍卖、变卖担保财产，被申请人以担保合同约定仲裁条款为由主张驳回申请的，人民法院经审查后，应当按照以下情形分别处理：

（一）当事人对担保物权无实质性争议且实现担保物权条件已经成就的，应当裁定准许拍卖、变卖担保财产；

（二）当事人对实现担保物权有部分实质性争议的，可以就无争议的部分裁定准许拍卖、变卖担保财产，并告知可以就有争议的部分申请仲裁；

（三）当事人对实现担保物权有实质性争议的，裁定驳回申请，并告知可以向仲裁机构申请仲裁。

债权人以诉讼方式行使担保物权的，应当以债务人和担保人作为共同被告。

《最高人民法院关于适用〈中华人民共和国民法典〉合同编通则若干问题的解释》

第28条 债务人或者第三人与债权人在债务履行期限届满前达成以物抵债协议的，人民法院应当在审理债权债务关系的基础上认定该协议的效力。

当事人约定债务人到期没有清偿债务，债权人可以对抵债财产拍卖、变卖、折价以实现债权的，人民法院应当认定该约定有效。当事人约定债务人到期没有清偿债务，抵债财产归债权人所有的，人民法院应当认定该约定无效，但是不影响其他部分的效力；债权人请求对抵债财产拍卖、变卖、折价以实现债权的，人民法院应予支持。

当事人订立前款规定的以物抵债协议后，债务人或者第三人未将财产权利转移至债权人名下，债权人主张优先受偿的，人民法院不予支持；债务人或者第三人已将财产权利转移至债权人名下的，依据《最高人民法院关于适用〈中华人民共和国民法典〉有关担保制度的解释》第六十八条的规定处理。

第411条【浮动抵押财产的确定】

依据本法第三百九十六条规定设定抵押的，抵押财产自下列情形之一发生时确定：

（一）债务履行期限届满，债权未实现；

（二）抵押人被宣告破产或者解散；

（三）当事人约定的实现抵押权的情形；

（四）严重影响债权实现的其他情形。

第412条【抵押权对抵押财产孳息的效力】

债务人不履行到期债务或者发生当事人约定的实现抵押权的情形，致使抵押财产被人民法院依法扣押的，自扣押之日起，抵押权人有权收取该抵押财产的天然孳息或者法定孳息，但是抵押权人未通知应当清偿法定孳息义务人的除外。

前款规定的孳息应当先充抵收取孳息的费用。

【关联司法解释】

《最高人民法院关于适用〈中华人民共和国民法典〉有关担保制度的解释》

第40条 从物产生于抵押权依法设立前，抵押权人主张抵押权的效力及于从物的，人民法院应予支持，但是当事人另有约定的除外。

从物产生于抵押权依法设立后，抵押权人主张抵押权的效力及于从物的，人民法院不予支持，但是在抵押权实现时可以一并处分。

第41条 抵押权依法设立后，抵押财产被添附，添附物归第三人所有，抵押权人主张抵押权效力及于补偿金的，人民法院应予支持。

抵押权依法设立后，抵押财产被添附，抵押人对添附物享有所有权，抵押权人主张抵押权的效力及于添附物的，人民法院应予支持，但是添附导致抵押财产价值增加的，抵押权的效力不及于增加的价值部分。

抵押权依法设立后，抵押人与第三人因添附成为添附物的共有人，抵押权人主张抵押权的效力及于抵押人对共有物享有的份额的，人民法院应予支持。

本条所称添附，包括附合、混合与加工。

第413条【抵押财产变价后的处理】

抵押财产折价或者拍卖、变卖后，其价款超过债权数额的部分归抵押人所有，不足部分由债务人清偿。

第414条【数个抵押权的清偿顺序】

同一财产向两个以上债权人抵押的，拍卖、变卖抵押财产所得的价款依照下列规定清偿：

（一）抵押权已经登记的，按照登记的时间先后确定清偿顺序；

（二）抵押权已经登记的先于未登记的受偿；

（三）抵押权未登记的，按照债权比例清偿。

其他可以登记的担保物权，清偿顺序参照适用前款规定。

★ 第415条【抵押权与质权的清偿顺序】

同一财产既设立抵押权又设立质权的，拍卖、变卖该财产所得的价款按照登记、交付的时间先后确定清偿顺序。

【条文解读】

本条是关于同一财产上同时存在抵押权和质权时清偿顺序的规定。原

《物权法》和原《担保法》均未对抵押权和质权竞合的清偿顺序作出规定，本条系《民法典》新增加的条文。

抵押权和质权竞合主要存在于动产上。动产抵押权采用登记对抗主义，不以登记作为设立要件，抵押权自抵押合同生效时即设立，但以登记作为产生对抗效力的公示方式，抵押权只有经过登记，才能产生对抗第三人的法律效力。动产质权采用交付主义，当事人以动产出质的，质权自出质人交付质押财产时设立，交付既为质权的设立要件，也是质权产生对抗效力的公示方式。实践中，由于抵押权设立不以标的物转移为条件，因此，当事人在动产上设立抵押权后，有可能再设立质权或者在将动产出质后，再设立一定的抵押权。同一动产上抵押权和质权同时存在时，当事人应当按照以下原则确定各权利的清偿顺序：(1)质权设立在先，抵押权设立在后的，质权优先于抵押权清偿。质权设立的同时，即通过交付的方式进行了公示，之后再设立抵押权，即使该抵押权进行了登记，其登记的时间亦晚于质权的交付时间。(2)抵押权设立在先，质权设立在后的，质权和抵押权的清偿顺序根据抵押权设立时是否进行登记有所不同。如果先设立的抵押权进行了登记，由于抵押权的登记时间早于质权的交付时间，故抵押权应当优先于质权清偿。如果先设立的抵押权未进行登记，未经登记的抵押权不具有对抗第三人的效力，质权通过交付的方式进行了公示，具有对抗第三人的效力，因此质权应当优先于抵押权清偿。

【其他关联规定】

《全国法院民商事审判工作会议纪要》

65.【动产抵押权与质权竞存】 同一动产上同时设立质权和抵押权的，应当参照适用《物权法》第199条的规定，根据是否完成公示以及公示先后情况来确定清偿顺序：质权有效设立、抵押权办理了抵押登记的，按照公示先后确定清偿顺序；顺序相同的，按照债权比例清偿；质权有效设立，抵押权未办理抵押登记的，质权优先于抵押权；质权未有效设立，抵押权未办理抵押登记的，因此时抵押权已经有效设立，故抵押权优先受偿。

根据《物权法》第178条规定的精神，担保法司法解释第79条第1款不再适用。

★ **第416条【动产购买价款抵押担保的优先权】**
动产抵押担保的主债权是抵押物的价款，标的物交付后十日内办理抵押登记的，该抵押权人优先于抵押物买受人的其他担保物权人受偿，但是留置权人除外。

【条文解读】

本条是关于买卖价款抵押权的规定。本条系《民法典》新增加的条文，其规定的买卖价款抵押权亦是《民法典》新创设的规则。

买卖价款抵押权，学理上又称价款超级优先权，根据本条规定，其设立应当满足以下条件：(1)被担保主债权是抵押物的价款。抵押物的价款主要包括两种：一是出卖人应当向买受人收取的出售抵押物的价金。二是贷款人向买受人发放的用于购买抵押物的贷款。(2)标的物交付买受人。买卖价款抵押权的抵押人是抵押物买受人。动产物权自交付时发生变动。如果抵押物尚未交付买受人，买受人未取得抵押物所有权，此时就无法设立买卖价款抵押权。(3)买卖价款抵押权的登记应当在标的物交付后10日内完成。如果当事人未在标的物交付后10日内完成买卖价款抵押权登记，抵押物价款的抵押权人所具有的抵押权不能被认定为买卖价款抵押权。买受人只有满足上述三个条件，才能取得买卖价款抵押权。

对于买卖价款抵押权的优先效力，本条规定，买卖价款抵押权人优先于抵押物买受人的其他担保物权人受偿，但是留置权人除外。根据该规定，如果标的物上的其他担保物权是留置权，则该留置权优先于买卖价款抵押权。如果标的物上的其他担保物权系抵押权或质权，买卖价款抵押权均优先于其他担保物权。

第二编 物 权

【关联司法解释】

《最高人民法院关于适用〈中华人民共和国民法典〉有关担保制度的解释》

★ 第57条 担保人在设立动产浮动抵押并办理抵押登记后又购入或者以融资租赁方式承租新的动产，下列权利人为担保价款债权或者租金的实现而订立担保合同，并在该动产交付后十日内办理登记，主张其权利优先于在先设立的浮动抵押权的，人民法院应予支持：

（一）在该动产上设立抵押权或者保留所有权的出卖人；

（二）为价款支付提供融资而在该动产上设立抵押权的债权人；

（三）以融资租赁方式出租该动产的出租人。

买受人取得动产但未付清价款或者承租人以融资租赁方式占有租赁物但是未付清全部租金，又以标的物为他人设立担保物权，前款所列权利人为担保价款债权或者租金的实现而订立担保合同，并在该动产交付后十日内办理登记，主张其权利优先于买受人为他人设立的担保物权的，人民法院应予支持。

同一动产上存在多个价款优先权的，人民法院应当按照登记的时间先后确定清偿顺序。

【司法解释条文解读】

本条是关于价款优先权权利主体及适用范围的规定。《民法典》第416条创设了价款优先权制度。本条在《民法典》第416条的基础上，将价款优先权适用于以所有权保留买卖方式买卖动产和以融资租赁方式承租动产的情形。

本条共分为3款，其中第1款是关于价款优先权权利主体的规定，第2款是关于价款优先权适用范围的规定，第3款是关于多个价款优先权并存时清偿顺序的规定。关于价款优先权的权利主体，本条第1款主要规定了三类：（1）在该动产上设立抵押权或者保留所有权的出卖人。（2）为价款

319

> 支付提供融资而在该动产上设立抵押权的债权人。这里的债权人是指为买受人购买动产或承租动产提供融资而在购入动产或承租动产上设定抵押权以担保融资获取清偿的债权人。（3）以融资租赁方式出租该动产的出租人。关于价款优先权的适用范围，综合本条第1款和第2款规定，主要包括两种情形：（1）浮动抵押设立后，抵押人为担保价款支付在又购入或者以融资租赁方式承租的新动产上设立的担保物权。（2）在以赊购方式购入或者以融资租赁方式占有但尚未付清全部租金的动产上为第三人设立一般动产抵押权后，抵押人为担保价款支付又在标的物上设立的其他担保物权。对于多个价款优先权并存时的清偿顺序，根据本条第3款的规定，应当按照登记的时间先后进行确定。

第417条【抵押权对新增建筑物的效力】

建设用地使用权抵押后，该土地上新增的建筑物不属于抵押财产。该建设用地使用权实现抵押权时，应当将该土地上新增的建筑物与建设用地使用权一并处分。但是，新增建筑物所得的价款，抵押权人无权优先受偿。

第418条【集体所有土地使用权抵押权的实行效果】

以**集体所有土地**的使用权**依法**抵押的，实现抵押权后，未经法定程序，不得改变土地所有权的性质和土地用途。

第419条【抵押权存续期间】

抵押权人应当在主债权诉讼时效期间行使抵押权；未行使的，人民法院不予保护。

【关联司法解释】

《最高人民法院关于适用〈中华人民共和国民法典〉有关担保制度的解释》

第44条 主债权诉讼时效期间届满后，抵押权人主张行使抵押权的，人民法院不予支持；抵押人以主债权诉讼时效期间届满为由，主张不承担担保责任的，人民法院应予支持。主债权诉讼时效期间届满前，债权人仅对债务人提起诉讼，经人民法院判决或者调解后未在民事诉讼法规定的申请执行时效期间内对债务人申请强制执行，其向抵押人主张行使抵押权的，人民法院不予支持。

主债权诉讼时效期间届满后，财产被留置的债务人或者对留置财产享有所有权的第三人请求债权人返还留置财产的，人民法院不予支持；债务人或者第三人请求拍卖、变卖留置财产并以所得价款清偿债务的，人民法院应予支持。

主债权诉讼时效期间届满的法律后果，以登记作为公示方式的权利质权，参照适用第一款的规定；动产质权、以交付权利凭证作为公示方式的权利质权，参照适用第二款的规定。

【其他关联规定】

《全国法院民商事审判工作会议纪要》

59.【主债权诉讼时效届满的法律后果】 抵押权人应当在主债权的诉讼时效期间内行使抵押权。抵押权人在主债权诉讼时效届满前未行使抵押权，抵押人在主债权诉讼时效届满后请求涂销抵押权登记的，人民法院依法予以支持。

以登记作为公示方法的权利质权，参照适用前款规定。

第二节　最高额抵押权

第420条【最高额抵押权的定义】

为担保债务的履行，债务人或者第三人对一定期间内将要连续发生的债权提供担保财产的，债务人不履行到期债务或者发生当事人约定的实现抵押权的情形，抵押权人有权在最高债权额限度内就该担保财产优先受偿。

最高额抵押权设立前已经存在的债权,经当事人同意,可以转入最高额抵押担保的债权范围。

第421条【最高额抵押权担保的债权转让】

最高额抵押担保的债权确定前,部分债权转让的,最高额抵押权不得转让,但是当事人另有约定的除外。

第422条【最高额抵押合同条款变更】

最高额抵押担保的债权确定前,抵押权人与抵押人可以通过协议变更债权确定的期间、债权范围以及最高债权额。但是,变更的内容不得对其他抵押权人产生不利影响。

第423条【最高额抵押权所担保的债权确定】

有下列情形之一的,抵押权人的债权确定:

(一)约定的债权确定期间届满;

(二)没有约定债权确定期间或者约定不明确,抵押权人或者抵押人自最高额抵押权设立之日起满二年后请求确定债权;

(三)新的债权不可能发生;

(四)**抵押权人知道或者应当知道抵押财产被查封**、扣押;

(五)债务人、抵押人被宣告破产或者**解散**;

(六)法律规定债权确定的其他情形。

【关联司法解释】

《最高人民法院关于适用〈中华人民共和国民法典〉有关担保制度的解释》

第15条 最高额担保中的最高债权额,是指包括主债权及其利息、违约金、损害赔偿金、保管担保财产的费用、实现债权或者实现担保物权的费用等在内的全部债权,但是当事人另有约定的除外。

登记的最高债权额与当事人约定的最高债权额不一致的，人民法院应当依据登记的最高债权额确定债权人优先受偿的范围。

第424条【最高额抵押权的法律适用】

最高额抵押权除适用本节规定外，适用本章第一节的有关规定。

第十八章　质权

第一节　动产质权

第425条【动产质权的定义】

为担保债务的履行，债务人或者第三人将其动产出质给债权人占有的，债务人不履行到期债务或者发生当事人约定的实现质权的情形，债权人有权就该动产优先受偿。

前款规定的债务人或者第三人为出质人，债权人为质权人，交付的动产为质押财产。

第426条【禁止质押的动产范围】

法律、行政法规禁止转让的动产不得出质。

第427条【质押合同】

设立质权，当事人应当采用书面形式订立质押合同。

质押合同一般包括下列条款：

（一）被担保债权的种类和数额；

（二）债务人履行债务的期限；

（三）质押财产的名称、数量等情况；

（四）担保的范围；

（五）质押财产交付的时间、方式。

★ **第428条【流质】**
质权人在债务履行期限届满前，与出质人约定债务人不履行到期债务时质押财产归债权人所有的，只能依法就质押财产优先受偿。

【条文解读】

本条是关于流质条款效力的规定。关于流质，原《物权法》第211条规定："质权人在债务履行期届满前，不得与出质人约定债务人不履行到期债务时质押财产归债权人所有。"本条在继承原《物权法》第211条禁止流质精神的基础上，对流质条款作了一定的修改，即将"不得与出质人约定债务人不履行到期债务时质押财产归债权人所有"修改为"与出质人约定债务人不履行到期债务时质押财产归债权人所有的，只能依法就质押财产优先受偿"。

实践中，在理解本条规定的"只能依法就质押财产优先受偿"时，应注意以下问题：（1）流质条款中的流质意思表示无效。流质意思表示，是指当事人约定债务人不履行到期债务时质押财产归债权人所有的意思表示。认定流质的意思表示无效主要是为了避免质权人利用其优势地位迫使出质人以交易价值明显高于主债权的质押财产抵偿主债务，损害出质人的合法权益。（2）流质条款中的出质意思表示有效。出质意思表示是指当事人以质押财产作为出质物担保主债权实现的意思表示。该出质意思表示不违反法律、行政法规的强制性规定，应为有效。（3）质权人根据流质条款就质押财产优先受偿的前提是质权已设立。动产质权的设立以交付为生效要件。质权自出质人交付质押财产时设立。流质条款订立后，出质人未向债权人交付质押财产的，质权不设立，债权人则不能就质押财产优先受偿。只有在满足质权设立的条件时，质权人才能依据流质条款就质押财产优先受偿。

第429条【质权生效时间】

质权自出质人交付质押财产时设立。

【关联司法解释】

《最高人民法院关于适用〈中华人民共和国民法典〉有关担保制度的解释》

★ 第55条 债权人、出质人与监管人订立三方协议,出质人以通过一定数量、品种等概括描述能够确定范围的货物为债务的履行提供担保,当事人有证据证明监管人系受债权人的委托监管并实际控制该货物的,人民法院应当认定质权于监管人实际控制货物之日起设立。监管人违反约定向出质人或者其他人放货、因保管不善导致货物毁损灭失,债权人请求监管人承担违约责任的,人民法院依法予以支持。

在前款规定情形下,当事人有证据证明监管人系受出质人委托监管该货物,或者虽然受债权人委托但是未实际履行监管职责,导致货物仍由出质人实际控制的,人民法院应当认定质权未设立。债权人可以基于质押合同的约定请求出质人承担违约责任,但是不得超过质权有效设立时出质人应当承担的责任范围。监管人未履行监管职责,债权人请求监管人承担责任的,人民法院依法予以支持。

【司法解释条文解读】

本条是关于流动质押设立与监管人责任的规定。原《担保法》及原《最高人民法院关于适用〈中华人民共和国担保法〉若干问题的解释》均未对流动质押作出明确规定。《全国法院民商事审判工作会议纪要》第63条首次规定流动质押。本条承继《全国法院民商事审判工作会议纪要》相关规定,对流动质押制度通过司法解释的形式予以确认。

流动质押,又被称为动态质押、存货动态质押,是指债务人或第三人为担保债务的履行,以其有权处分的原材料、半成品、产品等库存货物为标的向银行等债权人设定质押,双方委托第三方物流企业占有并监管质押财产,质押财产被控制在一定数量或价值范围内进行动态更换、出旧补新的一种担保方式。①流动质押属于动产质押,以交付作为公示方法。但实践中,流动质押的当事人一般不直接交付质押财产,而是通过监管人接受质权人的委托代为占有质物的方式进行指示交付。因此,判断流动质押是否设立应当根据出质人是否通过指示交付的方式向质权人交付质物。在第三人直接占有标的物的情形下,认定出质人是否通过指示交付的方式向质权人交付质物应当依质权人是否取得了对质押财产的间接占有为标准。实践中,如果作为第三人的监管人系受债权人的委托监管并实际控制标的物,此时债权人取得了对标的物的间接占有,质权应于监管人实际控制货物之日起设立。质权设立后,由于监管人原因导致质物被处分或者毁损的,债权人可以根据其与监管人之间的委托合同请求监管人承担违约责任。如果作为第三人的监管人仍是受出质人委托监管该货物,或者虽然受债权人委托但是未实际履行监管职责,导致货物仍由出质人实际控制的,此时债权人未取得对标的物的间接占有,质权未设立。如果质权未设立系因出质人的原因,则债权人可以基于质押合同的约定请求出质人承担违约责任,但是不得超过质权有效设立时出质人应当承担的责任范围。如果质权未设立系因监管人未履行监管职责,债权人有权请求监管人承担责任。

第70条 债务人或者第三人为担保债务的履行,设立专门的保证金账户并由债权人实际控制,或者将其资金存入债权人设立的保证金账户,债权人主张就账户内的款项优先受偿的,人民法院应予支持。当事人以保证金账户内的款项浮动为由,主张实际控制该账户的债权人对账户内的款项不享有优先受偿权的,人民法院不予支持。

在银行账户下设立的保证金分户,参照前款规定处理。

---

① 最高人民法院民法典贯彻实施工作领导小组主编:《中华人民共和国民法典物权编理解与适用》(下),人民法院出版社2020年版,第1049页。

当事人约定的保证金并非为担保债务的履行设立，或者不符合前两款规定的情形，债权人主张就保证金优先受偿的，人民法院不予支持，但是不影响当事人依照法律的规定或者按照当事人的约定主张权利。

【其他关联规定】

《全国法院民商事审判工作会议纪要》

63.【流动质押的设立与监管人的责任】 在流动质押中，经常由债权人、出质人与监管人订立三方监管协议，此时应当查明监管人究竟是受债权人的委托还是受出质人的委托监管质物，确定质物是否已经交付债权人，从而判断质权是否有效设立。如果监管人系受债权人的委托监管质物，则其是债权人的直接占有人，应当认定完成了质物交付，质权有效设立。监管人违反监管协议约定，违规向出质人放货、因保管不善导致质物毁损灭失，债权人请求监管人承担违约责任的，人民法院依法予以支持。

如果监管人系受出质人委托监管质物，表明质物并未交付债权人，应当认定质权未有效设立。尽管监管协议约定监管人系受债权人的委托监管质物，但有证据证明其并未履行监管职责，质物实际上仍由出质人管领控制的，也应当认定质物并未实际交付，质权未有效设立。此时，债权人可以基于质押合同的约定请求质押人承担违约责任，但其范围不得超过质权有效设立时质押人所应当承担的责任。监管人未履行监管职责的，债权人也可以请求监管人承担违约责任。

第430条【质权人孳息收取权及孳息首要清偿用途】

质权人有权收取质押财产的孳息，但是合同另有约定的除外。

前款规定的孳息应当先充抵收取孳息的费用。

第431条【质权人擅自使用、处分质押财产的责任】

质权人在质权存续期间，未经出质人同意，擅自使用、处分质押财产，造成出质人损害的，应当承担赔偿责任。

第432条【质权人的保管义务和赔偿责任】

质权人负有妥善保管质押财产的义务；因保管不善致使质押财产毁损、灭失的，应当承担赔偿责任。

质权人的行为可能使质押财产毁损、灭失的，出质人可以请求质权人将质押财产提存，或者请求提前清偿债务并返还质押财产。

第433条【质权的保护】

因不可归责于质权人的事由可能使质押财产毁损或者价值明显减少，足以危害质权人权利的，质权人有权请求出质人提供相应的担保；出质人不提供的，质权人可以拍卖、变卖质押财产，并与出质人协议将拍卖、变卖所得的价款提前清偿债务或者提存。

第434条【责任转质】

质权人在质权存续期间，未经出质人同意转质，造成质押财产毁损、灭失的，应当承担赔偿责任。

第435条【质权的放弃】

质权人可以放弃质权。债务人以自己的财产出质，质权人放弃该质权的，其他担保人在质权人丧失优先受偿权益的范围内免除担保责任，但是其他担保人承诺仍然提供担保的除外。

第436条【质物返还及质权实现】

债务人履行债务或者出质人提前清偿所担保的债权的，质权人应当返还质押财产。

债务人不履行到期债务或者发生当事人约定的实现质权的情形，质权人可以与出质人协议以质押财产折价，也可以就拍卖、变卖质押财产所得的价款优先受偿。

质押财产折价或者变卖的，应当参照市场价格。

第437条【质权的及时行使】

出质人可以请求质权人在债务履行期限届满后及时行使质权；质权人不行使的，出质人可以请求人民法院拍卖、变卖质押财产。

出质人请求质权人及时行使质权，因质权人怠于行使权利造成**出质人损害**的，由质权人承担赔偿责任。

第438条【质押财产变价后的处理】

质押财产折价或者拍卖、变卖后，其价款超过债权数额的部分归出质人所有，不足部分由债务人清偿。

第439条【最高额质权】

出质人与质权人可以协议设立最高额质权。

最高额质权除适用本节有关规定外，参照**适用本编第十七章第二节的有关规定**。

第二节 权利质权

★ 第440条【权利质权的范围】

债务人或者第三人有权处分的下列权利可以出质：

（一）汇票、**本票、支票**；

（二）债券、存款单；

（三）仓单、提单；

（四）可以转让的基金份额、股权；

（五）可以转让的注册商标专用权、专利权、著作权等知识产权中的财产权；

（六）现有的以及将有的应收账款；

（七）法律、行政法规规定可以出质的其他财产权利。

【条文解读】

本条是关于权利质权范围的规定。本条主要承继了原《物权法》第223条的规定，与其相比，本条主要进行了两处修改：一是调整了"支票""本票"之间的顺序，即将"支票、本票"调整为"本票、支票"；二是将原规定"应收账款"修改为"现有的以及将有的应收账款"，明确了应收账款质押的范围。

对于可以质押的权利类型，《民法典》第440条采用列举加概括的方式作了规定，即除其明确规定的六类权利外，只有法律、行政法规规定可以出质的其他财产权利，才能用于质押。实践中，可以用于出质的权利应当具有财产性以及可转让性。对于法律规定的具有人身专属性的权利以及法律禁止转让的权利，不得用于出质。当事人以可以转让的财产性权利为标的物设立的质权，称为权利质权。根据《民法典》本节规定，权利质权以登记为公示要件。所有权原则上不能用于设立权利质权，当事人以所有权设立质权的，本质上属于以动产出质，应适用动产质权的规定。

【关联司法解释】

《最高人民法院关于适用〈中华人民共和国民法典〉有关担保制度的解释》

第53条　当事人在动产和权利担保合同中对担保财产进行概括描述，该描述能够合理识别担保财产的，人民法院应当认定担保成立。

★　第63条　债权人与担保人订立担保合同，约定以法律、行政法规尚未规定可以担保的财产权利设立担保，当事人主张合同无效的，人民法院不予支持。当事人未在法定的登记机构依法进行登记，主张该担保具有物权效力的，人民法院不予支持。

【司法解释条文解读】

本条是关于新类型担保中担保合同效力与担保物权效力相区分的规定。

对于实践中以法律、行政法规尚未规定可以担保的财产权利设立担保的，本条采用了合同效力与物权效力相区分的原则。根据本条规定，除非当事人签订的担保合同违反了法律、行政法规的强制性规定或者公序良俗，否则担保合同不因法律、行政法规未规定该财产权利可以用于设立担保而无效。但担保合同有效，并不意味着以财产权利设立的担保一定具有物权效力。当事人以法律、行政法规尚未规定可以担保的财产权利设立的担保是否具有物权效力，应根据其是否在法定的登记机构进行登记予以认定。本条所称的"在法定的登记机构进行登记"包含两个方面的含义：一是设立担保的财产权利只有经登记才能产生物权效力，没有登记则不能产生物权效力。二是设立担保的财产权利必须在法定的登记机构进行登记才能产生物权效力。如果当事人不是在法定的登记机构进行登记，而是在其他的机构通过一定的方式将权利设立担保进行公示，不能产生物权效力。比如，实践中当事人以持有的信用社股金证设立质权的，其在信用社内部系统中备注"质押"的，不属于在法定的登记机构进行登记，不能产生担保物权效力。

第441条【有价证券出质的质权的设立】

以汇票、本票、支票、债券、存款单、仓单、提单出质的，质权自权利凭证交付质权人时设立；没有权利凭证的，**质权自办理出质登记时设立。法律另有规定的，依照其规定。**

【关联司法解释】

《最高人民法院关于适用〈中华人民共和国民法典〉有关担保制度的解释》
第58条 以汇票出质，当事人以背书记载"质押"字样并在汇票上签章，汇票已经交付质权人的，人民法院应当认定质权自汇票交付质权人时设立。

第59条 存货人或者仓单持有人在仓单上以背书记载"质押"字样，并经保管人签章，仓单已经交付质权人的，人民法院应当认定质权自仓单交付质权人时设立。没有权利凭证的仓单，依法可以办理出质登记的，仓单质权自办理出质登记时设立。

出质人既以仓单出质，又以仓储物设立担保，按照公示的先后确定清偿顺序；难以确定先后的，按照债权比例清偿。

保管人为同一货物签发多份仓单，出质人在多份仓单上设立多个质权，按照公示的先后确定清偿顺序；难以确定先后的，按照债权比例受偿。

存在第二款、第三款规定的情形，债权人举证证明其损失系由出质人与保管人的共同行为所致，请求出质人与保管人承担连带赔偿责任的，人民法院应予支持。

第60条 在跟单信用证交易中，开证行与开证申请人之间约定以提单作为担保的，人民法院应当依照民法典关于质权的有关规定处理。

在跟单信用证交易中，开证行依据其与开证申请人之间的约定或者跟单信用证的惯例持有提单，开证申请人未按照约定付款赎单，开证行主张对提单项下货物优先受偿的，人民法院应予支持；开证行主张对提单项下货物享有所有权的，人民法院不予支持。

在跟单信用证交易中，开证行依据其与开证申请人之间的约定或者跟单信用证的惯例，通过转让提单或者提单项下货物取得价款，开证申请人请求返还超出债权部分的，人民法院应予支持。

前三款规定不影响合法持有提单的开证行以提单持有人身份主张运输合同项下的权利。

【其他关联规定】

《全国法院民商事审判工作会议纪要》

68.【保兑仓交易】 保兑仓交易作为一种新类型融资担保方式，其基本交易模式是，以银行信用为载体、以银行承兑汇票为结算工具、由银行控制货权、卖方（或者仓储方）受托保管货物并以承兑汇票与保证金之间的差额作为担保。其基本的交易流程是：卖方、买方和银行订立三方合作协议，其中买方向银行缴存一定比例的承兑保证金，银行向买方签发以卖方为收款人的银行承兑汇票，买方将银行承兑汇票交付卖方作为货款，银行根据买方缴纳的保证金的一定比例向卖方签发提货单，卖方根据提货单向买方交付对应金额的货物，买方销售货物后，将货款再缴存为保证金。

在三方协议中，一般来说，银行的主要义务是及时签发承兑汇票并按约定方式将其交给卖方，卖方的主要义务是根据银行签发的提货单发货，并在买方未及时销售或者回赎货物时，就保证金与承兑汇票之间的差额部分承担责任。银行为保障自身利益，往往还会约定卖方要将货物交给由其指定的当事人监管，并设定质押，从而涉及监管协议以及流动质押等问题。实践中，当事人还可能在前述基本交易模式基础上另行作出其他约定，只要不违反法律、行政法规的效力性强制性规定，这些约定应当认定有效。

一方当事人因保兑仓交易纠纷提起诉讼的，人民法院应当以保兑仓交易合同作为审理案件的基本依据，但买卖双方没有真实买卖关系的除外。

69.【无真实贸易背景的保兑仓交易】 保兑仓交易以买卖双方有真实买卖关系为前提。双方无真实买卖关系的，该交易属于名为保兑仓交易实为借款合同，保兑仓交易因构成虚伪意思表示而无效，被隐藏的借款合同是当事人的真实意思表示，如不存在其他合同无效情形，应当认定有效。保兑仓交易认定为借款合同关系的，不影响卖方和银行之间担保关系的效力，卖方仍应当承担担保责任。

70.【保兑仓交易的合并审理】 当事人就保兑仓交易中的不同法律关系的相对方分别或者同时向同一人民法院起诉的，人民法院可以根据民事诉讼法司法解释第221条的规定，合并审理。当事人未起诉某一方当事人的，人民法院可以依职权追加未参加诉讼的当事人为第三人，以便查明相关事实，正确认定责任。

【关联指导案例】

最高人民法院指导案例111号：中国建设银行股份有限公司广州荔湾支行诉广东蓝粤能源发展有限公司等信用证开证纠纷案

裁判要点：1.提单持有人是否因受领提单的交付而取得物权以及取得何种类型的物权，取决于合同的约定。开证行根据其与开证申请人之间的合同约定持有提单时，人民法院应结合信用证交易的特点，对案涉合同进行合理解释，确定开证行持有提单的真实意思表示。

2.开证行对信用证项下单据中的提单以及提单项下的货物享有质权的，开证行行使提单质权的方式与行使提单项下货物动产质权的方式相同，即对提单项下货物折价、变卖、拍卖后所得价款享有优先受偿权。

第442条【有价证券出质的质权的特别实现方式】

汇票、**本票**、**支票**、债券、存款单、仓单、提单的兑现日期或者提货日期先于主债权到期的，质权人可以兑现或者提货，并与出质人协议将兑现的价款或者提取的货物提前清偿债务或者提存。

第443条【以基金份额、股权出质的质权设立及转让限制】

以基金份额、股权出质的，质权自办理出质登记时设立。

基金份额、股权出质后，不得转让，但是出质人与质权人协商同意的除外。出质人转让基金份额、股权所得的价款，应当向质权人提前清偿债务或者提存。

第444条【以知识产权中的财产权出质的质权的设立及转让限制】

以注册商标专用权、专利权、著作权等知识产权中的财产权出质的，质权自办理出质登记时设立。

知识产权中的财产权出质后，出质人不得转让或者许可他人使用，但是出质人与质权人协商同意的除外。出质人转让或者许可他人使用出质的知识产权中的财产权所得的价款,应当向质权人提前清偿债务或者提存。

第445条【以应收账款出质的质权的设立及转让限制】
以应收账款出质的,质权自办理出质登记时设立。

应收账款出质后,不得转让,但是出质人与质权人协商同意的除外。出质人转让应收账款所得的价款,应当向质权人提前清偿债务或者提存。

【关联司法解释】

《最高人民法院关于适用〈中华人民共和国民法典〉有关担保制度的解释》

第61条 以现有的应收账款出质,应收账款债务人向质权人确认应收账款的真实性后,又以应收账款不存在或者已经消灭为由主张不承担责任的,人民法院不予支持。

以现有的应收账款出质,应收账款债务人未确认应收账款的真实性,质权人以应收账款债务人为被告,请求就应收账款优先受偿,能够举证证明办理出质登记时应收账款真实存在的,人民法院应予支持;质权人不能举证证明办理出质登记时应收账款真实存在,仅以已经办理出质登记为由,请求就应收账款优先受偿的,人民法院不予支持。

以现有的应收账款出质,应收账款债务人已经向应收账款债权人履行了债务,质权人请求应收账款债务人履行债务的,人民法院不予支持,但是应收账款债务人接到质权人要求向其履行的通知后,仍然向应收账款债权人履行的除外。

以基础设施和公用事业项目收益权、提供服务或者劳务产生的债权以及其他将有的应收账款出质,当事人为应收账款设立特定账户,发生法定或者约定的质权实现事由时,质权人请求就该特定账户内的款项优先受偿的,人民法院应予支持;特定账户内的款项不足以清偿债务或者未设立特定账户,质权人请求折价或者拍卖、变卖项目收益权等将有的应收账款,并以所得的价款优先受偿的,人民法院依法予以支持。

第446条【权利质权的法律适用】
权利质权除适用本节规定外,适用本章第一节的有关规定。

第十九章 留置权

第447条【留置权的定义】
债务人不履行到期债务,债权人可以留置已经合法占有的债务人的动产,并有权就该动产优先受偿。

前款规定的债权人为留置权人,占有的动产为留置财产。

第448条【留置财产与债权的关系】
债权人留置的动产,应当与债权属于同一法律关系,但是企业之间留置的除外。

【关联司法解释】

《最高人民法院关于适用〈中华人民共和国民法典〉有关担保制度的解释》

第62条 债务人不履行到期债务,债权人因同一法律关系留置合法占有的第三人的动产,并主张就该留置财产优先受偿的,人民法院应予支持。第三人以该留置财产并非债务人的财产为由请求返还的,人民法院不予支持。

企业之间留置的动产与债权并非同一法律关系,债务人以该债权不属于企业持续经营中发生的债权为由请求债权人返还留置财产的,人民法院应予支持。

企业之间留置的动产与债权并非同一法律关系,债权人留置第三人的财产,第三人请求债权人返还留置财产的,人民法院应予支持。

第449条【留置权适用范围限制】

法律规定或者当事人约定不得留置的动产，不得留置。

第450条【留置财产为可分物的特殊规定】

留置财产为可分物的，留置财产的价值应当相当于债务的金额。

第451条【留置权人的保管义务】

留置权人负有妥善保管留置财产的义务；因保管不善致使留置财产毁损、灭失的，应当承担赔偿责任。

第452条【留置权人收取孳息的权利】

留置权人有权收取留置财产的孳息。

前款规定的孳息应当先充抵收取孳息的费用。

第453条【留置权债务人的债务履行期】

留置权人与债务人应当约定留置财产后的债务履行期限；没有约定或者约定不明确的，留置权人应当给债务人六十日以上履行债务的期限，但是鲜活易腐等不易保管的动产除外。债务人逾期未履行的，留置权人可以与债务人协议以留置财产折价，也可以就拍卖、变卖留置财产所得的价款优先受偿。

留置财产折价或者变卖的，应当参照市场价格。

第454条【留置权债务人的请求权】

债务人可以请求留置权人在债务履行期限届满后行使留置权；留置权人不行使的，债务人可以请求人民法院拍卖、变卖留置财产。

第455条【留置权的实现】

留置财产折价或者拍卖、变卖后，其价款超过债权数额的部分归债务人所有，不足部分由债务人清偿。

第456条【留置权、抵押权与质权竞合时的顺位原则】

同一动产上已经设立抵押权或者质权，该动产又被留置的，留置权人优先受偿。

第457条【留置权消灭的特殊情形】

留置权人对留置财产丧失占有或者留置权人接受债务人另行提供担保的，留置权消灭。

第五分编　占有

第二十章　占有

第458条【有权占有的法律适用】

基于合同关系等产生的占有，有关不动产或者动产的使用、收益、违约责任等，按照合同约定；合同没有约定或者约定不明确的，依照有关法律规定。

第459条【无权占有造成占有物损害的赔偿责任】

占有人因使用占有的不动产或者动产，致使该不动产或者动产受到损害的，恶意占有人应当承担赔偿责任。

第460条【权利人的返还请求权和占有人的费用求偿权】

不动产或者动产被占有人占有的，权利人可以请求返还原物及其孳息；但是，应当支付善意占有人因维护该不动产或者动产支出的必要费用。

第461条【权利人的损害赔偿请求权】

占有的不动产或者动产毁损、灭失，该不动产或者动产的权利人请求赔偿的，占有人应当将因毁损、灭失取得的保险金、赔偿金或者补偿金等返还给权利人；权利人的损害未得到足够弥补的，恶意占有人还应当赔偿损失。

第462条【占有保护请求权】

占有的不动产或者动产被侵占的，占有人有权请求返还原物；对妨害占有的行为，占有人有权请求排除妨害或者消除危险；因侵占或者妨害造成损害的，占有人有权**依法**请求损害赔偿。

　　占有人返还原物的请求权，自侵占发生之日起一年内未行使的，该请求权消灭。

第三编 合 同

第一分编 通则

第一章 一般规定

第463条【合同编的调整范围】

本编调整因合同产生的民事关系。

★★ **第464条【合同的定义和身份关系协议的法律适用】**

合同是民事主体之间设立、变更、终止民事法律关系的协议。

婚姻、收养、监护等有关身份关系的协议，适用有关该身份关系的法律规定；没有规定的，可以根据其性质参照适用本编规定。

【条文解读】

本条是关于合同的定义及身份关系协议法律适用的规定。本条第1款继承了原《合同法》第2条第1款的规定，第2款对原《合同法》第2条第2款的规定作了修改。原《合同法》第2条第2款规定："婚姻、收养、监护等有关身份关系的协议，适用其他法律的规定。"本条第2款在原《合同法》第2条第2款规定的基础上，增加了"（婚姻、收养、监护等有关身份关系的法律）没有规定的，可以根据其性质参照适用本编规定"的规定。这一关于《民法典》合同编适用范围的变化是《民法典》对原《合同法》的一项重大修改，对民事审判具有重要影响。

【条文适用疑难解析】

1.关于婚姻、收养、监护等有关身份关系的协议参照适用合同编规定的问题

关于哪些婚姻、收养、监护等有关身份关系的协议可以参照适用合同编的规定，法律尚无明确规定。司法实践中，有观点认为，以下身份关系协议的事项可以参照适用合同编的规定：离婚协议的效力认定、离婚财产分割协议的效力认定、离婚协议中有关子女抚养法定内容调整约定的效力认定、忠诚协议的效力认定、财产约定协议的效力认定、子女之间关于赡养父母协议的效力认定、子女间赡养义务分割协议的效力认定、成年意定监护协议的效力认定。[1]

实践中需要解决的问题有两个：一是哪些身份协议可参照适用《民法典》合同编的规定。理论和实践对上述问题尚未形成统一认识。有观点认为，在适用《民法典》第464条第2款的规定时，要根据有关身份关系协议的性质来判断其是否适用合同编的规定。如若该身份关系协议对合同编规定的适用会导致相关调整身份关系法律的规范意旨落空，那么就应当认定该身份关系协议属于依其性质不适用合同编规定的身份关系协议。[2]二是在裁判具体的身份协议纠纷时，《民法典》合同编的哪些规则能够参照适用。第二个问题可能是更为棘手的问题。根据《民法典》第2条规定，民法调整平等主体的自然人、法人和非法人组织之间的人身关系和财产关系。处理人身关系的法律和处理财产关系的法律背后所对应的伦理道德基础不同。在处理婚姻、收养、监护等有关身份关系的协议时，参照适用合同编规定要特别慎重，不仅要考虑个案处理效果，还要考虑对社会生活、家庭生活、伦理道德带来的影响，要防止简单套用市场交易的理念来处理家事纠纷等

---

[1] 最高人民法院民法典贯彻实施工作领导小组主编：《中华人民共和国民法典合同编理解与适用》[一]，人民法院出版社2020年版，第27页。

[2] 最高人民法院民法典贯彻实施工作领导小组主编：《中华人民共和国民法典合同编理解与适用》[一]，人民法院出版社2020年版，第27页。

身份纠纷。

2.关于"忠诚协议"的效力问题

夫妻、情侣之间签订的"忠诚协议"能否适用《民法典》合同编的规定是实践中经常遇到的问题。本书认为，不宜认定夫妻、情侣之间的"忠诚协议"有效，理由如下：一是如果认定夫妻之间的"忠诚协议"有效，会激励夫妻、情侣之间要求签订"忠诚协议"的行为，导致纠纷增加，也会损害双方的感情基础。二是情感关系中感性因素更重。夫妻、情侣常常会做出非理性决策。三是婚姻和情侣关系的基础应当是感情，用"忠诚协议"捆绑起来的夫妻或者情侣关系本身就是不道德的。如果夫妻一方违反相互忠诚的义务，受害人可依据《民法典》第1091条等规定获得救济。

★★ 第465条【合同约束力】

依法成立的合同，受法律保护。

依法成立的合同，仅对当事人具有法律约束力，但是法律另有规定的除外。

【条文解读】

本条是关于合同约束力的规定。关于合同约束力，应从三方面理解：

一是依法成立的合同，才对当事人具有法律约束力。合同未成立的，对当事人没有约束力。

二是依法成立的合同仅对当事人具有法律约束力。这是合同相对性原则的体现。实践中，有的当事人会起诉请求撤销他人签订合同或者认定他人签订合同无效。除属于双方恶意串通损害第三人利益等法定情形外，第三人对他人合同原则上没有诉的利益。

三是合同相对性原则的突破。合同相对性原则是一项基本的合同制度。除非法律明确规定，原则上不得突破合同相对性原则。

【条文适用疑难解析】

什么情形下可突破合同相对性原则

依据《民法典》等法律和相关司法解释规定,突破合同相对性原则的制度主要包括以下几类:

第一,真正的利益第三人制度。通常情况下,当事人约定由债务人向第三人履行债务,债务人未向第三人履行债务或者履行债务不符合约定的,应当向债权人承担违约责任。第三人不是合同当事人,不享有合同权利,无权请求合同当事人承担违约责任。根据《民法典》第522条第2款规定,法律规定或者当事人约定第三人可以直接请求债务人向其履行债务,第三人未在合理期限内明确拒绝,债务人未向第三人履行债务或者履行债务不符合约定的,第三人可以请求债务人承担违约责任;债务人对债权人的抗辩,可以向第三人主张。《保险法》第2条规定:"本法所称保险,是指投保人根据合同约定,向保险人支付保险费,保险人对于合同约定的可能发生的事故因其发生所造成的财产损失承担赔偿保险金责任,或者当被保险人死亡、伤残、疾病或者达到合同约定的年龄、期限等条件时承担给付保险金责任的商业保险行为。"在保险事故发生时,享有请求保险人承担保险责任的权利主体并不限于投保人,被保险人、受益人或受害的第三人也可以请求保险人承担赔偿损失的责任。

第二,合同的保全制度。合同的保全制度包括代位权诉讼制度和撤销权诉讼制度。关于代位权诉讼制度,《民法典》第535条规定:"因债务人怠于行使其债权或者与该债权有关的从权利,影响债权人的到期债权实现的,债权人可以向人民法院请求以自己的名义代位行使债务人对相对人的权利,但是该权利专属于债务人自身的除外。代位权的行使范围以债权人的到期债权为限。债权人行使代位权的必要费用,由债务人负担。相对人对债务人的抗辩,可以向债权人主张。"关于撤销权诉讼制度,《民法典》第539条规定:"债务人以明显不合理的低价转让财产、以明显不合理的高价受让他人财产或者为他人的债务提供担保,影响债权人的债权实现,债务人的相对人知道或者应当知道该情形的,债权人可以请求人民法院撤销债务人的行为。"

第三,买卖不破租赁制度。《民法典》第725条规定:"租赁物在承租人依据租赁合同占有期限内发生所有权变动的,不影响租赁合同的效力。"

第四,第三人代为履行制度。第三人对于他人履行合同债务具有合法利益的,可代他人履行合同义务。《民法典》第524条规定:"债务人不履行债务,第三人对履行该债务具有合法利益的,第三人有权向债权人代为履行;但是,根据债务性质、按照当事人约定或者依照法律规定只能由债务人履行的除外。债权人接受第三人履行后,其对债务人的债权转让给第三人,但是债务人和第三人另有约定的除外。"

第五,首付责任制度。在消费者权益保护领域,为保护消费者合法权益,法律往往会对消费者权利予以特别保护。《食品安全法》第148条第1款规定:"消费者因不符合食品安全标准的食品受到损害的,可以向经营者要求赔偿损失,也可以向生产者要求赔偿损失。接到消费者赔偿要求的生产经营者,应当实行首负责任制,先行赔付,不得推诿;属于生产者责任的,经营者赔偿后有权向生产者追偿;属于经营者责任的,生产者赔偿后有权向经营者追偿。"《药品管理法》第144条第2款规定:"因药品质量问题受到损害的,受害人可以向药品上市许可持有人、药品生产企业请求赔偿损失,也可以向药品经营企业、医疗机构请求赔偿损失。接到受害人赔偿请求的,应当实行首负责任制,先行赔付;先行赔付后,可以依法追偿。"《产品质量法》第43条规定:"因产品存在缺陷造成人身、他人财产损害的,受害人可以向产品的生产者要求赔偿,也可以向产品的销售者要求赔偿。属于产品的生产者的责任,产品的销售者赔偿的,产品的销售者有权向产品的生产者追偿。属于产品的销售者的责任,产品的生产者赔偿的,产品的生产者有权向产品的销售者追偿。"

第六,实际施工人特别保护制度。为保护建筑工人等施工人的劳动报酬等权益,《最高人民法院关于审理建设工程施工合同纠纷案件适用法律问题的解释(一)》第43条第2款规定:"实际施工人以发包人为被告主张权利的,人民法院应当追加转包人或者违法分包人为本案第三人,在查明发包人欠付转包人或者违法分包人建设工程价款的数额后,判决发包人在欠付建设工程价款范围内对实际施工人承担责任。"

【关联指导案例】

最高人民法院指导案例110号: 交通运输部南海救助局诉阿昌格罗斯投资公司、香港安达欧森有限公司上海代表处海难救助合同纠纷案

裁判要点: 1.《1989年国际救助公约》和我国海商法规定救助合同"无效果无报酬",但均允许当事人对救助报酬的确定可以另行约定。若当事人明确约定,无论救助是否成功,被救助方均应支付报酬,且以救助船舶每马力小时和人工投入等作为计算报酬的标准时,则该合同系雇佣救助合同,而非上述国际公约和我国海商法规定的救助合同。

2.在《1989年国际救助公约》和我国海商法对雇佣救助合同没有具体规定的情况下,可以适用我国合同法的相关规定确定当事人的权利义务。

第466条【合同的解释规则】

当事人对合同条款的理解有争议的,应当依据本法第一百四十二条第一款的规定,确定争议条款的含义。

合同文本采用两种以上文字订立并约定具有同等效力的,对各文本使用的词句推定具有相同含义。各文本使用的词句不一致的,应当根据合同的相关条款、性质、目的以及诚信原则等予以解释。

【关联司法解释】

《最高人民法院关于适用〈中华人民共和国民法典〉合同编通则若干问题的解释》

★ **第1条** 人民法院依据民法典第一百四十二条第一款、第四百六十六条第一款的规定解释合同条款时,应当以词句的通常含义为基础,结合相关条

款、合同的性质和目的、习惯以及诚信原则，参考缔约背景、磋商过程、履行行为等因素确定争议条款的含义。

有证据证明当事人之间对合同条款有不同于词句的通常含义的其他共同理解，一方主张按照词句的通常含义理解合同条款的，人民法院不予支持。

对合同条款有两种以上解释，可能影响该条款效力的，人民法院应当选择有利于该条款有效的解释；属于无偿合同的，应当选择对债务人负担较轻的解释。

【司法解释条文解读】

本条是关于合同争议条款的解释规则的规定，是新增加的内容，原合同法解释未对合同条款的解释规则进行规定。本条共分为三款，第1款规定了合同争议条款解释的一般规则，第2款规定了当事人的共同理解优先于合同条款词句的通常含义，第3款规定了合同条款具有多种理解时作有利于条款有效的解释。根据《民法典》第142条第1款、第466条第1款规定，合同解释的方法主要包括：文义解释、整体解释、目的解释、习惯解释、诚信解释。合同解释的目的是通过一定的解释方式探求当事人订立合同时的真实意思表示。合同是当事人意思表示的外示载体，如果当事人对合同条款词句的理解发生争议，就需要法院通过解释确定争议条款的具体含义。对于当事人争议的合同条款，人民法院解释时应当遵循以下原则：一是从文义解释入手，以合同条款所使用词句的通常含义为基础。所谓文义解释，是指文字词句在一般的语言用法中所应具有的含义。文义解释是合同解释的基础。文字词句是当事人表达内心真意的主要工具。当事人通过文字词句的排列组合形成合同条款。因此，探求当事人的真实意思，一是应从合同条款所使用文字词句的文义入手。对合同条款文义的解释，要以合同条款文字词句的通常含义为基础。所谓"通常含义"是指具有一般智识能力的正常人对争议条款内容所理解的含义。即使有些词句在不同情形下会有一些不同的含义，但人民法院在对合同的条款进行文义解释时，则是以该词句的通常含义来理解。二是在合同条款的通常含义与当事人的共同理解含义不一致的情况下，按照当事人的共同理解解释。如果当事人双方对合同条款的内容有共同的理解，即使该共同理解不同于合同条款词句的通常含义，也应当按照双方当事人的共同理解对合同条款进行解释。合同是当事人通过协商达成的合意。合同解释的目的是探求当事人订立合同时的真实共同意思表示。如果当事人对合同条款有共同的理解，则法律没有任何理由把不是双方共同意思的其他含义强加给当事人，这是意思自治原则的体现。但需要注意的是，诉讼中一方主张双方对合同条款有不同于词句的通常含义的其他共同理解的，应当提供相应的证据证明，否则，不应支持其主张。三是合同条款可作多种理解时，作有利于条款有效的解释。当事人订立合同的目的是通过协议就相互之间的民事权利义务关系作出设立、变更或终止的新的安排。而要实现该目的首先以合同条款有效为前提。当事人订立合同条款的本意也是要其发生法律效力。因此，在合同条款可作多种解释时，作有利于有效的理解符合当事人订立合同的目的。

【其他关联规定】

《全国法院贯彻实施民法典工作会议纪要》

6.当事人对于合同是否成立发生争议，人民法院应当本着尊重合同自由，鼓励和促进交易的精神依法处理。能够确定当事人名称或者姓名、标的和数量的，人民法院一般应当认定合同成立，但法律另有规定或者当事人另有约定的除外。

对合同欠缺的当事人名称或者姓名、标的和数量以外的其他内容，当事人达不成协议的，人民法院依照民法典第四百六十六条、第五百一十条、第五百一十一条等规定予以确定。

第467条【无名合同的法律适用】

本法或者其他法律没有明文规定的合同，适用本编通则的规定，并可以参照适用本编或者其他法律最相类似合同的规定。

在中华人民共和国境内履行的中外合资经营企业合同、中外合作经营企业合同、中外合作勘探开发自然资源合同，适用中华人民共和国法律。

【关联司法解释】

《最高人民法院关于审理买卖合同纠纷案件适用法律问题的解释》

第32条　法律或者行政法规对债权转让、股权转让等权利转让合同有规定的，依照其规定；没有规定的，人民法院可以根据民法典第四百六十七条和第六百四十六条的规定，参照适用买卖合同的有关规定。

权利转让或者其他有偿合同参照适用买卖合同的有关规定的，人民法院应当首先引用民法典第六百四十六条的规定，再引用买卖合同的有关规定。

【其他关联规定】

《中华人民共和国民事诉讼法》

第279条　下列民事案件，由人民法院专属管辖：

（一）因在中华人民共和国领域内设立的法人或者其他组织的设立、解散、清算，以及该法人或者其他组织作出的决议的效力等纠纷提起的诉讼；

（二）因与在中华人民共和国领域内审查授予的知识产权的有效性有关的纠纷提起的诉讼；

（三）因在中华人民共和国领域内履行中外合资经营企业合同、中外合作经营企业合同、中外合作勘探开发自然资源合同发生纠纷提起的诉讼。

《中华人民共和国涉外民事关系法律适用法》

第4条　中华人民共和国法律对涉外民事关系有强制性规定的，直接适用该强制性规定。

第41条　当事人可以协议选择合同适用的法律。当事人没有选择的，适用履行义务最能体现该合同特征的一方当事人经常居所地法律或者其他与该合同有最密切联系的法律。

第468条【非因合同之债的法律适用】

非因合同产生的债权债务关系，适用有关该债权债务关系的法律规定；没有规定的，适用本编通则的有关规定，但是根据其性质不能适用的除外。

第二章 合同的订立

★ 第469条【合同形式】

当事人订立合同，可以采用书面形式、口头形式或者其他形式。

书面形式是合同书、信件、电报、电传、传真等可以有形地表现所载内容的形式。

以电子数据交换、电子邮件等方式能够有形地表现所载内容，并可以随时调取查用的数据电文，视为书面形式。

【条文解读】

本条是关于合同形式的规定。本条继承了原《合同法》第10条第1款和第11条规定，并作了修改完善。

理解和适用本条规定，需要注意以下问题：一是合同形式以不要式为原则，以要式为例外。除非法律对合同形式有明确规定或者当事人对合同形式有特别约定，否则不应以不具备特定形式为由而认定合同不成立。这是合同自由原则的体现。二是书面形式与合同书不是一回事。合同书只是书面形式之一。三是特殊情形下要式合同成立的认定。根据《民法典》第490条规定，当事人采用合同书形式订立合同的，自当事人均签名、盖章或者按指印时合同成立。在签名、盖章或者按指印之前，当事人一方已经履行主要义务，对方接受时，该合同成立。法律、行政法规规定或者当事人约定合同应当采用书面形式订立，当事人未采用书面形式但是一方已经履行主要义务，对方接受时，该合同成立。

【关联司法解释】

《最高人民法院关于审理买卖合同纠纷案件适用法律问题的解释》

第1条 当事人之间没有书面合同，一方以送货单、收货单、结算单、发票等主张存在买卖合同关系的，人民法院应当结合当事人之间的交易方式、交易习惯以及其他相关证据，对买卖合同是否成立作出认定。

对账确认函、债权确认书等函件、凭证没有记载债权人名称，买卖合同当事人一方以此证明存在买卖合同关系的，人民法院应予支持，但有相反证据足以推翻的除外。

【其他关联规定】

《中华人民共和国专利法》

第10条 专利申请权和专利权可以转让。

中国单位或者个人向外国人、外国企业或外国其他组织转让专利申请权或者专利权的，应当依照有关法律、行政法规的规定办理手续。

转让专利申请权或者专利权的，当事人应当订立书面合同，并向国务院专利行政部门登记，由国务院专利行政部门予以公告。专利申请权或者专利权的转让自登记之日起生效。

《中华人民共和国海商法》

第9条 船舶所有权的取得、转让和消灭，应当向船舶登记机关登记；未经登记的，不得对抗第三人。

船舶所有权的转让，应当签订书面合同。

第128条 船舶租用合同，包括定期租船合同和光船租赁合同，均应当书面订立。

《中华人民共和国保险法》

第13条 投保人提出保险要求，经保险人同意承保，保险合同成立。保险人应当及时向投保人签发保险单或者其他保险凭证。

保险单或者其他保险凭证应当载明当事人双方约定的合同内容。当事人也可以约定采用其他书面形式载明合同内容。

依法成立的保险合同，自成立时生效。投保人和保险人可以对合同的效力约定附条件或者附期限。

《中华人民共和国民用航空法》

第14条 民用航空器所有权的取得、转让和消灭，应当向国务院民用航空主管部门登记；未经登记的，不得对抗第三人。

民用航空器所有权的转让，应当签订书面合同。

第26条 民用航空器租赁合同，包括融资租赁合同和其他租赁合同，应当以书面形式订立。

第148条 通用航空企业从事经营性通用航空活动，应当与用户订立书面合同，但是紧急情况下的救护或者救灾飞行除外。

《中华人民共和国草原法》

第14条 承包经营草原，发包方和承包方应当签订书面合同。草原承包合同的内容应当包括双方的权利和义务、承包草原四至界限、面积和等级、承包期和起止日期、承包草原用途和违约责任等。承包期届满，原承包经营者在同等条件下享有优先承包权。

承包经营草原的单位和个人，应当履行保护、建设和按照承包合同约定的用途合理利用草原的义务。

《中华人民共和国电子签名法》

第3条 民事活动中的合同或者其他文件、单证等文书，当事人可以约定使用或者不使用电子签名、数据电文。

当事人约定使用电子签名、数据电文的文书，不得仅因为其采用电子签名、数据电文的形式而否定其法律效力。

前款规定不适用下列文书：

（一）涉及婚姻、收养、继承等人身关系的；

（二）涉及停止供水、供热、供气等公用事业服务的；

（三）法律、行政法规规定的不适用电子文书的其他情形。

第4条 能够有形地表现所载内容，并可以随时调取查用的数据电文，视为符合法律、法规要求的书面形式。

第5条 符合下列条件的数据电文，视为满足法律、法规规定的原件形式要求：

（一）能够有效地表现所载内容并可供随时调取查用；

（二）能够可靠地保证自最终形成时起，内容保持完整、未被更改。但是，在数据电文上增加背书以及数据交换、储存和显示过程中发生的形式变化不影响数据电文的完整性。

第6条 符合下列条件的数据电文，视为满足法律、法规规定的文件保存要求：

（一）能够有效地表现所载内容并可供随时调取查用；

（二）数据电文的格式与其生成、发送或者接收时的格式相同，或者格式不相同但是能够准确表现原来生成、发送或者接收的内容；

（三）能够识别数据电文的发件人、收件人以及发送、接收的时间。

《中华人民共和国农村土地承包法》

第40条 土地经营权流转，当事人双方应当签订书面流转合同。

土地经营权流转合同一般包括以下条款：

（一）双方当事人的姓名、住所；

（二）流转土地的名称、坐落、面积、质量等级；

（三）流转期限和起止日期；

（四）流转土地的用途；

（五）双方当事人的权利和义务；

（六）流转价款及支付方式；

（七）土地被依法征收、征用、占用时有关补偿费的归属；

（八）违约责任。

承包方将土地交由他人代耕不超过一年的，可以不签订书面合同。

《中华人民共和国商业银行法》

第37条　商业银行贷款，应当与借款人订立书面合同。合同应当约定贷款种类、借款用途、金额、利率、还款期限、还款方式、违约责任和双方认为需要约定的其他事项。

《中华人民共和国合伙企业法》

第4条　合伙协议依法由全体合伙人协商一致、以书面形式订立。

第470条【合同内容一般条款】

合同的内容由当事人约定，一般包括下列条款：

（一）当事人的姓名或者名称和住所；

（二）标的；

（三）数量；

（四）质量；

（五）价款或者报酬；

（六）履行期限、地点和方式；

（七）违约责任；

（八）解决争议的方法。

当事人可以参照各类合同的示范文本订立合同。

【关联司法解释】

《最高人民法院关于适用〈中华人民共和国民法典〉合同编通则若干问题的解释》

第3条　当事人对合同是否成立存在争议，人民法院能够确定当事人姓名或者名称、标的和数量的，一般应当认定合同成立。但是，法律另有规定或者当事人另有约定的除外。

根据前款规定能够认定合同已经成立的，对合同欠缺的内容，人民法院应当依据民法典第五百一十条、第五百一十一条等规定予以确定。

当事人主张合同无效或者请求撤销、解除合同等，人民法院认为合同不成立的，应当依据《最高人民法院关于民事诉讼证据的若干规定》第五十三条的规定将合同是否成立作为焦点问题进行审理，并可以根据案件的具体情况重新指定举证期限。

第471条【订立合同的方式】

当事人订立合同，可以采取要约、承诺方式或者其他方式。

【其他关联规定】

《中华人民共和国招标投标法》

第46条　招标人和中标人应当自中标通知书发出之日起三十日内，按照招标文件和中标人的投标文件订立书面合同。招标人和中标人不得再行订立背离合同实质性内容的其他协议。

招标文件要求中标人提交履约保证金的，中标人应当提交。

第472条【要约的定义及构成要件】

要约是希望与他人订立合同的意思表示，该意思表示应当符合下列条件：

（一）内容具体确定；

（二）表明经受要约人承诺，要约人即受该意思表示约束。

第473条【要约邀请】

要约邀请是希望他人向自己发出要约的表示。拍卖公告、招标公告、招股说明书、债券募集办法、基金招募说明书、商业广告和宣传、寄送的价目表等为要约邀请。

商业广告和宣传的内容符合要约条件的，构成要约。

【关联司法解释】

《最高人民法院关于审理商品房买卖合同纠纷案件适用法律若干问题的解释》

第3条 商品房的销售广告和宣传资料为要约邀请，但是出卖人就商品房开发规划范围内的房屋及相关设施所作的说明和允诺具体确定，并对商品房买卖合同的订立以及房屋价格的确定有重大影响的，构成要约。该说明和允诺即使未载入商品房买卖合同，亦应当为合同内容，当事人违反的，应当承担违约责任。

【其他关联规定】

《中华人民共和国公司法》

第100条 发起人向社会公开募集股份，应当公告招股说明书，并制作认股书。认股书应当载明本法第一百五十四条第二款、第三款所列事项，由认股人填写认购的股份数、金额、住所，并签名或者盖章。认股人应当按照所认购股份足额缴纳股款。

第154条 公司向社会公开募集股份，应当经国务院证券监督管理机构注册，公告招股说明书。

招股说明书应当附有公司章程，并载明下列事项：

（一）发行的股份总数；

（二）面额股的票面金额和发行价格或者无面额股的发行价格；

（三）募集资金的用途；

（四）认股人的权利和义务；

（五）股份种类及其权利和义务；

（六）本次募股的起止日期及逾期未募足时认股人可以撤回所认股份的说明。

公司设立时发行股份的，还应当载明发起人认购的股份数。

第474条【要约生效时间】

要约生效的时间适用本法第一百三十七条的规定。

【其他关联规定】

《中华人民共和国电子签名法》

第9条 数据电文有下列情形之一的，视为发件人发送：

（一）经发件人授权发送的；

（二）发件人的信息系统自动发送的；

（三）收件人按照发件人认可的方法对数据电文进行验证后结果相符的。

当事人对前款规定的事项另有约定的，从其约定。

第10条 法律、行政法规规定或者当事人约定数据电文需要确认收讫的，应当确认收讫。发件人收到收件人的收讫确认时，数据电文视为已经收到。

第11条 数据电文进入发件人控制之外的某个信息系统的时间，视为该数据电文的发送时间。

收件人指定特定系统接收数据电文的，数据电文进入该特定系统的时间，视为该数据电文的接收时间；未指定特定系统的，数据电文进入收件人的任何系统的首次时间，视为该数据电文的接收时间。

当事人对数据电文的发送时间、接收时间另有约定的，从其约定。

第475条【要约撤回】

要约可以撤回。要约的撤回适用本法第一百四十一条的规定。

第476条【要约不得撤销情形】

要约可以撤销，但是有下列情形之一的除外：

（一）要约人以确定承诺期限或者其他形式明示要约不可撤销；

（二）受要约人有理由认为要约是不可撤销的，并已经为履行合同做了合理准备工作。

第477条【撤销要约的生效时间】

撤销要约的意思表示以对话方式作出的，该意思表示的内容应当在受要约人作出承诺之前为受要约人所知道；撤销要约的意思表示以非对话方式作出的，应当在受要约人作出承诺之前到达受要约人。

第478条【要约失效】

有下列情形之一的，要约失效：

（一）要约被拒绝；

（二）要约被依法撤销；

（三）承诺期限届满，受要约人未作出承诺；

（四）受要约人对要约的内容作出实质性变更。

第479条【承诺的定义】

承诺是受要约人同意要约的意思表示。

第480条【承诺的方式】

承诺应当以通知的方式作出；但是，根据交易习惯或者要约表明可以通过行为作出承诺的除外。

第481条【承诺的期限】

承诺应当在要约确定的期限内到达要约人。

要约没有确定承诺期限的，承诺应当依照下列规定到达：

（一）要约以对话方式作出的，应当即时作出承诺；

（二）要约以非对话方式作出的，承诺应当在合理期限内到达。

第482条【承诺期限的起算】

要约以信件或者电报作出的，承诺期限自信件载明的日期或者电报交发之日开始计算。信件未载明日期的，自投寄该信件的邮戳日期开始计算。要约以电话、传真、电子邮件等快速通讯方式作出的，承诺期限自要约到达受要约人时开始计算。

第483条【合同成立时间】

承诺生效时合同成立，但是法律另有规定或者当事人另有约定的除外。

【关联司法解释】

《最高人民法院关于适用〈中华人民共和国民法典〉合同编通则若干问题的解释》

第4条　采取招标方式订立合同，当事人请求确认合同自中标通知书到达中标人时成立的，人民法院应予支持。合同成立后，当事人拒绝签订书面合同的，人民法院应当依据招标文件、投标文件和中标通知书等确定合同内容。

采取现场拍卖、网络拍卖等公开竞价方式订立合同，当事人请求确认合同自拍卖师落槌、电子交易系统确认成交时成立的，人民法院应予支持。合同成立后，当事人拒绝签订成交确认书的，人民法院应当依据拍卖公告、竞买人的报价等确定合同内容。

产权交易所等机构主持拍卖、挂牌交易，其公布的拍卖公告、交易规则等文件公开确定了合同成立需要具备的条件，当事人请求确认合同自该条件具备时成立的，人民法院应予支持。

【其他关联规定】

《中华人民共和国招标投标法》

第46条　招标人和中标人应当自中标通知书发出之日起三十日内，按照招标文件和中标人的投标文件订立书面合同。招标人和中标人不得再行订立背离合同实质性内容的其他协议。

招标文件要求中标人提交履约保证金的，中标人应当提交。

《中华人民共和国拍卖法》

第51条　竞买人的最高应价经拍卖师落槌或者以其他公开表示买定的方式确认后，拍卖成交。

第52条　拍卖成交后，买受人和拍卖人应当签署成交确认书。

《中华人民共和国电子商务法》

第49条　电子商务经营者发布的商品或者服务信息符合要约条件的，用户选择该商品或者服务并提交订单成功，合同成立。当事人另有约定的，从其约定。

电子商务经营者不得以格式条款等方式约定消费者支付价款后合同不成立；格式条款等含有该内容的，其内容无效。

第484条【承诺生效时间】

以通知方式作出的承诺，生效的时间适用本法第一百三十七条的规定。

承诺不需要通知的，根据交易习惯或者要约的要求作出承诺的行为时生效。

第485条【承诺的撤回】

承诺可以撤回。承诺的撤回适用本法第一百四十一条的规定。

第486条【逾期承诺及效果】

受要约人超过承诺期限发出承诺，或者在承诺期限内发出承诺，按照通常情形不能及时到达要约人的，为新要约；但是，要约人及时通知受要约人该承诺有效的除外。

第487条【迟到的承诺】

受要约人在承诺期限内发出承诺，按照通常情形能够及时到达要约人，但是因其他原因致使承诺到达要约人时超过承诺期限的，除要约人及时通知受要约人因承诺超过期限不接受该承诺外，该承诺有效。

第488条【承诺对要约内容的实质性变更】

承诺的内容应当与要约的内容一致。受要约人对要约的内容作出实质性变更的，为新要约。有关合同标的、数量、质量、价款或者报酬、履行期限、履行地点和方式、违约责任和解决争议方法等的变更，是对要约内容的实质性变更。

【关联司法解释】

《最高人民法院关于审理建设工程施工合同纠纷案件适用法律问题的解释(一)》

第21条 招标人和中标人另行签订的建设工程施工合同约定的工程范围、建设工期、工程质量、工程价款等实质性内容，与中标合同不一致，一方当事人请求按照中标合同确定权利义务的，人民法院应予支持。

招标人和中标人在中标合同之外就明显高于市场价格购买承建房产、无偿建设住房配套设施、让利、向建设单位捐赠财物等另行签订合同，变相降低工程价款，一方当事人以该合同背离中标合同实质性内容为由请求确认无效的，人民法院应予支持。

【其他关联规定】

《中华人民共和国招标投标法》

第39条 评标委员会可以要求投标人对投标文件中含义不明确的内容作必要的澄清或者说明，但是澄清或者说明不得超出投标文件的范围或者改变投标文件的实质性内容。

第46条 招标人和中标人应当自中标通知书发出之日起三十日内，按照招标文件和中标人的投标文件订立书面合同。招标人和中标人不得再行订立背离合同实质性内容的其他协议。

招标文件要求中标人提交履约保证金的，中标人应当提交。

第489条【承诺对要约内容的非实质性变更】

承诺对要约的内容作出非实质性变更的，除要约人及时表示反对或者要约表明承诺不得对要约的内容作出任何变更外，该承诺有效，合同的内容以承诺的内容为准。

★ 第490条【合同成立时间】

当事人采用合同书形式订立合同的，自当事人均签名、盖章或者按指印时合同成立。在签名、盖章或者按指印之前，当事人一方已经履行主要义务，对方接受时，该合同成立。

法律、行政法规规定或者当事人约定合同应当采用书面形式订立，当事人未采用书面形式但是一方已经履行主要义务，对方接受时，该合同成立。

【条文解读】

本条是关于采用合同书形式订立的合同及当事人未按约定采用书面形式的合同成立时间的规定。本条承继了原《合同法》第32条、第36条和第37条规定，并规定"按指印"可作为合同书成立的条件。

理解和适用本条规定时，应注意书面合同与合同书的区别。《招标投标法》第46条第1款规定，招标人和中标人应当自中标通知书发出之日起30日内，按照招标文件和中标人的投标文件订立书面合同。通过招标投标方式订立的合同是自中标通知书到达承诺人时成立，还是自招标人和中标人按照招标文件和中标人的投标文件订立书面合同时成立呢？《民法典》对合同的书面形式和合同书作了区分，但《招标投标法》却并未对二者进行区分。《民法典》第469条第2款和第3款规定："书面形式是合同书、信件、电报、电传、传真等可以有形地表现所载内容的形式。以电子数据交换、电子邮件等方式能够有形地表现所载内容，并可以随时调取查用的数据电文，视为书面形式。"合同书只是书面合同的一种类型，除合同书外，信件和数据电文等可以有形地表现所载内容的形式均属于书面形式。《招标投标法》第46条第

1款规定的"书面合同"理解为"合同书"更加合理。该款规定只是要求当事人将书面合同的一种形式（招标文件、投标文件和中标通知书）变更为另一种形式（合同书）。这只是书面合同形式的变更，并不影响合同的同一性，也不妨碍合同在中标通知书到达中标人时成立。正因如此，《招标投标法》第46条第1款规定，招标人和中标人在中标通知书发出之日起30日内所订立的书面合同必须与招标文件和中标人的投标文件一致。因此，通过招标投标方式签订的合同，应当自中标通知书到达中标人时成立。

【关联司法解释】

《最高人民法院关于适用〈中华人民共和国保险法〉若干问题的解释（二）》

第3条 投保人或者投保人的代理人订立保险合同时没有亲自签字或者盖章，而由保险人或者保险人的代理人代为签字或者盖章的，对投保人不生效。但投保人已经交纳保险费的，视为其对代签字或者盖章行为的追认。

保险人或者保险人的代理人代为填写保险单证后经投保人签字或者盖章确认的，代为填写的内容视为投保人的真实意思表示。但有证据证明保险人或者保险人的代理人存在保险法第一百一十六条、第一百三十一条相关规定情形的除外。

【其他关联规定】

《中华人民共和国电子签名法》

第13条 电子签名同时符合下列条件的，视为可靠的电子签名：

（一）电子签名制作数据用于电子签名时，属于电子签名人专有；

（二）签署时电子签名制作数据仅由电子签名人控制；

（三）签署后对电子签名的任何改动能够被发现；

（四）签署后对数据电文内容和形式的任何改动能够被发现。

当事人也可以选择使用符合其约定的可靠条件的电子签名。

第14条 可靠的电子签名与手写签名或者盖章具有同等的法律效力。

《中华人民共和国招标投标法》

第46条 招标人和中标人应当自中标通知书发出之日起三十日内，按照招标文件和中标人的投标文件订立书面合同。招标人和中标人不得再行订立背离合同实质性内容的其他协议。

招标文件要求中标人提交履约保证金的，中标人应当提交。

《全国法院民商事审判工作会议纪要》

41.【盖章行为的法律效力】 司法实践中，有些公司有意刻制两套甚至多套公章，有的法定代表人或者代理人甚至私刻公章，订立合同时恶意加盖非备案的公章或者假公章，发生纠纷后法人以加盖的是假公章为由否定合同效力的情形并不鲜见。人民法院在审理案件时，应当主要审查签约人于盖章之时有无代表权或者代理权，从而根据代表或者代理的相关规则来确定合同的效力。

法定代表人或者其授权之人在合同上加盖法人公章的行为，表明其是以法人名义签订合同，除《公司法》第16条[①]等法律对其职权有特别规定的情形外，应当由法人承担相应的法律后果。法人以法定代表人事后已无代表权、加盖的是假章、所盖之章与备案公章不一致等为由否定合同效力的，人民法院不予支持。

代理人以被代理人名义签订合同，要取得合法授权。代理人取得合法授权后，以被代理人名义签订的合同，应当由被代理人承担责任。被代理人以代理人事后已无代理权、加盖的是假章、所盖之章与备案公章不一致等为由否定合同效力的，人民法院不予支持。

★★ 第491条【信件、数据电文形式合同和网络合同成立时间】

当事人采用信件、数据电文等形式订立合同要求签订确认书的，签订确认书时合同成立。

---

① 现为第15条。

当事人一方通过互联网等信息网络发布的商品或者服务信息符合要约条件的，对方选择该商品或者服务并提交订单成功时合同成立，但是当事人另有约定的除外。

【条文解读】

本条是关于采用信件、数据电文等形式订立的合同以及通过互联网订立的合同成立时间的规定。本条第1款继承了原《合同法》第33条规定，第2款是新增的内容。

通过互联网订立合同在现代社会生活中越来越普遍，且互联网涉及用户众多，如网上购物、使用共享单车等，立法对这一现象及时作出了回应。通过互联网订立的合同，当事人作出的意思表示具有即时性和跨地域性的特征，但其成立仍然遵循传统意思自治及要约承诺等规则。因此本条第2款中有"当事人另有约定的除外"的但书约定。即认定合同成立的时间，应当按照当事人合法有效的约定判断，如有些网站明确约定商品展示的性质为要约邀请，对方下单为要约，只有网站发出送货确认才构成承诺。如果网站向对方履行了这些格式条款的提示和明确说明义务，对方同意该使用条件，则双方就此达成了合意。因此，对方下单付款后，在网站确认发货前合同并未成立。

【条文适用疑难解析】

1.关于电子商务经营者与消费者约定消费者支付价款后合同仍未成立的效力问题

经营者和消费者在议价能力、专业水平等方面存在差距，消费者与经营者相比处于弱势地位，消费者在传统合同交易中受到保护，在电子合同交易中也不例外。电子合同中消费者与经营者之间缔约地位的差距不仅没有缩小，反而因为格式条款的大量应用、技术能力的差异等因素，在一定程度上被扩大了。所以，通过电子合同交易的消费者更需要加以保护。《电子商务法》第49条第2款规定，电子商务经营者不得以格式条款等方式约定消费者支付价款后合同不成立；格式条款等含有该内容的，其内容无效。根据特别法优于一般法的法律适用原则，电子商务经营者与消费者签订的电子合同的成立问题应优先适用《电子商务法》第49条第2款规定。因此，《民法典》第491条允许当事人对电子合同的成立另行约定，但含有消费者支付价款后合同不成立内容的格式条款无效，而且是绝对无效条款，即使电子合同经营者对此格式条款履行了《民法典》第496条规定的提示和说明义务，这类条款也不产生效力。电子商务经营者不能以含有这类约定的格式条款为依据主张企业与消费者之间的合同尚未成立。但是，企业与企业之间的合同、消费者与消费者之间的合同则不适用《电子商务法》第49条第2款的规定。

2. 关于电子合同当事人行为能力的推定问题

《民法典》第143条规定，行为人具有相应的民事行为能力是民事法律行为有效的要件之一。未成年人、精神疾病患者等无行为能力人和限制行为能力人也可能使用互联网等信息系统订立合同，合同相对方难以判断与其订立合同的人的行为能力如何。《电子商务法》第48条第2款规定，在电子商务中推定当事人具有完全民事行为能力。但是，有相反证据足以推翻的除外。

3. 关于第三方平台的诉讼地位及责任问题

《电子商务法》第37条规定，电子商务平台经营者在其平台上开展自营业务的，应当以显著方式区分标记自营业务和平台内经营者开展的业务，不得误导消费者。电子商务平台经营者对其标记为自营的业务依法承担商品销售者或者服务提供者的民事责任。该法第38条规定，电子商务平台经营者知道或者应当知道平台内经营者销售的商品或者提供的服务不符合保障人身、财产安全的要求，或者有其他侵害消费者合法权益行为，未采取必要措施的，依法与该平台内经营者承担连带责任。对关系消费者生命健康的商品或者服务，电子商务平台经营者对平台内经营者的资质资格未尽到审核义务，或者对消费者未尽到安全保障义务，造成消费者损害的，依法承担相应的责任。上述法条可以作为认定第三方平台的经营者是否为合同当事人以及可否作为诉讼当事人的法律依据。根据《最高人民法院关于审理网络消费纠纷案件适用法律若干问题的规定（一）》第4条规定，电子商务平台经营者以标记自营业务方式或者虽未标记自营但实际开展自营业务所销售的商品或者提供的服务损害消费者合法权益，消费者主张电子商务平台经营者承担商品销售者或者服务提供者责任的，人民法院应予支持。电子商务平台经营者虽非实际开展自营业务，但其所作标识等足以误导消费者使消费者相信系电子商务平台经营者自营，消费者主张电子商务平台经营者承担商品销售者或者服务提供者责任的，人民法院应予支持。

第492条【合同成立地点】

承诺生效的地点为合同成立的地点。

采用数据电文形式订立合同的，收件人的主营业地为合同成立的地点；没有主营业地的，其住所地为合同成立的地点。当事人另有约定的，按照其约定。

【其他关联规定】

《中华人民共和国电子签名法》

第12条 发件人的主营业地为数据电文的发送地点，收件人的主营业地为数据电文的接收地点。没有主营业地的，其经常居住地为发送或者接收地点。

当事人对数据电文的发送地点、接收地点另有约定的，从其约定。

《中华人民共和国民事诉讼法》

第35条 合同或者其他财产权益纠纷的当事人可以书面协议选择被告住所地、合同履行地、合同签订地、原告住所地、标的物所在地等与争议有实际联系的地点的人民法院管辖，但不得违反本法对级别管辖和专属管辖的规定。

第493条【书面合同成立地点】

当事人采用合同书形式订立合同的，最后签名、盖章或者按指印的地点为合同成立的地点，但是当事人另有约定的除外。

【关联司法解释】

《最高人民法院关于适用〈中华人民共和国涉外民事关系法律适用法〉若干问题的解释（一）》

第9条 一方当事人故意制造涉外民事关系的连结点，规避中华人民共和国法律、行政法规的强制性规定的，人民法院应认定为不发生适用外国法律的效力。

第494条【国家计划合同；法定缔约义务】

国家根据抢险救灾、疫情防控或者其他需要下达国家订货任务、指令性任务的，有关民事主体之间应当依照有关法律、行政法规规定的权利和义务订立合同。

依照法律、行政法规的规定负有发出要约义务的当事人，应当及时发出合理的要约。

依照法律、行政法规的规定负有作出承诺义务的当事人，不得拒绝对方合理的订立合同要求。

【其他关联规定】

《中华人民共和国证券法》

第65条 通过证券交易所的证券交易，投资者持有或者通过协议、其他安排与他人共同持有一个上市公司已发行的有表决权股份达到百分之三十时，继续进行收购的，应当依法向该上市公司所有股东发出收购上市公司全部或者部分股份的要约。

收购上市公司部分股份的要约应当约定，被收购公司股东承诺出售的股份数额超过预定收购的股份数额的，收购人按比例进行收购。

《中华人民共和国电力法》

第26条 供电营业区内的供电营业机构，对本营业区内的用户有按照国家规定供电的义务；不得违反国家规定对其营业区内申请用电的单位和个人拒绝供电。

申请新装用电、临时用电、增加用电容量、变更用电和终止用电，应当依照规定的程序办理手续。

供电企业应当在其营业场所公告用电的程序、制度和收费标准，并提供用户须知资料。

《机动车交通事故责任强制保险条例》

第10条　投保人在投保时应当选择从事机动车交通事故责任强制保险业务的保险公司，被选择的保险公司不得拒绝或者拖延承保。

国务院保险监督管理机构应当将从事机动车交通事故责任强制保险业务的保险公司向社会公示。

★★ 第495条【预约合同】

当事人约定在将来一定期限内订立合同的认购书、订购书、预订书等，构成预约合同。

当事人一方不履行预约合同约定的订立合同义务的，对方可以请求其承担预约合同的违约责任。

【条文解读】

本条是关于预约合同的规定。本条吸纳了2003年《最高人民法院关于审理商品房买卖合同纠纷案件适用法律若干问题的解释》和2012年《最高人民法院关于审理买卖合同纠纷案件适用法律问题的解释》关于预约合同的规定，并进一步扩大了预约合同制度的适用范围，第一次在立法上确立了我国预约合同制度。

预约合同是当事人约定在将来一定期限内订立合同的合同，通常表现为认购书、订购书、预订书等。原《民法通则》和原《合同法》未规定预约合同制度，但社会经济生活中存在大量预约合同，尤其是商品房销售中，预约是十分常见的经济活动。为统一商品房预约合同纠纷的裁判尺度，最高人民法院于2003年公布了《最高人民法院关于审理商品房买卖合同纠纷案件适用法律若干问题的解释》。该解释第5条对商品房的认购、订购、预订在何种情形下认定为商品房买卖合同作出了规定，首次涉及预约制度。针对买卖交易中的预约合同纠纷，最高人民法院在2012年公布的《最高人民法院关于审理买卖合同纠纷案件适用法律问题的解释》第2条中首次明确预约合同概念并明确了违约责任，规定："当事人签订认购书、订购书、预订书、意向书、备忘录等预约合同，约定在将来一定期限内订立买卖合同，一方不履行订立买卖合同的义务，对方请求其承担预约合同违约责任或者要求解除预约合同并主张损害赔偿的，人民法院应予支持。"《民法典》第495条规定吸收了2012年《最高人民法院关于审理买卖合同纠纷案件适用法律问题的解释》第2条规定，从立法层面上确立了预约合同制度。预约合同制度扩大适用于各类交易，不再限于买卖行为。

【条文适用疑难解析】

1.商品房买卖预约与本约的区分

商品房买卖预约在实践中较为常见。商品房买卖预约以将来订立商品房买卖合同为标的，商品房买卖合同以交付商品房和转移商品房所有权为标的。区分商品房买卖预约与本约不应依据合同的名称，而应当依据合同的内容。根据《最高人民法院关于审理商品房买卖合同纠纷案件适用法律若干问题的解释》第5条规定，商品房的认购、订购、预订等协议具备《商品房销售管理办法》第16条规定的商品房买卖合同的主要内容，并且出卖人已经按照约定收受购房款的，该协议应当认定为商品房买卖合同。实践中，只要当事人交付商品房和转移商品房所有权的意思表示明确，且合同内容已经包含商品房买卖合同的主要内容，就应认定为商品房买卖本约。如果当事人仅约定将来订立商品买卖合同，合同内容不包含商品房买卖合同的主要内容，就应认定为商品房买卖预约。

2.商品房预约合同与商品房预售合同的区分

商品房预约合同是预约，是关于将来订立商品房买卖合同的约定。商品房预售合同是指房地产开发企业与购房人签订的，将正在建设中的房屋预先出售给购房人，由购房人支付定金或房价款的合同。商品房预售合同属于商品房买卖本约而非预约，只是在合同订立时，合同标的物尚未建设完成。与商品房预售合同相对应的是商品现房销售合同。后者在合同订立时，合同标的物已经建设完成。

根据《城市房地产管理法》第45条规定，商品房预售，应当符合下列条件：一是已交付全部土地使用权出让金，取得土地使用权证书；二是持有建设工程规划许可证；三是按提供预售的商品房计算，投入开发建设的资金达到工程建设总投资的25%以上，并已经确定施工进度和竣工交付日期；四是向县级以上人民政府房产管理部门办理预售登记，取得商品房预售许可证明。此外，商品房预售人应当按照国家有关规定将预售合同报县级以上人民政府房产管理部门和土地管理部门登记备案。商品房预售所得款项，必须用于有关的工程建设。一般情况下，商品房预约没有法定条件限制。

3.违反预约合同的法律后果

预约合同亦是合同。根据《民法典》第495条第2款规定，当事人一方不履行预约合同约定的订立合同义务的，对方可以请求其承担预约合同的违约责任。因此，当事人违反商品房预约合同的，亦应当承担违约责任。

实践中，当事人为担保合同的订立，还会订立立约定金合同。一方当事人违反预约合同约定，导致未能订立商品房买卖合同的，应当承担定金责任。根据《最高人民法院关于审理商品房买卖合同纠纷案件适用法律若干问题的解释》第4条规定，出卖人通过认购、订购、预订等方式向买受人收受定金作为订立商品房买卖合同担保的，如果因当事人一方原因未能订立商品房买卖合同，应当按照法律关于定金的规定处理；因不可归责于当事人双方的事由，导致商品房买卖合同未能订立的，出卖人应当将定金返还买受人。

【关联司法解释】

《最高人民法院关于适用〈中华人民共和国民法典〉合同编通则若干问题的解释》

★ **第6条** 当事人以认购书、订购书、预订书等形式约定在将来一定期限内订立合同，或者为担保在将来一定期限内订立合同交付了定金，能够确定将来所要订立合同的主体、标的等内容的，人民法院应当认定预约合同成立。

当事人通过签订意向书或者备忘录等方式，仅表达交易的意向，未约定在将来一定期限内订立合同，或者虽然有约定但是难以确定将来所要订立合同的主体、标的等内容，一方主张预约合同成立的，人民法院不予支持。

当事人订立的认购书、订购书、预订书等已就合同标的、数量、价款或者报酬等主要内容达成合意，符合本解释第三条第一款规定的合同成立条件，未明确约定在将来一定期限内另行订立合同，或者虽然有约定但是当事人一方已实施履行行为且对方接受的，人民法院应当认定本约合同成立。

【司法解释条文解读】

本条是关于预约合同成立条件及与本约合同区分标准的规定，是对《民法典》第495条第1款规定的预约合同条件的解释和细化，主要包括三款内容：第1款是预约合同的成立要件；第2款是不构成预约合同的相关情形；第3款是名为订购实为本约合同的特殊情形。我国原《合同法》未对预约合同作出规定，关于预约合同问题的相关规定之前主要散见于相关具体合同的司法解释中。原合同法解释中没有预约合同的相关规定。2020年《民法典》出台后，吸收了司法解释的相关规定，增加了预约合同的规定。结合本条解释内容，从三个方面对预约合同的认定进行解读：（1）预约合同的成立要件。预约是为将来成立本约而订立的协议，是相对于本约而言的一种特殊合同。从法律性质来说，预约是一种独立的合同，自然要遵守《民法典》关于合同成立一般要件的规定。根据《民法典》第134条规定，民事法律行为可以基于双方或者多方的意思表示一致成立。预约合同作为一种独立的双方或多方民事法律行为，其成立应当以合同各方达成合意为前提，即本条第1款规定的当事人约定将来一定期限内订立合同，或者为担保将来一定期限内订立合同交付定金。除应满足上述条件外，根据《最高人民法院关于适用〈中华人民共和国民法典〉合同编通则若干问题的解释》第3条第1款规定，当事人对合同是否成立存在争议，人民法院能够确定当事人名称或者姓名、标的和数量的，一般应当认定合同成立，但是法律另有规定或者当事人另有约定的除外。合同主体、标的明确亦是认定合同成立的一般必备条款。（2）不构成预约合同的相关情形。审判实践中，预约合同表现形式复杂多样，有的表现为认购书、订购书、预订书等，有的则表现为意向书、备忘录、定金收据等。判断上述协议是否构成预约合同，关键是看其是否符合本条第1款所规定的合意性和必要条款的成立要件。根据第1款所规定的预约合同的成立要件，第2款列举了实践中常见的不构成预约合同的两种情形：第一种是因欠缺合意性不构成预约合同。预约合同是当事人由于事实上或者法律上原因，暂时无法订立本约合同，为保证将来能够正式签订本约合同，双方事先达成的协议。从预约合同成立的目的看，预约合同的成立以双方当事人就将来订立本约合同达成合意前提。如果当事人反复磋商后，只是表达了将来进行交易的意向，并未以明示或者默示的方式表达出将来要订立本约合同的明确的意思表示，双方将来是否要订立本约合同并不确定，那么此时就不能认定当事人就将来订立合同达成了合意。这种情况下，双方签订的意向书或者备忘录因欠缺合意性不构成预约合同。第二种是因欠缺合同必备条款不构成预约合同。预约合同的履行虽不是直接交易，但作为独立的合同，其内容也应具有一定的确定性，根据《最高人民法院关于适用〈中华人民共和国民法典〉合同编通则若干问题的解释》第3条规定至少应当具备两项明确的内容，即合同主体和标的。其余内容则可通过本约合同的订立进一步明确。（3）名为订购实为本约合同的特殊情形。实践中，有些协议虽然名义上是认购书、订购书、预订书等，但实际上已经具备本约合同的主要内容，且符合本解释所规定的合同成立条件，这种情况下如上述协议符合以下任一情形，则可以被认定为构成本约合同：一是当事人未在协议中明确约定将来一定期限内还要另行订立合同。二是即使有约定，但如果当事人一方已实施履行行为且对方接受了，亦可认定为本约合同成立。

★ **第7条** 预约合同生效后，当事人一方拒绝订立本约合同或者在磋商订立本约合同时违背诚信原则导致未能订立本约合同的，人民法院应当认定该当事人不履行预约合同约定的义务。

人民法院认定当事人一方在磋商订立本约合同时是否违背诚信原则，应当综合考虑该当事人在磋商时提出的条件是否明显背离预约合同约定的内容以及是否已尽合理努力进行协商等因素。

【司法解释条文解读】

本条是关于预约合同违约行为的规定，是对《民法典》第495条第2款不履行预约合同义务的解释和细化。关于预约合同的法律效力，理论和实践中均存在较大争议，主要有四种观点：分别为：（1）必须磋商说。该说认为，预约合同的法律效力只是使得双方当事人负有了必须就本约签订诚信进行磋商的义务。按照该说观点，预约合同成立后，只要当事人履行了磋商义务，不论本约是否订立，预约合同当事人均不承担责任。（2）应当缔约说。该说认为，预约合同签订后，除法定或不可归责事由外，当事人负有订立本约的义务。（3）内容确定说。该说认为，预约的效力应当根据其内容区分认定。若预约已具备本约的主要内容，则产生应当缔约的效力，否则产生必须磋商的效力。（4）视为本约说。该说认为，若预约实际已具备本约主要内容，这种情况应将其视为本约。对于上述四种观点，具体应当采用哪一种，应当根据本条司法解释隐含的意思进行考量认定。本条第1款规定，"当事人一方拒绝订立本约合同或者在磋商订立本约合同时违背诚信原则导致未能订立本约合同的，人民法院应当认定该当事人不履行预约合同约定的义务"。从该款内容可以看出,《最高人民法院关于适用〈中华人民共和国民法典〉合同编通则若干问题的解释》对预约合同的法律效力规定的是订立本约合同的义务,即预约生效后当事人负有诚信订立本约合同的义务,并非仅仅是磋商的义务。而且本条规定也未规定对预约的法律效力根据其内容区别规定。因此,可以说本条司法解释对预约合同的法律效力采用的是"应当缔约说"。对预约合同的法律效力采用"应当缔约说",不仅可以更好地促成本约合同的成立,保护当事人将来订立本约的期待利益,维护诚实信用原则,也避免了实践中恶意磋商导致本约不成立而不承担违约责任的情况。

当然,预约合同虽然采用"应当缔约说",但并不意味着一旦预约合同生效,当事人将来就必须订立本约合同,否则就要承担违约责任。在判断预约合同当事人是否需要对本约合同的未能订立承担违约责任时,首先需要认定当事人是否违反了预约合同的义务。本条解释第1款规定了当事人违反预约合同义务的两种情形:第一种是当事人一方直接拒绝订立本约合同;第二种是在磋商订立本约合同时违背诚信原则导致未能订立本约合同的。对于第一种情形,实践中比较容易判断。对于第二种情形,为何要考虑磋商时是否违反了诚信原则,而不是直接认定违反预约合同义务,是因为预约合同的法律效力虽然不仅限于磋商,但预约合同的义务亦不直接等同于订立本约合同的行为,这里要考虑本约合同订立的磋商风险。合同是双方当事人意思一致的结果。本约合同的订立需要当事人就本约内容达成一致方可进行。预约合同虽然可能已经就本约合同的部分内容进行了约定,但对于尚未约定的内容仍需当事人协商一致。从预约条款的详尽程度来说,其条款越不详尽,本约磋商的空间就越大,其不成立的风险也就越大。该磋商风险是当事人在预约时就预见到的,也是预约当事人为本约合同预留磋商空间而甘愿承受的。当事人已就本约的订立诚信磋商并尽力促成,但最终未能缔结的,就是上述磋商风险的结果,当事人应自行承担。对于如何认定当事人在磋商订立本约合同时是否违背了诚信原则,根据本条第2款规定,应当考虑以下因素:一是当事人在磋商订立本约合同时提出的条件是否明显背离预约合同约定的内容。二是是否已尽合理努力进行协商等因素。如果当事人在本约订立时提出的条件明显背离了预约合同的约定，如本约提出的价格无理由且明显高于预约合同约定的价格、无故增加标的物的数量等，或者当事人就本约条款根本不进行磋商或者恶意磋商，由此导致本约不能缔结的，应当认定其在磋商订立本约合同时违反了诚信义务。

★ **第8条** 预约合同生效后，当事人一方不履行订立本约合同的义务，对方请求其赔偿因此造成的损失的，人民法院依法予以支持。

前款规定的损失赔偿，当事人有约定的，按照约定；没有约定的，人民法院应当综合考虑预约合同在内容上的完备程度以及订立本约合同的条件的成就程度等因素酌定。

【司法解释条文解读】

本条是关于预约合同违约责任的规定，是对《民法典》第495条第2款预约合同违约责任承担的解释和细化。对于当事人不履行预约合同义务，其承担违约责任的方式和范围，本条进行了明确规定。关于预约合同违约责任的承担方式，本条第1款规定了赔偿损失的具体形式，即赔偿损失。赔偿损失是合同债务履行的替代方法，通过金钱上的赔偿使受害方达到合同犹如如期履行的状态。金钱作为一般等价物，任何性质的合同债务都可以转化为金钱赔偿（补偿）。因此，在合同中，赔偿损失是重要的责任形式。对于当事人违反预约合同义务的，相对方有权请求赔偿损失以弥补预约合同不履行的受损利益，即本条第1款所规定的"预约合同生效后，当事人一方不履行订立本约合同的义务，对方请求其赔偿因此造成的损失的，人民法院依法予以支持。"

本条第2款规定了预约损失赔偿范围及认定的考量因素。对于预约损失赔偿范围的认定，当事人有约定的，按照约定认定即可，这种情况比较容易。实践中较难认定的是，当事人未对预约合同违约责任作出约定的情况下，一方违反预约合同，如何认定其损失赔偿范围。对此，需要明确以下问题：一是预约合同违约赔偿以填补损失为原则。所谓的损失既包括实际损失，也包括可预期利益的损失。二是预约合同损害赔偿的认定应综合考虑订立本约合同的条件成就程度以及本约合同履行的现实可能性等因素。三是预约合同损失赔偿不同于本约履行利益损失。首先，从合同目的和履约内容看，预约合同的核心是将来订立本约合同，其履约内容是成立本约合同。本约合同是当事人为实施民事交易签订的合同，其履约内容是实施交易行为。基于合同目的和履约内容的不同，根据权利义务对等的原则，预约合同的违约损失不应等同于本约合同的违约损失。其次，从合同履行的现实可能性看，在本约订立时机尚不成熟或者基于某种特殊考虑的情况下，当事人先订立预约合同，为将来订立本约合同预留缔结时间和磋商空间，这本身就为本约的订立带来了不确定性。而预约合同当事人对这种不确定性应当有所预见。本约是当事人订立的正式进行交易的合同，基于其内容的完整性和确定性，当事人履行的现实可能性更大，守约方对本约履行的期待性和信赖性也会更强。基于履行现实可能性的不同，预约合同当事人不能要求违约方赔偿本约未订立的履行利益损失。

《最高人民法院关于审理商品房买卖合同纠纷案件适用法律若干问题的解释》

第5条 商品房的认购、订购、预订等协议具备《商品房销售管理办法》第十六条规定的商品房买卖合同的主要内容，并且出卖人已经按照约定收受购房款的，该协议应当认定为商品房买卖合同。

【其他关联规定】

《中华人民共和国海商法》

第231条 被保险人在一定期间分批装运或者接受货物的，可以与保险人订立预约保险合同。预约保险合同应当由保险人签发预约保险单证加以确认。

★ **第496条【格式条款】**

格式条款是当事人为了重复使用而预先拟定，并在订立合同时未与对方协商的条款。

采用格式条款订立合同的，提供格式条款的一方应当遵循公平原则确定当事人之间的权利和义务，并采取合理的方式提示对方注意免除或者减轻其责任等与对方有重大利害关系的条款，按照对方的要求，对该条款予以说明。提供格式条款的一方未履行提示或者说明义务，致使对方没有注意或者理解与其有重大利害关系的条款的，对方可以主张该条款不成为合同的内容。

【条文解读】

本条是关于格式条款的定义、格式条款提供人的义务以及违反义务的法律效果的规定。本条承继了原《合同法》第39条规定，并作了完善，主要体现在三个方面：

一是对提示和说明内容作出更为全面的规定，即"与相对方有重大利害关系的条款"限定为免除或减轻格式条款提供者责任的条款，能够更好地保障相对方的权利。如何理解重大利害关系条款呢？根据《民法典》第470条对合同一般条款的规定，合同标的、数量、质量、价款或者报酬、履行期限、地点和方式、违约责任、解决争议的方法等条款可以认定为与对方有重大利害关系的条款。其中的加重对方责任、限制对方主要权利的条款，当然属于与对方有重大利害关系的条款。参照《消费者权益保护法》第26条第1款规定，有关商品或者服务的数量和质量、价款或者费用、履行期限和方式、安全注意事项和风险警示、售后服务、民事责任等一般认为是与消费者有重大利害关系的内容，应予以说明。

二是对提示程度作出更具体的规定。原《最高人民法院关于适用〈中华人民共和国合同法〉若干问题的解释（二）》第6条规定，"采用足以引起对方注意的文字、符号、字体等特别标识，并按照对方的要求对该格式条款予以说明的"即可认定为"采取合理的方式"。此司法解释虽已废止，但在有新规定出台前,该规定可以作为参照。现实生活中,提供方会巧妙地将相关条款安排在合同中较为隐蔽、不容易察觉的位置,或者采用晦涩难懂的专业术语表述免责内容,在此种情形下,单纯的字体加粗、对字体做异色处理的做法,并不能证明提供方已经尽到相应的提醒义务,容易使相对方的权利受到侵害。例如,旅店的免责说明张贴在房间的门背后、文件夹内页中或者旅客不容易看到的柱子侧面;停车场的免责条款张贴在司机不太容易看到且被车挡住的墙面上;保险公司合同上的免责条款虽以黑体字标识,但标识内容太过庞杂,令人眼花缭乱,或者字体过小,无法让人仔细阅读,等等。为此,本条对提示程度作了更为具体的规定,提供方不仅要就其使用的免责、减轻责任、关系相对方重大利害关系的条款予以实质提醒,还要使相对方可以理解提供方的真实意思,否则仍然属于未能尽到合理的提醒义务。关于如何履行说明义务,保险法及其司法解释作出较为全面具体的规定,可以作为参照。《保险法》第17条规定,订立保险合同,采用保险人提供的格式条款的,保险人向投保人提供的投保单应当附格式条款,保险人应当向投保人说明合同的内容。对保险合同中免除保险人责任的条款,保险人在订立合同时应当在投保单、保险单或者其他保险凭证上作出足以引起投保人注意的提示,并对该条款的内容以书面或者口头形式向投保人作出明确说明;未作提示或者明确说明的,该条款不产生效力。根据该条规定,保险人对保险合同的说明义务不以投保人的要求为条件,采用保险人提供的格式条款的,保险人应当主动向投保人说明合同的内容,对于免除保险人责任的条款,其说明要达到明确的程度,未作明确说明的,该条款不产生效力。

三是对未履行义务的法律效果规定不同。原《合同法》第39条第1款规定了格式条款提供人有提示和说明的义务,但是未规定其不履行的法律效果。原《最高人民法院关于适用〈中华人民共和国合同法〉若干问题的解释(二)》第9条规定:"提供格式条款的一方当事人违反原合同法第三十九条第一款关于提示和说明义务的规定,导致对方没有注意免除或者限制其责任的条款,对方当事人申请撤销该格式条款的,人民法院应当支持。"本条对该法律效果的规定是:"提供格式条款的一方未履行提示或者说明义务,致使对方没有注意或者理解与其有重大利害关系的条款的，对方可以主张该条款不成为合同的内容。"两者的区别在于，上述司法解释规定的"撤销该格式条款"在被撤销前合同仍属有效，相应的格式条款对相对方仍然具有拘束力，如果格式条款无法被撤销，相对方依然可能承担违约责任等不利后果。本法规定的"不成为合同的内容"则该条款自始不发生效力，相对方亦不存在承担责任的可能性。可见，本条对于提供方未尽合理提醒义务的格式条款需承担更为严苛的责任，从而更有利于保护相对方的利益。当然，"不成为合同的内容"并非格式条款提供人未履行提示和明确说明义务的当然后果，还需要以合同相对方没有注意或者理解与其有重大利害关系的条款为条件。即使格式条款提供方未履行提示或说明义务，但合同相对方注意到合同中有此类条款并且理解条款含义的，无权主张该条款"不成为合同的内容"。

【关联司法解释】

《最高人民法院关于适用〈中华人民共和国民法典〉合同编通则若干问题的解释》

★ **第9条** 合同条款符合民法典第四百九十六条第一款规定的情形，当事人仅以合同系依据合同示范文本制作或者双方已经明确约定合同条款不属于格式条款为由主张该条款不是格式条款的，人民法院不予支持。

从事经营活动的当事人一方仅以未实际重复使用为由主张其预先拟定且未与对方协商的合同条款不是格式条款的，人民法院不予支持。但是，有证据证明该条款不是为了重复使用而预先拟定的除外。

【司法解释条文解读】

本条是对《民法典》第496条第1款格式条款认定标准的解释和细化。根据《民法典》第496条第1款，格式条款具有以下特点：一是预先制订。格式条款是在订约之前就已经预先制订出来，而不是在双方当事人反复协商基础上制订出来的。实践中，提供格式条款的一方通常是具有优势地位的公用事业单位、企业、社会团队等，这些条款既可能是其自身制订的，也可能是政府部门、行业协会等制订的。二是重复使用。格式条款通常是为了重复使用而不是一次性使用制订的。之所以提前制订格式条款，是因为实践中有些交易活动是重复进行的，使用格式条可以降低交易成本、提高交易效率。三是未与对方协商。这是格式条款最本质的特征。格式条款属于定型化的条款。所谓定型化，是指相对人对格式条款的内容没有协商或者修改的余地，即对于预先制订的格式条款，相对人只有接受或拒绝的选择，无法就条款内容施加任何影响。对于能够协商而不与对方协商的条款，则不属于格式条款。所以这里的"未与对方协商"应是指没有协商和修改余地的条款。

结合格式条款的上述特征，在认定某一合同条款是否属于格式条款要注意以下问题：一是当事人不能通过约定排除格式条款的属性。某一合同条款是否属于格式条款，根本在于其是否符合《民法典》第496条第1款规定的情形。对格式条款的认定是由法律规定的，不是双方当事人可以自由约定的。法律对格式条款进行规范，目的在于避免相对方在没有协商余地的情况下，其权益受到格式条款制订方的损害。实践中，制订格式条款的一方通常处于优势地位，如果允许双方通过约定排除格式条款的认定，则法律对格式条款的规范和限制作用将容易被架空。二是合同示范文本虽不同于格式条款，但依据合同示范文本拟定的条款符合格式条款法定特征的，亦应认定为格式条款。合同示范文本通常是相关单位制定出来，供当事人订约时予以参考的文件。该类文件对于完善合同内容、明确当事人权利义务、减少当事人因法律知识欠缺引发的纠纷具有积极的作用，但对当事人没有强制约束力。对示范文本的内容，当事人在订约时可协商或修改。而格式条款则是固定的，不可修改的。基于上述区别和不同，合同示范文件不同于格式条款。同时注意，如果一方依据合同示范文本提前拟定条款，且相对方订约时对该条款亦无协商修改的余地，则该条款仍应认定为格式条款，不因其是依据示范文本制定而认定其不属于格式条款。三是对经营方提前拟定且未协商的条款，可作系"为了重复使用"的主观推定。合同条款是从事经营活动一方提前拟定且未与对方协商的,应当推定该条款是经营者"为了重复使用"而制订。《民法典》第496条第1款规定的"为了重复使用"不要求当事人证明实际重复使用多次;只要主观上是"为了重复使用"的目的,不论其使用次数多少,均应认定为"为了重复使用"。条款的制订方主张不是"为了重复使用"的,应当举证证明责任。

★ **第10条** 提供格式条款的一方在合同订立时采用通常足以引起对方注意的文字、符号、字体等明显标识,提示对方注意免除或者减轻其责任、排除或者限制对方权利等与对方有重大利害关系的异常条款的,人民法院可以认定其已经履行民法典第四百九十六条第二款规定的提示义务。

提供格式条款的一方按照对方的要求,就与对方有重大利害关系的异常条款的概念、内容及其法律后果以书面或者口头形式向对方作出通常能够理解的解释说明的,人民法院可以认定其已经履行民法典第四百九十六条第二款规定的说明义务。

提供格式条款的一方对其已经尽到提示义务或者说明义务承担举证责任。对于通过互联网等信息网络订立的电子合同,提供格式条款的一方仅以采取了设置勾选、弹窗等方式为由主张其已经履行提示义务或者说明义务的,人民法院不予支持,但是其举证符合前两款规定的除外。

【司法解释条文解读】

本条是对《民法典》第496条格式条款提示和说明义务履行方式和认定标准的规定,相比原《最高人民法院关于适用〈中华人民共和国合同法〉若干问题的解释(二)》第9条,本条主要作了以下修改完善:(1)第1款扩大了提示说明义务覆盖的格式条款范围。将"免除或者限制其责任的条款"改为"免除或者减轻其责任、排除或者限制对方权利等与对方有重大利害关系的异常条款"。(2)增加第2款,明确规定了履行说明义务的方式和认定标准。(3)第3款增加了电子合同格式条款提示说明的特别规定。即实践中常见的仅以弹窗、设置勾选等方式提示的情况不属于尽到了合理提示说明义务。

结合本条规定，实践中对格式条款的提示说明义务，需要注意把握以下问题：一是提示说明的条款范围为与对方有重大利害关系的异常条款。虽然格式条款一般是由优势一方提供，但并非所有的格式条款均需要履行提示说明义务。根据本条第1款规定，需要提示说明的条款类型，具体应为：（1）提供格式条款一方免除或者减轻自身责任的条款；（2）排除或者限制相对方权利的条款；（3）其他与相对方有重大利害关系的异常条款。这里的"异常"条款应指相对方不能合理预见到的条款。二是提请注意的方式应当能够引起一般相对人的注意。实践中，提请对方注意的方式既可以是采用文字、符号、字体等明显标识，也可以通过张贴公告、广播等方式。不论采用哪种方式，该方式必须达到足以引起一般相对人注意的合理程度。如果提供格式条款一方采用的方式对一个正常普通人来说都难以注意到格式条款的存在，则不能认定为其以合理方式提请对方注意。三是说明义务不是主动作为的义务，提供格式条款一方对格式条款的说明应当达到能够使一般相对人理解的程度。根据《民法典》第496条的规定，提供格式条款一方对重大利害关系条款的说明义务，是根据相对人的要求才产生的，不是主动作为的义务。相对人未要求说明的，则提供格式条款一方对格式条款没有说明的义务。如果相对方要求对格式条款的内容进行说明的，提供格式条款一方作出的说明应当能够让一般相对人理解明白条款的含义。四是提供格式条款一方对已尽提示说明义务承担举证责任。相对方以未尽提示说明义务为由主张格式条款不能作为合同内容，提供格式条款一方予以反驳的，应当就其已尽提示说明义务予以举证。五是电子合同仅采取设置勾选、弹窗等方式不能认定为尽到了合理提示说明义务。随着信息技术的发展，通过互联网等信息网络订立电子合同的情况越来越普遍。实践中，通过信息网络发布商品或者服务信息的经营者为提高交易效率，往往会提前拟定格式电子合同或以格式条款的形式作出特别的意思表示，对方必须勾选同意该电子格式合同或者格式条款方能与之进行交易。对于上述格式合同或格式条款中的重大异常条款，即使双方无法面对面，经营者亦应按照《民法典》第496条及本条有关规定，通过合理的方式向相对方进行提示说明，以使相对方能够注意并理解条款的具体含义。如果经营者仅采取设置勾选或弹窗等方式，上述方式不属于通常足以够引起对方注意的明显标识，这种情况下不能认定其履行了提示说明义务。

《最高人民法院关于适用〈中华人民共和国保险法〉若干问题的解释（二）》

第9条 保险人提供的格式合同文本中的责任免除条款、免赔额、免赔率、比例赔付或者给付等免除或者减轻保险人责任的条款，可以认定为保险法第十七条第二款规定的"免除保险人责任的条款"。

保险人因投保人、被保险人违反法定或者约定义务，享有解除合同权利的条款，不属于保险法第十七条第二款规定的"免除保险人责任的条款"。

第10条 保险人将法律、行政法规中的禁止性规定情形作为保险合同免责条款的免责事由，保险人对该条款作出提示后，投保人、被保险人或者受益人以保险人未履行明确说明义务为由主张该条款不成为合同内容的，人民法院不予支持。

第11条 保险合同订立时，保险人在投保单或者保险单等其他保险凭证上，对保险合同中免除保险人责任的条款，以足以引起投保人注意的文字、字体、符号或者其他明显标志作出提示的，人民法院应当认定其履行了保险法第十七条第二款规定的提示义务。

保险人对保险合同中有关免除保险人责任条款的概念、内容及其法律后果以书面或者口头形式向投保人作出常人能够理解的解释说明的，人民法院应当认定保险人履行了保险法第十七条第二款规定的明确说明义务。

第12条 通过网络、电话等方式订立的保险合同，保险人以网页、音频、视频等形式对免除保险人责任条款予以提示和明确说明的，人民法院可以认定其履行了提示和明确说明义务。

《最高人民法院关于审理食品药品纠纷案件适用法律若干问题的规定》

第16条 食品、药品的生产者与销售者以格式合同、通知、声明、告示等方式作出排除或者限制消费者权利、减轻或者免除经营者责任、加重消费者责任等对消费者不公平、不合理的规定,消费者依法请求认定该内容无效的,人民法院应予支持。

《最高人民法院关于审理旅游纠纷案件适用法律若干问题的规定》

第6条 旅游经营者以格式条款、通知、声明、店堂告示等方式作出排除或者限制旅游者权利、减轻或者免除旅游经营者责任、加重旅游者责任等对旅游者不公平、不合理的规定,旅游者依据消费者权益保护法第二十六条的规定请求认定该内容无效的,人民法院应予支持。

《最高人民法院关于审理期货纠纷案件若干问题的规定》

第16条 期货公司在与客户订立期货经纪合同时,未提示客户注意《期货交易风险说明书》内容,并由客户签字或者盖章,对于客户在交易中的损失,应当依据民法典第五百条第三项的规定承担相应的赔偿责任。但是,根据以往交易结果记载,证明客户已有交易经历的,应当免除期货公司的责任。

【其他关联规定】

《中华人民共和国保险法》

第17条 订立保险合同,采用保险人提供的格式条款的,保险人向投保人提供的投保单应当附格式条款,保险人应当向投保人说明合同的内容。

对保险合同中免除保险人责任的条款,保险人在订立合同时应当在投保单、保险单或者其他保险凭证上作出足以引起投保人注意的提示,并对该条款的内容以书面或者口头形式向投保人作出明确说明;未作提示或者明确说明的,该条款不产生效力。

第19条 采用保险人提供的格式条款订立的保险合同中的下列条款无效:

(一)免除保险人依法应承担的义务或者加重投保人、被保险人责任的;

(二)排除投保人、被保险人或者受益人依法享有的权利的。

《中华人民共和国海商法》

第126条 海上旅客运输合同中含有下列内容之一的条款无效:

（一）免除承运人对旅客应当承担的法定责任；

（二）降低本章规定的承运人责任限额；

（三）对本章规定的举证责任作出相反的约定；

（四）限制旅客提出赔偿请求的权利。

前款规定的合同条款的无效，不影响合同其他条款的效力。

《中华人民共和国消费者权益保护法》

第26条　经营者在经营活动中使用格式条款的，应当以显著方式提请消费者注意商品或者服务的数量和质量、价款或者费用、履行期限和方式、安全注意事项和风险警示、售后服务、民事责任等与消费者有重大利害关系的内容，并按照消费者的要求予以说明。

经营者不得以格式条款、通知、声明、店堂告示等方式，作出排除或者限制消费者权利、减轻或者免除经营者责任、加重消费者责任等对消费者不公平、不合理的规定，不得利用格式条款并借助技术手段强制交易。

格式条款、通知、声明、店堂告示等含有前款所列内容的，其内容无效。

《全国法院贯彻实施民法典工作会议纪要》

7.提供格式条款的一方对格式条款中免除或者减轻其责任等与对方有重大利害关系的内容，在合同订立时采用足以引起对方注意的文字、符号、字体等特别标识，并按照对方的要求以常人能够理解的方式对该格式条款予以说明的，人民法院应当认定符合民法典第四百九十六条所称"采取合理的方式"。提供格式条款一方对已尽合理提示及说明义务承担举证责任。

【关联指导案例】

最高人民法院指导案例64号：刘超捷诉中国移动通信集团江苏有限公司徐州分公司电信服务合同纠纷案

裁判要点：1.经营者在格式合同中未明确规定对某项商品或服务的限制条件，且未能证明在订立合同时已将该限制条件明确告知消费者并获得消费者同意的，该限制条件对消费者不产生效力。

2.电信服务企业在订立合同时未向消费者告知某项服务设定了有效期限限制，在合同履行中又以该项服务超过有效期限为由限制或停止对消费者服务的，构成违约，应当承担违约责任。

第497条【格式条款无效的情形】

有下列情形之一的，该格式条款无效：

（一）具有本法第一编第六章第三节和本法第五百零六条规定的无效情形；

（二）提供格式条款一方不合理地免除或者减轻其责任、加重对方责任、限制对方主要权利；

（三）提供格式条款一方排除对方主要权利。

【关联司法解释】

《最高人民法院关于审理网络消费纠纷案件适用法律若干问题的规定（一）》

第1条　电子商务经营者提供的格式条款有以下内容的，人民法院应当依法认定无效：

（一）收货人签收商品即视为认可商品质量符合约定；

（二）电子商务平台经营者依法应承担的责任一概由平台内经营者承担；

（三）电子商务经营者享有单方解释权或者最终解释权；

（四）排除或者限制消费者依法投诉、举报、请求调解、申请仲裁、提起诉讼的权利；

（五）其他排除或者限制消费者权利、减轻或者免除电子商务经营者责任、加重消费者责任等对消费者不公平、不合理的内容。

《最高人民法院关于审理食品药品纠纷案件适用法律若干问题的规定》

第16条　食品、药品的生产者与销售者以格式合同、通知、声明、告示等方式作出排除或者限制消费者权利，减轻或者免除经营者责任、加重消费者责任等对消费者不公平、不合理的规定，消费者依法请求认定该内容无效的，人民法院应予支持。

《最高人民法院关于审理旅游纠纷案件适用法律若干问题的规定》

第6条　旅游经营者以格式条款、通知、声明、店堂告示等方式作出排除或者限制旅游者权利、减轻或者免除旅游经营者责任、加重旅游者责任等对旅游者不公平、不合理的规定，旅游者依据消费者权益保护法第二十六条的规定请求认定该内容无效的，人民法院应予支持。

【其他关联规定】

《中华人民共和国海商法》

第126条　海上旅客运输合同中含有下列内容之一的条款无效：

（一）免除承运人对旅客应当承担的法定责任；

（二）降低本章规定的承运人责任限额；

（三）对本章规定的举证责任作出相反的约定；

（四）限制旅客提出赔偿请求的权利。

前款规定的合同条款的无效，不影响合同其他条款的效力。

《中华人民共和国保险法》

第19条　采用保险人提供的格式条款订立的保险合同中的下列条款无效：

（一）免除保险人依法应承担的义务或者加重投保人、被保险人责任的；

（二）排除投保人、被保险人或者受益人依法享有的权利的。

《中华人民共和国消费者权益保护法》

第26条　经营者在经营活动中使用格式条款的，应当以显著方式提请消费者注意商品或者服务的数量和质量、价款或者费用、履行期限和方式、安全注意事项和风险警示、售后服务、民事责任等与消费者有重大利害关系的内容，并按照消费者的要求予以说明。

经营者不得以格式条款、通知、声明、店堂告示等方式，作出排除或者限制消费者权利、减轻或者免除经营者责任、加重消费者责任等对消费者不公平、不合理的规定，不得利用格式条款并借助技术手段强制交易。

格式条款、通知、声明、店堂告示等含有前款所列内容的，其内容无效。

《中华人民共和国电子商务法》

第49条　电子商务经营者发布的商品或者服务信息符合要约条件的，用户选择该商品或者服务并提交订单成功，合同成立。当事人另有约定的，从其约定。

电子商务经营者不得以格式条款等方式约定消费者支付价款后合同不成立；格式条款等含有该内容的，其内容无效。

第498条【格式条款的解释】

对格式条款的理解发生争议的，应当按照通常理解予以解释。对格式条款有两种以上解释的，应当作出不利于提供格式条款一方的解释。格式条款和非格式条款不一致的，应当采用非格式条款。

【关联司法解释】

《最高人民法院关于适用〈中华人民共和国保险法〉若干问题的解释（二）》

第17条　保险人在其提供的保险合同格式条款中对非保险术语所作的解释符合专业意义，或者虽不符合专业意义，但有利于投保人、被保险人或者受益人的，人民法院应予认可。

【其他关联规定】

《中华人民共和国保险法》

第30条　采用保险人提供的格式条款订立的保险合同，保险人与投保人、被保险人或者受益人对合同条款有争议的，应当按照通常理解予以解释。对合同条款有两种以上解释的，人民法院或者仲裁机构应当作出有利于被保险人和受益人的解释。

第499条【悬赏广告】

悬赏人以公开方式声明对完成特定行为的人支付报酬的,完成该行为的人可以请求其支付。

第500条【缔约过失责任】

当事人在订立合同过程中有下列情形之一,造成对方损失的,应当承担赔偿责任:

(一)假借订立合同,恶意进行磋商;

(二)故意隐瞒与订立合同有关的重要事实或者提供虚假情况;

(三)有其他违背诚信原则的行为。

【关联司法解释】

《最高人民法院关于审理期货纠纷案件若干问题的规定》

第16条 期货公司在与客户订立期货经纪合同时,未提示客户注意《期货交易风险说明书》内容,并由客户签字或者盖章,对于客户在交易中的损失,应当依据民法典第五百条第三项的规定承担相应的赔偿责任。但是,根据以往交易结果记载,证明客户已有交易经历的,应当免除期货公司的责任。

【其他关联规定】

《全国法院民商事审判工作会议纪要》

32.【合同不成立、无效或者被撤销的法律后果】《合同法》第58条就合同无效或者被撤销时的财产返还责任和损害赔偿责任作了规定,但未规定合同不成立的法律后果。考虑到合同不成立时也可能发生财产返还和损害赔偿责任问题，故应当参照适用该条的规定。

在确定合同不成立、无效或者被撤销后财产返还或者折价补偿范围时，要根据诚实信用原则的要求，在当事人之间合理分配，不能使不诚信的当事人因合同不成立、无效或者被撤销而获益。合同不成立、无效或者被撤销情况下，当事人所承担的缔约过失责任不应超过合同履行利益。比如，依据《最高人民法院关于审理建设工程施工合同纠纷案件适用法律问题的解释》第2条规定，建设工程施工合同无效，在建设工程经竣工验收合格情况下，可以参照合同约定支付工程款，但除非增加了合同约定之外新的工程项目，一般不应超出合同约定支付工程款。

第501条【当事人保密义务】

当事人在订立合同过程中知悉的商业秘密或者其他应当保密的信息，无论合同是否成立，不得泄露或者不正当地使用；泄露、不正当地使用该商业秘密或者信息，造成对方损失的，应当承担赔偿责任。

【其他关联规定】

《中华人民共和国反不正当竞争法》

第9条 经营者不得实施下列侵犯商业秘密的行为：

（一）以盗窃、贿赂、欺诈、胁迫、电子侵入或者其他不正当手段获取权利人的商业秘密；

（二）披露、使用或者允许他人使用以前项手段获取的权利人的商业秘密；

（三）违反保密义务或者违反权利人有关保守商业秘密的要求，披露、使用或者允许他人使用其所掌握的商业秘密；

（四）教唆、引诱、帮助他人违反保密义务或者违反权利人有关保守商业秘密的要求，获取、披露、使用或者允许他人使用权利人的商业秘密。

经营者以外的其他自然人、法人和非法人组织实施前款所列违法行为的,视为侵犯商业秘密。

第三人明知或者应知商业秘密权利人的员工、前员工或者其他单位、个人实施本条第一款所列违法行为,仍获取、披露、使用或者允许他人使用该商业秘密的,视为侵犯商业秘密。

本法所称的商业秘密,是指不为公众所知悉、具有商业价值并经权利人采取相应保密措施的技术信息、经营信息等商业信息。

第三章 合同的效力

★ **第502条【合同生效时间;未办理批准手续的处理规则】**

依法成立的合同,自成立时生效,但是法律另有规定或者当事人另有约定的除外。

依照法律、行政法规的规定,合同应当办理批准等手续的,依照其规定。未办理批准等手续影响合同生效的,不影响合同中履行报批等义务条款以及相关条款的效力。应当办理申请批准等手续的当事人未履行义务的,对方可以请求其承担违反该义务的责任。

依照法律、行政法规的规定,合同的变更、转让、解除等情形应当办理批准等手续的,适用前款规定。

【条文解读】

本条是关于合同生效时间和未履行办理审批申请义务的法律后果的规定。原则上,合同依法成立时即生效。这是意思自治理念和自愿原则在合同制度领域的体现。但是,法律为维护社会公共利益,会规定某些合同需要经过审批才能生效。

合同是典型的民事行为。决定民事法律行为效力的因素是合意性和合法性。合意性是指当事人意思表示真实,不仅指当事人形成合意。《民法典》

第143条规定："具备下列条件的民事法律行为有效：（一）行为人具有相应的民事行为能力；（二）意思表示真实；（三）不违反法律、行政法规的强制性规定，不违背公序良俗。"该条规定民事法律行为有效的三个条件中，第一个条件是行为人要具有行为能力。第二个条件是当事人的真实意思表示。这两个条件都是规定民事法律行为的合意性。当事人具有民事行为能力，实际上是指当事人需要具有意思表示能力，包括意思形成和意思表示的能力。如果某个民事主体不能正确认识自己的行为性质并预见该行为会产生的民事法律后果，就无法按照自己的意思作出有效的意思表示。第三个条件是不违反法律、行政法规的强制性规定，不违背公序良俗。这个条件规定的是民事法律行为的合法性。民事法律行为欠缺合意性与欠缺合法性的法律后果并不相同。民事法律行为欠缺合意性，则该行为不成立。民事法律行为欠缺合法性，则该行为成立但无效或者未生效。合同不成立与合同无效的法律后果并不相同。欠缺合法性要件在实践中还表现为程序性要件，如本条所规定的合同未经审批而不生效的情形。

对于法律规定经过审批才生效的合同未经审批是否有效的问题，司法实践经历了一个发展变化的过程。早期，司法实践倾向于认为，此类合同无效。在民法上，合同无效之含义是合同自始、当然、确定无效。但是，经过审批才生效的合同经审批后，合同就生效，这与合同自始、当然、确定无效的规则不符。据此，司法实践倾向于认为，经过审批才生效的合同经审批前，合同并非无效，而是未生效。即在有效与无效这两种合同效力状态之间，还有一种成立未生效的状态，将来是否能够生效，依合同是否能够获得审批而定。针对实践中合同订立后，承担审批申请义务的当事人怠于履行审批义务的问题，《全国法院民商事审判工作会议纪要》规定审批条款独立生效。按照过去的理解，如果合同成立未生效，是指整个合同都未生效。《全国法院民商事审判工作会议纪要》改变了之前的思路，对于依法需要审批才生效的合同，报批义务条款独立生效，在审批机关审批之前，一方违法报批义务条款约定的，应当承担违约责任，包括请求报批义务人承担继续履行责任。《民法典》吸纳了这一理念，本条第2款明确规定，未办理批准等手续影响合同生效的，不影响合同中履行报批等义务条款以及相关条款的效力。应当办理申请批准等手续的当事人未履行义务的，对方可以请求其承担违反该义务的责任。

【关联司法解释】

《最高人民法院关于适用〈中华人民共和国民法典〉合同编通则若干问题的解释》

第12条 合同依法成立后，负有报批义务的当事人不履行报批义务或者履行报批义务不符合合同的约定或者法律、行政法规的规定，对方请求其继续履行报批义务的，人民法院应予支持；对方主张解除合同并请求其承担违反报批义务的赔偿责任的，人民法院应予支持。

人民法院判决当事人一方履行报批义务后，其仍不履行，对方主张解除合同并参照违反合同的违约责任请求其承担赔偿责任的，人民法院应予支持。

合同获得批准前，当事人一方起诉请求对方履行合同约定的主要义务，经释明后拒绝变更诉讼请求的，人民法院应当判决驳回其诉讼请求，但是不影响其另行提起诉讼。

负有报批义务的当事人已经办理申请批准等手续或者已经履行生效判决确定的报批义务，批准机关决定不予批准，对方请求其承担赔偿责任的，人民法院不予支持。但是，因迟延履行报批义务等可归责于当事人的原因导致合同未获批准，对方请求赔偿因此受到的损失的，人民法院应当依据民法典第一百五十七条的规定处理。

第13条 合同存在无效或者可撤销的情形，当事人以该合同已在有关行政管理部门办理备案、已经批准机关批准或者已依据该合同办理财产权利的变更登记、移转登记等为由主张合同有效的，人民法院不予支持。

《最高人民法院关于审理商品房买卖合同纠纷案件适用法律若干问题的解释》

第6条 当事人以商品房预售合同未按照法律、行政法规规定办理登记备案手续为由,请求确认合同无效的,不予支持。

当事人约定以办理登记备案手续为商品房预售合同生效条件的,从其约定,但当事人一方已经履行主要义务,对方接受的除外。

《最高人民法院关于审理涉及国有土地使用权合同纠纷案件适用法律问题的解释》

第8条　土地使用权人作为转让方与受让方订立土地使用权转让合同后,当事人一方以双方之间未办理土地使用权变更登记手续为由,请求确认合同无效的,不予支持。

《最高人民法院关于破产企业国有划拨土地使用权应否列入破产财产等问题的批复》

湖北省高级人民法院:

你院鄂高法〔2002〕158号《关于破产企业国有划拨土地使用权应否列入破产财产以及有关抵押效力认定等问题的请示》收悉。经研究,答复如下:

一、根据《中华人民共和国土地管理法》第五十八条第一款第(三)项及《城镇国有土地使用权出让和转让暂行条例》第四十七条的规定,破产企业以划拨方式取得的国有土地使用权不属于破产财产,在企业破产时,有关人民政府可以予以收回,并依法处置。纳入国家兼并破产计划的国有企业,其依法取得的国有土地使用权,应依据国务院有关文件规定办理。

二、企业对其以划拨方式取得的国有土地使用权无处分权,以该土地使用权设定抵押,未经有审批权限的人民政府或土地行政管理部门批准的,不影响抵押合同效力;履行了法定的审批手续,并依法办理抵押登记的,抵押权自登记时设立。根据《中华人民共和国城市房地产管理法》第五十一条的规定,抵押权人只有在以抵押标的物折价或拍卖、变卖所得价款缴纳相当于土地使用权出让金的款项后,对剩余部分方可享有优先受偿权。但纳入国家兼并破产计划的国有企业,其用以划拨方式取得的国有土地使用权设定抵押的,应依据国务院有关文件规定办理。

三、国有企业以关键设备、成套设备、建筑物设定抵押的,如无其他法定的无效情形，不应当仅以未经政府主管部门批准为由认定抵押合同无效。

本批复自公布之日起施行，正在审理或者尚未审理的案件，适用本批复，但对提起再审的判决、裁定已经发生法律效力的案件除外。

此复。

《最高人民法院关于国有土地开荒后用于农耕的土地使用权转让合同纠纷案件如何适用法律问题的批复》

甘肃省高级人民法院：

你院《关于对国有土地经营权转让如何适用法律的请示》（甘高法〔2010〕84号）收悉。经研究，答复如下：

开荒后用于农耕而未交由农民集体使用的国有土地，不属于《农村土地承包法》第二条规定的农村土地。此类土地使用权的转让，不适用《农村土地承包法》的规定，应适用《中华人民共和国民法典》和《土地管理法》等相关法律规定加以规范。

对于国有土地开荒后用于农耕的土地使用权转让合同，不违反法律、行政法规的强制性规定的，当事人仅以转让方未取得土地使用权证书为由请求确认合同无效的，人民法院依法不予支持；当事人根据合同约定主张对方当事人履行办理土地使用权证书义务的，人民法院依法应予支持。

《最高人民法院关于审理外商投资企业纠纷案件若干问题的规定（一）》

第1条 当事人在外商投资企业设立、变更等过程中订立的合同，依法律、行政法规的规定应当经外商投资企业审批机关批准后才生效的，自批准之日起生效；未经批准的，人民法院应当认定该合同未生效。当事人请求确认该合同无效的，人民法院不予支持。前款所述合同因未经批准而被认定未生效的，不影响合同中当事人履行报批义务条款及因该报批义务而设定的相关条款的效力。

第2条 当事人就外商投资企业相关事项达成的补充协议对已获批准的合同不构成重大或实质性变更的，人民法院不应以未经外商投资企业审批机关批准为由认定该补充协议未生效。前款规定的重大或实质性变更包括注册资本、公司类型、经营范围、营业期限、股东认缴的出资额、出资方式的变更以及公司合并、公司分立、股权转让等。

第5条 外商投资企业股权转让合同成立后，转让方和外商投资企业不履行报批义务，经受让方催告后在合理的期限内仍未履行，受让方请求解除合同并由转让方返还其已支付的转让款、赔偿因未履行报批义务而造成的实际损失的，人民法院应予支持。

第6条 外商投资企业股权转让合同成立后，转让方和外商投资企业不履行报批义务，受让方以转让方为被告、以外商投资企业为第三人提起诉讼，请求转让方与外商投资企业在一定期限内共同履行报批义务的，人民法院应予支持。受让方同时请求在转让方和外商投资企业于生效判决确定的期限内不履行报批义务时自行报批的，人民法院应予支持。

转让方和外商投资企业拒不根据人民法院生效判决确定的期限履行报批义务，受让方另行起诉，请求解除合同并赔偿损失的，人民法院应予支持。赔偿损失的范围可以包括股权的差价损失、股权收益及其他合理损失。

第13条 外商投资企业股东与债权人订立的股权质押合同，除法律、行政法规另有规定或者合同另有约定外，自成立时生效。未办理质权登记的，不影响股权质押合同的效力。当事人仅以股权质押合同未经外商投资企业审批机关批准为由主张合同无效或未生效的，人民法院不予支持。股权质押合同依照民法典的相关规定办理了出质登记的，股权质权自登记时设立。

第15条 合同约定一方实际投资、另一方作为外商投资企业名义股东，不具有法律、行政法规规定的无效情形的，人民法院应认定该合同有效。一方当事人仅以未经外商投资企业审批机关批准为由主张该合同无效或者未生效的，人民法院不予支持。实际投资者请求外商投资企业名义股东依据双方约定履行相应义务的，人民法院应予支持。双方未约定利益分配，实际投资者请求外商投资企业名义股东向其交付从外商投资企业获得的收益的，人民法院应予支持。外商投资企业名义股东向实际投资者请求支付必要报酬的，人民法院应酌情予以支持。

【关联指导案例】

最高人民法院指导案例 123 号： 于红岩与锡林郭勒盟隆兴矿业有限责任公司执行监督案

裁判要点： 生效判决认定采矿权转让合同依法成立但尚未生效，判令转让方按照合同约定办理采矿权转让手续，并非对采矿权归属的确定，执行法院依此向相关主管机关发出协助办理采矿权转让手续通知书，只具有启动主管机关审批采矿权转让手续的作用，采矿权能否转让应由相关主管机关依法决定。申请执行人请求变更采矿权受让人的，也应由相关主管机关依法判断。

【其他关联规定】

《全国法院民商事审判工作会议纪要》

37.【未经批准合同的效力】 法律、行政法规规定某类合同应当办理批准手续生效的，如商业银行法、证券法、保险法等法律规定购买商业银行、证券公司、保险公司5%以上股权须经相关主管部门批准，依据《合同法》第44条第2款的规定，批准是合同的法定生效条件，未经批准的合同因欠缺法律规定的特别生效条件而未生效。实践中的一个突出问题是，把未生效合同认定为无效合同，或者虽认定为未生效，却按无效合同处理。无效合同从本质上来说是欠缺合同的有效要件，或者具有合同无效的法定事由，自始不发生法律效力。而未生效合同已具备合同的有效要件，对双方具有一定的拘束力，任何一方不得擅自撤回、解除、变更，但因欠缺法律、行政法规规定或当事人约定的特别生效条件，在该生效条件成就前，不能产生请求对方履行合同主要权利义务的法律效力。

38.【报批义务及相关违约条款独立生效】 须经行政机关批准生效的合同，对报批义务及未履行报批义务的违约责任等相关内容作出专门约定的，该约定独立生效。一方因另一方不履行报批义务，请求解除合同并请求其承担合同约定的相应违约责任的，人民法院依法予以支持。

39.【报批义务的释明】 须经行政机关批准生效的合同，一方请求另一方履行合同主要权利义务的，人民法院应当向其释明，将诉讼请求变更为请求履行报批义务。一方变更诉讼请求的，人民法院依法予以支持；经释明后当事人拒绝变更的，应当驳回其诉讼请求，但不影响其另行提起诉讼。

40.【判决履行报批义务后的处理】 人民法院判决一方履行报批义务后，该当事人拒绝履行，经人民法院强制执行仍未履行，对方请求其承担合同违约责任的，人民法院依法予以支持。一方依据判决履行报批义务，行政机关予以批准，合同发生完全的法律效力，其请求对方履行合同的，人民法院依法予以支持；行政机关没有批准，合同不具有法律上的可履行性，一方请求解除合同的，人民法院依法予以支持。

第503条【无权代理人订立合同的法律后果】

无权代理人以被代理人的名义订立合同，被代理人已经开始履行合同义务或者接受相对人履行的，视为对合同的追认。

第504条【越权订立合同的效力】

法人的法定代表人或者非法人组织的负责人超越权限订立的合同，除相对人知道或者应当知道其超越权限外，该代表行为有效，订立的合同对法人或者非法人组织发生效力。

【关联司法解释】

《最高人民法院关于适用〈中华人民共和国民法典〉合同编通则若干问题的解释》

第20条 法律、行政法规为限制法人的法定代表人或者非法人组织的负责人的代表权，规定合同所涉事项应当由法人、非法人组织的权力机构或者决策机构决议，或者应当由法人、非法人组织的执行机构决定，法定代表人、负责人未取得授权而以法人、非法人组织的名义订立合同，未尽到合理审查义务的相对人主张该合同对法人、非法人组织发生效力并由其承担违约责任的，人民法院不予支持，但是法人、非法人组织有过错的，可以参照民法典第一百五十七条的规定判决其承担相应的赔偿责任。相对人已尽到合理审查义务，构成表见代表的，人民法院应当依据民法典第五百零四条的规定处理。

合同所涉事项未超越法律、行政法规规定的法定代表人或者负责人的代表权限，但是超越法人、非法人组织的章程或者权力机构等对代表权的限制，相对人主张该合同对法人、非法人组织发生效力并由其承担违约责任的，人民法院依法予以支持。但是，法人、非法人组织举证证明相对人知道或者应当知道该限制的除外。

法人、非法人组织承担民事责任后，向有过错的法定代表人、负责人追偿因越权代表行为造成的损失的，人民法院依法予以支持。法律、司法解释对法定代表人、负责人的民事责任另有规定的，依照其规定。

《最高人民法院关于适用〈中华人民共和国民法典〉有关担保制度的解释》

★ **第7条** 公司的法定代表人违反公司法关于公司对外担保决议程序的规定，超越权限代表公司与相对人订立担保合同，人民法院应当依照民法典第六十一条和第五百零四条等规定处理：

（一）相对人善意的，担保合同对公司发生效力；相对人请求公司承担担保责任的，人民法院应予支持。

（二）相对人非善意的，担保合同对公司不发生效力；相对人请求公司承担赔偿责任的，参照适用本解释第十七条的有关规定。

法定代表人超越权限提供担保造成公司损失，公司请求法定代表人承担赔偿责任的，人民法院应予支持。

第一款所称善意，是指相对人在订立担保合同时不知道且不应当知道法定代表人超越权限。相对人有证据证明已对公司决议进行了合理审查，人民法院应当认定其构成善意，但是公司有证据证明相对人知道或者应当知道决议系伪造、变造的除外。

【司法解释条文解读】

司法实践对于公司为他人提供担保的合同效力问题曾存在不同认识，争议的焦点在于，《公司法》第15条有关代表权法定限制的规定是否为效力性强制性规定，法定代表人违反该条规定对外签订的担保合同是否有效。观点一认为，优先保护善意相对人、优先保护外部关系是民法的一般原则，有利于维护交易安全，鼓励交易，因此，《公司法》第15条规定只是公司内部治理的规定，不能对抗善意第三人。观点二认为，《公司法》第15条有关代表权法定限制的规定是效力性强制性规定，法定代表人违反该条规定对外签订的担保合同无效。如果不坚持这一观点，公司的股东将面临经理人（法定代表人）极大的道德风险，尤其是对于股权分散的上市公司而言；同时，中小股东也将面临控股股东极大的道德风险。为平衡公司股东和公司的担保债权人的利益，应当对公司的担保债权人课以适当的注意义务。后一种观点在司法实践中逐渐成为倾向性意见。

关于担保债权人的注意义务，应分情况认定：

第一，对于公司为公司股东或者实际控制人提供关联担保，《公司法》第15条明确规定必须由股东（大）会决议，未经股东（大）会决议，构成越权代表。在此情况下，担保权人应当提供证据证明其在订立合同时对股东（大）会决议进行了审查，决议的表决程序符合《公司法》第15条的规定，在排除被担保股东表决权的情况下，该项表决由出席会议的其他股东所持表决权的过半数通过，签字人员也符合公司章程的规定。担保权人的审查只能是形式审查。

第二，对于公司为公司股东或者实际控制人以外的人提供非关联担保，根据《公司法》第15条的规定，此类担保面临两方面的限制：一是应当依照公司章程的规定，由董事会或者股东会、股东大会决议；二是公司章程对投资或者担保的总额及单项投资或者担保的数额有限额规定的，不得超过规定的限额。《民法典》第61条第3款规定："法人章程或者法人权力机构对法定代表人代表权的限制，不得对抗善意相对人。"如何平衡担保权人对公司章程内容和公司决议行为的注意义务与公司股东权利保护呢？有观点认为，只要债权人能够证明其在订立担保合同时对董事会决议或者股东（大）会决议进行了审查，同意决议的人数及签字人员符合公司章程的规定，就应当认定其构成善意，但公司能够证明债权人明知公司章程对决议机关有明确规定的除外。[1]同样，担保人对公司机关决议内容及章程内容的审查限于形式审查。

上市公司是公众公司，其对外担保等重要交易行为信息需要依法公布。该公布信息是担保权人了解公司对外担保的决策行为的重要渠道。债权人根据上市公司公开披露的关于担保事项已经董事会或者股东大会决议通过的信息订立的担保合同，人民法院应当认定有效。

第三，无须公司决议机关决议的例外情况。根据《全国法院民商事审判工作会议纪要》第19条规定，存在下列情形的，即便债权人知道或者应当知道没有公司机关决议，也应当认定担保合同符合公司的真实意思表示，合同有效：一是公司是以为他人提供担保为主营业务的担保公司，或者是开展保函业务的银行或者非银行金融机构。二是公司为其直接或者间接控制的公司开展经营活动向债权人提供担保。三是公司与主债务人之间存在相互担保等商业合作关系。四是担保合同系由单独或者共同持有公司2/3以上有表决权的股东签字同意。

第9条 相对人根据上市公司公开披露的关于担保事项已经董事会或者股东大会决议通过的信息，与上市公司订立担保合同，相对人主张担保合同对上市公司发生效力，并由上市公司承担担保责任的，人民法院应予支持。

相对人未根据上市公司公开披露的关于担保事项已经董事会或者股东大会决议通过的信息，与上市公司订立担保合同，上市公司主张担保合同对其不发生效力，且不承担担保责任或者赔偿责任的，人民法院应予支持。

---

[1] 最高人民法院民法典贯彻实施工作领导小组主编：《中华人民共和国民法典合同编理解与适用》[一]，人民法院出版社2020年版，第332页。

相对人与上市公司已公开披露的控股子公司订立的担保合同，或者相对人与股票在国务院批准的其他全国性证券交易场所交易的公司订立的担保合同，适用前两款规定。

【其他关联规定】

《中华人民共和国公司法》

第15条　公司向其他企业投资或者为他人提供担保，按照公司章程的规定，由董事会或者股东会决议；公司章程对投资或者担保的总额及单项投资或者担保的数额有限额规定的，不得超过规定的限额。

公司为公司股东或者实际控制人提供担保的，应当经股东会决议。

前款规定的股东或者受前款规定的实际控制人支配的股东，不得参加前款规定事项的表决。该项表决由出席会议的其他股东所持表决权的过半数通过。

第59条　股东会行使下列职权：

（一）选举和更换董事、监事，决定有关董事、监事的报酬事项；

（二）审议批准董事会的报告；

（三）审议批准监事会的报告；

（四）审议批准公司的利润分配方案和弥补亏损方案；

（五）对公司增加或者减少注册资本作出决议；

（六）对发行公司债券作出决议；

（七）对公司合并、分立、解散、清算或者变更公司形式作出决议；

（八）修改公司章程；

（九）公司章程规定的其他职权。

股东会可以授权董事会对发行公司债券作出决议。

对本条第一款所列事项股东以书面形式一致表示同意的，可以不召开股东会会议，直接作出决定，并由全体股东在决定文件上签名或者盖章。

第181条　董事、监事、高级管理人员不得有下列行为：

（一）侵占公司财产、挪用公司资金；

（二）将公司资金以其个人名义或者以其他个人名义开立账户存储；

（三）利用职权贿赂或者收受其他非法收入；

（四）接受他人与公司交易的佣金归为己有；

（五）擅自披露公司秘密；

（六）违反对公司忠实义务的其他行为。

《全国法院民商事审判工作会议纪要》

17.【违反《公司法》第16条[①]构成越权代表】 为防止法定代表人随意代表公司为他人提供担保给公司造成损失，损害中小股东利益，《公司法》第16条[②]对法定代表人的代表权进行了限制。根据该条规定，担保行为不是法定代表人所能单独决定的事项，而必须以公司股东（大）会、董事会等公司机关的决议作为授权的基础和来源。法定代表人未经授权擅自为他人提供担保的，构成越权代表，人民法院应当根据《合同法》第50条关于法定代表人越权代表的规定，区分订立合同时债权人是否善意分别认定合同效力：债权人善意的，合同有效；反之，合同无效。

第505条【超越经营范围订立的合同效力】

当事人超越经营范围订立的合同的效力，应当依照本法第一编第六章第三节和本编的有关规定确定，不得仅以超越经营范围确认合同无效。

【关联司法解释】

《最高人民法院关于适用〈中华人民共和国外商投资法〉若干问题的解释》

第3条　外国投资者投资外商投资准入负面清单规定禁止投资的领域，当事人主张投资合同无效的，人民法院应予支持。

第4条　外国投资者投资外商投资准入负面清单规定限制投资的领域，

---

① 现为第15条。

② 同上。

当事人以违反限制性准入特别管理措施为由，主张投资合同无效的，人民法院应予支持。

人民法院作出生效裁判前，当事人采取必要措施满足准入特别管理措施的要求，当事人主张前款规定的投资合同有效的，应予支持。

【其他关联规定】

《中华人民共和国个人独资企业法》

第10条　个人独资企业设立申请书应当载明下列事项：

（一）企业的名称和住所；

（二）投资人的姓名和居所；

（三）投资人的出资额和出资方式；

（四）经营范围。

第11条　个人独资企业的名称应当与其责任形式及从事的营业相符合。

《中华人民共和国公司法》

第9条　公司的经营范围由公司章程规定。公司可以修改公司章程，变更经营范围。

公司的经营范围中属于法律、行政法规规定须经批准的项目，应当依法经过批准。

第33条　依法设立的公司，由公司登记机关发给公司营业执照。公司营业执照签发日期为公司成立日期。

公司营业执照应当载明公司的名称、住所、注册资本、经营范围、法定代表人姓名等事项。

公司登记机关可以发给电子营业执照。电子营业执照与纸质营业执照具有同等法律效力。

第506条【免责条款无效情形】

合同中的下列免责条款无效：

（一）造成对方人身损害的；

（二）因故意或者重大过失造成对方财产损失的。

第507条【争议解决条款的独立性】

合同不生效、无效、被撤销或者终止的，不影响合同中有关解决争议方法的条款的效力。

第508条【合同效力援引规定】

本编对合同的效力没有规定的，适用本法第一编第六章的有关规定。

第四章 合同的履行

第509条【合同履行的原则】

当事人应当按照约定全面履行自己的义务。

当事人应当遵循诚信原则，根据合同的性质、目的和交易习惯履行通知、协助、保密等义务。

当事人在履行合同过程中，应当避免浪费资源、污染环境和破坏生态。

【关联司法解释】

《最高人民法院关于适用〈中华人民共和国民法典〉合同编通则若干问题的解释》

第26条 当事人一方未根据法律规定或者合同约定履行开具发票、提供证明文件等非主要债务，对方请求继续履行该债务并赔偿因怠于履行该债务造成的损失的，人民法院依法予以支持；对方请求解除合同的，人民法院不予支持，但是不履行该债务致使不能实现合同目的或者当事人另有约定的除外。

第510条【合同条款补充和确定方法】

合同生效后，当事人就质量、价款或者报酬、履行地点等内容没有约定或者约定不明确的，可以协议补充；不能达成补充协议的，按照合同相关条款或者交易习惯确定。

第511条【合同约定不明确时的履行】

当事人就有关合同内容约定不明确，依据前条规定仍不能确定的，适用下列规定：

（一）质量要求不明确的，按照强制性国家标准履行；没有强制性国家标准的，按照推荐性国家标准履行；没有推荐性国家标准的，按照行业标准履行；没有国家标准、行业标准的，按照通常标准或者符合合同目的的特定标准履行。

（二）价款或者报酬不明确的，按照订立合同时履行地的市场价格履行；依法应当执行政府定价或者政府指导价的，依照规定履行。

（三）履行地点不明确，给付货币的，在接受货币一方所在地履行；交付不动产的，在不动产所在地履行；其他标的，在履行义务一方所在地履行。

（四）履行期限不明确的，债务人可以随时履行，债权人也可以随时请求履行，但是应当给对方必要的准备时间。

（五）履行方式不明确的，按照有利于实现合同目的的方式履行。

（六）履行费用的负担不明确的，由履行义务一方负担；因债权人原因增加的履行费用，由债权人负担。

【其他关联规定】

《最高人民法院关于确定购销合同履行地问题的复函》

关于合同履行地问题，我院《关于适用〈中华人民共和国民事诉讼法〉若干问题的意见》第19条作了具体解释。依据该条规定，购销合同的双方当事人在合同中对交货地点有约定的，不管采取何种交货方式，约定的交货地点即为合同履行地；合同中没有约定交货地点的，才依交货方式确定合同履行地：采用送货方式，即供方自备运输工具，将货物运至需方所在地或需方指定地点的，不论运费由谁承担，货物送达地为合同履行地；采用自提方式，即需方自备或租用运输工具到供方所在地或供方指定的地点提取货物的，不管运费由谁承担，提货地为合同履行地。

《最高人民法院经济审判庭关于如何确定加工承揽合同履行地问题的电话答复》

合同履行地应为合同规定义务履行的地点。加工承揽合同主要是以承揽方按照定作方的特定要求完成加工生产任务为履约内容的，承揽方履约又是以使用自己的设备、技术、人力为前提条件的。因此，加工承揽方所在地通常应为合同规定义务履行的地点，即合同履行地。

《最高人民法院关于如何确定委托贷款合同履行地问题的答复》

委托贷款合同以贷款方（即受托方）住所地为合同履行地，但合同中对履行地有约定的除外。

★ **第512条【电子合同标的交付时间】**

通过互联网等信息网络订立的电子合同的标的为交付商品并采用快递物流方式交付的，收货人的签收时间为交付时间。电子合同的标的为提供服务的，生成的电子凭证或者实物凭证中载明的时间为提供服务时间；前述凭证没有载明时间或者载明时间与实际提供服务时间不一致的，以实际提供服务的时间为准。

电子合同的标的物为采用在线传输方式交付的，合同标的物进入对方当事人指定的特定系统且能够检索识别的时间为交付时间。

电子合同当事人对交付商品或者提供服务的方式、时间另有约定的，按照其约定。

【条文解读】

本条是关于电子商务合同标的交付时间的规定。本条内容来源于《电子商务法》第51条的规定，相对于传统实体商品的交付，电子商务领域的合同履行存在一定的特殊性，此条规定具有重要的实践意义和时代特征。

关于电子合同的交付时间问题，有约定的从约定，没有特别约定的根据有形体产品、服务、无形信息产品而作出不同的规定。在有形产品的交付方面，需要特别注意的是"签收时间"的理解问题。根据《电子商务法》第52条规定："……快递物流服务提供者在交付商品时，应当提示收货人当面查验；交由他人代收的，应当经收货人同意。"依此规定，本条的"签收时间"应理解为收货人当面查验快递物流交付的商品后的签收时间。实践中，快递物流企业如果使用智能快件箱或者驿站等形式进行递送的，应当以消费者打开智能快件箱后实际收到商品的时间或在驿站签收商品的时间为准。因为快递物流服务提供者是代电子商务经营者为履行交付义务的义务主体。用户实际签收了商品，完成了"占有的移转"，电子商务经营者才算履行完交付标的物的义务。按照《民法典》第224条的规定，电子商务合同的标的交付时间，可以作为该商品所有权转移的时间，也是风险转移的时间。

在数字产品的交付方面，本条第2款规定，进入对方当事人指定的特定系统并且能够检索识别的时间为交付时间。随着网络应用的普及，电子商务主体拥有多个收件系统（如电子邮件、社交媒体账户、即时通信工具等）的情况越来越普遍。如果拥有多个收件系统但又没有指定特定系统时，如何认定交付问题？《民法典》第137条第2款规定："以非对话方式作出的意思表示，到达相对人时生效。以非对话方式作出的采用数据电文形式的意思表示，相对人指定特定系统接收数据电文的，该数据电文进入该特定系统时生效；未指定特定系统的，相对人知道或者应当知道该数据电文进入其系统时生效……"因此，对于电子合同标的物采用在线传输方式交付的，对方当事人未指定特定接收系统的，以相对人知道或者应当知道该标的物进入其系的时间为交付时间。这与《联合国国际合同使用电子通信公约》规定的判断标准是一致的。

【其他关联规定】

《中华人民共和国电子签名法》

第11条 数据电文进入发件人控制之外的某个信息系统的时间,视为该数据电文的发送时间。

收件人指定特定系统接收数据电文的,数据电文进入该特定系统的时间,视为该数据电文的接收时间;未指定特定系统的,数据电文进入收件人的任何系统的首次时间,视为该数据电文的接收时间。

当事人对数据电文的发送时间、接收时间另有约定的,从其约定。

《中华人民共和国电子商务法》

第52条 电子商务当事人可以约定采用快递物流方式交付商品。

快递物流服务提供者为电子商务提供快递物流服务,应当遵守法律、行政法规,并应当符合承诺的服务规范和时限。快递物流服务提供者在交付商品时,应当提示收货人当面查验;交由他人代收的,应当经收货人同意。

快递物流服务提供者应当按照规定使用环保包装材料,实现包装材料的减量化和再利用。

快递物流服务提供者在提供快递物流服务的同时,可以接受电子商务经营者的委托提供代收货款服务。

第513条【执行政府定价、政府指导价的合同价格确定】

执行政府定价或者政府指导价的,在合同约定的交付期限内政府价格调整时,按照交付时的价格计价。逾期交付标的物的,遇价格上涨时,按照原价格执行;价格下降时,按照新价格执行。逾期提取标的物或者逾期付款的,遇价格上涨时,按照新价格执行;价格下降时,按照原价格执行。

【其他关联规定】

《中华人民共和国价格法》

第18条 下列商品和服务价格，政府在必要时可以实行政府指导价或者政府定价：

（一）与国民经济发展和人民生活关系重大的极少数商品价格；

（二）资源稀缺的少数商品价格；

（三）自然垄断经营的商品价格；

（四）重要的公用事业价格；

（五）重要的公益性服务价格。

第39条 经营者不执行政府指导价、政府定价以及法定的价格干预措施、紧急措施的，责令改正，没收违法所得，可以并处违法所得五倍以下的罚款；没有违法所得的，可以处以罚款；情节严重的，责令停业整顿。

第514条【金钱之债给付货币的确定规则】

以支付金钱为内容的债，除法律另有规定或者当事人另有约定外，债权人可以请求债务人以实际履行地的法定货币履行。

★ 第515条【选择之债中选择权归属与转移】

标的有多项而债务人只需履行其中一项的，债务人享有选择权；但是，法律另有规定、当事人另有约定或者另有交易习惯的除外。

享有选择权的当事人在约定期限内或者履行期限届满未作选择，经催告后在合理期限内仍未选择的，选择权转移至对方。

【条文解读】

本条是关于选择之债中选择权归属与转移的规定。本条是《民法典》新增条文。

因《民法典》未设债法总则编，因此将债法的一般性规则纳入合同编。根据《民法典》第468条规定，非因合同产生的债权债务，包括侵权之债、不当得利之债、无因管理之债等，适用有关该债权债务关系的法律规定；没有规定的，适用合同编通则的有关规定，但根据其性质不能适用的除外。因此，本条的有关规定虽设置在合同编中，不仅适用于合同之债，也可以作为债法的一般性规则加以适用。《民法典》在参考其他国家和地区立法例的情况下，增设选择之债的有关规定，是我国债法体系化所需，也能成为司法实践中法官研判说理的有效依据。该条主要规定了选择之债的确定及选择权的转移问题。

选择之债是相对于简单之债而言的，是指债务标的有多项而债务人可以选择其一进行履行的债。标的可以是同一种类，也可以是不同种类。一旦选择，该选择之债即变成了简单之债。选择之债必须先行使选择权变成一个简单之债后，合同才能得到履行。选择权原则上由债务人享有，除非法律另有规定或当事人另有约定或有交易习惯。将选择权赋予债务人，有利于债务人根据自身情况作出最适宜债务履行的选择，能够更大程度地确保交易实现。适用交易习惯确定选择权的归属主体符合当事人的预期，有利于公平、合理地平衡当事人之间的利益，更好地满足社会实践的需要。

本条第2款是关于选择权转移的规定。债的标的之确定，有赖于当事人及时行使选择权。享有选择权的当事人如不行使选择权，不论是债权人还是债务人，合同目的就会落空。因此，法律有必要通过制度设计，使债的标的得以确定，促进交易实现。考虑到选择权的行使关系到债的确定，而选择权的转移对当事人影响重大，因此本条在行使选择权的约定期限和履行期限届满后，又设定了催告期以作缓冲，即只有当有选择权的当事人在催告后的合理期限内仍未选择的，选择权才转移至对方。对方可能是债权人，也可能是有请求权的第三人。如果约定由第三人享有选择权的情况下，第三人不行使选择权的，选择权应首先转移至债务人。当然，如果催告时间内，明确拒绝选择的，则无须再等合理期限届满，选择权直接转移给对方。关于"合理期限"，本身就是一个不确定的概念，当事人可以根据合同的性质、合同的标的等具体情况进行确定，法官则根据诚信原则、公平原则、合同的性质和目的以及案件具体情况等综合判断，如果该期限过短，法院得视情形裁定催告无效或展期合理期限。①

★ **第516条【选择权的行使方式】**

当事人行使选择权应当及时通知对方，通知到达对方时，标的确定。标的确定后不得变更，但是经对方同意的除外。

可选择的标的发生不能履行情形的，享有选择权的当事人不得选择不能履行的标的，但是该不能履行的情形是由对方造成的除外。

【条文解读】

本条是关于选择权行使方式的规定。本条属于《民法典》新增条文。

选择权属于形成权，需要向对方作出意思表示，即通知。通知到达对方，债即确定。通知的方式同要约——承诺的通知规则一致，适用民法关于意思表示的规定，即必须合法有效，虚假、欺诈、胁迫等，得构成选择无效、撤销的原因。②在此需特别注意，《民法典》第137条有关通知方式分为对话方式和非对话方式两种。对于对话方式作出的意思表示，需以相对人知悉意思表示的内容才生效。鉴于选择权是一种形成权，依照权利人单方意思表示即发生法律效力，因此选择权人只要通过行使选择权，将其选择内容通知对方，而无需了解并作出承诺即可确定标的。同理，选择之债作为形成权，原则上亦不得撤销，以免使权利处于不确定状态，除非经对方同意。

本条第2款是关于选择之债履行不能时如何行使选择权的规定。如果一方当事人订约时明知不能事由仍订约，而相对方无过失且因此受损，则可向过错方请求赔偿损失。嗣后不能是因不可归责于双方当事人的事由而致给付不能的，则应选择其他可选择之债实现合同目的。如因可归责于当事人的事

---

① 王家福主编：《中国民法学·民法债权》，法律出版社1991年版，第59页。
② 王家福主编：《中国民法学·民法债权》，法律出版社1991年版，第59页。

由，应由责任方承担相应责任。从尽可能促成债务履行的角度出发，规定享有选择权的当事人不得选择不能履行的标的，即只能从剩余的标的中选择。同时为了公平、合理地平衡当事人双方之间的利益，规定如不能履行情形是由相对方造成的，享有选择权的当事人也可以主张解除合同并要求其相对方承担违约责任。值得注意的是，如果是可归责于选择权人的履行不能，当选择权人为债务人时，其不能选择该不能履行之债，否则容易产生因债务人故意或过失违约而得利的道德风险。

第517条【按份之债】

债权人为二人以上，标的可分，按照份额各自享有债权的，为按份债权；债务人为二人以上，标的可分，按照份额各自负担债务的，为按份债务。

按份债权人或者按份债务人的份额难以确定的，视为份额相同。

第518条【连带之债】

债权人为二人以上，部分或者全部债权人均可以请求债务人履行债务的，为连带债权；债务人为二人以上，债权人可以请求部分或者全部债务人履行全部债务的，为连带债务。

连带债权或者连带债务，由法律规定或者当事人约定。

★ 第519条【连带债务份额确定及追偿规则】

连带债务人之间的份额难以确定的，视为份额相同。

实际承担债务超过自己份额的连带债务人，有权就超出部分在其他连带债务人未履行的份额范围内向其追偿，并相应地享有债权人的权利，但是不得损害债权人的利益。其他连带债务人对债权人的抗辩，可以向该债务人主张。

被追偿的连带债务人不能履行其应分担份额的，其他连带债务人应当在相应范围内按比例分担。

【条文解读】

本条是关于连带债务人之间债务份额确定及追偿的规定。本条规定对原《民法通则》第87条的相关规定进行了完善。具体规定了连带债务份额的确定、连带债务人的追偿权及被追偿的连带债务人履行不能时的分担规则。

关于连带债务份额，原《合同法》并无十分明确的规定，但原《民法总则》第178条对连带责任份额作出了规定，二人以上依法承担连带责任的，权利人有权请求部分或者全部连带责任人承担责任。连带责任人的责任份额根据各自责任大小确定；难以确定责任大小的，平均承担责任。《民法典》承袭了上述立法精神，规定"连带债务人之间的份额难以确定的，视为份额相同"。由于连带责任对责任人苛以严格的共同责任，连带债务人存在随时可能承担全部责任的风险。因此，对于连带责任的适用应当遵循严格的法定原则，不能随意将多人责任认定为连带责任，必须具有充分的法律规定或明确的合同约定作为适用连带责任的前提基础。同时，对于法律明确规定应当承担连带责任的情形，连带责任人之间亦不能通过自行约定其他责任承担方式来加以改变，从而免除对外承担连带责任，此举有损害债权人利益之嫌。

对于责任份额问题，同样适用法定原则，只有在法律没有特别规定或当事人没有约定份额，或者虽然存在法律规定或者相应约定但是确定具体份额存在障碍时，才能视为份额相同。

本条第2款规定的是有关连带债务人追偿权问题。在《民法典》出台之前，理论上有"追偿权""求偿权""分摊请求权"等不同的理解，现对权利性质明确定性为"追偿权"，统一了实务分歧。《民法典》出台之前，有观点认为，连带债务人的追偿权不需要以履行超过自身份额为前提，连带债务人之间的负担部分，与其认为是一定债务额，不如认为是一定比例；只要为共同免责而付出，在这一比例下分担才公平。[①]根据本条规定，连带债务人未超过其应承担份额时，不存在向其他债务人追偿的基础，认为其仅是在履行

---

① ［日］我妻荣：《我妻荣民法讲义Ⅳ新订债权总论》，王燚译，中国法制出版社2008年版，第384页、第385页。

自己应承担的债务。这一规定不仅与整体理念体系相匹配，也更符合自己责任原则的要求，同时也能够避免产生循环求偿的问题。[①]

本条增加债务人"并相应地享有债权人的权利，但是不得损害债权人的利益"的规定。实际承担债务超过自己份额的连带债务人享有债权人对债务人的权利，相应地，其他连带债务人对债权人的抗辩可以向该债务人主张。同时，本条也强调实际承担债务超过自己份额的连带债务人享有债权人对债务人的权利以不损害债权人利益为前提。如果实际承担债务超过自己份额的连带债务人所享有的债权人对债务人的权利与债权人对债务人的权利不能全部实现时，应优先保护后者。新增该规定的初衷与连带债务设立的初衷是一致的，即都是为了保障债权人权利的实现。

本条第3款对部分连带债务人履行不能时的风险承担问题进行了明确，规定其他连带债务人应当在相应范围内按比例分担。该规定的立法目的是为避免连带债务人独自承担被追偿连带债务人履行不能时的债务份额风险。如果实际承担债务超过自己份额的连带债务人向其他多名连带债务人行使追偿权时，其中部分连带债务履行不能时，则其将面临超份额承担债务的问题，此时由其一人承担超份额的债务显然是不公平的，因此《民法典》规定由所有有履行能力的连带债务人共同分担超份额债务更加公平。

【关联司法解释】

《最高人民法院关于适用〈中华人民共和国民法典〉有关担保制度的解释》
★ **第13条** 同一债务有两个以上第三人提供担保，担保人之间约定相互追偿及分担份额，承担了担保责任的担保人请求其他担保人按照约定分担份额的，人民法院应予支持；担保人之间约定承担连带共同担保，或者约定相互追偿但是未约定分担份额的，各担保人按照比例分担向债务人不能追偿的部分。

[①] 戴孟勇：《论连带债务人的求偿权及其制度设计》，载《四川大学学报（哲学社会学版）》2019年第1期。

同一债务有两个以上第三人提供担保，担保人之间未对相互追偿作出约定且未约定承担连带共同担保，但是各担保人在同一份合同书上签字、盖章或者按指印，承担了担保责任的担保人请求其他担保人按照比例分担向债务人不能追偿部分的，人民法院应予支持。

除前两款规定的情形外，承担了担保责任的担保人请求其他担保人分担向债务人不能追偿部分的，人民法院不予支持。

【司法解释条文解读】

本条是关于共同担保人之间追偿权的规定。关于承担担保责任的担保人能否向其他担保人追偿问题，立法有一个变迁的过程。从原《担保法》及其司法解释看，不论是混合担保、共同保证还是共同物保，都是允许担保人之间相互求偿的，但原《物权法》并未规定承担了担保责任的担保人可向其他担保人追偿。《民法典》承继了原《物权法》的立法精神，认为担保人承担了担保责任，意味着债权人的债权已经实现，债权债务关系消灭，其上的担保也随之消灭，承担了担保责任的担保人再向其他担保人求偿也缺乏依据。因此，不论是共同保证人之间、共同抵押人之间还是混合担保的各担保人之间，都不认可担保人之间可以相互求偿。

本条司法解释与《民法典》的规定一脉相承并予以细化，规定原则上承担了担保责任的担保人不能向其他担保人行使追偿权，但有三种例外情形：一是当事人约定可以追偿及分担份额；二是担保人之间为连带共同担保；三是各担保人在同一份合同书上签字、盖章或者按指印，即通过行为推定为连带共同担保。本条司法解释规定体现了《民法典》第519条有关连带债务人之间追偿权的立法精神。

司法实践中须注意，共同连带保证是指连带债务人和保证人之间的关系为连带责任保证，多个保证人之间也为连带共同保证，其与连带责任保证并非同一概念，只有在共同连带保证情况下，承担了代偿责任的保证人之间才能相互追偿，两个连带保证人分别向债权人提供保证的，并不构成连带共同保证。

【其他关联规定】

《全国法院民商事审判工作会议纪要》

56.【混合担保中担保人之间的追偿问题】 被担保的债权既有保证又有第三人提供的物的担保的,担保法司法解释第38条明确规定,承担了担保责任的担保人可以要求其他担保人清偿其应当分担的份额。但《物权法》第176条并未作出类似规定,根据《物权法》第178条关于"担保法与本法的规定不一致的,适用本法"的规定,承担了担保责任的担保人向其他担保人追偿的,人民法院不予支持,但担保人在担保合同中约定可以相互追偿的除外。

★ 第520条【连带债务涉他效力】

部分连带债务人履行、抵销债务或者提存标的物的,其他债务人对债权人的债务在相应范围内消灭;该债务人可以依据前条规定向其他债务人追偿。

部分连带债务人的债务被债权人免除的,在该连带债务人应当承担的份额范围内,其他债务人对债权人的债务消灭。

部分连带债务人的债务与债权人的债权同归于一人的,在扣除该债务人应当承担的份额后,债权人对其他债务人的债权继续存在。

债权人对部分连带债务人的给付受领迟延的,对其他连带债务人发生效力。

【条文解读】

本条是关于连带债务涉他效力,即部分连带债务人与债权人之间债权债务关系变化对其他连带债务人效力的规定。本条是《民法典》新增加的规定。

连带债务因共同目的相互结合,且以同一给付为内容,因此,对数债务人中的一人所生效力的事项,同样会对其他债务人发生效力,因此,本条规定在连带债务关系中,部分连带债务人与债权人发生履行、抵销、提存、免除、混同等债的消灭原因或者债权人迟延受领给付时,对其他连带债务人具有涉他效力。本条具体规定了四种情形:

一是基于债务人积极消灭债务的行为。例如,履行、抵销债务或者提存标的物等,上述行为直接实现债的目的,虽债权人可以向任一连带债务人主张全部债权,但是其仅能获得一次给付,不能多重受益,故某一连带债务人消灭债务的行为效力应及于其他连带债务人,债权人不得再向其他连带债务人主张相应债权,其他连带债务人对债权人的债务在相应范围内消灭。但是在连带债务人之间的内部关系上,则应当按照《民法典》第519条的规定,由该部分连带债务人向其他连带债务人行使追偿权。同时应当注意,适用本条规定时应结合《民法典》其他条款的规定,准确把握不同债的消灭原因的成立要件。如抵销应当发生在互负债务的当事人之间。在连带债务的场合,主张抵销的部分连带债务人仅能以自己的债权与连带债务相抵销,而不能以其他连带债务人的债权与自己连带债务进行抵销。

二是基于债权人积极消灭债务的行为。例如,债权人免除部分连带债务人的债务,亦能导致债权消灭。此时,在该连带债务人应当承担的份额范围内,其他连带债务人对债权人的债务消灭。如果一个连带债务人的债务免除不发生涉他效力,在其他连带债务人履行、抵销债务或者提存标的物时,其仍要受到其他连带债务人的追偿,转而向债权人请求偿还,容易产生循环求偿的法律效果。因此,本条规定简化了法律关系,免去了循环求偿的困境。此种情况下,因债权人放弃自身权利,且其他连带债务人也仅在该连带债务人应当承担债务的范围内消灭债务,故不存在被免除债务的部分连带债务人后续向其他连带债务人追偿的问题。

三是基于合同消灭的事实。例如,混同,债权和债务同归于一人,原则上致使合同关系消灭的事实。[①]为了简化当事人的法律关系,同时避免削弱债权效力。本条第3款规定,部分连带债务人的债务与债权人的债权混同时,

---

① 崔建远:《债法总论》,法律出版社2003年版,第280页。

在该连带债务人承担份额的范围内使债务消灭，而对于超出该连带债务人承担份额的部分，该连带债务人对其他债务人不享有求偿权，但可以以债权人的身份要求其他连带债务人清偿剩余部分连带债务，该部分连带债务人实际上成为债权人。

四是债权人的消极行为。例如，受领迟延，即需债权人协助的债务已届履行期，连带债务人提出或实际履行后，债权人拒绝或者不提供协助义务的行为。根据本条前3款规定，如部分连带债务人给付被受领，其效力及于其他连带债务人的，因此，债权人对部分债务人的给付受领迟延的，其效力亦应及于其他连带债务人。对此，《民法典》第589条第2款、第570条、第571条及第573条、第589条第1款分别作出明确规定，债权人受领迟延时，债务人得发生减轻、免除以及在受损害时要求赔偿的法律效果。具体表现在：在债权人受领迟延期间，债务人无须支付利息；债务人可以将标的物提存，提存成立的，视为债务人在提存范围内已经交付标的物。标的物提存后，损毁、灭失的风险由债权人承担。提存期间，标的物的孳息归债权人所有。提存费用由债权人负担；债务人也可以请求债权人赔偿增加的费用。

【关联司法解释】

《最高人民法院关于审理民事案件适用诉讼时效制度若干问题的规定》

第15条　对于连带债权人中的一人发生诉讼时效中断效力的事由，应当认定对其他连带债权人也发生诉讼时效中断的效力。

对于连带债务人中的一人发生诉讼时效中断效力的事由，应当认定对其他连带债务人也发生诉讼时效中断的效力。

★ **第521条【连带债权的内部关系及法律适用】**

连带债权人之间的份额难以确定的，视为份额相同。

实际受领债权的连带债权人，应当按比例向其他连带债权人返还。

连带债权参照适用本章连带债务的有关规定。

【条文解读】

本条是关于连带债权人内部关系的规定。本条是《民法典》新增加的规定。原《民法通则》第87条虽然对连带债权有概括性规定，但是对于连带债权人之间内部份额的确定，连带债权人受领后的处理以及连带债权的法律适用均未予以规定。本条则对上述问题进行了明确。

连带债权和连带债务都是多数人连带之债，具有债的目的共同性，同时考虑到现行法律直接规定的连带债权的情形相较于连带债务较少，因此，根据本条第3款规定，有关连带债权的内外部关系、部分连带债权人行为的涉他效力等均可参照适用连带债务的有关规定。如部分连带债权人对债务人的给付受领迟延的，对其他连带债权人亦发生效力。同样值得注意的是，为防止法律关系的循环往复，避免其他连带债权人的利益处于不稳定状态，为更好地保障其他连带债权人的利益，部分连带债权人免除债务人债务的效力，亦参照连带债务的有关规定，在扣除该连带债权人的份额后，不影响其他连带债权人的债权，换言之，部分连带债权人得以免除债务人债务的范围应以其自身权利份额为限。

关于连带债权人的份额问题，系连带债权人之间的内部关系，根据本条第1款的规定，与按份债权相同，在法律没有特别规定或者当事人没有约定的情形下，连带债权人之间的份额难以确定的，视为份额相同。根据本条第2款的规定，实际受领债权的连带债权人，应当按比例向其他债权人返还。特别值得注意的是，立法为公平保障连带债权人，避免连带债权人仅关注自身份额内的债权，而忽视连带债权的整体利益，在部分履行债务的情况下，规定实际受领的债权人无权先行扣除自身份额后再予以返还，应按比例向其他债权人返还。

★ **第522条【向第三人履行的合同】**

当事人约定由债务人向第三人履行债务，债务人未向第三人履行债务或者履行债务不符合约定的，应当向债权人承担违约责任。

法律规定或者当事人约定第三人可以直接请求债务人向其履行债务，第三人未在合理期限内明确拒绝，债务人未向第三人履行债务或者履行债务不符合约定的，第三人可以请求债务人承担违约责任；债务人对债权人的抗辩，可以向第三人主张。

【条文解读】

本条是关于向第三人履行合同的规定。本条第1款承继了原《合同法》第64条的规定，第2款为新增加的规定。原《合同法》仅规定债务人向第三人履行债务，第三人为履行受领人，债务人不履行约定或履行债务不符合约定的，应当向债权人承担违约责任。从字面上理解，向第三人履行只是合同履行的一种特殊方式，该规定并没有突破合同相对性原则，合同内容及责任仍应在相对性的规则之内，第三人在其中只是债权人的履行人，不具有自己独立的法律利益，其所获得的只是一种纯粹事实性质的经济利益。[①]但因立法规定的简单与模糊，亦有观点主张可对原《合同法》第64条作广义理解，即认为第三人享有履行请求权。因此，在很长一段时间内，理论和实务中对第三人是否享有违约请求权存在分歧和争议。《民法典》中适时增加了第2款内容，使理论和实务更趋于统一，能更好地适应社会生活。

相较于第1款规定的第三人作为履行受领人，仅是消极地接受债务人的履行，并不享有直接请求履行的权利，本条第2款规定的第三人则根据法律规定或者合同的约定享有直接请求债务人向其履行债务的权利。根据本条第2款规定，第三人未在合理期限内明确拒绝，债务人未向第三人履行债务或者履行债务不符合约定的，第三人可以请求债务人承担违约责任。第三人可以直接请求债务人向其履行债务，第三人享有拒绝权、履行请求权以及在债务人不履行债务时的违约责任请求权。该规定与第1款相比，是实质性地突

---

① 薛军：《"不真正利他合同"研究——以〈合同法〉第64条为中心而展开》，载《政治与法律》2008年第5期。

破了合同相对性原则，因此，只能在法律规定或是当事人约定的情况下才能适用，且合同当事人的约定不得为第三人增加负担，亦不能约束第三人。本条规定第三人享有权利的前提是"第三人未在合理期限内明确拒绝"，意即该向第三人履行行为，需经第三人的同意才能对其生效，第三人的同意可以以明示的方式作出，也可以以默示的方式作出。

利他合同广泛地出现在保险、信托、运输、金融等行业中。比如，《保险法》第18条第3款规定："受益人是指人身保险合同中由被保险人或者投保人指定的享有保险金请求权的人。投保人、被保险人可以为受益人。"按照该条规定，在发生特定情形时，受益人作为非人身保险合同的当事人，可以直接请求保险人支付保险金。《信托法》第43条规定："受益人是在信托中享有信托受益权的人。"同时，《信托法》还规定了受益人享有的信托受益权可以放弃、转让、继承、用于清偿债务等。

适用利他合同相关规定时，还要注意与债的转移相区别。利他合同仅是债务人应债权人的要求向第三人交付标的物，第三人只是接受履行的主体，而不是合同当事人，不需要在合同上签字或者盖章，也不需要通过代理人为其参与缔约。利他合同只是改变合同履行的方式。而债的转移是指一方当事人与第三人订立合同，并经原合同的另一方当事人同意，由第三人承担合同一方当事人在合同中的全部权利和义务，第三人成为转移后的合同的当事人，合同主体发生了变化。

【关联司法解释】

《最高人民法院关于适用〈中华人民共和国民法典〉合同编通则若干问题的解释》

第29条 民法典第五百二十二条第二款规定的第三人请求债务人向自己履行债务的，人民法院应予支持；请求行使撤销权、解除权等民事权利的，人民法院不予支持，但是法律另有规定的除外。

合同依法被撤销或者被解除，债务人请求债权人返还财产的，人民法院应予支持。

债务人按照约定向第三人履行债务，第三人拒绝受领，债权人请求债务人向自己履行债务的，人民法院应予支持，但是债务人已经采取提存等方式消灭债务的除外。第三人拒绝受领或者受领迟延，债务人请求债权人赔偿因此造成的损失的，人民法院依法予以支持。

第523条【由第三人履行的合同】

当事人约定由第三人向债权人履行债务，第三人不履行债务或者履行债务不符合约定的，债务人应当向债权人承担违约责任。

★ 第524条【第三人代为履行】

债务人不履行债务，第三人对履行该债务具有合法利益的，第三人有权向债权人代为履行；但是，根据债务性质、按照当事人约定或者依照法律规定只能由债务人履行的除外。

债权人接受第三人履行后，其对债务人的债权转让给第三人，但是债务人和第三人另有约定的除外。

【条文解读】

本条是关于具有合法利益的第三人代为履行的规定。本条是《民法典》新增加的条文。

随着经济社会的发展，市场主体的交易行为越来越多地涉及第三人的利益，如第三人对债务的履行与债务人具有共同利益，或仅是基于特殊关系或情感，而出现第三人单方自愿代为履行的情形。在《民法典》出台之前，由于法律规定的空白，司法实务对此类纠纷的裁判极不统一，有的按照无因管理或不当得利处理，有的按照赠与处理，有的按照债务加入处理。《民法典》对社会实践的需求积极予以回应，新增了本条规定。

根据本条规定，第三人单方自愿代为履行行为，必须是债务人不履行债务,包括主观不愿履行债务和客观不能履行债务,同时第三人对履行该债务具有合法利益且该债务可由第三人代为履行,即代为履行不违反法律法规的禁止性规定,同时根据债务性质、合同约定或法律规定,未明确将第三人代为履行排除在外,如选定特定债务人、法律规定债务履行具有专属性等情形。当然,第三人代为履行时,对所履行的债务非为自身之债务有清晰的认识。[①]如基于错误认识而作出代为履行行为,则该第三人享有相应的救济权利。

债务在性质上不适合由第三人履行时,债权人有权予以拒绝,债务人亦有权提出异议,债务人提出异议而第三人仍单方自愿代为履行的,该代为履行行为对债务人不发生效力。债权人、债务人均未提出异议的情况下,第三人单方自愿代为履行,债权人对债务人相应债权转让给第三人,即产生债权转让的效力,且该债权转让不以通知债务人为生效条件,当然债务人对原债权人的抗辩可以向第三人主张。

关于第三人履行不当造成债权人损失,债权人应当向谁主张赔偿问题。目前主流观点认为,应从平衡各方利益、防止第三人恶意代为履行角度考虑,应当综合考量第三人代为履行是否善意、有无明显或重大过错、债务人是否反对、违约责任与损失大小等因素,在债务人和第三人之间酌情分配赔偿责任。

【关联司法解释】

《最高人民法院关于适用〈中华人民共和国民法典〉合同编通则若干问题的解释》

第30条 下列民事主体,人民法院可以认定为民法典第五百二十四条第一款规定的对履行债务具有合法利益的第三人:

(一)保证人或者提供物的担保的第三人;

(二)担保财产的受让人、用益物权人、合法占有人;

[①] 孙森焱:《民法债编总论》(下册),法律出版社2006年版,第836页。

（三）担保财产上的后顺位担保权人；

（四）对债务人的财产享有合法权益且该权益将因财产被强制执行而丧失的第三人；

（五）债务人为法人或者非法人组织的，其出资人或者设立人；

（六）债务人为自然人的，其近亲属；

（七）其他对履行债务具有合法利益的第三人。

第三人在其已经代为履行的范围内取得对债务人的债权，但是不得损害债权人的利益。

担保人代为履行债务取得债权后，向其他担保人主张担保权利的，依据《最高人民法院关于适用〈中华人民共和国民法典〉有关担保制度的解释》第十三条、第十四条、第十八条第二款等规定处理。

【其他关联规定】

《中华人民共和国保险法》

第60条　因第三者对保险标的的损害而造成保险事故的，保险人自向被保险人赔偿保险金之日起，在赔偿金额范围内代位行使被保险人对第三者请求赔偿的权利。

前款规定的保险事故发生后，被保险人已经从第三者取得损害赔偿的，保险人赔偿保险金时，可以相应扣减被保险人从第三者已取得的赔偿金额。

保险人依照本条第一款规定行使代位请求赔偿的权利，不影响被保险人就未取得赔偿的部分向第三者请求赔偿的权利。

第525条【同时履行抗辩权】

当事人互负债务，没有先后履行顺序的，应当同时履行。一方在对方履行之前有权拒绝其履行请求。一方在对方履行债务不符合约定时，有权拒绝其相应的履行请求。

【关联司法解释】

《最高人民法院关于适用〈中华人民共和国民法典〉合同编通则若干问题的解释》

★ 第31条 当事人互负债务，一方以对方没有履行非主要债务为由拒绝履行自己的主要债务的，人民法院不予支持。但是，对方不履行非主要债务致使不能实现合同目的或者当事人另有约定的除外。

当事人一方起诉请求对方履行债务，被告依据民法典第五百二十五条的规定主张双方同时履行的抗辩且抗辩成立，被告未提起反诉的，人民法院应当判决被告在原告履行债务的同时履行自己的债务，并在判项中明确原告申请强制执行的，人民法院应当在原告履行自己的债务后对被告采取执行行为；被告提起反诉的，人民法院应当判决双方同时履行自己的债务，并在判项中明确任何一方申请强制执行的，人民法院应当在该当事人履行自己的债务后对对方采取执行行为。

当事人一方起诉请求对方履行债务，被告依据民法典第五百二十六条的规定主张原告应先履行的抗辩且抗辩成立的，人民法院应当驳回原告的诉讼请求，但是不影响原告履行债务后另行提起诉讼。

【司法解释条文解读】

本条是关于当事人行使同时履行抗辩权和先履行抗辩权的条件和法律后果的规定。本条第2款和第3款是司法实践中的具体操作方法，在理论和实践上并无争议。第1款所涉的当事人行使同时履行抗辩权和先履行抗辩权的条件问题，在实践中较常遇到。以建设工程施工合同纠纷为例，工程竣工并交付发包人后，发包人通常会以承包人未交付施工资料为由拒付工程款。建设工程施工合同关系中，发包人支付工程的对价是承包人交付质量合格的建设工程，交付施工资料并非承包人主要义务。在工程竣工并交付发包人的情况下，发包人以承包人未交付施工资料为由拒付全部工程款的，人民法院不应支持。同时，交付施工资料对于发包人办理施工资料备案和办理产权手续等具有重要影响，如果承包人拒不交付施工资料，对发包人利益有较大影响。针对这一问题，如果建设工程施工合同约定承包人应当先交付施工资料、发包人后支付全部工程款的，可以在预留部分工程款的情况下，判决发包人依法支付工程款。

《最高人民法院关于审理海上货运代理纠纷案件若干问题的规定》

第7条　海上货运代理合同约定货运代理企业交付处理海上货运代理事务取得的单证以委托人支付相关费用为条件，货运代理企业以委托人未支付相关费用为由拒绝交付单证的，人民法院应予支持。

合同未约定或约定不明确，货运代理企业以委托人未支付相关费用为由拒绝交付单证的，人民法院应予支持，但提单、海运单或者其他运输单证除外。

第526条【先履行抗辩权】

当事人互负债务，有先后履行顺序，应当先履行债务一方未履行的，后履行一方有权拒绝其履行请求。先履行一方履行债务不符合约定的，后履行一方有权拒绝其相应的履行请求。

【关联司法解释】

《最高人民法院关于适用〈中华人民共和国民法典〉合同编通则若干问题的解释》

第31条　当事人互负债务，一方以对方没有履行非主要债务为由拒绝履行自己的主要债务的，人民法院不予支持。但是，对方不履行非主要债务致使不能实现合同目的或者当事人另有约定的除外。

当事人一方起诉请求对方履行债务，被告依据民法典第五百二十五条的规定主张双方同时履行的抗辩且抗辩成立，被告未提起反诉的，人民法院应当判决被告在原告履行债务的同时履行自己的债务，并在判项中明确原告申请强制执行的,人民法院应当在原告履行自己的债务后对被告采取执行行为;被告提起反诉的,人民法院应当判决双方同时履行自己的债务,并在判项中明确任何一方申请强制执行的,人民法院应当在该当事人履行自己的债务后对对方采取执行行为。

当事人一方起诉请求对方履行债务,被告依据民法典第五百二十六条的规定主张原告应先履行的抗辩且抗辩成立的,人民法院应当驳回原告的诉讼请求,但是不影响原告履行债务后另行提起诉讼。

第527条【不安抗辩权】

应当先履行债务的当事人,有确切证据证明对方有下列情形之一的,可以中止履行:

(一)经营状况严重恶化;

(二)转移财产、抽逃资金,以逃避债务;

(三)丧失商业信誉;

(四)有丧失或者可能丧失履行债务能力的其他情形。

当事人没有确切证据中止履行的,应当承担违约责任。

【关联司法解释】

《最高人民法院关于审理矿业权纠纷案件适用法律若干问题的解释》

第9条 矿业权转让合同约定受让人支付全部或者部分转让款后办理报批手续,转让人在办理报批手续前请求受让人先履行付款义务的,人民法院应予支持,但受让人有确切证据证明存在转让人将同一矿业权转让给第三人、矿业权人将被兼并重组等符合民法典第五百二十七条规定情形的除外。

★ 第528条【不安抗辩权的行使】

当事人依据前条规定中止履行的,应当及时通知对方。对方提供适当担保的,应当恢复履行。中止履行后,对方在合理期限内未恢复履行能力且未提供适当担保的，视为以自己的行为表明不履行主要债务，中止履行的一方可以解除合同并可以请求对方承担违约责任。

【条文解读】

本条是关于不安抗辩权行使方式及法律后果的规定。本条承继了原《合同法》第69条规定，并对其规定作了完善。即在构成不安抗辩权的情形下，债权人只能主张暂时中止履行，如果债权人在暂时中止履行后需要解除合同并主张违约责任，则应当以债务人在合理期间内未恢复债务履行能力以及未提供充分的担保为条件。原《合同法》第69条规定，将先履行一方中止履行的效力直接扩张到了合同解除，在理论和实务中都造成了一定的混乱，即合同解除是否属于行使不安抗辩权的直接法律效果？为此，《民法典》在此基础上，将不安抗辩权解除合同与预期违约解除合同进行了有效衔接，增加了"视为以自己的行为表明不履行主要债务"，即应当先履行义务的当事人中止履行后，对方在合理期限内未恢复履行能力且未提供适当担保，被推定为默示预期违约才产生解除合同、承担违约责任的法律效果。该增加的规定与《民法典》第563条第1款第2项规定的"在履行期限届满前，当事人一方明确表示或者以自己的行为表明不履行主要债务"、第566条第2款规定的"合同因违约解除的，解除权人可以请求违约方承担违约责任，但是当事人另有约定的除外"、第578条规定的"当事人一方明确表示或者以自己的行为表明不履行合同义务的，对方可以在履行期限届满前请求其承担违约责任"等协调一致、相互对应。因此，在构成不安抗辩权的情形下，先履行一方只能主张暂时中止履行，如果先履行一方在暂时中止履行后需要解除合同并主张违约责任，则应当将后履行一方在合理期限内未提供充分的担保以及未恢复履行能力视为其以自己的行为表明拒不履行合同，构成默示预期违约，违约责任亦由后履行一方承担。

关于合理期限问题，应注意两方面：一是多长时间属于合理期限？现行法律、司法解释都没有明确规定，在当事人没有约定的情况下，需要综合考虑导致中止履行的原因及恢复履行能力的可能性、提供担保的现实可能性等因素，确保双方利益的平衡和公平公正。二是合理期限的内容。不仅恢复履行能力需要给予合理期限，提供适当担保也需要给予合理期限，才能导致"视为以自己的行为表明不履行主要债务"的后果，使赋予合同解除权并请求对方承担违约责任存在合理性，符合不安抗辩权制度设计初衷。

第529条【因债权人原因致债务履行困难时的处理】

债权人分立、合并或者变更住所没有通知债务人，致使履行债务发生困难的，债务人可以中止履行或者将标的物提存。

【其他关联规定】

《中华人民共和国公司法》

第220条 公司合并，应当由合并各方签订合并协议，并编制资产负债表及财产清单。公司应当自作出合并决议之日起十日内通知债权人，并于三十日内在报纸上或者国家企业信用信息公示系统公告。债权人自接到通知之日起三十日内，未接到通知的自公告之日起四十五日内，可以要求公司清偿债务或者提供相应的担保。

第222条 公司分立，其财产作相应的分割。

公司分立，应当编制资产负债表及财产清单。公司应当自作出分立决议之日起十日内通知债权人，并于三十日内在报纸上或者国家企业信用信息公示系统公告。

第530条【债务人提前履行债务】

债权人可以拒绝债务人提前履行债务，但是提前履行不损害债权人利益的除外。

债务人提前履行债务给债权人增加的费用，由债务人负担。

第531条【债务人部分履行债务】

债权人可以拒绝债务人部分履行债务，但是部分履行不损害债权人利益的除外。

债务人部分履行债务给债权人增加的费用，由债务人负担。

第532条【当事人变化对合同履行的影响】

合同生效后，当事人不得因姓名、名称的变更或者法定代表人、负责人、承办人的变动而不履行合同义务。

★ 第533条【情势变更】

合同成立后，合同的基础条件发生了当事人在订立合同时无法预见的、不属于商业风险的重大变化，继续履行合同对于当事人一方明显不公平的，受不利影响的当事人可以与对方重新协商；在合理期限内协商不成的，当事人可以请求人民法院或者仲裁机构变更或者解除合同。

人民法院或者仲裁机构应当结合案件的实际情况，根据公平原则变更或者解除合同。

【条文解读】

本条是关于情势变更的规定。本条承继了原《最高人民法院关于适用〈中华人民共和国合同法〉若干问题的解释（二）》第26条的规定，并对该条规定的情势变更制度进行完善。原解释第26条规定，合同成立以后客观情况发生了当事人在订立合同时无法预见的、非不可抗力造成的不属于商业风险的重大变化，继续履行合同对于一方当事人明显不公平或者不能实现合同目的，当事人请求人民法院变更或者解除合同的，人民法院应当根据公平原则，并结合案件的实际情况确定是否变更或者解除。

本条规定与原《最高人民法院关于适用〈中华人民共和国合同法〉若干问题的解释（二）》第26条规定存在五点不同：一是删除"非不可抗力造成"。

二是删除"或者不能实现合同目的"。三是增加再交涉义务。当发生情势变更情形时，双方均负有就合同的变更或者解除进行协商、交涉以达成合意的义务。再交涉义务规则是根据诚信原则，以促进和保障当事人的自主交涉为目的的行为规范。四是增加仲裁机构为裁决机构。仲裁具有契约性和国家授权性特点，本条规定仲裁机构在情势变更等争议中的裁决权，赋予当事人理性选择纠纷解决方式，更有利于平衡司法机关和仲裁机关的权力分配，实现社会治理现代化和法治化。五是将"客观情况"修改为"合同的基础条件"。合同是当事人基于当前之事实状态对将来权利义务之安排。由于存在缔约成本，当事人不可能将所有现实状态都约定到合同之中。在所有的现实状态中，有的现实情况对于当事人决定是否缔结合同、合同约定什么内容具有重大影响。按社会经济发展之一般状态，双方当事人对此类事实均有同等预期，并在此预期上缔结合同。如果此类事实发生了超出当事人的预期变化，合同的基础条件就发生了变化。这种情况下，合同本质上讲已不是当事人之真实意思表示，因为，当事人所缔结之合同本均建立在特定的基础事实之上。如果订立合同所依据的基础事实已经发生了变化，当事人之意思也会相应地发生变化。

另外，关于如何区分商业风险和情势变更，《最高人民法院关于当前形势下审理民商事合同纠纷案件若干问题的指导意见》指出，前者是从事商业活动的固有风险，后者则不是市场系统固有的风险，需综合考量风险的类型和程度、正常人的合理预期、风险的防范和控制、交易性质以及市场情况等因素。特别是价格异常涨落的情形，要结合交易性质、涨落幅度大小等因素综合判断，具体可以参考《最高人民法院关于武汉市煤气公司诉重庆检测仪表厂煤气表装配线技术转让合同购销煤气表散件合同纠纷一案适用法律问题的函》。

【关联司法解释】

《最高人民法院关于适用〈中华人民共和国民法典〉合同编通则若干问题的解释》

★ 第32条 合同成立后，因政策调整或者市场供求关系异常变动等原因导致价格发生当事人在订立合同时无法预见的、不属于商业风险的涨跌，继续履行合同对于当事人一方明显不公平的，人民法院应当认定合同的基础条件发生了民法典第五百三十三条第一款规定的"重大变化"。但是，合同涉及市场属性活跃、长期以来价格波动较大的大宗商品以及股票、期货等风险投资型金融产品的除外。

合同的基础条件发生了民法典第五百三十三条第一款规定的重大变化，当事人请求变更合同的，人民法院不得解除合同；当事人一方请求变更合同，对方请求解除合同的，或者当事人一方请求解除合同，对方请求变更合同的，人民法院应当结合案件的实际情况，根据公平原则判决变更或者解除合同。

人民法院依据民法典第五百三十三条的规定判决变更或者解除合同的，应当综合考虑合同基础条件发生重大变化的时间、当事人重新协商的情况以及因合同变更或者解除给当事人造成的损失等因素，在判项中明确合同变更或者解除的时间。

当事人事先约定排除民法典第五百三十三条适用的，人民法院应当认定该约定无效。

【司法解释条文解读】

本条是关于情势变更的认定标准和处理方式的规定。本条四款规定中，对司法实践影响较大的是第1款和第3款规定。第2款是操作方法，第4款在实践中少有争议。关于第1款规定的"政策调整或者市场供求关系异常变动等原因导致价格"变化，政策调整或者市场供求关系变动是引起价格变化的主要原因，市场机制本质上就是供求与价格相互影响的机制，而何为价格"异常"变化，难有客观标准。"明显不公平"也是一个主观性很强的条件。对于标的额较大、履行期限较长、涉及要素较多的合同，如建设工程施工合同，如何认定价格波动是否属于情势变更将是未来司法实践的难点。实践中，已有承包人以建材、人工等费用波动大属于情

> 势变更为由请求增加工程款。总体来看，司法实践对此类主张的态度较为慎重。如果对此类问题的认定尺度把握得相对宽松，对于建筑市场、社会诚信、财政资金的使用制度等都将造成较大影响，也可能助长"低价揽工，高价索赔"等不诚信行为。第3款关于合同解除或者变更时间的认定，对当事人利益影响较大，也会成为争议焦点。本书认为，严守合同是合同法的基石，而因情势变更解除和变更合同是例外情况，对例外情况的把握应当严格，避免影响交易规则、冲击交易秩序。

第534条【合同监管】

对当事人利用合同实施危害国家利益、社会公共利益行为的，市场监督管理和其他有关行政主管部门依照法律、行政法规的规定负责监督处理。

第五章　合同的保全

★★ 第535条【债权人代位权】

因债务人怠于行使其债权或者与该债权有关的从权利，影响债权人的到期债权实现的，债权人可以向人民法院请求以自己的名义代位行使债务人对相对人的权利，但是该权利专属于债务人自身的除外。

代位权的行使范围以债权人的到期债权为限。债权人行使代位权的必要费用，由债务人负担。

相对人对债务人的抗辩，可以向债权人主张。

【条文解读】

本条是关于债权人代位权的规定。本条承继了原《合同法》第73条规定，并作了以下修改：

一是债权人行使代位权的条件中,将"债务人怠于行使其到期债权"修改为"债务人怠于行使其债权或者与该债权有关的从权利"。这一修改对债权人代位权制度影响较大,债务人怠于行使债权的从权利亦作为行使代位权的条件。这里所规定的债权的从权利主要指担保权利,包括担保物权和保证。[1]

二是债权人行使代位权的条件中,将"对债权人造成损害"修改为"影响债权人的到期债权实现"。由于我国立法并未确立债权侵权制度,"对债权人造成损害"这一表述并不准确。"影响债权人的到期债权实现"的表述更为准确,也体现了合同保全制度以保障债权人债权实现为目的的制度价值。

三是债权人可代位行使的权利不仅限于债务人对次债务人的债权,还包括债务人对相对人的权利。这一修改的主要目的是将担保权利纳入代位权的行使范围。

四是债权人行使代位权的范围从其所享有的"债权"修改为其所享有的"到期债权"。代位权以保障债权人之债权实现为目标,未到期之债权尚不到实现之条件,自然不应在代位行使之范围。

五是增加"相对人对债务人的抗辩,可以向债权人主张"的规定。代位权之行使不改变债务人与相对人之间的法律关系,不加重相对人之负担。债权人行使代位权时,取代债务人在与相对人的法律关系中的地位,因此,相对人对债务人的抗辩,亦可以向债权人主张。

【条文适用疑难解析】

建设工程价款优先受偿权是否能够代位行使

实践中,关于建设工程价款优先受偿权是否能够代位行使的问题存在不

---

[1] 石宏主编:《〈中华人民共和国民法典〉释解与适用[合同编]》(上册),人民法院出版社2020年版,第138页。

同认识。一种观点认为，本条修改的主要目的是将担保权利纳入代位权行使范围，建设工程价款优先受偿权在制度功能上与担保权利相同，甚至被称为法定抵押权，因此，建设工程价款优先受偿权能够代位行使。另一种观点认为，建设工程价款优先受偿权具有特定的立法目的，而且我国立法上没有建立建设工程价款优先受偿权登记制度。《最高人民法院关于审理建设工程施工合同纠纷案件适用法律问题的解释（一）》第36条规定："承包人根据民法典第八百零七条规定享有的建设工程价款优先受偿权优于抵押权和其他债权。"对于一项具有对世性的权利，却与公示公信原则不一致，如果不限制其权利主体范围，对交易安全损害较大。此外，《最高人民法院关于审理建设工程施工合同纠纷案件适用法律问题的解释（一）》第35条规定："与发包人订立建设工程施工合同的承包人，依据民法典第八百零七条的规定请求其承建工程的价款就工程折价或者拍卖的价款优先受偿的，人民法院应予支持。"如果允许代位行使建设工程价款优先受偿权，实际施工人均可代位行使该项权利。这与前述司法解释精神和《民法典》第807条规定的立法宗旨似不相符。以上两种观点均有一定道理，这一问题需要在深入研究的基础上统一司法裁判规则。无论如何，在建设工程价款优先受偿权是否能够代位行使的问题，需要慎重对待，不能简单将其与担保权利等量齐观。

【关联司法解释】

《最高人民法院关于适用〈中华人民共和国民法典〉合同编通则若干问题的解释》

★ **第33条** 债务人不履行其对债权人的到期债务，又不以诉讼或者仲裁方式向相对人主张其享有的债权或者与该债权有关的从权利，致使债权人的到期债权未能实现的，人民法院可以认定为民法典第五百三十五条规定的"债务人怠于行使其债权或者与该债权有关的从权利，影响债权人的到期债权实现"。

★ **第34条** 下列权利，人民法院可以认定为民法典第五百三十五条第一款规定的专属于债务人自身的权利：

（一）抚养费、赡养费或者扶养费请求权；

（二）人身损害赔偿请求权；

（三）劳动报酬请求权，但是超过债务人及其所扶养家属的生活必需费用的部分除外；

（四）请求支付基本养老保险金、失业保险金、最低生活保障金等保障当事人基本生活的权利；

（五）其他专属于债务人自身的权利。

★ **第35条** 债权人依据民法典第五百三十五条的规定对债务人的相对人提起代位权诉讼的，由被告住所地人民法院管辖，但是依法应当适用专属管辖规定的除外。

债务人或者相对人以双方之间的债权债务关系订有管辖协议为由提出异议的，人民法院不予支持。

★ **第36条** 债权人提起代位权诉讼后，债务人或者相对人以双方之间的债权债务关系订有仲裁协议为由对法院主管提出异议的，人民法院不予支持。但是，债务人或者相对人在首次开庭前就债务人与相对人之间的债权债务关系申请仲裁的，人民法院可以依法中止代位权诉讼。

★ **第37条** 债权人以债务人的相对人为被告向人民法院提起代位权诉讼，未将债务人列为第三人的，人民法院应当追加债务人为第三人。

两个以上债权人以债务人的同一相对人为被告提起代位权诉讼的，人民法院可以合并审理。债务人对相对人享有的债权不足以清偿其对两个以上债权人负担的债务的，人民法院应当按照债权人享有的债权比例确定相对人的履行份额，但是法律另有规定的除外。

★ **第38条** 债权人向人民法院起诉债务人后，又向同一人民法院对债务人的相对人提起代位权诉讼，属于该人民法院管辖的，可以合并审理。不属于该人民法院管辖的，应当告知其向有管辖权的人民法院另行起诉；在起诉债务人的诉讼终结前，代位权诉讼应当中止。

★ **第39条** 在代位权诉讼中,债务人对超过债权人代位请求数额的债权部分起诉相对人,属于同一人民法院管辖的,可以合并审理。不属于同一人民法院管辖的,应当告知其向有管辖权的人民法院另行起诉;在代位权诉讼终结前,债务人对相对人的诉讼应当中止。

★ **第40条** 代位权诉讼中,人民法院经审理认为债权人的主张不符合代位权行使条件的,应当驳回诉讼请求,但是不影响债权人根据新的事实再次起诉。

债务人的相对人仅以债权人提起代位权诉讼时债权人与债务人之间的债权债务关系未经生效法律文书确认为由,主张债权人提起的诉讼不符合代位权行使条件的,人民法院不予支持。

★ **第41条** 债权人提起代位权诉讼后,债务人无正当理由减免相对人的债务或者延长相对人的履行期限,相对人以此向债权人抗辩的,人民法院不予支持。

【司法解释条文解读】

上述第33条至第41条是关于代位权诉讼的规定。这些条对款代位权诉讼与债务人和相对人之间约定仲裁协议、管辖协议的关系处理,代位权诉讼中债权的确定性与否以及债务人处分权应否受到相应限制,对专属于债务人自身权利的认定以及"怠于"情形的认定,地域管辖问题等作了修改补充和完善。本部分规定对司法裁判规定影响较大的有:

一是债务人与相对人签有仲裁协议对提起代位权诉讼的影响。这一问题经常出现在《最高人民法院关于审理建设工程施工合同纠纷案件适用法律问题的解释(一)》第43条的理解与适用中,即发包人与承包人签订有仲裁协议的情况下,实际施工人是否有权通过诉讼或者仲裁请求发包人在欠付工程款范围内承担责任。这一问题与代位权诉讼是否要受债务人与相对人之间仲裁协议影响的问题本质上相同。对此问题,理论和实践中均存在较大争议,主要有三种观点:第一,代位权诉讼不应受债务人与相对人之间的仲裁协议的约束。其主要理由是，允许代位权诉讼受仲裁条款约束，将导致民法典代位权制度被实质架空，不符合民法典规定精神。第二，代位权诉讼应当受到仲裁协议的约束。其主要理由是，债务人与相对人订有仲裁协议则意味着排除了人民法院对双方之间纠纷的管辖权。仲裁协议是当事人意思自治的产物，签订仲裁协议往往是当事人基于特别考量以排除人民法院的管辖。代位权诉讼需要审理债权人与债务人、债务人与相对人之间两个债权债务关系，为尊重债权人和相对人关于管辖的意思自治，债权人可向债务人与相对人之间仲裁协议约定的仲裁机构申请仲裁。第三，代位权诉讼应当受到仲裁协议的约束。债权人并非债务人与相对人之间仲裁协议的当事人，无权申请仲裁，也权提起诉讼，故不能提起代位权诉讼。实践中倾向的观点是，不应仅因债务人与相对人之间订立了仲裁协议就排除债权人提起代位权诉讼的权利，因此争议主要体现为第一种观点和第二种观点的争议。《最高人民法院关于适用〈中华人民共和国民法典〉合同编通则若干问题的解释》采取了相对折中的方案，一方面，原则上采取了仲裁协议不能排除代位权适用的规则；另一方面，为平衡各方当事人的利益，体现对仲裁协议的尊重，尤其是对仲裁协议中相对人利益的尊重，采取了适当灵活的方案。以仲裁协议不能排除代位权适用作为一般规则，同时明确"债务人或者相对人在首次开庭前就债务人与相对人之间的债权债务关系申请仲裁的，人民法院可以依法中止代位权诉讼"。①

二是债务人与相对人签订管辖协议对提起代位权诉讼的影响。理论和实践对于债权人提起代位权诉讼是否应受债务人与相对人之间管辖协议的约束问题存在争议，主要有两种观点：第一，代位权诉讼提起前，债务人与次债务人事先签订有管辖协议的，债权人提起的代位权诉讼应当由协议管辖法院管辖。第二，债权人代位权之诉的法院管辖应按法律和司法解释规定确定，不受债务人与相对人之间协议管辖条款的约束。《最

---

① 陈龙业：《代位权规则的细化完善与司法适用》，载《法律适用》2023年第12期。

高人民法院关于适用〈中华人民共和国民法典〉合同编通则若干问题的解释》采纳了上述第二种意见，理由是在相对人没有履行其债务的情况下，其本身已经具有明显的可责难性，此时也不宜对其过度保护。相对于管辖协议确定的管辖法院，由被告住所地法院管辖通常更有利于相对人。[①]

三是关于债权人提起代位权诉讼后债务人处分第三人债权的限制。从诚信、有利于纠纷解决和保护债权人诉的利益的角度考虑，债权人提起代位权诉讼后，债务人就其对第三人债权的处分权应当受到限制。《最高人民法院关于适用〈中华人民共和国民法典〉合同编通则若干问题的解释》第41条规定："债权人提起代位权诉讼后，债务人无正当理由减免相对人的债务或者延长相对人的履行期限，相对人以此向债权人抗辩的，人民法院不予支持。"何为"无正当理由"是司法实践中需要重点把握的问题。本书认为，"无正当理由"不仅是针对债务人恶意侵害债权人利益的行为，在债权人提起代位权诉讼的情况下，债务人应当避免干扰代位权诉讼正常进行和妨害债权人实现债权的行为。

四是关于代位权诉讼与债权人诉债务人的诉讼、债务人诉第三人诉讼之间的关系。关于代位权诉讼与债权人诉债务人的诉讼的关系，《最高人民法院关于适用〈中华人民共和国民法典〉合同编通则若干问题的解释》第38条作出了明确规定。关于代位权诉讼与债务人诉第三人诉讼之间的关系，《最高人民法院关于适用〈中华人民共和国民法典〉合同编通则若干问题的解释》第39条作出了明确规定。上述处理规则，对于实际施工人起诉发包人请求其在欠付款工程范围内承担责任的诉讼与承包人诉发包人的诉讼、实际施工人诉承包人的诉讼的关系具有参考意义。

《最高人民法院关于审理民事案件适用诉讼时效制度若干问题的规定》

第16条 债权人提起代位权诉讼的，应当认定对债权人的债权和债务人的债权均发生诉讼时效中断的效力。

[①] 陈龙业：《代位权规则的细化完善与司法适用》，载《法律适用》2023年第12期。

《最高人民法院关于审理建设工程施工合同纠纷案件适用法律问题的解释（一）》

第44条 实际施工人依据民法典第五百三十五条规定，以转包人或者违法分包人怠于向发包人行使到期债权或者与该债权有关的从权利，影响其到期债权实现，提起代位权诉讼的，人民法院应予支持。

【其他关联规定】

《中华人民共和国合伙企业法》

第41条 合伙人发生与合伙企业无关的债务，相关债权人不得以其债权抵销其对合伙企业的债务；也不得代位行使合伙人在合伙企业中的权利。

《中华人民共和国税收征收管理法》

第50条 欠缴税款的纳税人因怠于行使到期债权，或者放弃到期债权，或者无偿转让财产，或者以明显不合理的低价转让财产而受让人知道该情形，对国家税收造成损害的，税务机关可以依照合同法第七十三条、第七十四条的规定行使代位权、撤销权。

税务机关依照前款规定行使代位权、撤销权的，不免除欠缴税款的纳税人尚未履行的纳税义务和应承担的法律责任。

《全国法院贯彻实施民法典工作会议纪要》

8.民法典第五百三十五条规定的"债务人怠于行使其债权或者与该债权有关的从权利，影响债权人的到期债权实现的"，是指债务人不履行其对债权人的到期债务，又不以诉讼方式或者仲裁方式向相对人主张其享有的债权或者与该债权有关的从权利，致使债权人的到期债权未能实现。相对人不认为债务人有怠于行使其债权或者与该债权有关的从权利情况的，应当承担举证责任。

★ **第536条【债权人代位权的提前行使】**

债权人的债权到期前，债务人的债权或者与该债权有关的从权利存在诉讼时效期间即将届满或者未及时申报破产债权等情形，影响债权人的债权实现的，债权人可以代位向债务人的相对人请求其向债务人履行、向破产管理人申报或者作出其他必要的行为。

【条文解读】

本条是关于债权人代位权提前行使的规定。本条是《民法典》新增加的规定。

与《民法典》第535条规定的债权人代位权不同，本条规定的代位保存权具有以下特点：

一是权利行使在债权到期前。因该代位保存权直接关系债务人的期限利益，故须以"必要"为前提，即债务人确系存在怠于行使的行为且影响到债权人权利的实现，以防止过度干预民事主体的权利处分自由。

二是代位保存权行使须以债务人的名义，且结果是直接归属于债务人。

三是权利行使方式上包括诉讼、破产债权申报等方式。

四是权利行使的内容更广泛。由于权利行使的效果直接归属于债务人，故此种情况下，不论权利是否专属于债务人自身，只要影响债权人债权实现的债务人的一切财产性权利均可代位行使，如债权、物权及物上请求权、形成权、债务人代位权和撤销权，甚至是诉讼时效、申请强制执行及登记请求权等诉讼法或公法上的权利。

代位保存权作为法律新规定的一项制度，是对原有代位权制度的补充和完善，还需要司法解释对有关权利行使内容作更具体、明确的规定。如以诉讼方式行使时，债权人、债务人及相对人的诉讼地位确定问题，《民法典》并未予以规定，现主流观点认为，基于法律规定代位保存权行使后果直接归属于债务人的规定及其代理属性，债务人应当是原告（或申诉人），相对人为被告（或被诉人），而债权人则应为法定代理人。代位保存权诉讼（或仲裁）的管辖，应按照《民事诉讼法》关于一般诉讼（或仲裁）管辖确定处理，同时不能排除协议管辖、仲裁管辖。如有关代位保存权的必要费用问题。因该权利行使直接因债务人而起，亦为其利益而为，故理应由债务人承担，行使代位保存权的债权人对此有请求权。另外，因行使代位保存权亦为全体债权人共同利益且具有共益性，故应优先清偿，且在费用必要性把握上不宜过于严苛。

★★ 第537条【债权人代位权行使效果】

人民法院认定代位权成立的，由债务人的相对人向债权人履行义务，债权人接受履行后，债权人与债务人、债务人与相对人之间相应的权利义务终止。债务人对相对人的债权或者与该债权有关的从权利被采取保全、执行措施，或者债务人破产的，依照相关法律的规定处理。

【条文解读】

本条是关于债权人行使代位权法律后果的规定。本条吸纳了原《最高人民法院关于适用〈中华人民共和国合同法〉若干问题的解释（一）》第20条规定，并作了完善。除坚持了原《最高人民法院关于适用〈中华人民共和国合同法〉若干问题的解释（一）》第20条规定的"直接清偿"原则外，进一步明确规定："债务人对相对人的债权或者与该债权有关的从权利被采取保全、执行措施，或者债务人破产的，依照相关法律的规定处理。"这为解决不同债权人之债权保护问题提供了依据。简言之，债权人行使代位权后，债务人的相对人得直接向债权人履行义务，但这并不意味着债权人享有优先受偿权。即使人民法院判决债权人的代位权成立，如果债务人对相对人的债权或者与该债权有关的从权利被采取保全、执行措施，仍应当按照相关的程序规定对各权利人进行救济。债权人所获得的行使代位权的生效判决，并不能对抗先前已经采取的保全、执行措施。同样，在债务人破产的情况下，如果债务人的相对人对债权人的清偿符合《企业破产法》第32条规定的情形，破产管理人有权请求撤销该行为。[①]

[①] 石宏主编：《〈中华人民共和国民法典〉释解与适用［合同编］》（上册），人民法院出版社2020年版，第147页。

【条文适用疑难解析】

1.债权人提起代位权诉讼之后是否能够就同一债权再次起诉债务人

代位权诉讼审理了两个法律关系：一是债权人与债务人之间的债权债务关系；二是债务人与相对人之间的权利义务关系。人民法院认定代位权成立的，由债务人的相对人向债权人履行义务，债权人接受履行后，债权人与债务人、债务人与相对人之间相应的权利义务终止。即这两个权利义务关系均在相对应的数额内消灭。实践中的问题是，人民法院作出生效判决判令相对人向债权人清偿，但是在相对人尚未清偿或者尚未全部清偿的情况下，债权人又就同一债务起诉请求债务人履行债务的，人民法院是否应当受理、是否应当支持债权人的诉讼请求呢？如果支持债权人的诉讼请求，则债权人就同一债务可同时请求债务人和相对人清偿，缺乏法理依据。由于相对人未全面履行清偿义务，债权人与债务人之间的债权债务关系仍然存在，尤其是在相对人无力清偿而债务人具有清偿能力的情况下，如果不支持债权人的诉讼请求，就与债权的保全制度的价值取向不相符。

正常情况下，如果债务人责任财产充裕且流动性强，债权人大可不必行使代位权；通常是在债务人偿债能力弱、急于行使权利将导致其无法履行债务的情况下，债权人才会提起代位权诉讼。但现实生活往往比较复杂，信息不对称使得债权人很难作出最佳决策，债务人和相对人的资产负债情况也会不断发生变化，因此，债权人在提起代位权诉讼后，确有可能就同一债务再次起诉债务人。对于这一情况，以相对人经强制执行后仍不能获得清偿的部分，应当允许债权人起诉请求债务人履行债务，但要避免债权人获得双重受偿。

2.债权人能否突破多层法律关系行使代位权

合同保全制度，突破了合同相对性原则，对其适用应当依法严格掌握。债权人代位行使的是债务人对第三人的债权、担保权等权利，不宜认定债权人可代位行使债务人的代位权。如果债权人可代位行使债务人的代位权，进而可突破多层法律关系行使代位权，则会完全突破合同相对性原则，无限追债，对交易安全损害巨大，也会使法律关系变得异常复杂。

第538条【无偿处分时的债权人撤销权行使】

债务人以放弃其债权、放弃债权担保、无偿转让财产等方式无偿处分财产权益，或者恶意延长其到期债权的履行期限，影响债权人的债权实现的，债权人可以请求人民法院撤销债务人的行为。

第539条【不合理价格交易时的债权人撤销权行使】

债务人以明显不合理的低价转让财产、以明显不合理的高价受让他人财产或者为他人的债务提供担保，影响债权人的债权实现，债务人的相对人知道或者应当知道该情形的，债权人可以请求人民法院撤销债务人的行为。

【关联司法解释】

《最高人民法院关于适用〈中华人民共和国民法典〉合同编通则若干问题的解释》

★ 第42条 对于民法典第五百三十九条规定的"明显不合理"的低价或者高价，人民法院应当按照交易当地一般经营者的判断，并参考交易时交易地的市场交易价或者物价部门指导价予以认定。

转让价格未达到交易时交易地的市场交易价或者指导价百分之七十的，一般可以认定为"明显不合理的低价"；受让价格高于交易时交易地的市场交易价或者指导价百分之三十的，一般可以认定为"明显不合理的高价"。

债务人与相对人存在亲属关系、关联关系的，不受前款规定的百分之七十、百分之三十的限制。

【司法解释条文解读】

如果"债务人以明显不合理的低价转让财产、以明显不合理的高价受让他人财产或者为他人的债务提供担保，影响债权人的债权实现"的行为已经被调解书、判决书等生效裁判文书认定，在判决书和调解书的主文中已经对此作出确认，生效裁判文书存在错误，导致债权人的债权不能实现的，债权人应有权提起第三人撤销之诉。此时，在认定生效裁判文书是否存在错误并导致债权人的债权不能实现时，本条司法解释具有参考意义。

第43条 债务人以明显不合理的价格，实施互易财产、以物抵债、出租或者承租财产、知识产权许可使用等行为，影响债权人的债权实现，债务人的相对人知道或者应当知道该情形，债权人请求撤销债务人的行为的，人民法院应当依据民法典第五百三十九条的规定予以支持。

第44条 债权人依据民法典第五百三十八条、第五百三十九条的规定提起撤销权诉讼的，应当以债务人和债务人的相对人为共同被告，由债务人或者相对人的住所地人民法院管辖，但是依法应当适用专属管辖规定的除外。

两个以上债权人就债务人的同一行为提起撤销权诉讼的，人民法院可以合并审理。

《最高人民法院关于适用〈中华人民共和国企业破产法〉若干问题的规定（二）》

第13条 破产申请受理后，管理人未依据企业破产法第三十一条的规定请求撤销债务人无偿转让财产、以明显不合理价格交易、放弃债权行为的，债权人依据民法典第五百三十八条、第五百三十九条等规定提起诉讼，请求撤销债务人上述行为并将因此追回的财产归入债务人财产的，人民法院应予受理。

相对人以债权人行使撤销权的范围超出债权人的债权抗辩的，人民法院不予支持。

《最高人民法院关于审理与企业改制相关的民事纠纷案件若干问题的规定》

第29条 出售企业的行为具有民法典第五百三十八条、第五百三十九条规定的情形，债权人在法定期限内行使撤销权的，人民法院应当予以支持。

【其他关联规定】

《中华人民共和国企业破产法》

第31条 人民法院受理破产申请前一年内，涉及债务人财产的下列行为，管理人有权请求人民法院予以撤销：

（一）无偿转让财产的；

（二）以明显不合理的价格进行交易的；

（三）对没有财产担保的债务提供财产担保的；

（四）对未到期的债务提前清偿的；

（五）放弃债权的。

《全国法院贯彻实施民法典工作会议纪要》

9.对于民法典第五百三十九条规定的明显不合理的低价或者高价，人民法院应当以交易当地一般经营者的判断，并参考交易当时交易地的物价部门指导价或者市场交易价，结合其他相关因素综合考虑予以认定。

转让价格达不到交易时交易地的指导价或者市场交易价百分之七十的，一般可以视为明显不合理的低价；对转让价格高于当地指导价或者市场交易价百分之三十的，一般可以视为明显不合理的高价。当事人对于其所主张的交易时交易地的指导价或者市场交易价承担举证责任。

【关联指导案例】

最高人民法院指导案例152号：鞍山市中小企业信用担保中心诉汪薇、鲁金英第三人撤销之诉案

裁判要点：债权人申请强制执行后，被执行人与他人在另外的民事诉讼中达成调解协议，放弃其取回财产的权利，并大量减少债权，严重影响债权人债权实现，符合合同法第七十四条①规定的债权人行使撤销权条件的，债

---

① 现为《民法典》第538条、第539条、第540条。

权人对民事调解书具有提起第三人撤销之诉的原告主体资格。

第540条【债权人撤销权行使及必要费用承担】

撤销权的行使范围以债权人的债权为限。债权人行使撤销权的必要费用，由债务人负担。

【关联司法解释】

《最高人民法院关于适用〈中华人民共和国民法典〉合同编通则若干问题的解释》

第45条　在债权人撤销权诉讼中，被撤销行为的标的可分，当事人主张在受影响的债权范围内撤销债务人的行为的，人民法院应予支持；被撤销行为的标的不可分，债权人主张将债务人的行为全部撤销的，人民法院应予支持。

债权人行使撤销权所支付的合理的律师代理费、差旅费等费用，可以认定为民法典第五百四十条规定的"必要费用"。

第541条【撤销权行使期限】

撤销权自债权人知道或者应当知道撤销事由之日起一年内行使。自债务人的行为发生之日起五年内没有行使撤销权的，该撤销权消灭。

第542条【撤销权行使后的法律效果】

债务人影响债权人的债权实现的行为被撤销的，自始没有法律约束力。

【关联司法解释】

《最高人民法院关于适用〈中华人民共和国民法典〉合同编通则若干问题的解释》

第46条　债权人在撤销权诉讼中同时请求债务人的相对人向债务人承

担返还财产、折价补偿、履行到期债务等法律后果的,人民法院依法予以支持。

债权人请求受理撤销权诉讼的人民法院一并审理其与债务人之间的债权债务关系,属于该人民法院管辖的,可以合并审理。不属于该人民法院管辖的,应当告知其向有管辖权的人民法院另行起诉。

债权人依据其与债务人的诉讼、撤销权诉讼产生的生效法律文书申请强制执行的,人民法院可以就债务人对相对人享有的权利采取强制执行措施以实现债权人的债权。债权人在撤销权诉讼中,申请对相对人的财产采取保全措施的,人民法院依法予以准许。

第六章 合同的变更和转让

第543条【变更合同的条件】

当事人协商一致,可以变更合同。

第544条【合同变更不明确推定为未变更】

当事人对合同变更的内容约定不明确的,推定为未变更。

★ 第545条【债权人转让合同权利的限制】

债权人可以将债权的全部或者部分转让给第三人,但是有下列情形之一的除外:

(一)根据债权性质不得转让;

(二)按照当事人约定不得转让;

(三)依照法律规定不得转让。

当事人约定非金钱债权不得转让的,不得对抗善意第三人。当事人约定金钱债权不得转让的,不得对抗第三人。

【条文解读】

本条是关于债权转让除外情形的规定。本条在原《合同法》第79条规定的基础上新增了第2款内容，主要是规定当事人约定禁止债权转让的效力问题。根据本条第2款规定："当事人约定非金钱债权不得转让的，不得对抗善意第三人。当事人约定金钱债权不得转让的，不得对抗第三人。"

对于本条第2款中的第一句话，较好理解，符合民法优先保护善意相对人之法理。对实践影响较大的是本条第2款中的第二句话。本款规定赋予了金钱债权更高的流动性。债权人与债务人关于禁止债权转让的约定属于私人信息，社会其他成员并不掌握。信息不对称会导致逆向选择，即债权受让人因不了解当事人之间是否存在禁止转让的约定，在交易时就会按市场平均法律风险水平进行定价，让本没有法律风险的债权无法获得合理对价，并导致低法律风险的优质债权退出市场。本条规定对金钱债权和非金钱债权的流转制度区别对待，在法律制度上明确了金钱债权的流转不受债权人与债务人关于禁止债权流转约定的影响，克服了金钱债权转让市场上的信息不对称，有利于鼓励交易。在债权发达的时代，优先保障金钱债权的流动性有利于促进市场配置资源的效率。此外，金钱之债非常特殊，对于债务人而言，金钱债权的流转对其并不产生额外负担。即使债权人违约转让了金钱债权，对债务人的利益影响很小。这种情况下，债务人有权请求债权人承担违约责任，但无权以债权依约定不得转让为由向债权受让人提出抗辩。

【关联司法解释】

《最高人民法院关于适用〈中华人民共和国民法典〉有关担保制度的解释》

第39条 主债权被分割或者部分转让，各债权人主张就其享有的债权份额行使担保物权的，人民法院应予支持，但是法律另有规定或者当事人另有约定的除外。

主债务被分割或者部分转移，债务人自己提供物的担保，债权人请求以该担保财产担保全部债务履行的,人民法院应予支持;第三人提供物的担保,主张对未经其书面同意转移的债务不再承担担保责任的,人民法院应予支持。

《最高人民法院关于判决生效后当事人将判决确认的债权转让债权受让人对该判决不服提出再审申请人民法院是否受理问题的批复》

海南省高级人民法院:

你院《关于海南长江旅业有限公司、海南凯立中部开发建设股份有限公司与交通银行海南分行借款合同纠纷一案的请示报告》[(2009)琼民再终字第16号]收悉。经研究,答复如下:

判决生效后当事人将判决确认的债权转让,债权受让人对该判决不服提出再审申请的,因其不具有申请再审人主体资格,人民法院应依法不予受理。

【其他关联规定】

《最高人民法院关于判决确定的金融不良债权多次转让人民法院能否裁定变更申请执行主体请示的答复》

《最高人民法院关于人民法院执行若干问题的规定(试行)》,已经对申请执行人的资格以明确。其中第18条第一款规定"人民法院受理执行案件应当符合下列条件:……(2)申请执行人是生效法律文书确定的权利人或继承人、权利承受人。"该条中的"权利承受人",包含通过债权转让的方式承受债权的人。依法从金融资产管理公司受让债权的受让人将债权再行转让给其他普通受让人的,执行法院可以依据上述规定,依债权转让协议以及受让人或者转让人的申请,裁定变更申请执行主体。

《最高人民法院关于金融资产管理公司收购、处置银行不良资产有关问题的补充通知》第三条,虽只就金融资产管理公司转让金融不良债权环节可以变更申请执行主体作了专门规定,但并未排除普通受让人再行转让给其他普通受让人时变更申请执行主体。此种情况下裁定变更申请执行主体,也符合该通知及其他相关文件中关于支持金融不良债权处置工作的司法政策,但对普通受让人不能适用诉讼费用减半收取和公告通知债务人等专门适用金融资产管理公司处置不良债权的特殊政策规定。

第546条【债权转让通知】

债权人转让债权，未通知债务人的，该转让对债务人不发生效力。

债权转让的通知不得撤销，但是经受让人同意的除外。

【关联司法解释】

《最高人民法院关于适用〈中华人民共和国民法典〉合同编通则若干问题的解释》

第48条 债务人在接到债权转让通知前已经向让与人履行，受让人请求债务人履行的，人民法院不予支持；债务人接到债权转让通知后仍然向让与人履行，受让人请求债务人履行的，人民法院应予支持。

让与人未通知债务人，受让人直接起诉债务人请求履行债务，人民法院经审理确认债权转让事实的，应当认定债权转让自起诉状副本送达时对债务人发生效力。债务人主张因未通知而给其增加的费用或者造成的损失从认定的债权数额中扣除的，人民法院依法予以支持。

第49条 债务人接到债权转让通知后，让与人以债权转让合同不成立、无效、被撤销或者确定不发生效力为由请求债务人向其履行的，人民法院不予支持。但是，该债权转让通知被依法撤销的除外。

受让人基于债务人对债权真实存在的确认受让债权后，债务人又以该债权不存在为由拒绝向受让人履行的，人民法院不予支持。但是，受让人知道或者应当知道该债权不存在的除外。

第50条 让与人将同一债权转让给两个以上受让人，债务人以已经向最先通知的受让人履行为由主张其不再履行债务的，人民法院应予支持。债务人明知接受履行的受让人不是最先通知的受让人，最先通知的受让人请求债务人继续履行债务或者依据债权转让协议请求让与人承担违约责任的，人民法院应予支持；最先通知的受让人请求接受履行的受让人返还其接受的财产的，人民法院不予支持，但是接受履行的受让人明知该债权在其受让前已经转让给其他受让人的除外。

前款所称最先通知的受让人，是指最先到达债务人的转让通知中载明的受让人。当事人之间对通知到达时间有争议的，人民法院应当结合通知的方式等因素综合判断，而不能仅根据债务人认可的通知时间或者通知记载的时间予以认定。当事人采用邮寄、通讯电子系统等方式发出通知的，人民法院应当以邮戳时间或者通讯电子系统记载的时间等作为认定通知到达时间的依据。

第547条【债权转让时从权利一并变动】

债权人转让债权的，受让人取得与债权有关的从权利，但是该从权利专属于债权人自身的除外。

受让人取得从权利不因该从权利未办理转移登记手续或者未转移占有而受到影响。

第548条【债权转让时债务人抗辩权】

债务人接到债权转让通知后，债务人对让与人的抗辩，可以向受让人主张。

【关联司法解释】

《最高人民法院关于适用〈中华人民共和国民法典〉合同编通则若干问题的解释》

第47条 债权转让后，债务人向受让人主张其对让与人的抗辩的，人民法院可以追加让与人为第三人。

债务转移后，新债务人主张原债务人对债权人的抗辩的，人民法院可以追加原债务人为第三人。

当事人一方将合同权利义务一并转让后，对方就合同权利义务向受让人主张抗辩或者受让人就合同权利义务向对方主张抗辩的，人民法院可以追加让与人为第三人。

★ **第549条【债权转让时债务人抵销权】**
有下列情形之一的，债务人可以向受让人主张抵销：
（一）债务人接到债权转让通知时，债务人对让与人享有债权，且债务人的债权先于转让的债权到期或者同时到期；
（二）债务人的债权与转让的债权是基于同一合同产生。

【条文解读】

本条是关于债权转让中债务人的抵销权的规定。本条承继了原《合同法》第83条规定，并新增加了第二项"债务人的债权与转让的债权是基于同一合同产生"的情形。

债权人转让债权不需要经债务人同意，债务人接到债权转让通知时，转让行为对其生效。如果债务人对债权人也享有债权，为保护债务人利益，应当允许其行使抵销权。因抵销由债务人提出，其所享有的对债权让与人的债权为主动债权，需要保护债权人的期限利益，故债务人的抵销权以债务人的债权先于转让的债权到期或者同时到期为条件。实践中还需要考虑主动债权与被动债权产生于同一合同关系的情况。如债权人将工程款债权转让给第三人，并通知债务人，在债权转让之后，债务人发现工程存在质量问题，此时债务人基于同一施工合同产生赔偿请求的债权，如果严格按照"债务人的债权先于转让的债权到期或者同时到期"的要求，则债务人不享有抵销权，这显然对债务人不公平，也没有考虑主动债权与被动债权的牵连性。因此，本条新增第2项规定，在基于同一合同而产生债权的情况下，不论主动债权与被动债权到期时间先后，债务人均有权提出抵销。

实践中需要注意,债务人在行使抵销权时不仅应当符合上述规定,也应当符合《民法典》关于抵销的规定,即债权标的物种类、性质必须相同。

第550条【债权转让增加的履行费用的负担】

因债权转让增加的履行费用,由让与人负担。

★ 第551条【债务转移】

债务人将债务的全部或者部分转移给第三人的,应当经债权人同意。

债务人或者第三人可以催告债权人在合理期限内予以同意,债权人未作表示的,视为不同意。

【条文解读】

本条是关于债务转移的规定。本条第1款承继了原《合同法》第84条规定,本条第2款是《民法典》新增加的规定。

本条第2款规定:"债务人或者第三人可以催告债权人在合理期限内予以同意,债权人未作表示的,视为不同意。"债务人的偿债能力决定了债权实现的可能性大小,直接关乎债权人利益。因此,债务转移必须经债权人同意。债权人之同意以其知道债务转移为前提。如果债务人或者第三人催告债权人在合理期限内同意,债权人应当将是否同意之意思通知债务人或者第三人。如果债权人未作表示,则视为不同意。债权人同意之意思,可以口头、书面方式表示,也可以行为方式表示。例如,债权人收到催告后对第三人提出的给付予以接受,或者直接向第三人请求履行。

【关联司法解释】

《最高人民法院关于审理旅游纠纷案件适用法律若干问题的规定》

第10条 旅游经营者将旅游业务转让给其他旅游经营者,旅游者不同意转让，请求解除旅游合同、追究旅游经营者违约责任的，人民法院应予支持。

旅游经营者擅自将其旅游业务转让给其他旅游经营者，旅游者在旅游过程中遭受损害，请求与其签订旅游合同的旅游经营者和实际提供旅游服务的旅游经营者承担连带责任的，人民法院应予支持。

《最高人民法院关于审理与企业改制相关的民事纠纷案件若干问题的规定》

第6条　企业以其部分财产和相应债务与他人组建新公司，对所转移的债务债权人认可的，由新组建的公司承担民事责任；对所转移的债务未通知债权人或者虽通知债权人，而债权人不予认可的，由原企业承担民事责任。原企业无力偿还债务，债权人就此向新设公司主张债权的，新设公司在所接收的财产范围内与原企业承担连带民事责任。

★ 第552条【并存的债务承担】

第三人与债务人约定加入债务并通知债权人，或者第三人向债权人表示愿意加入债务，债权人未在合理期限内明确拒绝的，债权人可以请求第三人在其愿意承担的债务范围内和债务人承担连带债务。

【条文解读】

本条是关于并存的债务承担的规定。本条是《民法典》新增加的规定。债务加入不仅在学术上有较多讨论，在实践中也普遍存在。原《合同法》对债务加入未作规定，导致实务中对此类情形如何适用法律的问题欠缺明确裁判依据。《民法典》对债务加入作出明确规定，不仅构建了较为完整的债务承担制度体系，也是适应市场经济活动所需，为司法审判实践提供了明确的裁判依据。

第三人加入债务只是在原债务人的基础上增加了一个新的债务人，在性质上具有担保债权实现的功能。实践中，理解与适用本条规定需注意以下问题：

一是债务加入不以债权人同意为要件，仅需通知债权人，债权人未在合理期限内明确拒绝即可。由于债务加入本质上是为保障债权实现而额外提供的增信措施，是一种对债权人的利益行为，且第三人直接向债权人表示加入债务或者在三方协议设定债务加入的场合，其实际上已经取得了债权人同意。因此，债务加入虽不需要经债权人同意，但债权人有拒绝的权利。此外，债务加入是否需要经债务人同意？在第三人向债权人表示愿意加入债务时，至少应当通知债务人，同时债务人应当有权拒绝债权人与第三人之间的债务转移合同对其发生效力。在第三人与债权人达成债务加入合意的场合，在通常情况下，尽管对债务人并无利益减损，但有时并不符合债务人的本意，还可能会给债务人带来某种隐含的不便利。

二是第三人与债权人约定加入债务时，如果没有明确债务人是否继续承担债务，宜认定为并存的债务承担。在债务转移与债务加入的意思表示不明确时，考虑到债权人对债务人效力与履行能力的信赖，且权利的放弃必须经明示的行为，因此，从保护债权人利益的价值出发，债务人不应轻易地从原债务中脱离，可以推定为债务加入，即债务人应当继续对债权人承担清偿责任。

三是注意区分债务加入与第三人单方自愿代为履行。两者虽有一定的相似性，但在第三人的法律地位、债务清偿的法律后果及违约责任的承担等方面存在显著不同。第三人在加入债务后即成为债务人，共同承担清偿责任。在第三人清偿债务后，是否可以向债务人追偿，应根据其与债务人之间的约定确定。如果第三人加入债务后不履行债务或履行债务不符合约定，则应承担违约责任。第三人单方自愿代为履行的情况下，第三人并非债务人，且其在清偿债务后，直接引起债权转移的法律后果，即有权要求债务人直接向其履行债务及相应的从债务。如果第三人不履行债务或履行债务不符合约定，债权人并无权要求其承担违约责任。

【关联司法解释】

《最高人民法院关于适用〈中华人民共和国民法典〉合同编通则若干问题的解释》

第51条 第三人加入债务并与债务人约定了追偿权，其履行债务后主张向债务人追偿的，人民法院应予支持；没有约定追偿权，第三人依照民法典关于不当得利等的规定，在其已经向债权人履行债务的范围内请求债务人向其履行的，人民法院应予支持，但是第三人知道或者应当知道加入债务会损害债务人利益的除外。

债务人就其对债权人享有的抗辩向加入债务的第三人主张的，人民法院应予支持。

《最高人民法院关于适用〈中华人民共和国民法典〉有关担保制度的解释》

第12条 法定代表人依照民法典第五百五十二条的规定以公司名义加入债务的，人民法院在认定该行为的效力时，可以参照本解释关于公司为他人提供担保的有关规则处理。

第36条 第三人向债权人提供差额补足、流动性支持等类似承诺文件作为增信措施，具有提供担保的意思表示，债权人请求第三人承担保证责任的，人民法院应当依照保证的有关规定处理。

第三人向债权人提供的承诺文件，具有加入债务或者与债务人共同承担债务等意思表示的，人民法院应当认定为民法典第五百五十二条规定的债务加入。

前两款中第三人提供的承诺文件难以确定是保证还是债务加入的，人民法院应当将其认定为保证。

第三人向债权人提供的承诺文件不符合前三款规定的情形，债权人请求第三人承担保证责任或者连带责任的，人民法院不予支持，但是不影响其依据承诺文件请求第三人履行约定的义务或者承担相应的民事责任。

★ 第553条【债务转移时新债务人抗辩权】

债务人转移债务的，新债务人可以主张原债务人对债权人的抗辩；原债务人对债权人享有债权的，新债务人不得向债权人主张抵销。

【条文解读】

本条是关于债务转移后新债务人抗辩权和抵销权的规定。本条承继了原

《合同法》第85条规定，并增加了"不得主张抵销"的规定。

债务转移只改变债的主体，不改变债的内容，新债务取得原债务人的地位，自然有权主张原债务人对债权人的抗辩。债权人和债务人互负债权债务的，可主张抵销。原债务人对债权人享有的债权，不属于新债务人，新债务人自然不得向债权人主张抵销。实践中需要注意的是，在债权转让和债务转移的情况下，抵销的规则并不相同。

【关联司法解释】

《最高人民法院关于审理民事案件适用诉讼时效制度若干问题的规定》

第17条 债权转让的，应当认定诉讼时效从债权转让通知到达债务人之日起中断。

债务承担情形下，构成原债务人对债务承认的，应当认定诉讼时效从债务承担意思表示到达债权人之日起中断。

第554条【债务转移时从债务一并转移】

债务人转移债务的，新债务人应当承担与主债务有关的从债务，但是该从债务专属于原债务人自身的除外。

第555条【合同权利义务概括转让】

当事人一方经对方同意，可以将自己在合同中的权利和义务一并转让给第三人。

【关联司法解释】

《最高人民法院关于审理旅游纠纷案件适用法律若干问题的规定》

第11条 除合同性质不宜转让或者合同另有约定之外，在旅游行程开始前的合理期间内，旅游者将其在旅游合同中的权利义务转让给第三人，请求确认转让合同效力的,人民法院应予支持。

因前款所述原因,旅游经营者请求旅游者、第三人给付增加的费用或者旅游者请求旅游经营者退还减少的费用的,人民法院应予支持。

第556条【合同权利义务概括转让的法律适用】

合同的权利和义务一并转让的,适用债权转让、债务转移的有关规定。

第七章 合同的权利义务终止

第557条【债权债务终止情形】

有下列情形之一的,债权债务终止:

(一)债务已经履行;

(二)债务相互抵销;

(三)债务人依法将标的物提存;

(四)债权人免除债务;

(五)债权债务同归于一人;

(六)法律规定或者当事人约定终止的其他情形。

合同解除的,该合同的权利义务关系终止。

【关联司法解释】

《最高人民法院关于适用〈中华人民共和国民法典〉合同编通则若干问题的解释》

★ 第27条 债务人或者第三人与债权人在债务履行期限届满后达成以物抵债协议,不存在影响合同效力情形的,人民法院应当认定该协议自当事人意思表示一致时生效。

债务人或者第三人履行以物抵债协议后,人民法院应当认定相应的原债务同时消灭；债务人或者第三人未按照约定履行以物抵债协议，经催告后在合理期限内仍不履行，债权人选择请求履行原债务或者以物抵债协议的，人民法院应予支持，但是法律另有规定或者当事人另有约定的除外。

前款规定的以物抵债协议经人民法院确认或者人民法院根据当事人达成的以物抵债协议制作成调解书，债权人主张财产权利自确认书、调解书生效时发生变动或者具有对抗善意第三人效力的，人民法院不予支持。

债务人或者第三人以自己不享有所有权或者处分权的财产权利订立以物抵债协议的，依据本解释第十九条的规定处理。

【司法解释条文解读】

本条是关于以物抵债协议效力的规定。司法实践中，对以物抵债协议发生何种效力，尤其是是否导致原债权债务消灭的问题存在不同认识。本条规定解决了这一问题。本条规定包含以下四层递进的内容：一是以物抵债协议与普通合同一样，只要具备合意性和合法性两个要件，即具有法律效力，这是意思自治原则的体现。二是以物抵债协议依法成立生效后，并不当然发生新债替代旧债或者旧债消灭的效果，当事人仍可主张旧债。三是以物抵债协议履行完毕后，旧债法律关系亦归于消灭。四是经人民法院确认的以物抵债协议或者人民法院根据当事人达成的以物抵债协议制作成调解书，均只是对债关系的确认，只发生债法上的效力，不产生物权法上的效力，不能对抗善意第三人。另外，以物抵债协议涉及无权处分的，按无权处分的一般规则处理即可。

【其他关联规定】

《全国法院民商事审判工作会议纪要》

43.【抵销】抵销权既可以通知的方式行使，也可以提出抗辩或者提起反诉的方式行使。抵销的意思表示自到达对方时生效，抵销一经生效，其效力溯及自抵销条件成就之时，双方互负的债务在同等数额内消灭。双方互负的债务数额，是截至抵销条件成就之时各自负有的包括主债务、利息、违约金、赔偿金等在内的全部债务数额。行使抵销权一方享有的债权不足以抵销全部债务数额，当事人对抵销顺序又没有特别约定的，应当根据实现债权的费用、利息、主债务的顺序进行抵销。

第558条【债权债务终止后的义务】

债权债务终止后，当事人应当遵循诚信等原则，根据交易习惯履行通知、协助、保密、旧物回收等义务。

【其他关联规定】

《全国法院贯彻实施民法典工作会议纪要》

10.当事人一方违反民法典第五百五十八条规定的通知、协助、保密、旧物回收等义务，给对方当事人造成损失，对方当事人请求赔偿实际损失的，人民法院应当支持。

第559条【债权的从权利消灭】

债权债务终止时，债权的从权利同时消灭，但是法律另有规定或者当事人另有约定的除外。

第560条【债的清偿抵充顺序】

债务人对同一债权人负担的数项债务种类相同，债务人的给付不足以清偿全部债务的，除当事人另有约定外，由债务人在清偿时指定其履行的债务。

债务人未作指定的，应当优先履行已经到期的债务；数项债务均到期的，优先履行对债权人缺乏担保或者担保最少的债务；均无担保或者担保相等的，优先履行债务人负担较重的债务；负担相同的，按照债务到期的先后顺序履行；到期时间相同的，按照债务比例履行。

第561条【费用、利息和主债务的抵充顺序】

债务人在履行主债务外还应当支付利息和实现债权的有关费用，其给付不足以清偿全部债务的，除当事人另有约定外，应当按照下列顺序履行：

（一）实现债权的有关费用；

（二）利息；

（三）主债务。

【关联司法解释】

《最高人民法院关于审理民间借贷案件适用法律若干问题的规定》

第25条 出借人请求借款人按照合同约定利率支付利息的，人民法院应予支持，但是双方约定的利率超过合同成立时一年期贷款市场报价利率四倍的除外。

前款所称"一年期贷款市场报价利率"，是指中国人民银行授权全国银行间同业拆借中心自2019年8月20日起每月发布的一年期贷款市场报价利率。

第28条 借贷双方对逾期利率有约定的，从其约定，但是以不超过合同成立时一年期贷款市场报价利率四倍为限。

未约定逾期利率或者约定不明的，人民法院可以区分不同情况处理：

（一）既未约定借期内利率，也未约定逾期利率，出借人主张借款人自逾期还款之日起参照当时一年期贷款市场报价利率标准计算的利息承担逾期还款违约责任的，人民法院应予支持；

（二）约定了借期内利率但是未约定逾期利率，出借人主张借款人自逾期还款之日起按照借期内利率支付资金占用期间利息的，人民法院应予支持。

【其他关联规定】

《最高人民法院关于依法妥善审理民间借贷案件的通知》

三、依法严守法定利率红线。《最高人民法院关于审理民间借贷案件适用法律若干问题的规定》依法确立了法定利率的司法红线，应当从严把握。人民法院在民间借贷纠纷案件审理过程中，对于各种以"利息""违约金""服务费""中介费""保证金""延期费"等突破或变相突破法定利率红线的，应当依法不予支持。对于"出借人主张系以现金方式支付大额贷款本金""借款人抗辩所谓现金支付本金系出借人预先扣除的高额利息"的，要加强对出借人主张的现金支付款项来源、交付情况等证据的审查，依法认定借贷本金数额和高额利息扣收事实。发现交易平台、交易对手、交易模式等以"创新"为名行高利贷之实的，应当及时采取发送司法建议函等有效方式，坚决予以遏制。

第562条【合同约定解除】

当事人协商一致，可以解除合同。

当事人可以约定一方解除合同的事由。解除合同的事由发生时，解除权人可以解除合同。

【关联司法解释】

《最高人民法院关于适用〈中华人民共和国民法典〉合同编通则若干问题的解释》

第52条　当事人就解除合同协商一致时未对合同解除后的违约责任、结算和清理等问题作出处理，一方主张合同已经解除的，人民法院应予支持。但是，当事人另有约定的除外。

有下列情形之一的，除当事人一方另有意思表示外，人民法院可以认定合同解除：

（一）当事人一方主张行使法律规定或者合同约定的解除权，经审理认为不符合解除权行使条件但是对方同意解除；

（二）双方当事人均不符合解除权行使的条件但是均主张解除合同。

前两款情形下的违约责任、结算和清理等问题，人民法院应当依据民法典第五百六十六条、第五百六十七条和有关违约责任的规定处理。

【其他关联规定】

《全国法院民商事审判工作会议纪要》

38.【报批义务及相关违约条款独立生效】 须经行政机关批准生效的合同，对报批义务及未履行报批义务的违约责任等相关内容作出专门约定的，该约定独立生效。一方因另一方不履行报批义务，请求解除合同并请求其承担合同约定的相应违约责任的，人民法院依法予以支持。

47.【约定解除条件】 合同约定的解除条件成就时，守约方以此为由请求解除合同的，人民法院应当审查违约方的违约程度是否显著轻微，是否影响守约方合同目的实现，根据诚实信用原则，确定合同应否解除。违约方的违约程度显著轻微，不影响守约方合同目的实现，守约方请求解除合同的，人民法院不予支持；反之，则依法予以支持。

★ 第563条【合同法定解除】

有下列情形之一的，当事人可以解除合同：

（一）因不可抗力致使不能实现合同目的；

（二）在履行期限届满前，当事人一方明确表示或者以自己的行为表明不履行主要债务；

（三）当事人一方迟延履行主要债务，经催告后在合理期限内仍未履行；

（四）当事人一方迟延履行债务或者有其他违约行为致使不能实现合同目的；

（五）法律规定的其他情形。

以持续履行的债务为内容的不定期合同，当事人可以随时解除合同，但是应当在合理期限之前通知对方。

【条文解读】

本条是关于合同法定解除理由的规定。本条第1款承继了原《合同法》第94条规定，第2款在将先前散落在原《合同法》各个有名合同中的重复性规定予以总结的基础上，提炼出以持续履行的债务为内容的不定期继续性合同解除的一般规定。

不定期继续性合同的特点体现在两个方面：一是不定期，即当事人没有约定合同期限，或者虽有约定但期限不明，应视为没有期限。二是继续性，即合同以持续履行的债务为内容，如租赁合同、保管合同、合伙合同、耐用品借用合同等。《民法典》第730条规定的"不定期租赁合同"，第948条规定的"不定期物业服务合同"，第976条规定的"不定期合伙合同"，第1022条规定的"不定期肖像权许可使用合同"等都属于不定期继续性合同。合同是当事人之间的法律，对当事人具有约束力，此类合同没有期限，债务具有持续性，如果不允许当事人随时解除合同，当事人将永久地受合同约束，显然不合理。

【关联司法解释】

《最高人民法院关于审理商品房买卖合同纠纷案件适用法律若干问题的解释》

第9条 因房屋主体结构质量不合格不能交付使用，或者房屋交付使用后，房屋主体结构质量经核验确属不合格，买受人请求解除合同和赔偿损失的，应予支持。

第10条 因房屋质量问题严重影响正常居住使用，买受人请求解除合同和赔偿损失的，应予支持。

交付使用的房屋存在质量问题,在保修期内,出卖人应当承担修复责任;出卖人拒绝修复或者在合理期限内拖延修复的,买受人可以自行或者委托他人修复。修复费用及修复期间造成的其他损失由出卖人承担。

第11条 根据民法典第五百六十三条的规定,出卖人迟延交付房屋或者买受人迟延支付购房款,经催告后在三个月的合理期限内仍未履行,解除权人请求解除合同的,应予支持,但当事人另有约定的除外。

法律没有规定或者当事人没有约定,经对方当事人催告后,解除权行使的合理期限为三个月。对方当事人没有催告的,解除权人自知道或者应当知道解除事由之日起一年内行使。逾期不行使的,解除权消灭。

第15条 商品房买卖合同约定或者城市房地产开发经营管理条例第三十二条规定的办理不动产登记的期限届满后超过一年,由于出卖人的原因,导致买受人无法办理不动产登记,买受人请求解除合同和赔偿损失的,应予支持。

第19条 商品房买卖合同约定,买受人以担保贷款方式付款、因当事人一方原因未能订立商品房担保贷款合同并导致商品房买卖合同不能继续履行的,对方当事人可以请求解除合同和赔偿损失。因不可归责于当事人双方的事由未能订立商品房担保贷款合同并导致商品房买卖合同不能继续履行的,当事人可以请求解除合同,出卖人应当将收受的购房款本金及其利息或者定金返还买受人。

第20条 因商品房买卖合同被确认无效或者被撤销、解除,致使商品房担保贷款合同的目的无法实现,当事人请求解除商品房担保贷款合同的,应予支持。

《最高人民法院关于审理期货纠纷案件若干问题的规定》

第44条 在交割日,卖方期货公司未向期货交易所交付标准仓单,或者买方期货公司未向期货交易所账户交付足额货款,构成交割违约。

构成交割违约的,违约方应当承担违约责任;具有民法典第五百六十三条第一款第四项规定情形的,对方有权要求终止交割或者要求违约方继续交割。

征购或者竞卖失败的,应当由违约方按照交易所有关赔偿办法的规定承担赔偿责任。

《最高人民法院关于适用〈中华人民共和国保险法〉若干问题的解释（二）》

第7条　保险人在保险合同成立后知道或者应当知道投保人未履行如实告知义务，仍然收取保险费，又依照保险法第十六条第二款的规定主张解除合同的，人民法院不予支持。

《最高人民法院关于审理城镇房屋租赁合同纠纷案件具体应用法律若干问题的解释》

第5条　出租人就同一房屋订立数份租赁合同，在合同均有效的情况下，承租人均主张履行合同的，人民法院按照下列顺序确定履行合同的承租人：

（一）已经合法占有租赁房屋的；

（二）已经办理登记备案手续的；

（三）合同成立在先的。

不能取得租赁房屋的承租人请求解除合同、赔偿损失的，依照民法典的有关规定处理。

第6条　承租人擅自变动房屋建筑主体和承重结构或者扩建，在出租人要求的合理期限内仍不予恢复原状，出租人请求解除合同并要求赔偿损失的，人民法院依照民法典第七百一十一条的规定处理。

《最高人民法院关于审理与企业改制相关的民事纠纷案件若干问题的规定》

第20条　企业出售合同约定的履行期限届满，一方当事人拒不履行合同，或者未完全履行合同义务，致使合同目的不能实现，对方当事人要求解除合同并要求赔偿损失的，人民法院应当予以支持。

【其他关联规定】

《中华人民共和国城市房地产管理法》

第16条　土地使用者必须按照出让合同约定，支付土地使用权出让金；未按照出让合同约定支付土地使用权出让金的，土地管理部门有权解除合同，并可以请求违约赔偿。

第17条　土地使用者按照出让合同约定支付土地使用权出让金的，市、县人民政府土地管理部门必须按照出让合同约定，提供出让的土地；未按照出让合同约定提供出让的土地的，土地使用者有权解除合同，由土地管理部门返还土地使用权出让金，土地使用者并可以请求违约赔偿。

《全国法院民商事审判工作会议纪要》

46.【通知解除的条件】 审判实践中，部分人民法院对合同法司法解释（二）第24条的理解存在偏差，认为不论发出解除通知的一方有无解除权，只要另一方未在异议期限内以起诉方式提出异议，就判令解除合同，这不符合合同法关于合同解除权行使的有关规定。对该条的准确理解是，只有享有法定或者约定解除权的当事人才能以通知方式解除合同。不享有解除权的一方向另一方发出解除通知，另一方即便未在异议期限内提起诉讼，也不发生合同解除的效果。人民法院在审理案件时，应当审查发出解除通知的一方是否享有约定或者法定的解除权来决定合同应否解除，不能仅以受通知一方在约定或者法定的异议期限届满内未起诉这一事实就认定合同已经解除。

48.【违约方起诉解除】 违约方不享有单方解除合同的权利。但是，在一些长期性合同如房屋租赁合同履行过程中，双方形成合同僵局，一概不允许违约方通过起诉的方式解除合同，有时对双方都不利。在此前提下，符合下列条件，违约方起诉请求解除合同的，人民法院依法予以支持：

（1）违约方不存在恶意违约的情形；

（2）违约方继续履行合同，对其显失公平；

（3）守约方拒绝解除合同，违反诚实信用原则。

人民法院判决解除合同的，违约方本应当承担的违约责任不能因解除合同而减少或者免除。

★ **第564条【解除权行使期限】**

法律规定或者当事人约定解除权行使期限，期限届满当事人不行使的，该权利消灭。

法律没有规定或者当事人没有约定解除权行使期限，自解除权人知道或者应当知道解除事由之日起一年内不行使，或者经对方催告后在合理期限内不行使的，该权利消灭。

【条文解读】

本条是关于解除权行使期限的规定。本条承继了原《合同法》第95条规定，增加了合同解除权除斥期间为1年的规定。原《合同法》规定，合同解除权的行使期限既可由法律规定，也可由当事人约定。法律没有规定或当事人没有约定的，则解除权人应该在相对人催告后的合理期限内行使。然而，对于法律未规定或当事人未约定合同解除权行使期限，且相对人又没有催告的情形，如何确定其解除权的行使期限，缺少法律依据。如果解除权人一直享有解除权，双方的法律关系长期处于不确定状态，这显然不利于维护交易安全和社会经济秩序的稳定，也会导致司法实务做法不统一，有人认为，应当参照《最高人民法院关于审理商品房买卖合同纠纷案件适用法律若干问题的解释》第11条第2款的规定，认定解除权应当在解除事由发生之日起1年内行使，否则解除权消灭；有人则认为，在法律没有规定或者当事人没有约定的情况下，解除权人在合理期限内都能行使解除权。而合理期限是一个相对模糊不确定的概念，现行法律并无统一的适用标准，仅就某些有名合同作了规定，如《最高人民法院关于审理商品房买卖合同纠纷案件适用法律若干问题的解释》第11条第2款规定，"经对方当事人催告后，解除权行使的合理期限为三个月"。对于其他法律关系中，究竟应设定为多长时间，应以个案所涉合同的履行情况、交易习惯、合同标的、合同类型以及诚信原则等进行综合判断。

为督促当事人积极行使自己的权利，同时与诉讼时效制度进行有效衔接，《民法典》对解除权的除斥期间明确规定为1年，与撤销权等形成权的除斥期间相同，符合相同性质的权利适用相同失权规则的价值取向。该1年期间为不变期间，不适用中止、中断或延长的规定。解除权除斥期间的起算点，从解除权人知道或者应当知道解除事由之日起算。

【关联司法解释】

《最高人民法院关于审理商品房买卖合同纠纷案件适用法律若干问题的解释》

第11条 根据民法典第五百六十三条的规定,出卖人迟延交付房屋或者买受人迟延支付购房款,经催告后在三个月的合理期限内仍未履行,解除权人请求解除合同的,应予支持,但当事人另有约定的除外。

法律没有规定或者当事人没有约定,经对方当事人催告后,解除权行使的合理期限为三个月。对方当事人没有催告的,解除权人自知道或者应当知道解除事由之日起一年内行使。逾期不行使的,解除权消灭。

【其他关联规定】

《中华人民共和国保险法》

第16条 订立保险合同,保险人就保险标的或者被保险人的有关情况提出询问的,投保人应当如实告知。

投保人故意或者因重大过失未履行前款规定的如实告知义务,足以影响保险人决定是否同意承保或者提高保险费率的,保险人有权解除合同。

前款规定的合同解除权,自保险人知道有解除事由之日起,超过三十日不行使而消灭。自合同成立之日起超过二年的,保险人不得解除合同;发生保险事故的,保险人应当承担赔偿或者给付保险金的责任。

投保人故意不履行如实告知义务的,保险人对于合同解除前发生的保险事故,不承担赔偿或者给付保险金的责任,并不退还保险费。

投保人因重大过失未履行如实告知义务,对保险事故的发生有严重影响的,保险人对于合同解除前发生的保险事故,不承担赔偿或者给付保险金的责任,但应当退还保险费。

保险人在合同订立时已经知道投保人未如实告知的情况的,保险人不得解除合同;发生保险事故的,保险人应当承担赔偿或者给付保险金的责任。

保险事故是指保险合同约定的保险责任范围内的事故。

★ 第565条【合同单方解除方式】

当事人一方依法主张解除合同的，应当通知对方。合同自通知到达对方时解除；通知载明债务人在一定期限内不履行债务则合同自动解除，债务人在该期限内未履行债务的，合同自通知载明的期限届满时解除。对方对解除合同有异议的，任何一方当事人均可以请求人民法院或者仲裁机构确认解除行为的效力。

当事人一方未通知对方，直接以提起诉讼或者申请仲裁的方式依法主张解除合同，人民法院或者仲裁机构确认该主张的，合同自起诉状副本或者仲裁申请书副本送达对方时解除。

【条文解读】

本条是关于合同单方解除方式的规定。本条承继了原《合同法》第96条规定，并作了完善，对合同解除权的行使方式、解除的时间节点等内容作了新的规定。本条相对于原《合同法》第96条规定，主要有以下变化：

一是明确解除权的行使除采用"通知"方式外，还可采用"直接以提起诉讼或者申请仲裁的方式"。

二是合同解除情形中增加了附期限解除合同的情形，即"通知载明债务人在一定期限内不履行债务则合同自动解除，债务人在该期限内未履行债务的，合同自通知载明的期限届满时解除"。

三是扩大了请求人民法院或仲裁机构确认解除行为效力的主体范围，任何一方当事人均可起诉或者申请仲裁请求确认解除行为的效力。

四是规定直接起诉或申请仲裁的解除合同的方式，并明确了以该方式解除合同时如何确定合同解除时间，即自起诉状副本或者仲裁申请书副本送达对方时解除。

【关联司法解释】

《最高人民法院关于适用〈中华人民共和国民法典〉合同编通则若干问题的解释》

第53条 当事人一方以通知方式解除合同，并以对方未在约定的异议期限或者其他合理期限内提出异议为由主张合同已经解除的，人民法院应当对其是否享有法律规定或者合同约定的解除权进行审查。经审查，享有解除权的，合同自通知到达对方时解除；不享有解除权的，不发生合同解除的效力。

第54条 当事人一方未通知对方，直接以提起诉讼的方式主张解除合同，撤诉后再次起诉主张解除合同，人民法院经审理支持该主张的，合同自再次起诉的起诉状副本送达对方时解除。但是，当事人一方撤诉后又通知对方解除合同且该通知已经到达对方的除外。

【关联指导案例】

最高人民法院指导案例180号：孙贤锋诉淮安西区人力资源开发有限公司劳动合同纠纷案

裁判要点：人民法院在判断用人单位单方解除劳动合同行为的合法性时，应当以用人单位向劳动者发出的解除通知的内容为认定依据。在案件审理过程中，用人单位超出解除劳动合同通知中载明的依据及事由，另行提出劳动者在履行劳动合同期间存在其他严重违反用人单位规章制度的情形，并据此主张符合解除劳动合同条件的，人民法院不予支持。

★ 第566条【合同解除的效力】

合同解除后，尚未履行的，终止履行；已经履行的，根据履行情况和合同性质，当事人可以请求恢复原状或者采取其他补救措施，并有权请求赔偿损失。

合同因违约解除的，解除权人可以请求违约方承担违约责任，但是当事人另有约定的除外。

主合同解除后，担保人对债务人应当承担的民事责任仍应当承担担保责任，但是担保合同另有约定的除外。

【条文解读】

本条是关于合同解除的效力的规定。本条承继原《合同法》第97条规定，增加了合同解除后的违约责任与担保责任的规定。

关于合同解除后是否应承担违约责任问题。《最高人民法院关于审理买卖合同纠纷案件适用法律问题的解释》第20条规定，买卖合同因违约而解除后，守约方主张继续适用违约金条款的，人民法院应予支持；但约定的违约金过分高于造成的损失的，人民法院可以参照《民法典》第585条第2款的规定处理。合同解除和承担违约责任都是当事人违约的法律后果，二者并不冲突，因此，合同解除不影响当事人违约责任的承担。

本条第3款吸收了原《最高人民法院关于适用〈中华人民共和国担保法〉若干问题的解释》第10条的规定。担保合同是主合同的从合同，具有从属性，但主合同解除后，担保合同并不随主合同的解除而解除，担保人仍需承担担保责任，只是在此时担保的不再是原先的主债务而是损害赔偿等次给付义务。有关"担保合同另有约定的除外"的规定，则是尊重当事人的意思自治。

【关联司法解释】

《最高人民法院关于审理旅游纠纷案件适用法律若干问题的规定》

第12条　旅游行程开始前或者进行中，因旅游者单方解除合同，旅游者请求旅游经营者退还尚未实际发生的费用，或者旅游经营者请求旅游者支付合理费用的，人民法院应予支持。

《最高人民法院关于审理商品房买卖合同纠纷案件适用法律若干问题的解释》

第19条 商品房买卖合同约定，买受人以担保贷款方式付款、因当事人一方原因未能订立商品房担保贷款合同并导致商品房买卖合同不能继续履行的，对方当事人可以请求解除合同和赔偿损失。因不可归责于当事人双方的事由未能订立商品房担保贷款合同并导致商品房买卖合同不能继续履行的，当事人可以请求解除合同，出卖人应当将收受的购房款本金及其利息或者定金返还买受人。

第20条 因商品房买卖合同被确认无效或者被撤销、解除，致使商品房担保贷款合同的目的无法实现，当事人请求解除商品房担保贷款合同的，应予支持。

第21条 以担保贷款为付款方式的商品房买卖合同的当事人一方请求确认商品房买卖合同无效或者撤销、解除合同的，如果担保权人作为有独立请求权第三人提出诉讼请求，应当与商品房担保贷款合同纠纷合并审理；未提出诉讼请求的，仅处理商品房买卖合同纠纷。担保权人就商品房担保贷款合同纠纷另行起诉的，可以与商品房买卖合同纠纷合并审理。

商品房买卖合同被确认无效或者被撤销、解除后，商品房担保贷款合同也被解除的，出卖人应当将收受的购房贷款和购房款的本金及利息分别返还担保权人和买受人。

《最高人民法院关于审理城镇房屋租赁合同纠纷案件具体应用法律若干问题的解释》

第8条 承租人经出租人同意装饰装修，租赁期间届满或者合同解除时，除当事人另有约定外，未形成附合的装饰装修物，可由承租人拆除。因拆除造成房屋毁损的，承租人应当恢复原状。

第9条 承租人经出租人同意装饰装修，合同解除时，双方对已形成附合的装饰装修物的处理没有约定的，人民法院按照下列情形分别处理：

（一）因出租人违约导致合同解除，承租人请求出租人赔偿剩余租赁期内装饰装修残值损失的，应予支持；

（二）因承租人违约导致合同解除，承租人请求出租人赔偿剩余租赁期内装饰装修残值损失的，不予支持。但出租人同意利用的，应在利用价值范围内予以适当补偿；

（三）因双方违约导致合同解除，剩余租赁期内的装饰装修残值损失，由双方根据各自的过错承担相应的责任；

（四）因不可归责于双方的事由导致合同解除的，剩余租赁期内的装饰装修残值损失，由双方按照公平原则分担。法律另有规定的，适用其规定。

第13条　房屋租赁合同无效、履行期限届满或者解除，出租人请求负有腾房义务的次承租人支付逾期腾房占有使用费的，人民法院应予支持。

第567条【合同终止后有关结算和清理条款效力】

合同的权利义务关系终止，不影响合同中结算和清理条款的效力。

【关联司法解释】

《最高人民法院关于审理买卖合同纠纷案件适用法律问题的解释》

第20条　买卖合同因违约而解除后，守约方主张继续适用违约金条款的，人民法院应予支持；但约定的违约金过分高于造成的损失的，人民法院可以参照民法典第五百八十五条第二款的规定处理。

第568条【债务法定抵销】

当事人互负债务，该债务的标的物种类、品质相同的，任何一方可以将自己的债务与对方的到期债务抵销；但是，根据债务性质、按照当事人约定或者依照法律规定不得抵销的除外。

当事人主张抵销的，应当通知对方。通知自到达对方时生效。抵销不得附条件或者附期限。

【关联司法解释】

《最高人民法院关于适用〈中华人民共和国民法典〉合同编通则若干问题的解释》

第55条 当事人一方依据民法典第五百六十八条的规定主张抵销，人民法院经审理认为抵销权成立的，应当认定通知到达对方时双方互负的主债务、利息、违约金或者损害赔偿金等债务在同等数额内消灭。

第56条 行使抵销权的一方负担的数项债务种类相同，但是享有的债权不足以抵销全部债务，当事人因抵销的顺序发生争议的，人民法院可以参照民法典第五百六十条的规定处理。

行使抵销权的一方享有的债权不足以抵销其负担的包括主债务、利息、实现债权的有关费用在内的全部债务，当事人因抵销的顺序发生争议的，人民法院可以参照民法典第五百六十一条的规定处理。

第57条 因侵害自然人人身权益，或者故意、重大过失侵害他人财产权益产生的损害赔偿债务，侵权人主张抵销的，人民法院不予支持。

【其他关联规定】

《中华人民共和国信托法》

第18条 受托人管理运用、处分信托财产所产生的债权，不得与其固有财产产生的债务相抵销。

受托人管理运用、处分不同委托人的信托财产所产生的债权债务，不得相互抵销。

《中华人民共和国合伙企业法》

第41条 合伙人发生与合伙企业无关的债务，相关债权人不得以其债权抵销其对合伙企业的债务；也不得代位行使合伙人在合伙企业中的权利。

《中华人民共和国企业破产法》

第40条 债权人在破产申请受理前对债务人负有债务的，可以向管理人主张抵销。但是，有下列情形之一的，不得抵销：

（一）债务人的债务人在破产申请受理后取得他人对债务人的债权的；

（二）债权人已知债务人有不能清偿到期债务或者破产申请的事实，对债务人负担债务的；但是，债权人因为法律规定或者有破产申请一年前所发生的原因而负担债务的除外；

（三）债务人的债务人已知债务人有不能清偿到期债务或者破产申请的事实，对债务人取得债权的；但是，债务人的债务人因为法律规定或者有破产申请一年前所发生的原因而取得债权的除外。

《全国法院民商事审判工作会议纪要》

43.【抵销】抵销权既可以通知的方式行使，也可以提出抗辩或者提起反诉的方式行使。抵销的意思表示自到达对方时生效，抵销一经生效，其效力溯及自抵销条件成就之时，双方互负的债务在同等数额内消灭。双方互负的债务数额，是截至抵销条件成就之时各自负有的包括主债务、利息、违约金、赔偿金等在内的全部债务数额。行使抵销权一方享有的债权不足以抵销全部债务数额，当事人对抵销顺序又没有特别约定的，应当根据实现债权的费用、利息、主债务的顺序进行抵销。

《最高人民法院关于破产债权能否与未到位的注册资金抵销问题的复函》

湖北省高级人民法院：

你院（1994）鄂经初字第10号请示报告收悉，经研究，答复如下：

据你院报告称：中国外运武汉公司（下称武汉公司）与香港德仓运输股份有限公司（下称香港公司）合资成立的武汉货柜有限公司（下称货柜公司），于1989年3月7日至8日曾召开董事会议，决定将注册资金由原来的110万美元增加到180万美元。1993年1月4日又以董事会议对合资双方同意将注册资金增加到240万美元的《合议书》予以认可。事后，货柜公司均依规定向有关审批机构和国家工商行政管理局办理了批准、变更手续。因此，应当确认货柜公司的注册资金已变更为240万美元，尚未到位的资金应由出资人予以补足。货柜公司被申请破产后，武汉公司作为货柜公司的债权人同货柜公司的其他债权人享有平等的权利。为保护其他债权人的合法权益，武汉公司对货柜公司享有的破产债权不能与该公司对货柜公司未出足的注册资金相抵销。

第569条【债务约定抵销】

当事人互负债务，标的物种类、品质不相同的，经协商一致，也可以抵销。

第570条【标的物提存的条件】

有下列情形之一，难以履行债务的，债务人可以将标的物提存：

（一）债权人无正当理由拒绝受领；

（二）债权人下落不明；

（三）债权人死亡未确定继承人、遗产管理人，或者丧失民事行为能力未确定监护人；

（四）法律规定的其他情形。

标的物不适于提存或者提存费用过高的，债务人依法可以拍卖或者变卖标的物，提存所得的价款。

第571条【提存成立及提存对债务人效力】

债务人将标的物或者将标的物依法拍卖、变卖所得价款交付提存部门时，提存成立。

提存成立的，视为债务人在其提存范围内已经交付标的物。

第572条【提存通知】

标的物提存后，债务人应当及时通知债权人或者债权人的继承人、遗产管理人、监护人、财产代管人。

第573条【提存对债权人效力】

标的物提存后，毁损、灭失的风险由债权人承担。提存期间，标的物的孳息归债权人所有。提存费用由债权人负担。

★ 第574条【提存物的受领及受领权消灭】

债权人可以随时领取提存物。但是，债权人对债务人负有到期债务的，在债权人未履行债务或者提供担保之前，提存部门根据债务人的要求应当拒绝其领取提存物。

债权人领取提存物的权利，自提存之日起五年内不行使而消灭，提存物扣除提存费用后归国家所有。但是，债权人未履行对债务人的到期债务，或者债权人向提存部门书面表示放弃领取提存物权利的，债务人负担提存费用后有权取回提存物。

【条文解读】

本条是关于提存物的受领及受领权消灭的规定。本条承继了原《合同法》第104条规定，并作了完善，增加了债务人取回提存物的规定。

提存旨在消灭债权人与债务人之间债的关系，提存部门接受提存标的物并为保管以及将提存物交付债权人是公法上的义务，且债权人与债务人之间债的关系以提存部门的行为为中介产生消灭效果，故提存具有公法上的法律关系的因素。[①] 我国法定提存部门是公证机构，公证机构依据《公证法》的规定接受、保管债务人提存的标的物，根据《提存公证规则》规范办理提存程序。

本条第2款但书部分系新增的内容，对债务人取回提存物的权利作了规定。该规定来源于《提存公证规则》。《提存公证规则》第26条规定："提存人可以凭人民法院生效的判决、裁定或提存之债已经清偿的公证证明取回提存物。提存受领人以书面形式向公证处表示抛弃提存受领权的，提存人得取

[①] 王家福主编：《中国民法学·民法债权》，法律出版社1991年版，第208-209页，转引自崔建远：《我国提存制度的完善》，载《政治与法律》2019年第8期。

回提存物。提存人取回提存物的，视为未提存。因此产生的费用由提存人承担。提存人未支付提存费用前，公证处有权留置价值相当的提存标的。"

在两种情况下，债务人有权取回提存物：一是债权人未履行对债务人的到期债务；二是债权人向提存部门书面放弃领取提存物权利。债务人取回提存物的，视为未提存，债务未消灭的效力溯及提存成立之时，提存产生的费用由提存人承担。提存人未支付提存费用前，提存部门有权留置价值相当的提存物。另外，《提存公证规则》第28条第1款规定："符合法定或当事人约定的给付条件，公证处拒绝给付的，由其主管的司法行政机关责令限期给付；给当事人造成损失的，公证处负有赔偿责任。"

★ **第575条【债务免除】**

债权人免除债务人部分或者全部债务的，债权债务部分或者全部终止，但是债务人在合理期限内拒绝的除外。

【条文解读】

本条是关于债务免除的规定。该条承继了原《合同法》第105条规定，并增加了但书规定。

债务免除对债务人而言是受益行为，自免除债务之通知到达债务人时即发生效力，相应的债权债务关系消灭。但现实中的情况较为复杂，如果债务人不愿意接受债务免除的，应当尊重其意愿。如债权人甲和债务人乙是亲戚关系，甲提出免除乙的债务，但乙不愿意甲受损失，也不愿意欠人情债，且乙认为是夫妻共同债务，现其夫妻感情不和，亦不想免除夫妻另一方的偿还义务，故其可以在合理期限内拒绝甲的免除行为。

第576条【债权债务混同】

债权和债务同归于一人的，债权债务终止，但是损害第三人利益的除外。

第八章　违约责任

第577条【违约责任】

当事人一方不履行合同义务或者履行合同义务不符合约定的，应当承担继续履行、采取补救措施或者赔偿损失等违约责任。

【其他关联规定】

《全国法院民商事审判工作会议纪要》

9.【侵犯优先购买权的股权转让合同的效力】　审判实践中，部分人民法院对公司法司法解释（四）第21条规定的理解存在偏差，往往以保护其他股东的优先购买权为由认定股权转让合同无效。准确理解该条规定，既要注意保护其他股东的优先购买权，也要注意保护股东以外的股权受让人的合法权益，正确认定有限责任公司的股东与股东以外的股权受让人订立的股权转让合同的效力。一方面，其他股东依法享有优先购买权，在其主张按照股权转让合同约定的同等条件购买股权的情况下，应当支持其诉讼请求，除非出现该条第1款规定的情形。另一方面，为保护股东以外的股权受让人的合法权益，股权转让合同如无其他影响合同效力的事由，应当认定有效。其他股东行使优先购买权的，虽然股东以外的股权受让人关于继续履行股权转让合同的请求不能得到支持，但不影响其依约请求转让股东承担相应的违约责任。

38.【报批义务及相关违约条款独立生效】　须经行政机关批准生效的合同，对报批义务及未履行报批义务的违约责任等相关内容作出专门约定的，该约定独立生效。一方因另一方不履行报批义务，请求解除合同并请求其承担合同约定的相应违约责任的，人民法院依法予以支持。

40.【判决履行报批义务后的处理】　人民法院判决一方履行报批义务后，该当事人拒绝履行，经人民法院强制执行仍未履行，对方请求其承担合同违约责任的，人民法院依法予以支持。一方依据判决履行报批义务，行政机关予以批准，合同发生完全的法律效力，其请求对方履行合同的，人民法院依法予以支持；行政机关没有批准，合同不具有法律上的可履行性，一方请求解除合同的，人民法院依法予以支持。

49.【合同解除的法律后果】 合同解除时，一方依据合同中有关违约金、约定损害赔偿的计算方法、定金责任等违约责任条款的约定，请求另一方承担违约责任的，人民法院依法予以支持。

双务合同解除时人民法院的释明问题，参照本纪要第36条的相关规定处理。

63.【流动质押的设立与监管人的责任】 在流动质押中，经常由债权人、出质人与监管人订立三方监管协议，此时应当查明监管人究竟是受债权人的委托还是受出质人的委托监管质物，确定质物是否已经交付债权人，从而判断质权是否有效设立。如果监管人系受债权人的委托监管质物，则其是债权人的直接占有人，应当认定完成了质物交付，质权有效设立。监管人违反监管协议约定，违规向出质人放货、因保管不善导致质物毁损灭失，债权人请求监管人承担违约责任的，人民法院依法予以支持。

如果监管人系受出质人委托监管质物，表明质物并未交付债权人，应当认定质权未有效设立。尽管监管协议约定监管人系受债权人的委托监管质物，但有证据证明其并未履行监管职责，质物实际上仍由出质人管领控制的，也应当认定质物并未实际交付，质权未有效设立。此时，债权人可以基于质押合同的约定请求质押人承担违约责任，但其范围不得超过质权有效设立时质押人所应当承担的责任。监管人未履行监管职责的，债权人也可以请求监管人承担违约责任。

第578条【预期违约责任】

当事人一方明确表示或者以自己的行为表明不履行合同义务的，对方可以在履行期限届满前请求其承担违约责任。

第579条【金钱债务实际履行责任】

当事人一方未支付价款、报酬、租金、利息,或者不履行其他金钱债务的,对方可以请求其支付。

★ **第580条【非金钱债务实际履行责任及违约责任】**

当事人一方不履行非金钱债务或者履行非金钱债务不符合约定的,对方可以请求履行,但是有下列情形之一的除外:

(一)法律上或者事实上不能履行;

(二)债务的标的不适于强制履行或者履行费用过高;

(三)债权人在合理期限内未请求履行。

有前款规定的除外情形之一,致使不能实现合同目的的,人民法院或者仲裁机构可以根据当事人的请求终止合同权利义务关系,但是不影响违约责任的承担。

【条文解读】

本条是关于非金钱债务实际履行责任及违约责任的规定。本条第1款承继了原《合同法》第110条规定,并增加了第2款规定。有观点认为,本条是在《全国法院民商事审判工作会议纪要》第48条规定基础上进行的修改,目的是解决实践中存在的合同僵局问题,完善合同违约责任制度。[①]

本条第2款规定,如果合同债务在法律上或者事实上不能履行、债务的标的不适于强制履行或者履行费用过高、债权人在合理期限内未请求履行,致使不能实现合同目的情况下,不论是守约方还是违约方,均享有起诉终止合同的权利。此规定的目的在于,已不能履行的合同,继续存续已无实际意义。[②]

---

① 最高人民法院民法典贯彻实施工作领导小组主编:《中华人民共和国民法典合同编理解与适用》[一],最高人民法院出版社2020年版,第736页。

② 石宏主编:《〈中华人民共和国民法典〉释解与适用[合同编]》(上册),人民法院出版社2020年版,第225页。

【关联司法解释】

《最高人民法院关于适用〈中华人民共和国民法典〉合同编通则若干问题的解释》

第59条 当事人一方依据民法典第五百八十条第二款的规定请求终止合同权利义务关系的，人民法院一般应当以起诉状副本送达对方的时间作为合同权利义务关系终止的时间。根据案件的具体情况，以其他时间作为合同权利义务关系终止的时间更加符合公平原则和诚信原则的，人民法院可以以该时间作为合同权利义务关系终止的时间，但是应当在裁判文书中充分说明理由。

【其他关联规定】

《全国法院民商事审判工作会议纪要》

48.【违约方起诉解除】 违约方不享有单方解除合同的权利。但是，在一些长期性合同如房屋租赁合同履行过程中，双方形成合同僵局，一概不允许违约方通过起诉的方式解除合同，有时对双方都不利。在此前提下，符合下列条件，违约方起诉请求解除合同的，人民法院依法予以支持：

（1）违约方不存在恶意违约的情形；

（2）违约方继续履行合同，对其显失公平；

（3）守约方拒绝解除合同，违反诚实信用原则。

人民法院判决解除合同的，违约方本应当承担的违约责任不能因解除合同而减少或者免除。

第581条【替代履行】

当事人一方不履行债务或者履行债务不符合约定，根据债务的性质不得强制履行的，对方可以请求其负担由第三人替代履行的费用。

【关联司法解释】

《最高人民法院关于适用〈中华人民共和国民事诉讼法〉的解释》

第502条 代履行费用的数额由人民法院根据案件具体情况确定，并由被执行人在指定期限内预先支付。被执行人未预付的，人民法院可以对该费用强制执行。

代履行结束后，被执行人可以查阅、复制费用清单以及主要凭证。

第582条【瑕疵履行违约责任】

履行不符合约定的，应当按照当事人的约定承担违约责任。对违约责任没有约定或者约定不明确，依据本法第五百一十条的规定仍不能确定的，受损害方根据标的的性质以及损失的大小，可以合理选择请求对方承担修理、重作、更换、退货、减少价款或者报酬等违约责任。

【关联司法解释】

《最高人民法院关于审理商品房买卖合同纠纷案件适用法律若干问题的解释》

第10条 因房屋质量问题严重影响正常居住使用，买受人请求解除合同和赔偿损失的，应予支持。

交付使用的房屋存在质量问题，在保修期内，出卖人应当承担修复责任；出卖人拒绝修复或者在合理期限内拖延修复的，买受人可以自行或者委托他人修复。修复费用及修复期间造成的其他损失由出卖人承担。

《最高人民法院关于审理买卖合同纠纷案件适用法律问题的解释》

第15条 买受人依约保留部分价款作为质量保证金，出卖人在质量保证期未及时解决质量问题而影响标的物的价值或者使用效果，出卖人主张支付该部分价款的，人民法院不予支持。

第16条 买受人在检验期限、质量保证期、合理期限内提出质量异议，出卖人未按要求予以修理或者因情况紧急，买受人自行或者通过第三人修理标的物后，主张出卖人负担因此发生的合理费用的，人民法院应予支持。

第17条　标的物质量不符合约定，买受人依照民法典第五百八十二条的规定要求减少价款的，人民法院应予支持。当事人主张以符合约定的标的物和实际交付的标的物按交付时的市场价值计算差价的，人民法院应予支持。

第583条【违约损害赔偿责任】

当事人一方不履行合同义务或者履行合同义务不符合约定的，在履行义务或者采取补救措施后，对方还有其他损失的，应当赔偿损失。

第584条【损害赔偿范围】

当事人一方不履行合同义务或者履行合同义务不符合约定，造成对方损失的，损失赔偿额应当相当于因违约所造成的损失，包括合同履行后可以获得的利益；但是，不得超过违约一方订立合同时预见到或者应当预见到的因违约可能造成的损失。

【关联司法解释】

《最高人民法院关于适用〈中华人民共和国民法典〉合同编通则若干问题的解释》

★　第60条　人民法院依据民法典第五百八十四条的规定确定合同履行后可以获得的利益时，可以在扣除非违约方为订立、履行合同支出的费用等合理成本后，按照非违约方能够获得的生产利润、经营利润或者转售利润等计算。

非违约方依法行使合同解除权并实施了替代交易，主张按照替代交易价格与合同价格的差额确定合同履行后可以获得的利益的，人民法院依法予以支持；替代交易价格明显偏离替代交易发生时当地的市场价格，违约方主张按照市场价格与合同价格的差额确定合同履行后可以获得的利益的，人民法院应予支持。

非违约方依法行使合同解除权但是未实施替代交易,主张按照违约行为发生后合理期间内合同履行地的市场价格与合同价格的差额确定合同履行后可以获得的利益的,人民法院应予支持。

★ **第61条** 在以持续履行的债务为内容的定期合同中,一方不履行支付价款、租金等金钱债务,对方请求解除合同,人民法院经审理认为合同应当依法解除的,可以根据当事人的主张,参考合同主体、交易类型、市场价格变化、剩余履行期限等因素确定非违约方寻找替代交易的合理期限,并按照该期限对应的价款、租金等扣除非违约方应当支付的相应履约成本确定合同履行后可以获得的利益。

非违约方主张按照合同解除后剩余履行期限相应的价款、租金等扣除履约成本确定合同履行后可以获得的利益的,人民法院不予支持。但是,剩余履行期限少于寻找替代交易的合理期限的除外。

★ **第62条** 非违约方在合同履行后可以获得的利益难以根据本解释第六十条、第六十一条的规定予以确定的,人民法院可以综合考虑违约方因违约获得的利益、违约方的过错程度、其他违约情节等因素,遵循公平原则和诚信原则确定。

【司法解释条文解读】

上述第60条至第62条对可得利益赔偿标准作了规定。可得利益赔偿标准是司法实践中争议较大的问题,第60条至第62条致力于解决这一问题。这三条解释明确了五种认定可得利益赔偿标准的规定。

一是预期利润扣减合理成本。对于生产经营者而言,其根据合同所能获得的生产利润、经营利润或者转售利润等减去其为订立、履行合同支出的费用等合理成本后,就可计算出预期利润。

二是合同价格扣减替代交易价格。在合同解除后,守约当事人实施了替代交易的情况下,其因合同解除所受的损失在替代交易中获得弥补,其有权就未获得弥补部分,即替代交易价格与合同价格的差额部分,仍为守约方损失,违约方应当承担赔偿责任。

三是合同价格扣减市场价格。在以下两种情形下可使用这一方法:一是替代交易价格明显偏离替代交易发生时当地的市场价格,二是非违约方依法行使合同解除权但是未实施替代交易。但这两种情况下认定市场价格的时间点不同,前者以替代交易发生时当地的市场价格为准,后者以违约行为发生后合理期间内合同履行地的市场价格为准。

四是合同约定价格乘以寻找替代方的时间。在以持续履行的债务为内容的定期合同中,一方不履行支付价款、租金等金钱债务,合同解除的,可以根据当事人的主张,参考合同主体、交易类型、市场价格变化、剩余履行期限等因素确定非违约方寻找替代交易的合理期限,并按照该期限对应的价款、租金等扣除非违约方应当支付的相应履约成本确定合同履行后可以获得的利益。

五是以上四种方法均难以确定可得利益损失的,则应综合考虑违约方因违约获得的利益、违约方的过错程度、其他违约情节等因素,遵循公平原则和诚信原则确定。

第63条 在认定民法典第五百八十四条规定的"违约一方订立合同时预见到或者应当预见到的因违约可能造成的损失"时,人民法院应当根据当事人订立合同的目的,综合考虑合同主体、合同内容、交易类型、交易习惯、磋商过程等因素,按照与违约方处于相同或者类似情况的民事主体在订立合同时预见到或者应当预见到的损失予以确定。

除合同履行后可以获得的利益外,非违约方主张还有其向第三人承担违约责任应当支出的额外费用等其他因违约所造成的损失,并请求违约方赔偿,经审理认为该损失系违约一方订立合同时预见到或者应当预见到的,人民法院应予支持。

在确定违约损失赔偿额时,违约方主张扣除非违约方未采取适当措施导致的扩大损失、非违约方也有过错造成的相应损失、非违约方因违约获得的额外利益或者减少的必要支出的,人民法院依法予以支持。

《最高人民法院关于审理买卖合同纠纷案件适用法律问题的解释》

第22条　买卖合同当事人一方违约造成对方损失,对方主张赔偿可得利益损失的,人民法院在确定违约责任范围时,应当根据当事人的主张,依据民法典第五百八十四条、第五百九十一条、第五百九十二条、本解释第二十三条等规定进行认定。

第23条　买卖合同当事人一方因对方违约而获有利益,违约方主张从损失赔偿额中扣除该部分利益的,人民法院应予支持。

《最高人民法院关于审理民间借贷案件适用法律若干问题的规定》

第29条　出借人与借款人既约定了逾期利率,又约定了违约金或者其他费用,出借人可以选择主张逾期利息、违约金或者其他费用,也可以一并主张,但是总计超过合同成立时一年期贷款市场报价利率四倍的部分,人民法院不予支持。

★★ 第585条【违约金的约定及其调整】

当事人可以约定一方违约时应当根据违约情况向对方支付一定数额的违约金,也可以约定因违约产生的损失赔偿额的计算方法。

约定的违约金低于造成的损失的,人民法院或者仲裁机构可以根据当事人的请求予以增加;约定的违约金过分高于造成的损失的,人民法院或者仲裁机构可以根据当事人的请求予以适当减少。

当事人就迟延履行约定违约金的,违约方支付违约金后,还应当履行债务。

【条文解读】

本条是关于违约金责任的规定。本条承继了原《合同法》第114条的规定。

违约金责任的认定问题是合同纠纷中最常见、争议较大的问题,主要集中于如何调整违约金。人民法院对违约金的调整包括调增和调减两个方面。调增是指合同约定的违约金低于违约行为给受约方造成的损失的,人民法院或者仲裁机构可以根据当事人的请求予以增加。调减是指合同约定的违约金过分高于造成的损失的，人民法院或者仲裁机构可以根据当事人的请求予以适当减少。实践中遇到最多的是违约方请求调减违约金的情况。如何认定合同约定的违约金过分高于造成的损失，司法实践中通常采用的标准是，当约定违约金数额超过造成的损失30%时，超过部分予以调减。但在如何计算损失方面，实践中做法不统一。无论是调减违约金还是调增违约金，准确认定违约造成的损失是关键。

需要注意的是，调增违约金以全部填平损失为原则，调减违约金以违约金超过损失为前提，如果人民法院已经调增或者调减违约金，说明当事人因违约行为所受到的损失已经通过违约金责任获得全部补偿，原则上就不应当再支持当事人关于赔偿损失的诉讼请求。

实践中，违约金问题较为复杂，相关司法解释作了专门规定。人民法院在适用《民法典》本条规定时，应当一并适用相关司法解释的规定。例如，在民间借贷领域，如果民间借贷合同既约定了逾期利率，又约定了违约金或者其他费用，出借人可以选择主张逾期利息、违约金或者其他费用，也可以一并主张，但是总计超过合同成立时一年期贷款市场报价利率4倍的部分，人民法院不予支持。在金融借贷领域，关于金融借贷中违约金的司法保护上限，可参照《最高人民法院关于进一步加强金融审判工作的若干意见》确定的司法理念，即对贷款人同时主张的利息、复利、罚息、违约金和其他费用总计超过年利率24%的部分不予保护。在建设工程施工合同领域，根据《最高人民法院关于审理建设工程施工合同纠纷案件适用法律问题的解释（一）》第40条规定，承包人就逾期支付建设工程价款的违约金等主张优先受偿的，人民法院不予支持。

【条文适用疑难解析】

1.关于迟延缴纳土地出让金的违约金调整

实践中，建设用地使用权受让人在签订建设用地使用权出让合同后，迟延缴纳土地出让金。建设用地使用权出让合同通常约定了受让人迟延缴纳土地出让金后应当承担的违约金责任。由于目前的格式条款中所约定的迟延缴纳土地出让金违约金责任是市场交易习惯的体现，而且通常与国家利益和建设用地管理制度相关。当受让人依据《民法典》第585条第2款规定，主张合同约定的违约金过分高于造成的损失，请求人民法院予以适当减少时，人民法院应慎重处理，注意保护国家利益、维护交易秩序。

2. 商品房销售合同纠纷案件中的违约金调整

当事人违反商品房销售合同约定的，应当依照合同约定和法律规定承担违约责任。实践中争议较多的是违约金的调整。根据《最高人民法院关于审理商品房买卖合同纠纷案件适用法律若干问题的解释》第12条、第13条规定，当事人以约定的违约金过高为由请求减少的，应当以违约金超过造成的损失30%为标准适当减少；当事人以约定的违约金低于造成的损失为由请求增加的，应当以违约造成的损失确定违约金数额。商品房销售合同没有约定违约金数额或者损失赔偿额计算方法的，违约金数额或者损失赔偿额可以参照以下标准确定：逾期付款的，按照未付购房款总额，参照中国人民银行规定的金融机构计收逾期贷款利息的标准计算；逾期交付使用房屋的，按照逾期交付使用房屋期间有关主管部门公布或者有资格的房地产评估机构评定的同地段同类房屋租金标准确定。

除逾期交房外，房地产开发企业最常见的违约行为是迟延办理房产证。实践中，有观点认为，在此种情况下，房地产开发企业交付房屋后，购房人能够居住，合同目的已经实现，没有损失，因此不应支持购房人关于给付违约金的诉讼请求。实际上，购房人订立商品房销售合同的目的不是获得房屋使用权而是获得房屋所有权。在房地产开发企业迟延办理房产证的情况，购房人的合同目的并没有实现，其对商品房只享有债权，不享有所有权。该权利会受到其他权利人的挑战，面临较大的法律风险。此外，购房人也不能转让、抵押商品房，商品房失去流动性。因此，房地产开发企业迟延办理房产证的情况，亦应当承担违约责任。《第八次全国法院民事商事审判工作会议（民事部分）纪要》第18条规定："买受人请求出卖人支付逾期办证的违约金，从合同约定或者法定期限届满之次日起计算诉讼时效期间。合同没有约定违约责任或者损失数额难以确定的，可参照《最高人民法院关于审理民间借贷案件适用法律若干问题的规定》第二十九条第二款规定处理。"上述文件所讲的《最高人民法院关于审理民间借贷案件适用法律若干问题的规定》第29条第2款已被修改，从上述规定和修改后《最高人民法院关于审理民间借贷案件适用法律若干问题的规定》的精神看，合同没有约定违约责任或者损失数额难以确定的，可参照一年期贷款市场报价利率（LPR）计算损失。

【关联司法解释】

《最高人民法院关于适用〈中华人民共和国民法典〉合同编通则若干问题的解释》

第64条　当事人一方通过反诉或者抗辩的方式，请求调整违约金的，人民法院依法予以支持。

违约方主张约定的违约金过分高于违约造成的损失，请求予以适当减少的，应当承担举证责任。非违约方主张约定的违约金合理的，也应当提供相应的证据。

当事人仅以合同约定不得对违约金进行调整为由主张不予调整违约金的，人民法院不予支持。

★　第65条　当事人主张约定的违约金过分高于违约造成的损失，请求予以适当减少的，人民法院应当以民法典第五百八十四条规定的损失为基础，兼顾合同主体、交易类型、合同的履行情况、当事人的过错程度、履约背景等因素，遵循公平原则和诚信原则进行衡量，并作出裁判。

约定的违约金超过造成损失的百分之三十的，人民法院一般可以认定为过分高于造成的损失。

恶意违约的当事人一方请求减少违约金的，人民法院一般不予支持。

【司法解释条文解读】

本条是关于调整违约金的规定。本条第1款和第2款对原来的裁判规则未作实质修改。第3款则是对违约金罚责的重要完善。一般认为违约金责任既有补偿性又有惩罚性，但以补偿性为主。对此，《民法典》第585条第2款规定："约定的违约金低于造成的损失的，人民法院或者仲裁机构可以根据当事人的请求予以增加；约定的违约金过分高于造成的损失的，人民法院或者仲裁机构可以根据当事人的请求予以适当减少。"调减违约金有两个条件：一是约定的违约金过分高于造成的损失；二是适当减少。《民法典》并未规定约定的违约金过分高于造成的损失的情况可不调减违约金的情形。本条第3款规定进一步强化了违约金责任的惩罚性。与普通赔偿责任以填补损失为原则不同，惩罚性赔偿责任以打击和遏制违法行为为目标，以"罚过相当"为原则。作此款规定，对于弘扬诚信原则、遏制恶意违约具有积极意义。在缔约地位不平等的情况下，弱势一方为能够缔约，往往不得不接受苛刻的合同条件，包括违约金条件，实践中需要防止当事人滥用优势缔约地位的情况。另外，在适用本条规定时，还需要与其他规定相结合。例如，《最高人民法院关于审理民间借贷案件适用法律若干问题的规定》第29条规定："出借人与借款人既约定了逾期利率，又约定了违约金或者其他费用，出借人可以选择主张逾期利息、违约金或者其他费用，也可以一并主张，但是总计超过合同成立时一年期贷款市场报价利率四倍的部分，人民法院不予支持。"根据该条规定，即使借款人恶意违约，出借人一并主张逾期利息、违约金或者其他费用的总和不能超过合同成立时一年期贷款市场报价利率的4倍。此外，如何认定恶意违约也将是下一步司法实践中需要重点关注的问题。

第66条 当事人一方请求对方支付违约金，对方以合同不成立、无效、被撤销、确定不发生效力、不构成违约或者非违约方不存在损失等为由抗辩，未主张调整过高的违约金的，人民法院应当就若不支持该抗辩，当事人是否请求调整违约金进行释明。第一审人民法院认为抗辩成立且未予释明，第二审人民法院认为应当判决支付违约金的，可以直接释明，并根据当事人的请求，在当事人就是否应当调整违约金充分举证、质证、辩论后，依法判决适当减少违约金。

被告因客观原因在第一审程序中未到庭参加诉讼，但是在第二审程序中到庭参加诉讼并请求减少违约金的，第二审人民法院可以在当事人就是否应当调整违约金充分举证、质证、辩论后，依法判决适当减少违约金。

《最高人民法院关于审理商品房买卖合同纠纷案件适用法律若干问题的解释》

第12条　当事人以约定的违约金过高为由请求减少的，应当以违约金超过造成的损失30%为标准适当减少；当事人以约定的违约金低于造成的损失为由请求增加的，应当以违约造成的损失确定违约金数额。

《最高人民法院关于审理买卖合同纠纷案件适用法律问题的解释》

第18条　买卖合同对付款期限作出的变更，不影响当事人关于逾期付款违约金的约定，但该违约金的起算点应当随之变更。

买卖合同约定逾期付款违约金，买受人以出卖人接受价款时未主张逾期付款违约金为由拒绝支付该违约金的，人民法院不予支持。

买卖合同约定逾期付款违约金，但对账单、还款协议等未涉及逾期付款责任，出卖人根据对账单、还款协议等主张欠款时请求买受人依约支付逾期付款违约金的，人民法院应予支持，但对账单、还款协议等明确载有本金及逾期付款利息数额或者已经变更买卖合同中关于本金、利息等约定内容的除外。

买卖合同没有约定逾期付款违约金或者该违约金的计算方法，出卖人以买受人违约为由主张赔偿逾期付款损失，违约行为发生在2019年8月19日之前的，人民法院可以中国人民银行同期同类人民币贷款基准利率为基础，参照逾期罚息利率标准计算；违约行为发生在2019年8月20日之后的，人民法院可以违约行为发生时中国人民银行授权全国银行间同业拆借中心公布的一年期贷款市场报价利率（LPR）标准为基础，加计30—50%计算逾期付款损失。

第20条　买卖合同因违约而解除后，守约方主张继续适用违约金条款的，人民法院应予支持；但约定的违约金过分高于造成的损失的，人民法院可以参照民法典第五百八十五条第二款的规定处理。

第21条　买卖合同当事人一方以对方违约为由主张支付违约金，对方以合同不成立、合同未生效、合同无效或者不构成违约等为由进行免责抗辩而未主张调整过高的违约金的，人民法院应当就法院若不支持免责抗辩，当事人是否需要主张调整违约金进行释明。

一审法院认为免责抗辩成立且未予释明，二审法院认为应当判决支付违约金的，可以直接释明并改判。

《最高人民法院关于审理民间借贷案件适用法律若干问题的规定》

第28条　借贷双方对逾期利率有约定的，从其约定，但是以不超过合同成立时一年期贷款市场报价利率四倍为限。

未约定逾期利率或者约定不明的，人民法院可以区分不同情况处理：

（一）既未约定借期内利率，也未约定逾期利率，出借人主张借款人自逾期还款之日起参照当时一年期贷款市场报价利率标准计算的利息承担逾期还款违约责任的，人民法院应予支持；

（二）约定了借期内利率但是未约定逾期利率，出借人主张借款人自逾期还款之日起按照借期内利率支付资金占用期间利息的，人民法院应予支持。

第29条　出借人与借款人既约定了逾期利率，又约定了违约金或者其他费用，出借人可以选择主张逾期利息、违约金或者其他费用，也可以一并主张，但是总计超过合同成立时一年期贷款市场报价利率四倍的部分，人民法院不予支持。

【其他关联规定】

《全国法院民商事审判工作会议纪要》

50.【违约金过高标准及举证责任】　认定约定违约金是否过高，一般应当以《合同法》第113条规定的损失为基础进行判断，这里的损失包括合同履行后可以获得的利益。除借款合同外的双务合同，作为对价的价款或者报酬给付之债，并非借款合同项下的还款义务，不能以受法律保护的民间借贷利率上限作为判断违约金是否过高的标准，而应当兼顾合同履行情况、当事人过错程度以及预期利益等因素综合确定。主张违约金过高的违约方应当对违约金是否过高承担举证责任。

《全国法院贯彻实施民法典工作会议纪要》

11.民法典第五百八十五条第二款规定的损失范围应当按照民法典第五百八十四条规定确定，包括合同履行后可以获得的利益，但不得超过违约一方订立合同时预见到或者应当预见到的因违约可能造成的损失。

当事人请求人民法院增加违约金的，增加后的违约金数额以不超过民法典第五百八十四条规定的损失为限。增加违约金以后，当事人又请求对方赔偿损失的，人民法院不予支持。

当事人请求人民法院减少违约金的，人民法院应当以民法典第五百八十四条规定的损失为基础，兼顾合同的履行情况、当事人的过错程度等综合因素，根据公平原则和诚信原则予以衡量，并作出裁判。约定的违约金超过根据民法典第五百八十四条规定确定的损失的百分之三十的，一般可以认定为民法典第五百八十五条第二款规定的"过分高于造成的损失"。当事人主张约定的违约金过高请求予以适当减少的，应当承担举证责任；相对人主张违约金约定合理的，也应提供相应的证据。

【关联指导案例】

最高人民法院指导案例189号： 上海熊猫互娱文化有限公司诉李岑、昆山播爱游信息技术有限公司合同纠纷案

裁判要点： 网络主播违反约定的排他性合作条款，未经直播平台同意在其他平台从事类似业务的，应当依法承担违约责任。网络主播主张合同约定的违约金明显过高请求予以减少的，在实际损失难以确定的情形下，人民法院

可以根据网络直播行业特点,以网络主播从平台中获取的实际收益为参考基础,结合平台前期投入、平台流量、主播个体商业价值等因素合理酌定。

第586条【定金担保】

当事人可以约定一方向对方给付定金作为债权的担保。定金合同自实际交付定金时成立。

定金的数额由当事人约定;但是,不得超过主合同标的额的百分之二十,超过部分不产生定金的效力。实际交付的定金数额多于或者少于约定数额的,视为变更约定的定金数额。

【关联司法解释】

《最高人民法院关于适用〈中华人民共和国民法典〉合同编通则若干问题的解释》

★ 第67条 当事人交付留置金、担保金、保证金、订约金、押金或者订金等,但是没有约定定金性质,一方主张适用民法典第五百八十七条规定的定金罚则的,人民法院不予支持。当事人约定了定金性质,但是未约定定金类型或者约定不明,一方主张为违约定金的,人民法院应予支持。

当事人约定以交付定金作为订立合同的担保,一方拒绝订立合同或者在磋商订立合同时违背诚信原则导致未能订立合同,对方主张适用民法典第五百八十七条规定的定金罚则的,人民法院应予支持。

当事人约定以交付定金作为合同成立或者生效条件,应当交付定金的一方未交付定金,但是合同主要义务已经履行完毕并为对方所接受的,人民法院应当认定合同在对方接受履行时已经成立或者生效。

当事人约定定金性质为解约定金,交付定金的一方主张以丧失定金为代价解除合同的,或者收受定金的一方主张以双倍返还定金为代价解除合同的,人民法院应予支持。

【司法解释条文解读】

本条是关于定金责任的规定。本条四款规定中，第1款、第2款、第4款在实践中争议较小。第3款则对定金制度有较大影响。《民法典》第586条第1款规定："当事人可以约定一方向对方给付定金作为债权的担保。定金合同自实际交付定金时成立。"依据该款规定，一般认为定金合同是实践性合同，当事人只约定了要交付定金，但定金未实际交付的，应认定定金合同未成立。之前实践中曾争议的问题是，如果当事人约定了要交付定金，但一方未交付的，相对方是否有权请求其承担违约责任。实践中倾向性观点是，因定金是实践性合同，自实际交付时成立，在定金未交付的情况下，定金合同不成立，故当事人不应承担违约责任。根据本条第3款规定，当事人约定以交付定金作为合同成立或者生效条件，应当交付定金的一方未交付定金，但是合同主要义务已经履行完毕并为对方所接受的，人民法院应当认定合同在对方接受履行时已经成立或者生效。这与《民法典》规定的定金成立条件有较大区别。

第587条【定金罚则】

债务人履行债务的，定金应当抵作价款或者收回。给付定金的一方不履行债务或者履行债务不符合约定，致使不能实现合同目的的，无权请求返还定金；收受定金的一方不履行债务或者履行债务不符合约定，致使不能实现合同目的的，应当双倍返还定金。

【关联司法解释】

《最高人民法院关于适用〈中华人民共和国民法典〉合同编通则若干问题的解释》

第68条　双方当事人均具有致使不能实现合同目的的违约行为，其中一方请求适用定金罚则的，人民法院不予支持。当事人一方仅有轻微违约，对方具有致使不能实现合同目的的违约行为,轻微违约方主张适用定金罚则,对方以轻微违约方也构成违约为由抗辩的,人民法院对该抗辩不予支持。

当事人一方已经部分履行合同,对方接受并主张按照未履行部分所占比例适用定金罚则的,人民法院应予支持。对方主张按照合同整体适用定金罚则的,人民法院不予支持,但是部分未履行致使不能实现合同目的的除外。

因不可抗力致使合同不能履行,非违约方主张适用定金罚则的,人民法院不予支持。

《最高人民法院关于审理商品房买卖合同纠纷案件适用法律若干问题的解释》

第4条　出卖人通过认购、订购、预订等方式向买受人收受定金作为订立商品房买卖合同担保的,如果因当事人一方原因未能订立商品房买卖合同,应当按照法律关于定金的规定处理;因不可归责于当事人双方的事由,导致商品房买卖合同未能订立的,出卖人应当将定金返还买受人。

第19条　商品房买卖合同约定,买受人以担保贷款方式付款、因当事人一方原因未能订立商品房担保贷款合同并导致商品房买卖合同不能继续履行的,对方当事人可以请求解除合同和赔偿损失。因不可归责于当事人双方的事由未能订立商品房担保贷款合同并导致商品房买卖合同不能继续履行的,当事人可以请求解除合同,出卖人应当将收受的购房款本金及其利息或者定金返还买受人。

第588条【违约金与定金竞合时的责任】

当事人既约定违约金,又约定定金的,一方违约时,对方可以选择适用违约金或者定金条款。

定金不足以弥补一方违约造成的损失的,对方可以请求赔偿超过定金数额的损失。

第589条【拒绝受领和受领迟延】

债务人按照约定履行债务,债权人无正当理由拒绝受领的,债务人可以请求债权人赔偿增加的费用。

在债权人受领迟延期间，债务人无须支付利息。

第590条【不可抗力】

当事人一方因不可抗力不能履行合同的，根据不可抗力的影响，部分或者全部免除责任，但是法律另有规定的除外。因不可抗力不能履行合同的，应当及时通知对方，以减轻可能给对方造成的损失，并应当在合理期限内提供证明。

当事人迟延履行后发生不可抗力的，不免除其违约责任。

【关联司法解释】

《最高人民法院关于审理期货纠纷案件若干问题的规定》

第50条 因期货交易所的过错导致信息发布、交易指令处理错误，造成期货公司或者客户直接经济损失的，期货交易所应当承担赔偿责任，但其能够证明系不可抗力的除外。

《最高人民法院关于审理旅游纠纷案件适用法律若干问题的规定》

第13条 因不可抗力等不可归责于旅游经营者、旅游辅助服务者的客观原因导致旅游合同无法履行，旅游经营者、旅游者请求解除旅游合同的，人民法院应予支持。旅游经营者、旅游者请求对方承担违约责任的，人民法院不予支持。旅游者请求旅游经营者退还尚未实际发生的费用的，人民法院应予支持。

因不可抗力等不可归责于旅游经营者、旅游辅助服务者的客观原因变更旅游行程，在征得旅游者同意后，旅游经营者请求旅游者分担因此增加的旅游费用或旅游者请求旅游经营者退还因此减少的旅游费用的，人民法院应予支持。

第22条 旅游经营者或者旅游辅助服务者为旅游者代管的行李物品损毁、灭失，旅游者请求赔偿损失的，人民法院应予支持，但下列情形除外：

（一）损失是由于旅游者未听从旅游经营者或者旅游辅助服务者的事先声明或者提示，未将现金、有价证券、贵重物品由其随身携带而造成的；

（二）损失是由于不可抗力、意外事件造成的；

（三）损失是由于旅游者的过错造成的；

（四）损失是由于物品的自然属性造成的。

【其他关联规定】

《中华人民共和国铁路法》

第18条 由于下列原因造成的货物、包裹、行李损失的，铁路运输企业不承担赔偿责任：

（一）不可抗力。

（二）货物或者包裹、行李中的物品本身的自然属性，或者合理损耗。

（三）托运人、收货人或者旅客的过错。

《最高人民法院关于为稳定就业提供司法服务和保障的意见》

8.加强新就业形态劳动者合法权益保障。不完全符合确立劳动关系情形但企业对劳动者进行劳动管理的，可以结合新业态劳动者权益保障指导意见有关规定，依法保障劳动者权益。依法保护劳动者按照约定或者法律规定获得劳动报酬的权利；劳动者因不可抗力、见义勇为、紧急救助以及工作量或者劳动强度明显不合理等非主观因素，超时完成工作任务或者受到消费者差评，主张不能因此扣减应得报酬的，人民法院应当依法支持。推动完善劳动者因执行工作任务遭受损害的责任分担机制。依法认定与用工管理相关的算法规则效力，保护劳动者取得劳动报酬、休息休假等基本合法权益；与用工管理相关的算法规则存在不符合日常生活经验法则、未考虑遵守交通规则等客观因素或者其他违背公序良俗情形，劳动者主张该算法规则对其不具有法律约束力或者请求赔偿因该算法规则不合理造成的损害的，人民法院应当依法支持。

第591条【减损规则】

当事人一方违约后，对方应当采取适当措施防止损失的扩大；没有采取适当措施致使损失扩大的，不得就扩大的损失请求赔偿。

当事人因防止损失扩大而支出的合理费用，由违约方负担。

【关联司法解释】

《最高人民法院关于审理买卖合同纠纷案件适用法律问题的解释》

第22条　买卖合同当事人一方违约造成对方损失，对方主张赔偿可得利益损失的，人民法院在确定违约责任范围时，应当根据当事人的主张，依据民法典第五百八十四条、第五百九十一条、第五百九十二条、本解释第二十三条等规定进行认定。

★ 第592条【双方违约和与有过失】

当事人都违反合同的，应当各自承担相应的责任。

当事人一方违约造成对方损失，对方对损失的发生有过错的，可以减少相应的损失赔偿额。

【条文解读】

本条是关于双方违约、过错相抵情况下违约责任承担的规定。本条第1款承继了原《合同法》第120条规定，第2款是新增的规定，吸收了相关法律和司法解释的规定，确立了过失相抵规则。2012年《最高人民法院关于审理买卖合同纠纷案件适用法律问题的解释》第30条规定："买卖合同当事人一方违约造成对方损失，对方对损失的发生也有过错，违约方主张扣减相应的损失赔偿额的，人民法院应予支持。"《民用航空法》第127条规定："在旅客、行李运输中，经承运人证明，损失是由索赔人的过错造成或者促成的，应当根据造成或者促成此种损失的过错的程度，相应免除或者减轻承运人的责任。旅客以外的其他人就旅客死亡或者受伤提出赔偿请求时，经承运人证明，死亡或者受伤是旅客本人的过错造成或者促成的，同样应当根据造成或者促成此种损失的过错的程度，相应免除或者减轻承运人的责任。在货物运输中，经承运人证明，损失是由索赔人或者代行权利人的过错造成或者促成的，应当根据造成或者促成此种损失的过错的程度，相应免除或者减轻承运人的责任。"这一制度是国际合同法之惯例，例如，《国际商事合同通则》第7.4.7条规定，如果损害部分归咎于受损害方当事人的作为或不作为，或是由该方当事人承担风险的其他事件所导致，在考虑到每方当事人的行为的情况下，损害赔偿的金额应扣除因上述因素导致的损害部分。

【其他关联规定】

《中华人民共和国民用航空法》

第127条　在旅客、行李运输中，经承运人证明，损失是由索赔人的过错造成或者促成的，应当根据造成或者促成此种损失的过错的程度，相应免除或者减轻承运人的责任。旅客以外的其他人就旅客死亡或者受伤提出赔偿请求时，经承运人证明，死亡或者受伤是旅客本人的过错造成或者促成的，同样应当根据造成或者促成此种损失的过错的程度，相应免除或者减轻承运人的责任。

在货物运输中，经承运人证明，损失是由索赔人或者代行权利人的过错造成或者促成的，应当根据造成或者促成此种损失的过错的程度，相应免除或者减轻承运人的责任。

第593条【第三人原因造成违约时违约责任承担】

当事人一方因第三人的原因造成违约的，应当依法向对方承担违约责任。当事人一方和第三人之间的纠纷，依照法律规定或者按照约定处理。

【关联司法解释】

《最高人民法院关于审理旅游纠纷案件适用法律若干问题的规定》

第16条　因飞机、火车、班轮、城际客运班车等公共客运交通工具延误，导致合同不能按照约定履行，旅游者请求旅游经营者退还未实际发生的费用的，人民法院应予支持。合同另有约定的除外。

第594条【国际贸易合同诉讼时效和仲裁时效】

因国际货物买卖合同和技术进出口合同争议提起诉讼或者申请仲裁的时效期间为四年。

图书在版编目(CIP)数据

民法典与司法解释关联对照及重点条文解读 / 谢勇主编. —北京：中国法制出版社，2024.4
ISBN 978-7-5216-3623-9

Ⅰ.①民… Ⅱ.①谢… Ⅲ.①民法—法典—法律解释—中国 Ⅳ.①D923.05

中国国家版本馆CIP数据核字（2023）第107917号

责任编辑：刘海龙　黄丹丹　潘环环　　　　　　封面设计：李　宁

民法典与司法解释关联对照及重点条文解读
MINFADIAN YU SIFA JIESHI GUANLIAN DUIZHAO JI ZHONGDIAN TIAOWEN JIEDU

主编 / 谢勇
经销 / 新华书店
印刷 / 三河市国英印务有限公司
开本 / 710毫米×1000毫米　16开　　　　印张 / 74.25　字数 / 1098千
版次 / 2024年4月第1版　　　　　　　　　2024年4月第1次印刷

中国法制出版社出版
书号 ISBN 978-7-5216-3623-9　　　　　　　　　　　定价：249.00元

北京市西城区西便门西里甲16号西便门办公区
邮政编码：100053　　　　　　　　　　　　　传真：010-63141600
网址：http://www.zgfzs.com　　　　　　　　编辑部电话：010-63141814
市场营销部电话：010-63141612　　　　　　　印务部电话：010-63141606
（如有印装质量问题，请与本社印务部联系。）